高等学校交通运输专业规划教材

高速铁路运输组织方法与实践

薛　锋　主编

西南交通大学出版社
·成　都·

内容简介

近十几年，我国高速铁路发展非常迅速，并逐步成网运营，运输组织方法及管理模式也在不断创新发展。为满足对高速铁路高层次运输管理人才培养的需要，紧密联系我国高速铁路建设和运营实际编写此书。

本书主要包括高速铁路运输组织模式及通道分工优化、高速铁路客运需求及客流组织、旅客列车开行方案、列车运行图、通过能力、综合维修天窗设置与施工维修组织、动车组运用及乘务组织、调度指挥系统、综合交通枢纽与车站工作组织等内容。同时，为了使读者能够更好地将高速铁路运输组织理论方法与实践相结合，在部分章节增加了实例分析。

本书可供高等院校交通运输工程专业的研究生及高年级本科生作为教材使用，也可供相关专业研究人员和工程技术人员参考。

图书在版编目（CIP）数据

高速铁路运输组织方法与实践 / 薛锋主编. —成都：西南交通大学出版社，2019.11

高等学校交通运输专业规划教材

ISBN 978-7-5643-7075-6

Ⅰ. ①高… Ⅱ. ①薛… Ⅲ. ①高速铁路－铁路运输管理－高等学校－教材 Ⅳ. ①U238

中国版本图书馆 CIP 数据核字（2019）第 179107 号

高等学校交通运输专业规划教材

Gaosu Tielu Yunshu Zuzhi Fangfa yu Shijian

高速铁路运输组织方法与实践

薛　锋 / 编　　责任编辑 / 周　杨

特邀编辑 / 何　桥

封面设计 / 何东琳设计工作室

西南交通大学出版社出版发行

（四川省成都市金牛区二环路北一段 111 号西南交通大学创新大厦 21 楼　610031）

发行部电话：028-87600564　028-87600533

网址：http://www.xnjdcbs.com

印刷：四川森林印务有限责任公司

成品尺寸　185 mm × 260 mm

印张　16　　字数　400 千

版次　2019 年 11 月第 1 版　　印次　2019 年 11 月第 1 次

书号　ISBN 978-7-5643-7075-6

定价　45.00 元

课件咨询电话：028-81435775

前　言

目前，我国已成为世界上高铁里程最长、运输密度最高、成网运营场景最复杂的国家。随着高速铁路的快速发展，铁路行业急需高速铁路运营管理人才。本书收集整理了国内外交通运输学科最新的研究成果，增加了近年来国内外关于本学科内容的新理论、新技术、新方法、新成就，体现了高速铁路运输组织方法的创新发展。本书主要面向交通运输领域专业型硕士，注重理论与实践相结合。

本书共分为十章。其中，第一章绪论介绍了国内外高速铁路的发展概况；第二章至第十章则分别介绍了高速铁路运输组织模式及通道分工优化、高速铁路客运需求及客流组织、高速铁路旅客列车开行方案、高速铁路列车运行图、高速铁路通过能力、高速铁路综合维修天窗设置与施工维修组织、高速铁路动车组运用及乘务组织、高速铁路调度指挥系统、高速铁路综合交通枢纽与车站工作组织等内容。

全书由西南交通大学薛锋主编，余潇、何传磊、孙宗胜参与了部分章节的编写工作。其中，薛锋编写第一、四、七、九章；余潇编写第五、六章；何传磊编写第三、八章；孙宗胜编写第二、十章。

本书在阐述高速铁路运输组织方法的同时，突出了理论研究成果与实际应用的有机结合，但我国高速铁路发展迅速，相关技术手段也在不断革新，加之编者的学识水平和研究工作范围有限，全书在内容组织和文献材料取舍等方面，难免存在诸多不足和疏漏之处，敬请专家和读者批评指正。

本书在编写过程中所借鉴的著作、研究成果一并列在参考文献中，在此向有关作者表示感谢。同时也感谢西南交通大学研究生教材（专著）建设项目对本书出版的资助。

编　者

2019 年 5 月

目　录

第一章　绪　论

第一节　世界高速铁路发展概况

高速铁路技术是当今世界铁路的一项重大成就，它集中反映了一个国家铁路牵引动力、线路结构、运行控制、运输组织和经营管理等方面的技术进步，也体现了一个国家的科学技术和工业水平。同时，高速铁路在经济发达、人口密集的地区具有突出的经济效益和社会效益。与其他运输方式相比，高速铁路的主要技术经济优势表现在：速度快、旅行时间短，列车开行密度高、运量大，高速列车乘坐舒适性好，土地占用面积小，能耗低，环境污染小，外部运输成本低，列车运行准点，安全可靠，不受气候影响，全天候运行，社会经济效益好等方面。

国际上对高速铁路有不同的定义标准。日本自东海道新干线投入运营后，将最高运营速度超过 200 km/h 的铁路称为高速铁路；1985 年联合国欧洲经济委员会国际铁路干线协议中将新建高速铁路的最高速度规定为 300 km/h 及以上，新建客货混运线最高速度规定为 250 km/h 及以上；国际铁路联盟（UIC）则将新建高速铁路最高速度至少达到 250 km/h、普速铁路改造最高速度达到 200 km/h 及以上线路称为高速铁路。我国高速铁路界定为：新建设计开行 250 km/h（含预留）及以上动车组列车，初期运营速度不小于 200 km/h 的客运专线铁路。

自 1825 年世界第一条铁路在英国诞生以来，铁路就以其速度高、运量大、安全性好等特点在世界各国得到迅速发展，成为交通运输的骨干力量。20 世纪 50 年代以后，随着科学技术的迅猛发展，计算机技术、网络技术、现代通信技术、自动控制技术和新合金材料、制造业、智能交通和信息安全技术等高新技术成了经济和社会发展的催化剂。这些新技术也成了培育高速铁路的土壤，高速铁路是社会经济发展的必然产物。

1964 年，日本建成世界上第一条高速铁路（东海道新干线）并成功投入运营，为世界高速铁路的发展树立了典范，世界铁路的旅客运输进入了高速时代。日本是高速铁路发展最早、最快和当时里程最多的国家。1981 年，法国建成了最高时速为 270 km/h 的 TGV 东南线，开辟了一条以低造价建造高速铁路的新途径，把高速铁路的建设推上了一个新台阶。日、法这两条新干线不但是高速铁路发展的标志，还以其明显的社会经济效益、先进的技术装备和优良的客运服务享誉世界。世界高速铁路的发展，大体经历了以下 3 个阶段。

第一阶段，从 20 世纪 60 年代至 80 年代，为高速铁路发展初期，以日本为首，相继研究修建高速铁路的国家有法国、意大利、德国等，建成高速铁路超过 3 000 km。日、法、意、德四国高铁发展初期概况如表 1-1 所示。

表 1-1　第一阶段高铁发展概况

国家	线路	建设年代	线路长度/km
日本	东海道新干线	1959—1964	515
	山阳新干线	1967—1975	554
	上越新干线	1971—1982	270
	东北新干线	1971—1985	497
法国	TGV 东南线	1976—1983	417
	TGV 大西洋线	1985—1990	282
德国	汉诺威—维尔姿堡/曼海姆-斯图加特	1988—1991	427
意大利	罗马—佛罗伦萨	1970—1992	254

第二阶段从 20 世纪 80 年代末至 90 年代中期，在欧洲形成修建高速铁路的热潮，修建高速铁路的国家扩展到西班牙、比利时、荷兰、瑞典和英国等。1991 年瑞典开通了 X2000 摆式列车；1992 年，西班牙引进法、德两国的技术建成了 471 km 长的马德里至塞维利亚高速铁路；1994 年英吉利海峡隧道把法国与英国连接在一起，开创了第一条高速铁路国际连接线；1997 年，从巴黎开出的“欧洲之星”又将法国、比利时、荷兰和德国连接在一起。在此期间内建成高速铁路约 1 500 km，如表 1-2 所示。日本、法国、德国以及意大利对发展高速铁路进行了全面规划。

表 1-2　第二阶段高铁发展概况

国家	线路	建设年代	线路长度/km
西班牙	马德里—塞维利亚	1987—1991	471
法国	TGV 北方线	1990—1993	333
	英吉利海峡隧道	1990—1994	51
	TGV 东南延伸线	1992—1994	148
	TGV 路网连接线	1994—1996	102
日本	北陆新干线	1989—1997	117
比利时	布鲁塞尔—里尔	1989—1998	83
德国	柏林—汉诺威	1992—1998	172

第三阶段为 20 世纪 90 年代后期至现在。20 世纪 90 年代中期形成高速铁路的建设与研究的第三次浪潮，这次浪潮波及亚洲、北美、澳洲以及整个欧洲，形成了交通领域中铁路的一场复兴运动。自 1992 年以来，俄罗斯、韩国、澳大利亚、英国、荷兰等国家以及我国台湾等地区均先后开始了高速铁路新线的建设。据不完全统计，为了配合欧洲高速铁路网的建设，欧洲的捷克、匈牙利、波兰、奥地利、希腊以及罗马尼亚等国家正在进行干线铁路改造，全面提速。一些高速铁路主要车型如表 1-3，图 1-1、1-2 所示。

表 1-3 欧洲主要国家高铁车型

国家	车 型
芬兰	Pendolinos220
法国	TGV、Thalys、Artesia
德国	Thalys、Cisalpino、ICE
比利时、荷兰	Thalys
意大利	Artesia、ETR500、Eurostar Italia、Cisalpino
奥地利	ICE
西班牙	AVE
瑞士	Cisalpino、ICE
挪威	Signatur
瑞典	X2000

(a) (b)

图 1-1 德国 ICE 高速铁路列车

(a) (b)

图 1-2 法国 TGV 高速列车

值得一提的是高铁发展的未来阶段，已经不是传统意义上的高速铁路，而被称为“超级高铁”，这是新一代高铁技术贮备库，中国、日本和美国等几个国家正在研究。2015 年 4 月 17 日，“日本超导磁悬浮列车创时速 590 km 新纪录”报道：日本山梨磁悬浮试验线今后将转为运营线路，作为磁悬浮中央新干线使用，最高运营速度定为 505 km/h。东京品川站至名古屋站之间的路段预定在2027年开始运营。2015年7月4日，“马斯克的超级高铁或先在亚洲建成”报道：Elon Musk提出超级高铁计划，他认为超级高铁可以1 200 km/h的超高速度远距离运送乘客。中国正在研发真空管道磁悬浮技术，速度可达 4 000 km，利用真空管道磁悬浮列车的优势，使能耗不到民航客机的1/10，噪音和废气污染及事故率接近于零。

2017年，全世界新建高速铁路37 500 km，中国名列第一，为25 134 km，占世界高铁总量的60%以上；法国高铁运营里程为3 287 km，德国3 264 km，西班牙3 244 km，日本2 637 km，英国1 579 km，意大利1 192 km。目前开行速度250 km/h以上高速列车的国家已有中国、日本、法国、德国、意大利、西班牙、比利时、荷兰、瑞典、英国，正在积极建设或规划建设的还有瑞士、奥地利、丹麦、加拿大、澳大利亚、美国、俄罗斯、韩国、印度等国。

第二节　我国高速铁路发展概况

一、我国高速铁路概述

我国高速客运铁路，常被简称为“中国高铁”。我国的高速铁路建设始于 1999 年所兴建的秦沈客运专线。经过10多年的高速铁路建设和对既有铁路的高速化改造，中国目前已经拥有全世界最大规模以及最高运营速度的高速铁路网，是世界上发展速度最快、系统技术最全、集成能力最强、运营里程最长、运营速度最高、在建规模最大的国家。

在运行速度上，目前运营速度最快的“复兴号”新型动车组上挡时速 400 km、标准时速350 km。在运输能力上，一个长编组的列车可以运送1 000多人，每隔3 min就可以开出一趟列车，运力强大；在适应自然环境上，高速列车可以全天候运行，基本不受雨雪雾的影响；在列车开行上，采取“公交化”模式，旅客可以随到随走；在节能环保上，高速铁路是绿色交通工具，非常适应节能减排的要求。

2018年，我国高铁营业里程达到 2.9×10^4 km，超过世界高铁总里程的2/3，“八纵八横”高铁网建设全面展开，中国高铁动车组已累计运输旅客突破90亿人次，成为中国铁路旅客运输的主渠道，中国高铁的安全可靠性和运输效率世界领先。高铁被称为中国的“新四大发明”之一，已然成为中国大国形象的标志之一，具有完全自主知识产权的动车组列车复兴号，标志着中国高铁技术达到世界先进水平。

二、高速铁路发展概况

从 20 世纪 80 年代至今，我国社会各界对在中国修建高速铁路的必要性和可行性做了大量而有力的论证，认为在中国修建高速铁路是社会发展的需要，是促进我国工业发展，科技水平提高以及改善我国交通运输落后面貌的重要手段，也是提高铁路运输能力，彻底解决运能不足和改善铁路旅客服务水平及服务质量的最有力措施。

1994 年，我国第一条准高速铁路——广州至深圳准高速铁路建成并投入运营，其旅客列车速度为 160~200 km/h，不仅在技术上实现了质的飞跃，更主要的是通过科研与实验、引进和开发，为建设我国高速铁路做好了前期准备，是我国铁路高速化的起点。

2003 年，我国第一条高速铁路——秦皇岛至沈阳高速铁路建成并投入运营，通过秦沈高铁的建设和运营实践，探索出适合中国国情的高速铁路旅客列车的技术标准、施工方法、运营管理及维护等一系列经验。

从 1997 年至 2007 年的 10 年间，我国铁路普速铁路进行了六次大提速，提速线路延展里程达 16 000 km，其中 200 km/h 的线路达 6 003 km，部分区段甚至达到 250 km/h，并且开行了以动车组为代表的城际快速列车和中心城市间的快速列车，这标志着我国铁路已经进入了世界铁路先进行列。

2008 年 8 月 1 日，我国第一条时速 350 km 的高速铁路——京津城际铁路开通，创下了世界高铁最高运营速度记录；2009 年 12 月，武广高铁开通运营，成为世界上首条运营里程超过 1 000 km 的高铁干线；2010 年 12 月，和谐号 380A 在京沪高铁试车，创造了时速 486.1 km 的世界高铁运行速度记录；2011 年 6 月，世界上一次性建成、技术标准最高的高速铁路——京沪高铁以 350 km 记录开通运营，同年 10 月，全国高铁旅客发送量突破 10 亿人次；2012 年 12 月，京广高铁开通运营，全长 2 298 km，成为世界上干线最长的高速铁路；2013 年底，中国高速铁路运营里程突破一万公里，约占当时世界高铁运营里程的 45%；2014 年 12 月，兰新高铁开通运营，被誉为现代“钢铁丝绸之路”，同年我国高铁旅客发送量突破 20 亿人次。

2017 年 6 月，我国自主研发、具有完全自主知识产权的中国标准动车组“复兴号”诞生，运营时速 350 km；2018 年 9 月，广深港高铁香港段开通，香港从此并入我国高速铁路网，中国高铁再添新成员“动感号”。

2008—2018 的十年间，是我国高铁不断发展，创新突破的十年。历经十余年的创新，中国高铁成功走出国门、走向世界，成为一张靓丽的“中国名片”。目前，我国高速铁路网建设主要依赖于国家发展改革委、交通运输部、中国铁路总公司联合发布的《中长期铁路网规划》（2016—2030 年），规划勾画了新时期“八纵八横”高速铁路网的宏大蓝图，可扫右侧二维码查看。

中长期高速铁路规划

“八纵八横”高速铁路网，即以沿海、京沪等“八纵”通道和陆桥、沿江等“八横”通道为主干，城际铁路为补充的高速铁路网。其中，“八纵”通道包括：

沿海通道。大连（丹东）—秦皇岛—天津—东营—潍坊—青岛（烟台）—连云港—盐城—南通—上海—宁波—福州—厦门—深圳—湛江—北海（防城港）高速铁路（其中青岛至盐城段利用青连、连盐铁路，南通至上海段利用沪通铁路），连接东部沿海地区，贯通京津冀、辽中南、山东半岛、东陇海、长三角、海峡西岸、珠三角、北部湾等城市群。

京沪通道。北京—天津—济南—南京—上海（杭州）高速铁路，包括南京—杭州、蚌埠—合肥—杭州高速铁路，同时通过北京—天津—东营—潍坊—临沂—淮安—扬州—南通—上海高速铁路，连接华北、华东地区，贯通京津冀、长三角等城市群。

京港（台）通道。北京—衡水—菏泽—商丘—阜阳—合肥（黄冈）—九江—南昌—赣州—深圳—香港（九龙）高速铁路；另一支线为合肥—福州—台北高速铁路，包括南昌—福州

（莆田）铁路。连接华北、华中、华东、华南地区，贯通京津冀、长江中游、海峡西岸、珠三角等城市群。

京哈—京港澳通道。哈尔滨—长春—沈阳—北京—石家庄—郑州—武汉—长沙—广州—深圳—香港高速铁路，包括广州—珠海—澳门高速铁路。连接东北、华北、华中、华南、港澳地区，贯通哈长、辽中南、京津冀、中原、长江中游、珠三角等城市群。

呼南通道。呼和浩特—大同—太原—郑州—襄阳—常德—益阳—邵阳—永州—桂林—南宁高速铁路。连接华北、中原、华中、华南地区，贯通呼包鄂榆、山西中部、中原、长江中游、北部湾等城市群。

京昆通道。北京—石家庄—太原—西安—成都（重庆）—昆明高速铁路，包括北京—张家口—大同—太原高速铁路。连接华北、西北、西南地区，贯通京津冀、太原、关中平原、成渝、滇中等城市群。

包（银）海通道。包头—延安—西安—重庆—贵阳—南宁—湛江—海口（三亚）高速铁路，包括银川—西安以及海南环岛高速铁路。连接西北、西南、华南地区，贯通呼包鄂、宁夏沿黄、关中平原、成渝、黔中、北部湾等城市群。

兰（西）广通道。兰州（西宁）—成都（重庆）—贵阳—广州高速铁路。连接西北、西南、华南地区，贯通兰西、成渝、黔中、珠三角等城市群。

“八横”通道主要包括：

绥满通道。绥芬河—牡丹江—哈尔滨—齐齐哈尔—海拉尔—满洲里高速铁路。连接黑龙江及蒙东地区。

京兰通道。北京—呼和浩特—银川—兰州高速铁路。连接华北、西北地区，贯通京津冀、呼包鄂、宁夏沿黄、兰西等城市群。

青银通道。青岛—济南—石家庄—太原—银川高速铁路（其中绥德至银川段利用太中银铁路）。连接华东、华北、西北地区，贯通山东半岛、京津冀、太原、宁夏沿黄等城市群。

陆桥通道。连云港—徐州—郑州—西安—兰州—西宁—乌鲁木齐高速铁路。连接华东、华中、西北地区，贯通东陇海、中原、关中平原、兰西、天山北坡等城市群。

沿江通道。上海—南京—合肥—武汉—重庆—成都高速铁路，包括南京—安庆—九江—武汉—宜昌—重庆、万州—达州—遂宁—成都高速铁路（其中成都至遂宁段利用达成铁路），连接华东、华中、西南地区，贯通长三角、长江中游、成渝等 10 城市群。

沪昆通道。上海—杭州—南昌—长沙—贵阳—昆明高速铁路。连接华东、华中、西南地区，贯通长三角、长江中游、黔中、滇中等城市群。

厦渝通道。厦门—龙岩—赣州—长沙—常德—张家界—黔江—重庆高速铁路（其中厦门至赣州段利用龙厦铁路、赣龙铁路，常德至黔江段利用黔张常铁路）。连接海峡西岸、中南、西南地区，贯通海峡西岸、长江中游、成渝等城市群。

广昆通道。广州—南宁—昆明高速铁路。连接华南、西南地区，贯通珠三角、北部湾、滇中等城市群。

“八纵八横”可实现相邻大中城市间 1~4 h 交通圈、城市群内 0.5~2 h 交通圈，能进一步满足人们对更便捷的运输产品需求，同时最大限度缓解普铁线路的运输压力，有利于铁路货物运输时限的压缩。

根据《中长期铁路网规划》(2016—2030 年)，我国高铁建设不断推进，目前几条典型的中国高速铁路线路如下：

1. 京津城际高速铁路

2008 年 8 月 1 日开通的京津城际高速铁路引起了国内外的广泛关注。京津城际铁路是世界上首条运营速度达到 350 km/h 的高速铁路。技术方面，京津城际无论线路、供电、信号还是车辆，都采用了当时世界最新技术。“和谐号”CRH3 型动车组在京津城际铁路运行试验中创出 394.3 km/h 的试验速度。试验过程中，高速列车各系统运行正常，列车平稳舒适。这意味着京津城际铁路线桥质量、动车组性能、各系统间的配合已达到世界一流高速铁路标准。

2. 京沪高速铁路

京沪高速铁路全场 1 318 km，于 2011 年 6 月 30 日全线开通运营，是目前世界上一次性建成的最长的高速铁路。京沪高速铁路连接北方的环渤海经济区和南方的长江三角洲经济区，贯通中国东部最发达地区。京沪高速铁路设计最高速度为 380 km/h，远期运营速度为 350 km/h。在技术上，京沪高铁集中高速铁路技术之大成，高速列车、列车运行控制、轨道、牵引供电等都代表着如今中国高速铁路技术的最高标准。2010 年 12 月 3 日，京沪高速铁路 CRH380AL 动车组在枣庄至蚌埠间的试验区段创造了 486.1 km/h 的中国运营列车试验速度新纪录。

3. 京广高速铁路

京广高速铁路于 2012 年 12 月 26 日全线开通运营，是目前世界上运营里程最长的一条高速铁路，全长 2 298 km，设计速度 350 km/h，初期最高运营速度 300 km/h。从北京至广州最快的列车只需 7 h 59 min，途经河北、河南、湖北、湖南、广东 5 省。

4. 哈大高速铁路

2012 年 12 月 1 日，哈大高速铁路开通运营，线路全长 921 km。哈大高速铁路设计速度 350 km/h，初期最高运营速度 300 km/h，将东北三省主要城市连为一线，主要技术特点在于防寒技术。例如，为哈大线量身定做的 CRH380B 型动车组可以在−40 ℃条件下正常运行；为防路基冻胀，在路基冻结深度范围内填筑了非冻胀性材料；采用防开裂的双向预应力 CRTS-1 型板式无砟轨道结构；道岔设置融雪装置，接触网设置融冰装置。

5. 西成高速铁路

2017 年 12 月 6 日，西安至成都高铁正式开通运营，西成高铁途经我国地理上最重要的南北分界线秦岭，为世界首条穿越艰险山脉的高速铁路。西成高铁全长 643 km，全线共设西安北、阿房宫、鄠邑、新场街、佛坪、洋县西、城固北、汉中、新集、宁强南、七盘关、广元、剑门关、青川、江油北、江油 16 座车站，设计时速 250 km，两地最短运营时间 3 h 27 min。超过 25‰坡度的线路长达 45 km，直接落差 1 100 m，也是目前全国超过 25‰坡度最长的高铁长大坡道。仅超过 10 km 的特长隧道就有 7 座，形成了长达 110 km 的长大密集隧道群，这在我国高铁建设史中尚属首次。

第三节　高速铁路的技术经济特征及系统构成

一、高速铁路的技术经济特征

高速铁路在继承了原有铁路运输优势的同时，以其先进的技术经济优势给铁路运输发展带来了生机，特别是近几十年来可持续发展理论的提出及各国可持续发展战略的实施，使得高速铁路技术经济优势受到世界各国前所未有的关注。

1. 高速铁路经济快捷

经济快捷是高速铁路的技术核心，也是高速铁路技术经济优势的最主要指标。旅客出行最关心的问题就是旅行时间，而旅行时间主要是由旅行所乘坐运输工具的行驶速度决定的。高速铁路是陆上运行距离最长，运行速度最快的交通运输工具。近几年以来相继开工建设的高速铁路运营速度都在 300 km/h 以上，远远超过公路交通的速度。就是与速度最快的航空运输相比，高速铁路也凭借其便于旅客出行、发车间隔时间短、随到随走等优势而显示出巨大的竞争力。以北京到上海为例，考虑到在机场办理登机手续和等待登机，以及来回机场的时间，机场一般建设在离城市较远的位置等因素，乘坐飞机总共需要 5 h。据测算，京沪高速铁路建成后，乘坐高速列车从北京到上海的旅行时间也仅为 5~6 h。这样就提高了办事效率，大大节约社会时间成本，从而将进一步推动京沪两地经济的发展。根据国家科技部中国科技促进发展研究中心的研究，高速铁路可以把经济区域在 800~1 000 km 范围内孤立的、分散的经济区形成一条经济带或经济走廊，使这一带的经济社会活动联系更加紧密，发展速度更快。由此而产生的社会经济效益是十分重大、难以估量的。据专家测算，京沪高速铁路建成后，可使沿线地区 GDP 增长率提高 23%~26%。因此，建设京沪高速铁路对促进东部地区保持持续快速的经济增长势头，创造新优势，实现新突破，率先实现现代化，从而带动全国的经济增长，具有重要的战略意义。

2. 高速铁路运量大

高速铁路的一个重要技术经济优势就是输送能力大，高速铁路的运输能力是高速公路和民用航空等现代交通方式所不能比拟的。目前世界各国高速铁路几乎都能满足行车间隔 4 min 和 4 min 以下的要求，日本新干线在运输高峰时期，行车间隔最小可达 3 min 左右，列车发车密度 20 列，基本上可以做到旅客随到随走。我国京沪高速铁路建成后，单向年输送旅客可达 8 000 万人次，其旅客周转量将远远超过高速公路运输和民用航空运输。高速铁路建成后客流量增加，枢纽城市的知名度会日益提高，从而进一步促进这些城市经济发展。

3. 高速铁路安全舒适

安全是人们出行选择交通运输方式最关心的因素。高速铁路由于在全封闭的环境中自动化运行，再加上一系列完善的安全保障措施，所以其安全程度远远高于其他交通工具。根据已经建成高速铁路国家的统计数据，几个主要高速铁路国家，高速铁路事故率及人员伤亡率都远远低于其他现代交通运输方式。根据日本高速铁路的统计数据，日本东海道“新干线”采用了大密度、大运量、高准确性的安全运行系统，从1964年新干线建成至今，共输送旅客近超过80亿人次，却保持了旅客运输零死亡率的安全记录。这样的记录对公路运输和航空运输来说是不可想象的。因此，高速铁路被称为世界上最安全的运输方式。另外，随着人民生活水平的提高，乘坐舒适程度也成为人们出行选择交通工具的一个重要条件之一。高速铁路线路平顺、稳定，列车运行平稳，震动和摆动幅度都很小，每个旅客所占有的活动空间比汽车和民航都大得多，再加上设施先进、装备齐全等特点，使得乘坐高速铁路非常舒适。

4. 高速铁路能够全天候运行

高速铁路采用先进的列车运行控制系统，全部采用自动控制，一般不受恶劣天气条件的影响和限制。高速铁路列车按规定的时间发车、运行与到达，规律性强，除非遇到地震、海啸等危及行车安全的突发自然灾害，其运行基本不受影响，可以做到24小时安全正常行驶，这是飞机、汽车以及其他现代交通运输工具所不及的。

5. 高速铁路占地面积少造价低

陆上交通运输方式需要占用大量土地，特别是要占用大量耕地。法国TGV高速铁路占地仅为一条双向四车道高速公路占地面积的四分之一，而每小时完成的运量却是四车道高速公路的4倍，造价相对较低。高速铁路与航空相比，航空运输的基础设施主要是机场，在一些大城市附近修建机场需要占用大量土地，同时由于建设机场需要的土地有一定面积、平整度的要求。因此，有些城市的机场距离城市较远，这样就还需修建相关城市到机场的高速公路及其他辅助设施。而高速铁路可以直接穿行于城市间，既便利又相对减少占地。

6. 高速铁路有较高的社会经济效益

以京沪高速铁路为例，根据京沪高速铁路可行性研究报告，京沪全线工程总投资估算总额16 799 959.5万元，每正线公里12 741.8万元。其中，静态投资13 350 268.2万元；动态投资813 965.9万元；全线动车组购置费2 620 000万元；铺底流动资金15 725.5万元，每正线公里11.9万元。项目财务内部收益率为9.62%，大于6%的行业标准，财务净现值为849亿元，投资回收期为15.31年，国民经济内部收益率为15.74%，各项财务指标都显示该项目经济效益好。除了经济效益外，高速铁路的社会效益也很显著。据文献①，京沪高速铁路的社会成本为0.323 9元/人·km，而高速公路为0.659 4元/人·km，民航为0.747 6元/人·km，既有铁路为0.422 1元/人·km。在完成同等运量的情况下，修建京沪高速铁路每年节省的社会成本为233亿元，6~7年内所节省的社会成本总额就相当于全部建设投资。总之，高速铁路外部运输成本低，社会经济效益显著。

7. 高速铁路具有节能环保的优势

交通运输是能源消耗大户，能耗标准是衡量交通运输方式优劣的重要技术指标。高速铁路采用电力机车牵引，这与采用石油等液体燃料的交通运输工具相比有很大的节能优势。同时高速铁路可以利用可更新的能源，如核电、太阳能等，具有节能环保的优势。与公路、航空运输相比，高速铁路是中长距离运输中最具节约特征的交通方式。每人公里燃料消耗是汽

① 李群仁，曾会欣，张力．京沪走廊各种运输方式的社会成本[J]．中国铁路，1999（6）：6-9+3．

车的 1/3，是中程客运飞机的 1/5。

高速铁路使用的电能为二次能源，与汽车、飞机使用液体燃料相比，对环境污染程度小。从环境保护角度看，公路和航空这两种运输方式不仅产生大气污染，而且通过释放二氧化碳加剧了全球温室效应。日本新干线的资料表明，在人均二氧化碳排放量上，汽车与飞机分别是高速铁路的 5.5 倍和 6.3 倍。而高速铁路由于是电力牵引，基本上消除了粉尘、油烟和其他废气的环境污染。在噪声污染方面高速铁路相对其他运输方式产生的噪音较小。距离 TGV 高速铁路线 25 m 的地带，测得的噪声级是 65 dB（A），一条每天通过 30 000 辆车的高速公路产生的平均噪声级是 75 dB（A），即比高速铁路高出 10 dB（A）。而机场附近的噪声更高，距离飞机跑道 300 m 的地带噪声级则达到 100 dB（A）。另一方面，由于在运行特性和动态设计方面的提高，新一代高速列车正在降低噪声危害，例如 TGV 第 3 代列车比第 1 代列车减少了 8 dB（A）的噪声。

二、高速铁路的系统构成

高速铁路系统可以划分为工务工程系统、牵引供电系统、通信与信号系统、动车组系统、运营调度系统、客运服务系统 6 个部分，它们在高速铁路的运营中发挥着各自的重要作用。

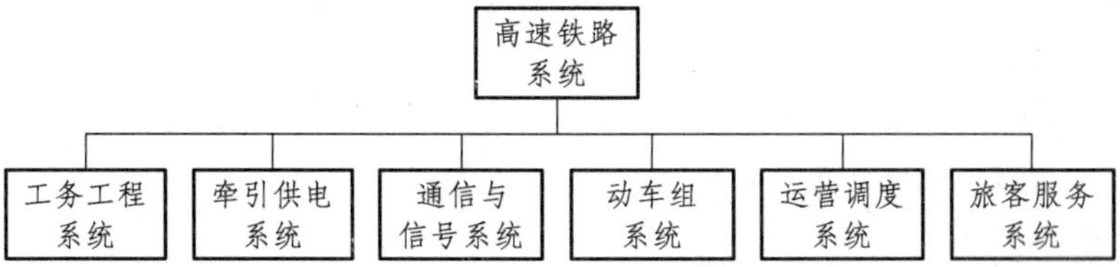

图 1-3　高速铁路的系统构成

1. 工务工程系统

工务工程系统是一个庞大的系统，涉及路基、桥涵、隧道和轨道等专业工程，还涉及路基与桥梁的过渡、路基与隧道的过渡、桥梁与隧道的过渡，以及路基和桥隧等线下基础与轨道结构的衔接等。与普速铁路相比采用了很多新技术和新工艺，其设计和施工控制标准高。

为了达到高速铁路线路的运营要求，高速铁路工务工程系统既要为高速运行的机车车辆提供高平顺性与高稳定性的轨面条件，又要保证线路各个组成部分具有一定的坚固性与耐久性，使其在运营条件下保持良好的状态。同时，要求建立严格的线路状态检测和保障轨道持久高平顺的科学管理系统。

为满足列车的高速平稳运行，工务工程系统的主要特点有：高平顺、高精密、小残变、少维修的轨道结构；高稳定性轨下基础的；宽大、独行的线路空间；高标准的环境保护；列车以设计速度开通运营；科学的轨道管理及严格的安全监控。

2. 牵引供电系统

牵引供电系统是高速铁路系统的能力保障系统，主要功能是为高速铁路列车运行控制提供稳定、高质量的电能。牵引供电系统一般由供电系统、变电系统、接触网系统、SCADA 系统、电力系统等构成。总的来说，高速铁路电力牵引所需牵引功率更大、弓网作用关系更加复杂。与普通电气化铁路相比，高速铁路牵引供电系统具有如下特点：

（1）功率需求大，负荷电流大；

（2）交—直—交动车组功率因数高，谐波含量低。

3. 通信与信号系统

高速铁路的信号与控制系统是高速列车安全、高密度运行的基本保证，世界各国发展高速铁路都非常重视行车安全及相关支持系统的研发。高速铁路的信号与控制系统是集控制与数据传输于一体的综合控制与管理系统，是当代铁路适应高速运营、控制与管理而采用的最新综合性高技术平台，通称为列车运行自动控制系统（Automatic Train Control System，ATCS）。

高速铁路的信号与控制系统采用集中管理、分散控制为主的集散式控制方式，分为行车指挥自动化与列车运行自动化两大部分。

高速铁路通信系统的主要功能是：

（1）及时、准确地完成指挥列车运行的各种信息的传输；

（2）为旅客提供各种服务的通信；

（3）为设备维修及运营管理提供通信条件，满足维修人员沿线作业的需求。

4. 动车组系统

动车组是运送旅客的载运工具，高速铁路的动车组基本均为机车车辆一体化。按列车动力轮对的分布式和驱动设备的设置分为动力集中式和动力分散式，目前世界上的动车组基本都向动力分散型发展。与常规铁路相比，高速动车组需要性能良好的转向架、制动系统、低噪声及优良的空调等相关基础设备。

5. 运营调度系统

运营调度系统是集计算机、通信、网络等现代化技术为一体的现代化综合系统。运营调度系统主要是铁路管理部门对运力资源进行动态调配优化，完成列车的计划、运行、设备维修等一系列任务，是完成高速铁路运输组织特别是高速铁路系统日常运营的根本保证。运营调度系统，涵盖运输计划管理、列车运行管理、动车管理、综合维修管理、车站作业管理、安全监控及系统维护工作。调度指挥是围绕运输计划对资源进行动态调配的工作，反映了运输组织的具体执行过程，是铁路系统运转的中枢部位。调度模式的选取与运输组织特点、工作量大小和技术装备的水平都有着密切的关系。

6. 旅客服务系统

旅客服务系统的主要功能是处理与旅客运输服务相关的事件，主要包括发售车票、信息采集、信息发布、日常投诉处理、紧急救助、旅客疏散、旅客赔付和客户关系管理等工作。此外，还可提供统计分析功能，为管理层提供决策参考。客运服务系统由订/售票铁路票务系统、自动检票系统、旅客信息服务系统、市场营销策划决策支持系统等构成。

客运服务系统是直接面向旅客的系统，一流的运营管理要求客运服务必须达到较高的水平，这除了良好的管理制度以及高素质的运营服务人员外，还涉及票务管理技术、旅客服务技术、市场营销策划技术、客运组织技术。

我国高速铁路建设规模空前、技术复杂、举世瞩目，涉及设计施工、装备制造、运营管理、养护维修等众多单位和部门，是一个庞大的系统工程，必须统一协调、精心组织、强力推进。

第四节　高速铁路与经济社会发展及其他运输方式的关系

一、高速铁路与经济社会发展的关系

随着高速铁路等交通干线的不断建设与完善，必然会对沿线地区的通达性、产业结构、空间结构及城镇化等经济社会发展产生重大影响。

1. 高速铁路形成节约区域时空的经济效应

空间可达性是指不同区域（国家、地区、城市及各类基础设施）之间进行物质、能量及人员流动的便捷程度，即主要用以描述区域之间相互联系的方便程度。区域之间的空间可达性可借助陆上、水上及航空交通运输等方式。在信息技术高度发达的当今时代，科技有助于拉近和压缩空间时间距离，互联网无疑是一种极为有利的可达工具。空间可达性主要受到区域之间时间、空间、政治、经济、社会、交通基础设施等因素的影响。陆上交通运输工具中，在特定社会条件下，相比其他交通工具，高速铁路优势众多，它可以有效缩短时间距离，增强空间可达性。以京沪高速铁路为例，其开通运营后，沿线城市均被纳入“4 小时交通圈”，京沪高铁沿线城市之间的通达时间明显缩短，沿线各个城市之间的经济联系也变得更加紧密。

2. 高速铁路形成区域要素流动效应

高速铁路为区域经济要素的流动提供了载体，提高了区域间要素的流动速度，拉近了人们的心理距离，有利于邻近地区之间的要素资源的自由流动，从而能够很好地满足区域间经济要素流动的需求，最终对周边相邻地区的经济活动产生积极影响。

具体而言，高速铁路放大区域辐射效应主要表现在：高速铁路的建设及发展通过增强不同区域之间的经济溢出效应，进而对经济增长产生促进作用。高铁建设基于其基本的交通运输性质，对本地区经济发展产生直接影响，对周边邻近地区则产生间接影响，从而对实现区域经济增长产生积极作用。

相比高速铁路对本地区经济增长的直接作用，其对周边邻近地区的间接作用也显得十分突出。高铁的建设及运营扩大了区域开放程度，加快了人力、资本、技术、信息等要素的流动，降低了经济成本，推动了区域间合作交流，有利于扩大市场规模，提高资源配置效率，进而促进经济持续增长。以技术转移为例，其本身是指技术从一个地方以某种形式转移到另一个地方。由于高速铁路大大缩短了空间距离，必然引起各个城市之间的技术转移，更紧密地带动区域间的技术交流及合作，带动制造业从劳动密集型转移到技术密集型，技术转移效应明显。

3. 高速铁路优化区域产业结构

产业结构布局是否合理对资源配置效率有着直接影响，产业结构的布局越科学合理，则它对国民经济的持续健康发展越有利。畅通高效的高速铁路的建设有利于优化产业结构，也有助于推动地区产业结构转型。具体而言，首先，高速铁路建设就其技术层面对促进高铁产

业的自主研发及创新能力有很大的帮助。高速铁路建设可以带动钢铁业、机车制造业、动力燃料、电子设备等多个产业的崛起和发展，也有利于推动关联产业的发展，对于第二产业和第三产业的进一步发展是一个良好的契机；其次，高速铁路的建设与运行，可以将原材料产地、生产厂商以及消费市场等更加紧密地联系起来，从而对推动沿线城市及传统产业的转型发展有重要作用；最后，高速铁路缩短了区域间通行时间，促进了产业结构的优化。高速铁路可以强化一个地区的人员流动、物质流动、信息流动以及资金流动，并有效整合区域资源，进一步刺激该地区的消费，从而对该地区第三产业的产生和发展发挥溢出效应，也有利于形成产业关联效应和促使地区经济的多元化发展。作为地区发展的催化剂，高铁对地区产业升级至关重要。换句话说，高速铁路可以通过缩短时空距离，更好地发挥核心城市的扩散作用，有利于优化资源配置，带动区域内各城市的协同发展，促进城市产业升级。

以日本新干线为例，其建成开通之后，沿线各个城市的商务会议、旅游等第三产业也逐渐开始兴旺起来，最终通过形成一个个的高铁商业中心，加速了沿线城市产业结构的优化。

4. 高速铁路推进区域城镇化进程

高速铁路开通，原有站点改造或者新建的高铁站将形成区域内的增长极。这些增长极的发展逐步形成中心城市或城镇，而中心城市或者城镇又是区域经济发展和扩展的核心，由一个城市的崛起带动周边地区的发展，在城市的群落中，区域经济不断发展升级。城市化即“城镇化”，它是指城市的规模逐渐扩大，农村人口不断向城市转移。在区域经济发展中，城市从无到有，从小城镇发展成为中等城市，进而形成辐射点，由点及面，逐步形成城市群，从而发展成经济发展轴，这恰好如点-轴渐进开发理论中所强调的那样。建设发达的交通系统便是实现城镇化的必要条件。高速铁路的建设极大程度上提升了区域交通运输能力，实现了多种生产要素区域内、区域间的流动，为城镇的形成与发展创造了良好条件。目前，我国正处在加快新型城镇化建设的进程中，高速铁路将提升沿线城市之间的空间可达性，增强了中心城市对周边市镇的影响力，从而加速城市化进程，拓展和开发区域经济发展的规模。高铁站多数建设地点偏远、荒凉，高铁新站的建成也将会形成新的经济发展中心或者集镇，这些站点作为增长极将吸引周边地区人口集中，发展高铁商圈，形成交通经济带，推动城市化进程，促进欠发达地区的快速发展。

二、高速铁路与其他运输方式的关系

下面通过高速公路和民用航空的技术经济特征来分析高速铁路与其他运输方式的关系。

1. 高速公路的技术经济特征

高速公路是指能适应年平均昼夜小客车交通量为 25 000 辆以上，专供汽车分道高速行驶并全部控制出入的公路。目前高速公路已成为我国城际旅客运输的主要运输方式之一。作为现代交通运输方式之一的公路运输除了产品的非实体性、产品效用的一次性等一般运输业共有的特征外，还具有其自身的固有特征。

（1）机动灵活，运输方便。由于公路网密度大，覆盖区域广，铁路、水运不能到达的地方，公路可以到达。公路既是其他运输方式的接运手段，也可自成运输体系。在我国内地没有河道、不通铁路的许多地方，公路运输已成为唯一的大批量客货运输的通道。在运输时间上，汽车可以随时调度、旅客可就近方便上下车，而铁路、民航在这方面的局限性较大。汽车既可单车运输，也可以组成车队同时运输，能满足各种用途的运输需求。

（2）可实现“门到门”运输。汽车运输可以把旅客从居住地直接送到目的地。它除了可以沿公路网运行外，还可以深入工厂、矿山、车站、码头、农村、山区、城市街道及居民点，空间活动的领域大，这是其他运输方式办不到的。

（3）替代性强。在一般条件下，公路运输可以替代铁路、航空、水运运输。目前，国内外用汽车代替铁路运输的情况越来越多。水运、铁路部门承担的中短途运输，如 300 公里以内客运越来越多地由汽车承运。

（4）始建投资少、资金周转快。与铁路相比，汽车运输的固定设施费用及车辆购置费均要低于铁路，资金回收期也较短。

（5）事故频率高，影响环境。日本对 20 世纪 70 年代 10 年间所发生的旅客生命财产事故进行了分析，发现汽车事故是铁路事故的 1 570 倍，飞机是铁路的 63 倍。我国 1987 年至 1988 年统计，公路完成的换算周转量为铁路的 1/3，而死亡人数则为铁路的 282 倍，受伤人数为铁路的 1500 倍。

2. 民用航空的技术经济特征

航空运输是一种使用飞机运送人员和物资的运输方式，也是目前世界上速度最快的一种运输方式。目前，世界上用于民用航空的喷气式客机的巡航速度可达到 600~900 km/h，波音 743-300 速度可达到 948 km/h。航空运输的主要特征包括：

（1）速度快。这是航空运输最大的优势和特点。在非常注重时间价值的现代社会，快速是民航相对其他方式无法比拟的特殊优势。涡轮螺旋桨和喷气式运输机，时速都在 900 公里左右，并且飞机是直线飞行，不像其他运输方式那样受到交通线路的束缚。一般来说，航空运输运程越长所节约的时间越多，其速度优势发挥得就越显著。

（2）舒适、安全、运输质量高。喷气式民航飞机的飞行高度一般在一万米以上，不受低空气流的影响。据国际民航组织的统计，世界民航定期班机失事最多的年份为 1966 年，每亿客公里死亡 0.44 人，近年下降至 0.04 人。飞机客舱宽敞、色调和谐、空气清新、噪声小、起降平稳，机内餐饮供应质量不断提高，视听娱乐设备先进，地面服务周到，旅客在节省大量时间的同时，还可以减少旅途跋涉之苦。

（3）持续性差、延伸性差。飞机遇到暴风雨天气要绕道，遇到大雾可能延迟飞行，这会给旅客带来诸多不便。另外，民航运输以机场为终点，总与市区有一段距离，需要其他运输方式的配合。

（4）运输成本高。在各种运输方式中，航空的运输成本最高。

3. 各种运输方式技术特征的比较

从前面的分析中可以看出，现代旅客运输系统中，各种旅客运输方式各具优劣。高速铁路与其他两种运输方式相比在运量、运输安全、舒适程度、环保、准时性等各个方面占有优势（见表 1-4），是最具节约特征的运输方式。同时也具有路网密度低，不能实现“门到门”运输等不利条件。民航拥有长途的速度优势，高速公路具有方便性等特点。由此可见，各种运输方式各有优势，存在竞争，同时又可以互补，形成联运。

表 1-4　高速铁路与其他运输方式技术经济特征比较

项目＼类型	高速铁路	高速公路	航空
最高速度（km/h）	380	160	1 200
占用耕地（公顷/km）	30	122	53
运量	大	中	小
安全性	较好	易出事故	易出事故
运行单位能耗 W·h/（人·km）	较小 160~380（160~350 km/h）	大 320（160 km/h）	最大 770（1 000 km/h）
社会成本（元/人·km）	0.323 9	0.659 4	0.747 6
准时性	不受气候因素限制	受气候因素限制	受气候因素限制

第二章　高速铁路运输组织模式及通道分工优化

第一节　高速铁路运输组织模式

一、我国高速铁路的运输组织模式

我国高速铁路的运输组织模式，应与该线路在路网中的位置、担负的运输任务以及客流情况和相关技术设备条件相适应。因此，确定我国高速铁路的运输组织模式的前提为：

（1）高速铁路与普速铁路的分工：尽量组织旅客列车上高速线运行，减少普速铁路旅客列车开行数量，提高普速铁路货物列车开行能力，提高客货列车旅行速度；

（2）以人为本，方便、快捷和安全地组织旅客运输；

（3）创造条件，使高速线能吸引最大客流，降低运输成本，提高铁路运输市场竞争力，保证高速铁路建成后具有良好的企业经济效益和社会效益。

为了叙述方便，我们将速度在 300 km/h 及以上的高速列车称为 A 类高速列车，简称 A 类列车；将速度为 200 km/h 和 250 km/h 的高速列车称为 B 类高速列车，简称 B 类列车。

1. 速度在 300 km/h 及以上高速铁路的运输组织模式

速度在 300 km/h 及以上高速铁路的运输组织模式有以下 6 种：

① 高速铁路只开行 A 类列车且不组织旅客换乘，跨线旅客列车全走普速铁路；

② 高速铁路只开行 A 类列车，组织旅客换乘，跨线旅客列车全走普速铁路；

③ 高速铁路上开行 A 类列车，有条件的部分跨线列车走高速铁路，采用 A 类列车方案，其余跨线列车仍走普速铁路；

④ 高速铁路上本线列车采用 A 类列车方案，所有跨线列车均走高速铁路且采用 A 类列车方案；

⑤ 高速铁路上本线列车采用 A 类列车方案，所有跨线列车走高速铁路且采用 B 类列车方案；

⑥ 高速铁路上本线列车和跨线列车共线运行，除本线列车全部采用 A 类列车方案外，有条件的跨线列车也采用 A 类列车方案，其余跨线列车采用 B 类列车方案；

上述 6 个方案中，前 4 个方案为全高速 A 类列车方案，方案⑤和方案⑥为多种速度列车共线方案，从已有的高速铁路运输能力研究结果看，方案①、②、③、④对利用高速铁路通过能力最有利，方案⑤和方案⑥次之。

方案①中，高速铁路上只开行本线高速列车，高速铁路所服务的客流范围较小。

方案②可以增加一部分高速铁路行车量，但跨线客流要增加换乘。此外，由于要组织旅客换乘，必须要考虑高速铁路列车与高速铁路列车、高速铁路列车与普速铁路列车之间的衔接，运输组织较复杂，而且有关车站可能要扩建站台，将增加投资。

方案③的特点是条件具备的跨线列车采用动车组在高速铁路上以较高速度运行，在普速铁路上以线路的限制速度运行，条件不具备的跨线列车采用普通旅客列车的形式仍走普速铁路。

方案④的特点为跨线列车全采用动车组在高速铁路上以较高速度运行，在普速铁路上以线路的限制速度运行，跨线客流不必换乘就可以乘坐高速客车，既改善了旅客旅行条件，又吸引了较多的高速客流。目前，发达国家一般都采用这一运输组织模式，并取得了良好的经济效益。按该方案实施，可以解决普速铁路能力严重不足的问题，同时也能有效提高高速铁路的经济效益和社会效益。但是，采用该方案高速列车在普速铁路上是以线路的限制速度运行的，使得高速动车组的周转时间大大延长，增加了高速动车组的需要量。同时，高速动车组在普速铁路运行，由于普速铁路的线路条件对动车组的磨损将大于高速铁路，其运营成本将增大。

方案⑤的特点为跨线旅客不必换乘就可以在高速铁路上乘坐 B 类列车，扩大了高速铁路客流的吸引范围，提高了高速铁路的能力利用率，较好地解决了普速铁路能力严重不足的问题。而且跨线列车为 B 类列车，其购置费较少，在普速铁路上运行有较好的适应性。此方案的不足为 B 类列车在高速铁路上的速度较低，降低高速铁路通过能力。

方案⑥既兼备了方案④和方案⑤的优点，同时也弥补了前五个方案存在的不足，其主要问题是跨线列车采用 A 类和 B 类列车，购置成本将增加，同时也增加了高速铁路线路上运行的列车种类，增加了运输组织的复杂程度，对通过能力产生不利影响。但是也应看到，随着我国经济的发展和人民生活水平的提高，A 类列车的数量和运行范围将逐步增大，最终实现高速铁路的全 A 类列车运行。

2. 速度在 200 km/h 的城际型高速铁路的运输组织模式

城际铁路以吸引城际间客流为主，主要解决相邻发达城市之间大量、高密度、乘车时间高度灵活的始发、终到客流，是城市间公路交通的有力竞争者。其运营的特点是：客流大都是集中在白天，随到随走。

因此，其运输组织模式采用仅运行本线城际列车的方式。这种模式对与普速铁路的衔接问题考虑相对较少，运输组织模式相对简单。城际铁路由于线路长，吸引范围大，为了满足不同客流特性的要求，主要考虑开行的本线列车有两种：大站直达城际列车和站站停城际列车。另外，部分跨线列车可以考虑上线运行，但其上线的条件要严格界定。速度在 200 km/h 的城际型高速铁路的运输组织模式以及上线列车的基本条件如下：

（1）高速铁路上只运行本线列车，不组织换乘，跨线旅客列车全走普速铁路。

这种模式下，本线列车采用 200 km/h 和 250 km/h 的动车组，以 250 km/h 的大站直达列车为主，站站停的城际列车速度不得低于 200 km/h。

（2）高速铁路上运行本线列车，在高速铁路与普速铁路的衔接站组织旅客换乘，少部分跨全段的旅客列车上线运行。

二、高速铁路不同运输组织模式的优缺点

高速铁路的运输组织模式可根据客流组织方式的不同进行选取，目前世界上不同国家的高速铁路客流组织方式可以大致归纳为：

（1）高速铁路本线客流采用高速列车输送，高速铁路跨线客流采用高速列车下高速线运行的输送方式；

（2）高速铁路本线客流采用高速铁路列车输送，高速铁路跨线客流在高速线范围内采用高速列车输送，而在高速线以外采用其他列车或交通方式输送，即跨线客流在高速线与普速线路衔接处换乘。

相对于高速铁路不同客流组织方式，高速铁路采用的运输组织模式大致可以归纳为：

（1）高速线仅运行高速列车，且高速列车运行范围仅为高速线。简称“全高速-换乘”方案；

（2）高速线仅运行高速列车，但高速列车不仅在高速线上运行而且还可以在与高速线相衔接的线路上运行，简称“全高速-下线运行”方案；

（3）高速线不仅运行旅客列车（包括高速列车和普通列车），还运行货物列车，简称“混合运输”方案。

“全高速-换乘”模式：高速线上只运行高速列车，无跨线列车运行，直通客流大，跨线旅客采用换乘的方式。这种模式适用于自成体系的高速铁路，如日本的新干线。其优点是列车运行速度高（可达到 B 类以上），列车追踪运行时间短（最小可达到 2~3 min），运输组织简单，便于管理，运输能力大等，但由于跨线客流要全部在衔接作业站进行一次或多次换乘，将延长旅客旅行时间，部分客流可能会转向其他交通工具，加重市内交通压力，给旅客带来不便和困难。所以旅客换乘是“全高速”模式的关键性问题。

“全高速-下线运行”模式：高速线上既运行本线高速列车又运行跨线列车的高速线路，跨线列车在高速线上按高速列车运行，下高速线后按普通线路允许的速度运行。这种模式是用于与普通线路相衔接的高速铁路，例如法国的高速铁路。优点是：由于高速线上运行的高速列车速度基本相同，可按平行运行图运行、通过能力大；高速列车下线运行，可以增加高速列车的通行网络，扩大了高速线路的服务范围，能更多地吸引客流，提高了高速线的利用率，减少旅客换乘，较好地解决跨线旅客运输问题。缺点是需要较多的高速列车车底，必须要求高速铁路与普速铁路兼容。

“混合运输”模式：高速线上不仅运行高速旅客列车还运行速度较低的货物列车，多适用于改建普速线为高速线的线路上。例如英国、德国、苏联等国的高速铁路。其优点是线路的工程投资小。缺点是线路上由于运行的客货列车速度差大（客车的速度一般为 200 km/h，货车的速度一般为 100 km/h），客车的扣除系数大，通过能力较小，列车的运行组织复杂；客车的最高速度也受到限制，一般只能达到 160~200 km/h，延长了旅客的旅行时间。

世界各国高速铁路在选择客流组织和运输组织模式时考虑的影响因素：首先考虑的是最大限度满足旅客客运需要，其次是考虑各国铁路路网的关系运营情况。

从我国目前既有铁路和国力情况来看：

“全高速-换乘”模式：高速线上只开行本线列车，由于我国普速铁路的通过能力基本处于饱和状态，该方案不能解决普速铁路能力严重不足的问题，且高速铁路所服务的客流范围太窄，难以发挥高速铁路的经济效益和社会效益。

“全高速-下线运行”模式不太适合我国的国情，难以借鉴使用。其原因如下：

（1）高速铁路旅客列车为电力牵引，并需向列车空调等设施供电，而我国既有路网尚未全部实现电气化。

（2）我国既有路网干线相对于高速线的技术标准低、养护差、曲线半径小，轨道平顺性差，高速旅客列车在此种线路上长距离运行，会造成轮缘磨耗严重不规则，致使高速列车回到高速线上运行时产生不良后果，高速车底的维修工作也大为增加。

（3）跨线列车以高速列车车底替代，下高速线后以允许速度继续运行于普速铁路至终点站，将大量增加昂贵的高速车底套数。这是相当不合理、不经济的。基于以上情况，我国既有铁路网难以适用开行高速旅客列车。

“混合运输”模式：高速线上不仅运行高速旅客列车还运行速度较低的货物列车，不能大幅度地提高旅客列车的旅行速度，通过能力受到限制。该模式不适合我国目前修建的高速铁路运行标准，不符合我国的国情。

第二节　高速铁路列车的速度匹配

对于采用多种速度列车共线运行的运输组织模式，需要考虑不同等级列车之间的合理匹配以减少通过能力损失，创造良好的行车条件。不同的列车速度匹配，对通过能力影响不同，对工程造价等影响也不同。因此在寻找合理速度匹配时，应从高速铁路的通过能力、运输成本和运输组织多角度分析。

一、高速铁路列车速度合理匹配的原则

（1）要适应相关线路（高速铁路和普速铁路）的技术条件，充分考虑高速铁路相关线路的速度目标与列车的速度等级之间的相互协调。

（2）从系统角度出发，充分发挥线路的技术优势和高速铁路的运输能力，尽量提高列车旅行速度，方便旅客旅行，使高速铁路吸引最大客流，有利于增强铁路市场竞争能力。

（3）创造良好的行车组织条件，尽量降低跨线列车晚点对本线列车的影响，保证列车运行安全，便于运输组织、行车组织调度工作。

（4）从“效益-费用”上全面考核和衡量高速铁路速度匹配效果，保证获得较好的经济效益、社会效益和预期的运输效果。

二、速度匹配与通过能力的关系

1. 高速铁路平行运行图区间通过能力

高速铁路平行运行图区间通过能力计算公式如下：

$$N = \frac{1\,440 - (T_{检} + T_{无效})}{I} \tag{2-1}$$

式中：N 为平行运行图区间通过能力（对）；$T_{检}$ 为综合维修天窗时间（min）；$T_{无效}$ 为列车运行

图无效时间（min）；I 为高速列车追踪运行间隔时间（min）。

2. A 类列车扣除系数 ε_A

在一个客流区段内，A 类列车可能在客运站或技术站停车办理作业，与不停车 A 类列车比较，它将产生额外的占用运行图时间，即开行在客流区段内有关车站停车办理作业的本线列车，将对通过能力产生不利影响。在高速铁路通过能力计算中，这一影响可采用高速列车扣除系数 ε_A。假若高速列车在途中不停站，其扣除系数为 1；每停站一次，前后区间将产生两倍追踪时间，如不互相利用，其扣除系数大于 1，且停站次数越多、停站时间越长，扣除系数就越大。即

$$\varepsilon_{Ai}=\frac{1+\{(p_i-q_i)t^A_{站i}+p_iI_{追}+t^A_{起停}\}}{mI^A_{追}} \tag{2-2}$$

$$\varepsilon_{Ai}=1+[(p_i+q_i)t^A_{站i}] \tag{2-3}$$

式中：ε_{Ai} 为第 i 站 A 类列车扣除系数；$I_{追}$ 为 A 类列车追踪运行时间（min）；p_i 为第 i 个中间站 A 类列车停车次数；q_i 为第 i 个中间站前后 A 类列车追踪停站次数；$t^A_{站i}$ 为第 i 个中间站一次停站时间（min）；$t^A_{起停}$ 为 A 类列车起停附加时间（min）；m 为 A 类列车某时间内在此区段运行的列数；

A 类列车扣除系数应为：

$\varepsilon_A=\max\{\varepsilon_{Ai}\}$，$i=1,2,...,n$；$n$ 是指某个高速铁路区段有 n 个中间站。

一般说来，各中间站 A 类列车的停站比例（x）要远小于 50%，而且在均衡停站的条件下不应出现 A 类列车追踪停站的情况，此时，A 类列车扣除系数的计算可简化为：

$$\varepsilon_A=1+\frac{xt^A_{站}}{I_{追}} \tag{2-4}$$

注：这里将高速铁路上除始发站和终到站外的车站均列为中间站。

3. B 类列车扣除系数 ε_B

由于 B 类列车运行速度较 A 类列车低，且停站办理次数多，因而占用列车运行图的时间较长。因此，要使高速铁路的通过能力运用最大，就应尽量减少 A、B 类列车的速度差。此时 B 类列车的扣除系数 ε_{B1} 可表示为：

$$\varepsilon_{B1j}=1+\frac{60}{I^A_{追}}\left(\frac{L_k}{V_B}-\frac{L_k}{V_A}\right) \tag{2-5}$$

式中：L_k 为客运区段 k 间的距离（km），其中该高速铁路内有 r 个客运区段，k=1，2，3……r；V_B、V_A 分别为 B 类、A 类旅客列车的运行速度（km/h），其中 $V_B=\beta V^B_{max}$，$V_A=\delta V^A_{max}$。

一般情况下，B 类列车是被 A 类列车越行的，B 类列车在客运区段内被 A 类列车越行，其运行区段距离越长，A 类、B 类列车速度差越大，则 B 类列车的扣除系数就越大。这样，B 类列车的扣除系数 ε_{Bj} 可用下式计算：

$$\varepsilon_{\mathrm{B}j}=\varepsilon_{\mathrm{B}1j}+K_{\mathrm{B越}j}\left(\frac{t_{起停}^{\mathrm{B}}+t_{\mathrm{B}ej}}{I_{追}-1}\right) \tag{2-6}$$

式中：$K_{\mathrm{B越}j}$ 为第 j 列 B 类列车待避 A 类列车的次数；$t_{起停}^{\mathrm{B}}$ 为 B 类列车起停附加时分；t_{Bej} 为 B 类列车停站时分。j=1，2，3……[mα_{B}]，α_{B} 是该高速铁路上 B 类列车所占的比例。

B 类列车扣除系数为：

$$\varepsilon_{\mathrm{B}}=\max\{\varepsilon_{Bj}\},\ j=1,2,3......[m\alpha_{B}] \tag{2-7}$$

4. 高速铁路通过能力 N_{BA}

当采用“A 类、B 类列车共线运行”的运输组织模式时，应尽量使 A 类、B 类列车的速度合理匹配，以使得高速铁路的通过能力最大：

$$N_{\mathrm{BA}}=\frac{1\,440-(T_{检}+T_{无效})}{I[\varepsilon_{\mathrm{B}}\alpha_{\mathrm{B}}+\varepsilon_{\mathrm{A}}(1-\alpha_{\mathrm{A}})]} \tag{2-8}$$

从以上分析可以看出，列车之间的速差越大，线路通过能力的损失也越大。

三、曲线半径对高速铁路列车不同运行速度匹配的影响

由于高速铁路上运行不同速度的列车，平面曲线最小半径的选择既要满足不同列车运行的“舒适度”，其列车运行速度、曲线超高与曲线半径的关系为：

$$R_{\min}=\frac{11.8(v_{\max}^{2}-v_{\min}^{2})}{h_{\mathrm{g}}+h_{\mathrm{q}}} \tag{2-9}$$

式中：$v_{\min}$ 为最低列车运行速度；$v_{\max}$ 为最高列车运行速度；h_{g} 为曲线最大过超高；h_{q} 为最大欠超高。

因此从上面公式可以得出最低列车速度与最高列车速度比的关系如下：

$$0<\frac{V_{\min}}{V_{\max}}\leqslant\sqrt{\frac{h_{\max}-h_{q}}{h_{\max}+h_{g}}} \tag{2-10}$$

四、速度匹配对旅行速度的影响

当高速铁路分流部分普速铁路旅客列车之后，形成了在高速铁路上多种速度列车共线运行的运输组织模式。在此种模式下，对于 B 类列车，若在原普速铁路上运行，由于其列车运行速度相对普速铁路其他列车来讲是最高的，在运行组织上一般不会产生被其他列车越行。这样，可以保证比较良好的列车旅行速度。而当其在高速铁路上运行时，由原最高速度列车

变为了在高速铁路上的最低速度列车，就可能产生被 A 类列车越行的情况，这势必将造成其旅行速度的降低。因此，在高速铁路上多种速度列车共线运行的运输组织模式下，分析 A 类、B 类列车的不同速度匹配对 B 类列车的旅行速度的影响具有重要的意义。

设 v_{Bl} 表示 B 类列车的旅行速度，V_{By} 表示其运行速度，T_{B} 表示 B 类列车在该线路的运行时分，T_{Bt} 表示 B 类因越行和包括起停车时分在内的停站时分之和，则旅客列车速度系数 β_{B} 为：

$$\beta_{\text{B}} = \frac{V_{\text{Bl}}}{V_{\text{By}}} = \frac{T_{\text{B}}}{T_{\text{B}} + T_{\text{Bt}}} \tag{2-11}$$

由于式内的 T_{B} 为已知数，所以只要分析求得 T_{Bt}，则可求得 B 类列车的旅行速度系数及其相应的旅行速度。由于 T_{Bt} 中包含的旅客列车因办理旅客业务需要的停站时间 T_{Be} 可以看成是一个已知数，因此，只需求出每对 B 类列车在线路内越行产生的停站时间：

$$T_{\text{By}} = T_{\text{Bt}} - T_{\text{Be}} \tag{2-12}$$

从式中可以看出，只要知道了 B 类列车被 A 类列车越行的总停留时间，就可以得到其旅行速度系数。因此，需要对 B 类列车的越行次数及越行停留时间进行分析。

（1）每对 B 类列车被 A 类列车越行的次数可用下式计算：

$$K_{\text{By}} = \frac{T_{\text{B}}(1-\Delta_{\text{B}})}{1\,440} n_{\text{A}} \tag{2-13}$$

式中：Δ_B 为 B 类列车与 A 类列车之间的速度比值（$\Delta_B = V_B / V_A$）；n_A 为该线路开行的 A 类列车对数。

（2）越行停站时分。

B 类列车被 A 类列车越行的停站时间，主要取决于列车在运行图的相互位置，速度比值，越行地点的选择，以及 B 类列车在 A 类列车前后出发的条件。由于高速铁路是双线自动闭塞，追踪间隔时间对于越行停站时间起着决定性的影响。B 类列车被 A 类列车越行，所形成的最大越行停留时间和最小越行停留时间如图 2-1 所示。

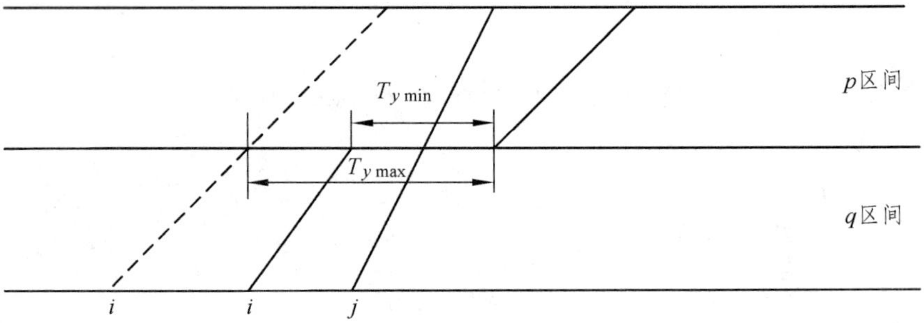

图 2-1　越行停留时间分析示意图

从图中可以得到：

$$t_{y\min} = 2I + t_{起} + t_{停} \tag{2-14}$$

$$t_{y\max} = t_{ip} - t_{jp} + 2I + t_{起} + t_{停} \tag{2-15}$$

从图中可以看出，在计算 $t_{y\max}$ 时，没有考虑列车在被越行后的出发情况，认为它们总是紧密发车的。一般，取越行停站时间 t_y 为：

$$t_y = 0.5(1-\Delta_B)t_{Byb} + 2I_{追} + t_{起停}^{B} \tag{2-16}$$

式中：t_{Byb} 为 B 类列车的平均运行时分；$I_{追}$ 为同方向的 B 类列车平均追踪间隔时间；$t_{起停}^{B}$ 为 B 类列车的起停附加时分。

则每对 B 类列车在线路内越行产生的停站时间 T_{By} 为：

$$T_{By} = K_{By} t_y \tag{2-17}$$

即

$$V_{By} = \frac{T_B(1-\Delta_B)}{1\,440} n_A \left[0.5(1-\Delta_B)t_{Byb} + 2I_{追} + t_{起停}^{B}\right] \tag{2-18}$$

因此：

$$V_{Bl} = \beta_B V_{By} = V_{By}\left(1-\frac{T_{Bt}}{T_B+T_{Bt}}\right) = V_{By}\left(1-\frac{T_{Be}+T_{By}}{T_B+T_{Be}+T_{By}}\right) \tag{2-19}$$

由以上分析可知，A 类和 B 类列车之间的速差越大，产生越行的概率越大，B 类列车的待避停站时间也越大，将对其旅行速度产生较大影响。

五、速度匹配与运输组织协调的关系

（1）在高速铁路上列车存在多种运行速度的列车，则使运输组织变得复杂。速差越大，运输组织越困难。不同的速度匹配，不同程度上影响了 A 类、B 类列车的铺画对数，从而影响高速铁路的服务频率。同时，不同的速度匹配也影响到了 A 类、B 类列车的停站方案。随着国民经济的发展和人民生活水平的提高，人们对出行的快捷性、舒适性、方便性和安全性提出了更高的要求，这就客观上要求 B 类列车有较高的速度。因此不同的速度匹配在一定程度上决定了旅客运输质量和运输各部门整体协调优化。

（2）在高速铁路上开行不同速度的旅客列车，因速度的不同引起的运输调整和行车等方面的影响，可以通过优化运输组织方案、采用先进的列控系统和先进的行车组织方法克服。

（3）B 类列车的接入受既有路网行车条件的约束，若既有路网的运行弹性小，B 类列车一旦晚点，则不能上高速线或使列车上高速线后运行指标很差，并对后续列车产生较大影响。因此，B 类列车在既有路网上的运行情况将影响到全路列车运行尤其是高速铁路的运输组织。随着我国“八纵八横”高速铁路和三个城际客运系统的规划建设，特别是京广、京沪、哈大等九大高速铁路的建设，我国铁路路网结构将发生较大变化，形成连接东南西北的高速铁路网，为高速铁路 A 类、B 类列车开行创造良好的外部环境。

对于采用多种速度列车共线运行的运输组织模式来说，必须考虑不同等级列车之间速度的合理匹配，以减少通过能力损失，创造良好的列车运行条件。一般来说，列车之间最佳的速度匹配值应在 0.6 以上。

第三节　铁路运输通道的分工优化

铁路运输通道是联系我国不同地区的重要运输走廊。长期以来，铁路通道内部的平行线路间就存在着合理分工的问题。随着高速铁路的相继修建、通车，铁路通道的功能和结构不断完善，各组成线路的功能和性质将发生较大的变化，通道内部的高速铁路和普速铁路之间的分工是否合理，对通道内各条线路通过能力的合理利用，通道内客货列车旅行速度的提高，以及铁路运输的服务水平和组织水平的改善等有着较大的影响。因此，必须详细调查分析铁路通道各构成要素的基本情况，科学合理地进行通道内部的运输组织分工，以便充分发挥通道的整体运输能力。本节主要以高速铁路修建后形成的平行运输通道为例，介绍铁路运输通道分工要解决的主要问题、分工原则和方法。

一、铁路运输通道分工解决的主要问题

铁路运输通道分工问题就是要解决在一定的通道线路和场站等基础设施构成情况下，将整个通道所承担的客货运输任务（主要是以列车的形式出现和处理的）科学合理地分配到通道内的各条线路上。对此，需要解决以下六个方面的主要问题。

1. 铁路运输通道内高速铁路与普速铁路的运输组织模式

研究、分析和确定铁路运输通道，以及通道内各条组成线路的运输组织模式，是进行铁路运输通道分工的前提条件，只有明确了通道内各组成线路的运输组织模式，才能合理地分配列车在各条线路间运行径路。整个铁路运输通道的运输组织模式是由各条组成线路的运输组织模式所体现出来的。因此，需要明确各条线路的运输组织模式，包括以下两个主要方面：

（1）我国既有铁路运输组织模式的形式和特点及其在不同社会经济发展时期的作用和适应条件；

（2）我国高速铁路运输组织不同模式的特点及其适应条件。

2. 铁路运输通道内高速铁路和普速铁路分工的影响因素

影响通道分工的因素很多，可以归纳为经济效益、基础设施供给、运输需求、技术特性、运输组织水平五个方面。

（1）经济效益。

包括社会经济发展水平、公众购买力、运输企业的运营收入、运用成本、分工后取得的社会效益等；

（2）基础设施供给。

包括路网和通道规模、结构与能力，线路等级、模式，枢纽场站布局等；

（3）运输需求。

包括通道承担的运输总需求，旅客出行的数量及质量需求，客流分布及结构等；

（4）技术特性。

包括既有铁路和高速铁路的技术条件、技术经济特性等；

（5）运输组织水平。

包括线路能力、列车旅行速度、货物送达速度、天窗开设、跨线列车运行、日常运输组织等。

3. 铁路运输通道内高速铁路和普速铁路旅客出行需求特性

客流的特性可以从流量、流程、流向、流速、流性五个方面来反映。对通道内旅客出行需求特性的分析主要是采用客流预测和客流分析的方法来进行的。为了能够准确地得到铁路运输通道所承担的运输任务，就要对通道的运输总需求进行预测，并且对通道内各条线路所输送的客流需求量、客流分布及其结构进行调查，还要针对不同性质的客流设计运输方案。

（1）高速铁路和普速铁路的客流需求、客流分布及其结构。

通过对社会经济发展状况和各种运输方式特性进行分析后确定相关参数，主要利用预测的手段对通道内的各条线路的客流总量、客流分布及其结构进行调查分析。客流调查分析过程如图 2-2 所示。

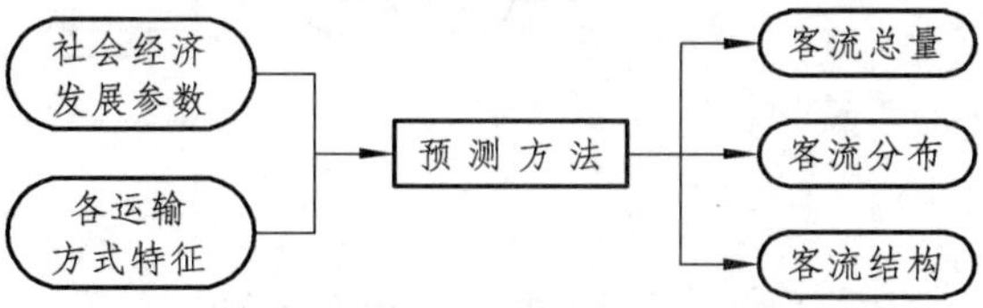

图 2-2 客流调查分析过程

（2）高速铁路和普速铁路综合运用条件下的客运量预测。

根据高速铁路上所输送客流 OD 点的不同可以将客流分为本线和跨线两类客流。其中本线客流（简称“本线流”）是指由高速铁路输送的且其从始发点到终到点间的输送径路与高速铁路完全重合的客流；跨线客流（简称“跨线流”）是指由高速铁路输送的且其从始发点到终到点间的输送径路与高速铁路线路不重合的客流。铁路运输通道客流预测总量构成如图 2-3 所示。

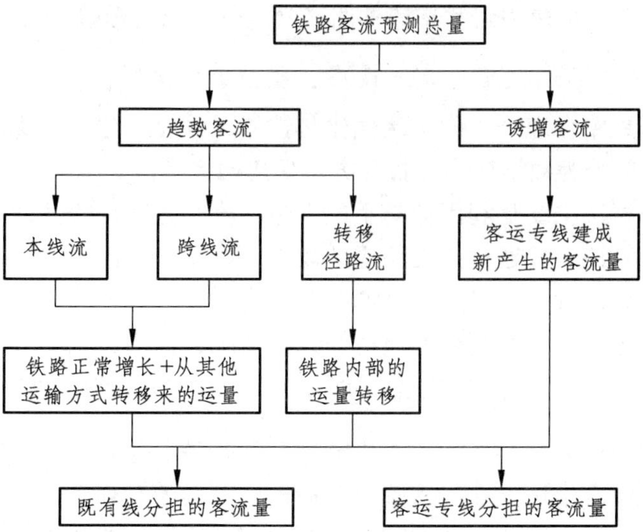

图 2-3 铁路客流预测总量构成

（3）高速铁路本线客流和跨线客流的运输组织方案。

在对客流进行预测和运输组织影响因素进行分析后，需要对铁路通道内的运输组织方案进行设计。铁路运输通道分工的运输组织方案就是通道内的列车开行方案，主要解决和确定列车运行径路的选择和行车量的确定，而对于列车方案的效果评价则主要是从列车需要数量、线路能力利用程度、日常运输组织以及客运服务供给几个方面进行。其研究方法和流程如图 2-4 所示。

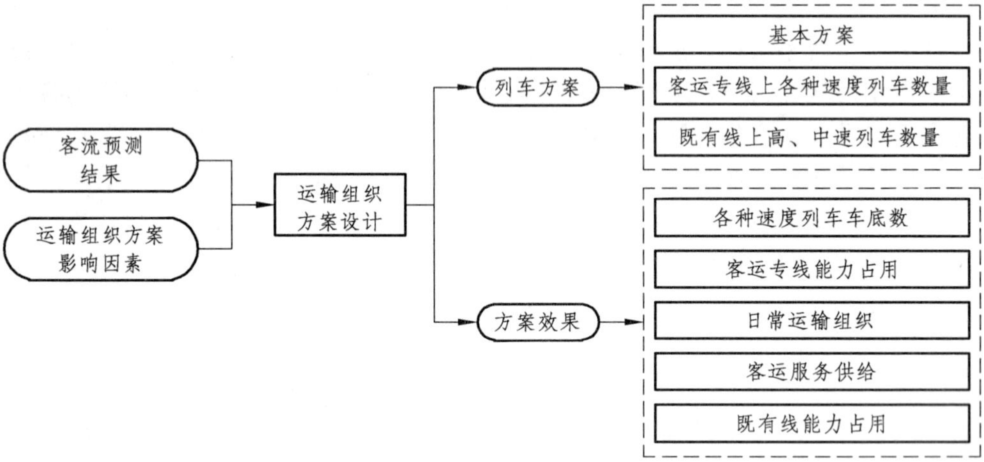

图 2-4　运输组织方案研究流程

4. 不同分工方案对高速铁路与普速铁路客运服务供给及运输组织的影响

铁路运输通道内线路间的分工方案对通道的客运服务和运输组织都将产生不同的影响，这些影响将是判断和确定分工方案优劣的主要标准，主要包括以下 3 个方面：

（1）不同分工方案对高速铁路和普速铁路通过能力的影响；

（2）不同分工方案对高速铁路和普速铁路列车旅行速度的影响；

（3）不同分工方案对高速铁路和普速铁路日常运输组织的影响。

5. 铁路运输通道内高速铁路与普速铁路合理分工的协调优化

高速铁路与普速铁路合理分工的协调优化是铁路运输通道分工解决的核心问题。目前，该问题的解决方法一般分为数学建模分析和方案比选两大类。

（1）数学建模分析法主要是利用数学手段，建立分工方案普遍性的优化模型，并针对模型的特点设计相应的算法，并通过开发相应的软件，利用计算机来实现某个具体通道分工方案的辅助优化。该方法目前并未在实践中成熟应用。

（2）方案比选法主要是针对具体的通道和线路情况，构造典型的分工方案，并通过对各个方案进行经济比选后确定最终分工方案。该方法目前被广泛应用于实践中。

6. 夕发朝至列车在高速铁路与普速铁路运行的协调

高速铁路开设的综合维修天窗与铁路运输通道内夕发朝至列车的开行需求产生矛盾，必然影响线路上列车的开行。因此，夕发朝至列车在高速铁路与普速铁路之间的运行协调也是铁路通道分工需要解决的一个主要问题。

二、铁路运输通道分工的主要影响因素分析

首先，高速铁路与普速铁路的分工主要是对旅客列车开行方案的分工。因此客流是影响分工方案的一方面。此外，各条线路的运输能力、旅客列车的旅行速度、服务供给及列车运行质量、日常运输调整、动车组运用等都是影响二者分工的重要因素，下面将对这几项重要因素一一进行分析。

高速铁路与普速铁路的分工受到社会政治、经济和文化等多方面因素的影响，需要充分掌握高速铁路和普速铁路沿线区域经济的发展状况和人们的经济能力，深入调查旅客出行需求，正确辨识高速铁路和普速铁路的客流。而社会经济发展水平、人们的购买力以及旅客的出行需求等因素都因为地区差异而具有较大差异，所以在进行不同高速铁路与普速铁路之间的分工时，着重考虑的因素也不尽相同，需要综合分析各种影响因素对分工方案的影响差异，针对不同高速铁路区分各种影响因素的主次关系，理清各种因素之间的内在联系，并且提炼出全路不同区域高速铁路与普速铁路分工影响因素的共性。

1. 客流货流

在铁路运输通道内，高速铁路建成后，将对普速铁路的客流进行分流，缓解一部分普速铁路的能力紧张状况。客流是形成列车开行方案最基本的要素。高速铁路建成后，通道内的客流将发生较大的变化：与高速铁路平行的普速铁路上的客流将大部分转移到高速铁路上来；高速铁路的快速性安全性、方便性等将吸引一部分公路客流，这部分称为诱增客流；高速铁路修建后也将吸引沿线客流。因此如何对客流进行科学合理预测，得到客流预测 O-D 流，并得出列车开行方案对于高速铁路与普速铁路的合理分工有着重要的作用。客流的增加使开行方案的可能性增大，但是同时由于各条线路的客流组成情况不同，实际考虑时也有不同的影响。例如，广州—深圳的高速铁路在组织列车开行时，由于商务客流的比例占到了 80%以上，考虑到旅客的经济承受能力以及此种客流的运输特性，基于此类分析就应该全部走高速铁路。而对于有的铁路通道，客流的组成比较复杂，既有商务流，还有民工流、学生流以及带有季节性的客流特征等，都对开行方案的分工造成一定的影响。所以在考虑分工方案的时候，客流应该是作为一项重要的因素来考虑。

2. 运输能力

高速铁路的修建是为了缓解普速铁路的能力，提高铁路客货列车旅行速度，形成有较高运输能力的铁路客运通道，在考虑二者分工的时候，通过能力也是必要考虑的一项因素。我国的国情决定了高速铁路在初期应采用多种速度旅客列车共线运行的运行组织模式，多种速度旅客列车共线运行势必对高速铁路的通过能力造成较大的影响。因此在考虑分工的同时，应该结合各自的运输能力协调各方面的因素制定分工方案，做到“量能而行”。

同时高速铁路的通过能力计算方法是否还可以沿用以前普速铁路的计算方法，也是值得商讨的一个问题。由于目前在修的高速铁路均采用无砟轨道，这种轨道与普速铁路的有砟轨道的区别在于：无砟轨道没有有砟道床的养护与维修作业，其维修作业量及其作业人员大为

减少，并免除了与道床养护和维修有关的大型养路机械上道作业。采用无砟轨道，其综合维修天窗的设置时间可以大大压缩，有关研究表明我国无砟轨道可采用 2 h 的综合维修天窗。这使得普速铁路的能力利用率大大提高，而老一套计算通过能力的方法也已经不再适用于我国高速铁路，需要寻找一种适合高速铁路的计算方法，以便准确掌握高速铁路的通过能力以及能力的利用程度。

因此，为了合理安全地组织好多种速度列车运行，有必要详细分析普速列车在高速铁路上运行对通过能力的影响程度，从而根据实际情况确定高速铁路与普速铁路的列车开行方案，最大限度地发挥铁路运输通道内的综合运输能力。

3. 旅行速度

列车速度将决定机车（动车组）的主要特征，提出对线路、列车制动、延长站线以及站台的要求，决定着旅客列车的开行对数以及旅客的在途时间，直接影响到铁路的通过能力、服务质量以及客运设备的利用效率。高速铁路和普速铁路的运行速度差很大，高速铁路列车的时速一般是 A 类，而提速既有繁忙干线的时速最高也只有 200 km，一般情况下也达不到 160 km。因此在研究二者分工方案时，要整体考虑旅客列车的运行速度差，合理确定高速铁路与普速铁路的列车速度匹配。同时，由于不同层次的旅客对速度的要求不尽相同，在设计开行方案时，应该按照速度等级、客流种类等来划分哪些列车走高速铁路，哪些列车走普速铁路，以保证各线路的通过能力得到最大限度的利用，充分发挥线路的运输能力，同时也保证最佳服务质量，最大限度地满足旅客的出行需求。

4. 服务供给和列车运行质量

旅客选择某种运输方式实现自己的出行需求、满足自己空间位移，这是一种选择服务、享受服务的过程。旅客运输的产品是旅客的位移，它不具有实物形态，但它也有质量特征以及具体的内容和要求。旅客运输服务的对象是人，这里所指的服务包括旅客从买票，到进站、候车、上车、车内服务、下车、出站，最后到达目的地等。

在市场经济条件下，铁路为了吸引更多的客流，必须对运输服务水平进行加强，这也同样适用于铁路通道内部的运输要求。铁路运输部门也要对旅客提供良好的乘车环境和服务，为旅客安全、快速、方便、经济地到达目的地做好准备。高速铁路作为新建的地面高速轮轨运输线路，其采用的是动车组作为运输载体，在服务供给及旅客服务水平上较普通列车有很大提高，列车的运行质量（包括稳定性、安全性、快速性、方便性、舒适性等）也有很大优势，因此旅客在选择运输方式的时候，会根据自己对运输服务质量的要求做出不同选择，这也会影响到高速铁路普速铁路的分工方案，在设计分工方案时，必须要考虑二者在运输服务供给及列车本身的运行质量，由此才能确保分工方案的合理性。

5. 日常运输组织

列车运行是运输生产活动中的重要环节。在日常的运输生产活动中，为了保证列车的运行安全，完成列车运行图和日班计划，当列车在运行过程中由于途中运缓、作业延误等原因造成列车晚点时，列车调度员负责对列车运行进行调整，尽可能使列车恢复正点运行。不管是高速铁路还是普速铁路，都存在这么一个问题。因此，就要满足开行方案具有一定的可调整度，也就是说我们做出的开行方案应该是一个具有弹性的开行方案，能为列车从晚点恢复到正点留出一定的缓冲时间，以满足分工方案的可调性。高速铁路与普速铁路的分工，首先是将客货分流、方便运输组织，其次是为了更好、更方便地运输旅客，也要简化铁路日常运输调整。所以在考虑分工问题时，要为高速铁路和普速铁路的日常运输调整留出一定的缓冲时间，保证运行图的弹性，使运输生产活动能够顺利进行。

6. 动车组及车底运用

列车运行图是列车开行的综合计划，它规定了各次列车的始发、终到车站和始发、终到时间；对高速铁路来说，这些都是需要动车组来实现，而高速铁路动车组运用计划又是动车组运用计划、维修计划和购置计划的综合计划，需要考虑协调这些方面的因素。我国高速铁路对动车的管理是实行不固定区段使用，在全路设置四个动车综合维修中心（北京、上海、广州、武汉），每个中心下面分设维修所，对动车进行综合维修管理。在研究高速铁路与普速铁路分工问题时，因高速铁路是采用高速动车组，其运输组织方式以及动车维修方式都与普速铁路有很大差异。动车的套用模式将对高速铁路的列车开行方案造成一定影响，所以合理的分工方案应该是建立在合理的动车运用计划基础之上的，这样才能保证运行计划的顺利进行，保证与普速铁路运输组织的协调性。

三、铁路运输通道分工的原则

在运行不同速度等级的旅客列车和货物列车的运输组织模式下，铁路运输通道内平行线路间的分工原则为：

（1）适应国民经济发展和人民生活水平提高的需要；

（2）努力提高通道内部各条线路的经济效益，充分发挥各条线路的技术优势，尽量提高各条线路上列车的速度和货运能力，以获得较大的运营收入，同时大力提高铁路市场竞争力；

（3）创造良好的行车组织条件，保证列车运行安全；

（4）充分发挥通道内各条线路的运输能力，切实保证几条线路通过能力之间的协调；

（5）方便旅客旅行，提高客运服务质量，减少旅客换乘次数；

（6）有效提高铁路通道内部客货列车的旅行速度，缩短旅客旅行时间和货物输送时间；

（7）充分考虑通道内各条线路的速度目标值与列车的速度等级之间的相互协调，充分发挥线路的技术优势，尽量提高列车的旅行速度；

（8）对货物列车分工应严格遵守技术站的货物列车编组计划；

（9）利于日常列车运行调整，为运行组织的实施创造良好的条件；

（10）处理好通道内各组成线路与枢纽内线路、场站布局间的相互协调，与枢纽内联络线、疏解线等行车设备协调配合，充分发挥各种设备的能力，为枢纽系统的运输组织创造良好的条件；

（11）客货列车的分工方案，应该充分考虑到枢纽内部客货运站的布局以及周边人文景观及世界文化遗产的影响；

（12）遵循可持续发展和绿色环保的原则，充分考虑列车在沿线对环境的影响，尽量减少和降低由于运输而带来的各种污染。

四、铁路运输通道合理分工的模型与方法

1. 铁路运输通道的抽象描述

铁路通道由相关平行线路和若干车站构成。在讨论线路间合理分工问题时，仅涉及线路、列车运行径路和主要技术站的转线问题。因此，可以将主要的技术站作为网络节点，把线路作为相邻技术站间的弧，把铁路运输通道抽象描述为有向网络图。

在网络图中，节点 K_{1j}（K_{2j}）表示第 j 个（不）可以实现列车转线的节点，即其所连接的弧属于两条及其以上的（同一条）线路。有向弧 l_{abc} 表示连接从节点 b 到相邻节点 c 的一段属于铁路线 a 的线路。

在通道上运行的列车记为 t_{kj}，表示第 j 列的 k 种列车（可以将列车按照其种类和运行速度进行分类）。S_0（S_t）为列车 t_{kj} 首先（最终）在铁路通道内出现（消失）的车站。由于列车 t_{kj} 由 S_0 运至 S_t 的径路可以用其经由的节点序列唯一地确定，那么列车 t_{kj} 从 S_0 到达 S_t 所经过的所有 K_{1j} 节点和 S_0 与 S_t 组成的序列集合，称之为列车径路，记为 $\{S_{kj}\}$。实质上通道内部各线路的分工，就是确定每一个列车对应的运行径路，也即对列车运行径路中相邻 K_{1j} 节点间所包含有向弧的选择问题。若运行径路中不含有 K_{1j} 节点，则此列车的运行径路是非选择性的。

2. 资源占用和运输质量的抽象描述

列车分工后，在相应线路上运行，对线路资源的占用可以从通过能力和运输成本两个方面来分别考察，而旅行速度和运输组织日常调整则在列车运行和行车组织两个方面，体现了分工方案对列车运行质量的影响。

（1）在一定条件下弧 l_{abc} 允许提供给列车运行的最大通过能力为 N_{abc}；列车 t_{kj} 在弧 l_{abc} 上运行所占用的通过能力为 $nl_{abc}k$。

（2）列车 t_{kj} 在弧 l_{abc} 上运行产生的广义运输成本。

（3）列车旅行速度是确定列车运行径路的一项重要标准，它从一定的角度反映了列车分工方案的列车运行质量。定义 V_{abc} 表示在一定程度上能够接受的较为满意的列车平均旅行速度，可以用其判断分工方案是否能够达到满意的列车运行质量。在弧 l_{abc} 上列车的旅行速度可以说是与列车数、弧的能力限制、列车等级、列车技术速度的一个复杂函数。则在弧 l_{abc} 上所有列车旅行速度的评价，可以表示为：

$$P_{V_{abc}} = \Lambda(f_{l_{abc}}, t_{k_j}) \tag{2-20}$$

式中：Λ（x，y）是作用在评价对象 x，y 上的某个评价准则。

3. 约束条件及目标函数

（1）定义决策变量。

$x_{l_{abc}k_j} \in \{0,1\}$，$x_{l_{abc}k_j} = 1$ 表示列车 k_j 占用弧 l_{abc}；否则 $x_{l_{abc}k_j} = 0$。

（2）优化目标。

对通道内开行的列车进行分工是为了寻找某一分工方案，这个分工方案应该能够在允许的通过能力利用范围内，实现最优的列车旅行速度，最佳的运输日常调整，以及最省的运输

成本。因此，最优分工方案就是使得运输成本、旅行速度和运行组织日常调整达到综合最优的一个运输组织分工方案，其目标函数如下：

$$opt.\quad Z=\left(\sum_{k}\sum_{j}\sum_{l}w_{l_{abc}k}\cdot x_{l_{abc}k_j}\right)\cup\left(\coprod_{l_{abc}}P_{V_{abc}}\cup d_{l_{abc}}\right)\tag{2-21}$$

（3）约束条件。

弧 l_{abc} 上开行的列车 tkj 的总数不应该超过此类列车的总数。

$$\begin{aligned}&\sum_{j}x_{l_{abc}k_j}\leqslant n_k\\&\sum_{j}\sum_{k}x_{l_{abc}k_j}=n\\&\sum_{j}\sum_{l}x_{l_{abc}k_j}=n_k\end{aligned}\tag{2-22}$$

在弧 $labc$ 上开行的列车，所占用的通过能力不应超过其允许的通过能力

$$\sum_{k}\sum_{j}n_{l_{abc}k}\cdot x_{l_{abc}k_j}\leqslant N_{abc}\tag{2-23}$$

4. 模型的建立

通过以上的分析，建立该问题的数学模型 M_1，如下：

$$opt.\quad Z=\left(\sum_{k}\sum_{j}\sum_{l}w_{l_{abc}k}\cdot x_{l_{abc}k_j}\right)\cup\left(\coprod_{l_{abc}}P_{V_{abc}}\cup d_{l_{abc}}\right)\tag{2-24}$$

$$s.t.\quad\begin{cases}\sum_{j}x_{l_{abc}k_j}\leqslant n_k\cap\sum_{j}\sum_{k}x_{l_{abc}k_j}=n\cap\sum_{j}\sum_{k}x_{l_{abc}k_j}=n_k\\\sum_{k}\sum_{j}n_{l_{abc}k}\cdot x_{l_{abc}k_j}\leqslant N_{abc}\\x_{l_{abc}k_j}\in\{0,1\}\end{cases}\tag{2-25}$$

从模型 M_l 的目标函数可以看出，该模型属于多目标非线性组合优化问题。为了寻求解决模型的有效手段，采用主要目标法，利用满意优化的理论，将旅行速度和运行调整两个子目标作为约束条件来处理，将 M_1 改进为单目标优化模型 M_2。

$$opt.\quad\min Z=\sum_{k}\sum_{j}\sum_{l}w_{l_{abc}k}\cdot x_{l_{abc}k_j}\tag{2-26}$$

$$s.t.\quad\begin{cases}\sum_{j}x_{l_{abc}k_j}\leqslant n_k\cap\sum_{j}\sum_{k}x_{l_{abc}k_j}=n\cap\sum_{j}\sum_{k}x_{l_{abc}k_j}=n_k\\\sum_{k}\sum_{j}n_{l_{abc}k}\cdot x_{l_{abc}k_j}\leqslant N_{abc}\\V_{abc}\leqslant\Lambda\left[f_{l_{abc}}(x_{l_{abc}},t_{k_j})\right]\\D_{abc}\leqslant\tilde{\Lambda}\left[g_{l_{abc}}(x_{l_{abc}},t_{k_j})\right]\\x_{l_{abc}k_j}\in\{0,1\}\end{cases}\tag{2-27}$$

5. 模型的求解方法

对于大规模复杂的最优化问题，几乎都无法最终得到全局最优解。因此，选取满意的 V_{abc} 和 D_{abc} 来作为 M_2 的约束值，转而寻求大家认可的局部最优解或全局较优解。

从另外一个角度看，对于 V_{abc} 和 D_{abc} 的确定实际上是一个实施效果的反馈问题。因而，在整个的优化过程中，可以将优化过程分为两个阶段：第一个阶段为方案的初步拟定阶段，利用目标函数确定出满足某类约束条件的较优的分工方案；第二个阶段为实施效果反馈阶段，从旅行速度和运行调整两个方面对初步拟定的分工方案进行效果评价，并根据评价的结果提出一定的改进方案或推荐方案，从而使原分工方案达到更优的效果。

按照以上方法可以改进 M_2，改进后的模型解决铁路运输通道上运输组织分工方案问题的一般步骤（见图 2-5）如下：

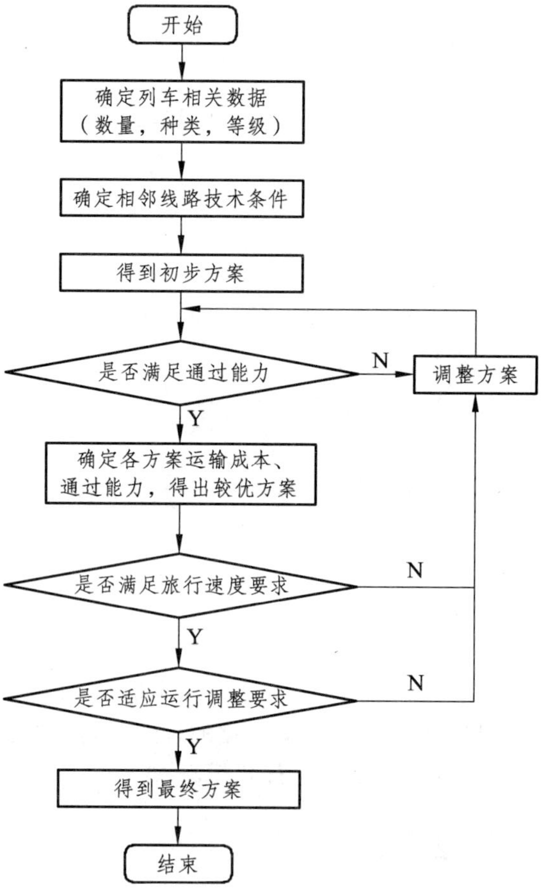

图 2-5　分工方案问题的一般步骤

（1）划分列车的种类和等级；

（2）确定相邻线路的技术条件；

（3）初步拟定列车分工方案；

（4）考查分工方案是否符合线路通过能力的要求，以及几条线路间的能力是否协调，并进行方案调整；

（5）将调整后的方案进行运输成本的分析和比较，筛选出满足通过能力的运输成本较小的分工组织方案；

（6）将上述得出的方案，从旅行速度和运行组织日常调整两个方面进行分析和比较，检查其是否能够满足在行车组织上的要求和提高客货运输的质量，并对方案进行进一步的调整；

（7）将得出的方案从这几个方面进行综合对比分析，直至确定出最终的列车分工方案。

第四节　高速铁路运输组织模式与分工实例

一、京沪铁路客运通道基本情况分析

京沪高速铁路于 2008 年 4 月 18 日开工建设，并于 2011 年 6 月 30 日正式开通运营。京沪高速铁路的投资规模大、技术含量高，是我国第一条具有世界先进水平的高速铁路*。

1. 线路、车站及技术条件

（1）线路基本情况。

京沪高速铁路的线路走向与京沪铁路普速铁路基本平行，正线全长约 1 318 km，比既有京沪线短约 140 km。京沪高铁线路从北京南站西端引出，沿着既有京山线，经过天津新设的华苑站并与天津西站通过联络线连接；线路南端沿京沪高速公路，并在京沪高速公路的黄河桥下游约 3 km 处跨黄河，在济南的西侧修建济南高铁站；向南沿京福高速公路东侧南行至泰安泰山景区，在徐州市东部设置徐州高铁站；在蚌埠市新淮河铁路桥下游的 1.2 km 处跨淮河设置蚌埠南站，至长江北岸设滁州站；在长江南岸设南京南站，往东线路经过镇江、丹阳、常州、无锡、苏州和昆山，最终到达上海虹桥站，途经的主要枢纽地区通过修建联络线的方式引入普速铁路车站。

（2）车站基本情况。

全线共设 24 个车站：北京南站、廊坊站、天津南站、天津西站、沧州西站、德州东站、济南西站、泰安站、曲阜东站、滕州东站、枣庄站、徐州东站、宿州东站、蚌埠南站、定远站、滁州站、南京南站、镇江南站、丹阳北站、常州北站、无锡东站、苏州北站、昆山南站及上海虹桥站，如图 2-6 所示。

高铁站：北京南站、天津西站、济南西站、徐州东站、蚌埠南站、南京南站、上海虹桥站共 7 个；

既有站：北京南、南京南、昆山南、上海虹桥站 4 个车站，是京沪高铁与普速铁路共用车站。

其中高速列车始发终到的车站有 5 个（分别是北京南站、天津西站、济南西站、南京南站、虹桥站），中间站有 19 个（徐州东站为预留始发站）。天津西、德州（远期）、济南、徐州、蚌埠、南京南和虹桥等 7 个站有跨线列车上下京沪高速线。

---

* 本案例引自于西南交通大学胡秀婷的硕士论文《不同阶段高速铁路与普速铁路分工方案》。

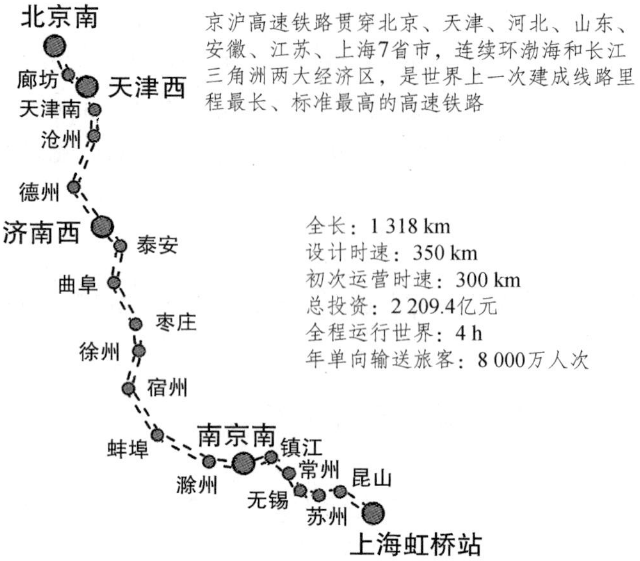

图 2-6　京沪高铁线路示意图

设北京、上海 2 个动车段，济南、南京南、虹桥 3 处动车组运用所；20 个固定设施保养点；通信、信号、信息系统、牵引供电等站后设备。京沪高速铁路沿线车站性质及股道数量如表 2-1 所示。

表 2-1　京沪高速铁路沿线车站性质及股道数量表

序号	站名	车站性质	站台及到发线数量	备注
1	北京南站	始发站	13 台 24 线	高速 12，京津城际 7，普速 5
2	廊坊站	中间站	2 台 2 线	
3	天津西站	始发站	13 台 26 线	
4	天津南站	中间站	2 台 6 线	
5	沧州西站	中间站	2 台 6 线	
6	德州东站	中间站	5 台 13 线	
7	济南西站	始发站	15 台 17 线	
8	泰安站	中间站	2 台 6 线	
9	曲阜东站	中间站	2 台 6 线	
10	滕州东站	中间站	2 台 4 线	
11	枣庄站	中间站	2 台 6 线	
12	徐州东站	中间站	7 台 15 线	预留始发站
13	宿州东站	中间站	2 台 6 线	
14	蚌埠南站	中间站	5 台 11 线	
15	定远站	中间站	2 台 6 线	
16	滁州站	中间站	4 台 6 线	
17	南京南站	始发站	15 台 28 线	
18	镇江南站	中间站	2 台 6 线	

续表

序号	站名	车站性质	站台及到发线数量	备注
19	丹阳北站	中间站	2台4线	
20	常州北站	中间站	2台6线	
21	无锡东站	中间站	2台6线	
22	苏州北站	中间站	2台6线	
23	昆山南站	中间站	4台8线	
24	上海虹桥站	始发站	16台30线	

（3）技术条件。

京沪高速铁路全线为新建双线，设计时速350 km，初期运营时本线列车采用300 km/h速度运行，跨线A类列车的运行速度为300 km/h，跨线B类列车的运行速度为200 km/h。根据各区段的长度，可以计算出在不同速度的情况下列车在各区段上的运行时间，京沪高速铁路和普速铁路各区段的长度如表2-2所示。

表2-2　京沪高速铁路和普速铁路区段长度表

序号	区段	高速铁路长度/km	普速铁路区段长/km
1	北京—天津	122	137
2	天津—德州	192	139
3	德州—济南	92	121
4	济南—徐州	286	317
5	徐州—南京	331	346
6	南京—上海	286	303

京沪高速铁路优先采用以桥代路方式，全线高速正线桥梁244座1 060 km，工程设计范围正线桥梁234座1 039 km，桥梁比例近90%。京沪高速铁路全线实现道口的全立交和线路的全封闭，沿线设置T型口，间隔3~4 km，供维修人员上下线路使用。

正线的轨道原则上采用无砟轨道，其中大型始发站、高架车站、桥上大号道岔、大跨度桥梁、活动断裂带、采空区影响区段、岩溶发育等地段采用有砟轨道。全线无砟轨道结构形式采用板式无砟轨道；道岔区采用轨道埋入式的无砟轨道。全线铺设无砟的正线约为1 268 km，占线路总长度的96.2%。

2. 路网结构分析

京沪高速铁路是连接北京至上海的主要客运通道，其相邻及衔接的主要线路技术标准如表2-3所示。

表2-3　京沪线相邻及衔接铁路主要技术标准

项目线路名称		线路等级	正线数目	限制坡度/‰	牵引种类	牵引质量/t	到发线有效长度/m	最小曲线半径/m	闭塞类型
京九线	现状	Ⅰ级	4	内燃	DF4	4 000	1 050	400	自动
京广线	现状	Ⅰ级	4	电力	SS4	5 000	1 050	750	自动

续表

项目线路名称		线路等级	正线数目	限制坡度/%	牵引种类	牵引质量/t	到发线有效长度/m	最小曲线半径/m	闭塞类型
京沪线	现状	I 级	4	内燃	DF4	4 000	850~1 050	400	自动
	规划	I 级	4	电力	SS4	5 000	1 050	400	自动
京山线	现状	I 级	4	内燃	DF4	4 000	850~1 050	400	自动
	规划	I 级	4	电力	SS4	5 000	1 050	400	自动
石德线	现状	I 级	4	内燃	DF4	4 000	850~1 050	400	自动
	规划	I 级	4	电力	SS6	5 000	1 050	400	自动
邯济线	现状	I 级	4	内燃	DF4	4 000	850	400	半自动
	规划	I 级	4	内燃	DF4	4 000	850	400	半自动
胶济线	现状	I 级	5	内燃	DF4	3 500	850	350	自动
	规划	I 级	5	电力	SS4	5 000	1 050	400	自动
菏日线	现状	I 级	4	内燃	DF4	4 000	1 050	400	自动
	规划	I 级	4	内燃	DF8	5 000	1 050	400	自动
沪杭线	现状	I 级	4	内燃	DF4	4 000	850~1 050	400	自动
	规划	I 级	4	电力	SS3	4 000	850~1 050	400	自动
陇海线	现状	I 级	4	内燃	DF4、ND5	4 000	1 050	600	自动
	规划	I 级	4	电力	SS4	5 000	1 050	600	自动
浙赣线	现状	I 级	7.2	内燃	DF1	3 300	850	400	自动
	规划	I 级	7.2	电力	SS1	4 000	850	800	自动
宁西线	规划	I 级	6	电力	SS4 SS8 动车组	4 000	850~1 050	一般 2 800 困难 2 200	自动
宁启线	规划	I 级	6	内燃	DF4b	4 000	850	450	半自动
淮南线	现状	I 级	4	内燃	DF4b	4 000	850	800	自动
宁芜线	现状	I 级	6	内燃	DF4c	3 300	850	400	半自动
	规划	I 级	6	内燃	DF4	3 500	850	400	自动
水蚌线	现状	I 级	6	内燃	DF4	3 500	850	800	半自动
新长线	现状	I 级	4	内燃	DF4	4 000	850~1 050	400	半自动

注：表中数据主要来源于中国铁路总公司运输局颁布的《2004 年全国铁路各线区间通过能力》。

根据铁路的“十五”发展规划以及 2004 年初的铁路中长期发展规划，2015 年与京沪高速铁路相关的路网规划如下：北京枢纽地下直径线、大连—烟台—青岛西—新沂—长兴线，德龙烟地方铁路，宁西线，宁启线，宁芜复线，宣杭复线，沿江通路（铜九线）以及上海浦东铁路建成并投入使用；京九线，京包线，兰新线，陇海线以及上海至昆明通路完成提速改造工程；既有京沪，胶济，石德，津秦沈，沪杭以及郑徐等线路的电气化改造工程完成：津秦高速铁路，京广高速铁路，沪杭高速铁路，哈大高速铁路沈哈段，陇海高速铁路郑西段，青太高速铁路石太段，沪汉蓉客运通道，东部沿海客运通道温州—福州段建成并投入运营；京津城际铁路、宁沪杭城际铁路建成并投入使用。2015 年京沪高速铁路相邻及衔接线路如图 2-7 所示。

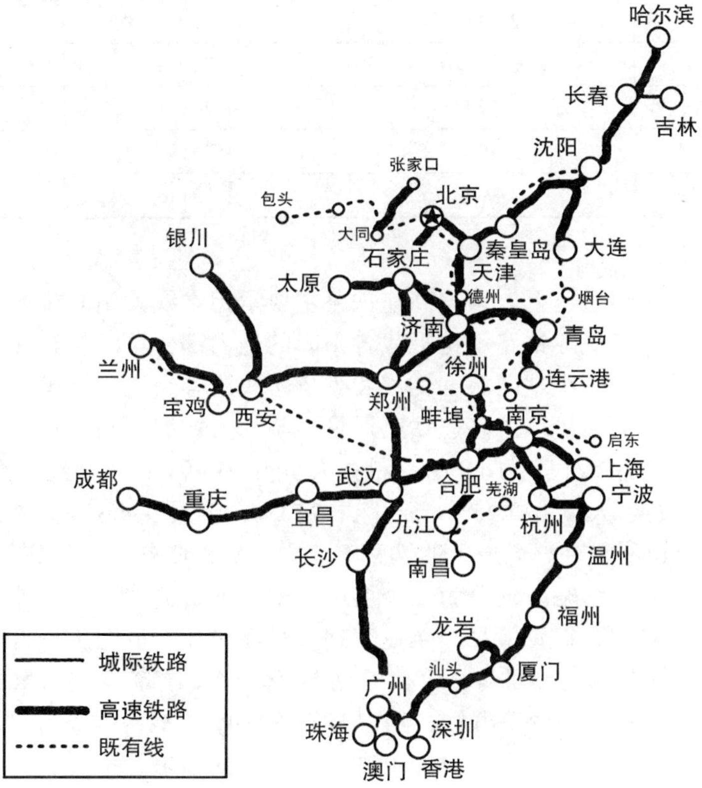

图 2-7　2015 年京沪高速铁路相邻线路示意图

二、京沪铁路客运通道分工方案的确定

以 2015 年为研究年度，以京沪铁路客运通道为例，研究客货分线运输前高速铁路和普速铁路分工方案。

1. 京沪铁路通道客流量分析

1）客流量依据

京沪铁路运输通道的客流量，是在对客流进行大量统计和调查的基础上，结合国家经济水平的发展、京沪通道总体的客运需求以及各种运输方式的合理分配，采用国际上通用的铁路客运量预测方法预测出来的。参考铁道第三、四勘察设计院 2004 年 3 月完成的《京沪高速铁路可行性研究报告》中京沪铁路运输通道的客流数据来制定京沪铁路的列车开行方案，研究年度 2015 年，京沪铁路通道区段客流如表 2-4 所示。

表 2-4　2015 年京沪铁路通道区段客流密度表（单位/万人，单向）

区段	通道本线客流	高速线跨线客流	合计
北京—天津	2 154	663	2 817
天津—德州	2 668	1 471	4 139
德州—济南	2 762	1 423	4 185
济南—兖州	2 779	1 577	4 356
兖州—徐州	2 541	1 410	3 951
徐州—蚌埠	2 746	1 749	4 495
蚌埠—南京	2 774	1 963	4 737
南京—常州	3 368	1 251	4 619
常州—上海	3 394	1 151	4 545

2）客流比例划分

规划的京沪铁路运输通道上，京沪高速铁路主要承担本线大站间旅客交流和跨线旅客交流，京津城际铁路和沪宁城际铁路承担沿线各站间的绝大部分城际旅客交流，既有京沪线以货运为主，并承担普速铁路小站间旅客交流和少量跨线旅客交流。这里主要分析京沪高速铁路上的客流层次。经查阅大量京沪高速铁路运量预测相关数据可知，在京沪通道的铁路客流中：管理人员占 20.47%；农民占 16.85%；科技人员占 13.49%；个体经商人员占 11.89%；离退休人员占 9.08%；行管人员占 7.45%；学生占 6.71%；工人占 4.31%；军人占 2.56%；其他占 7.39%。上述资料说明在京沪通道上的铁路客流中，各种职务、各种旅行目的的旅客都有。

针对不同职务将客流粗略地划分为三个层次，即高消费群体、中等消费群体和低消费群体。通过进一步分析可知，行管人员、企业管理人员和科技人员的旅行目的是出差和开会，属于公费旅行客源，占客流总量的 41.41%，再加上部分个体经商人员和离退休旅游人员等自费客源，这部分客流定位为高消费群体，约占客流总量的 52%；中等消费群体主要包括剩下的个体经商人员和离退休旅游人员，再加上工人和少量的学生、军人、其他等，约占客流总量的 28%；剩下的客流以农民为主，还包括部分学生、军人和其他等，定位为低消费群体，约占客流总量的 20%。

3）客流量分配

根据表 2-4 中的客流数据，结合客流分配的方案，对高速铁路和普速铁路的各站间 OD 客流进行分配。假定高速铁路和普速铁路上都只运行一种速度等级的列车，具体分配过程如下：

（1）确定广义费用的相关变量和参数。

铁路各区段长详见表 2-2；

旅客选择不同列车的票价率水平，如表 2-5 所示。

高速铁路上旅客列车的最高速度取 300 km/h，速度系数取 0.9；普速铁路上旅客列车的最高速度取 160 km/h，速度系数取 0.85。

确定旅客的单位时间价值 W，可得不同运输距离的单位时间价值，如表 2-6 所示。

选取票价、时间和舒适度的重要度相等，所以在计算广义费用时这三者的权重均取 0.333。

（2）分别计算高速铁路和普速铁路的广义费用。

（3）根据计算出的广义费用，确定高速铁路和普速铁路的客流分担率 P_k。

（4）根据客流分担率和各站间 OD 客流，分别计算出高速铁路和普速铁路分担的客流大小。2015 年京沪高速铁路和普速铁路本线客流分配情况如表 2-7 所示。

表 2-5 铁路票价现行运价水平表

票价种类			基本票价率	加 50%票价率	占硬座百分比
基本票价	硬座		0.058 61	0.087 92	100
	软座		0.117 22	0.175 83	200
	市郊		0.049 82		85
	棚车		0.029 31		50
加快	普通		0.011 72	0.017 58	20
	特别		0.023 44	0.035 16	40
空调			0.014 65	0.021 98	25
硬卧	上铺		0.064 47	0.096 17	110
	中铺		0.070 33	0.105 5	120
	下铺		0.076 19	0.114 29	130
软卧	普通	上铺	0.102 57	0.153 86	175
		下铺	0.114 29	0.171 44	195
	高级	上铺	0.123 08	0.184 62	210
		下铺	0.134 8		230
高级软座联合价率	>110 km/h	特等座	0.420 8		718
		一等座	0.336 6		574
		二等座	0.280 6		479
	<110 km/h	特等座	0.349 5		596
		一等座	0.279 6		476
		二等座	0.233		398

表 2-6 单位时间价值表

运输距离/km	单位时间价值/（元/小时）
≤200	20.21
200~300	14.44
300~500	13.25
500~700	13.50
700~1 100	12.62
≥1 100	17.04

表 2-7　2015 年京沪高速铁路和普速铁路本线客流分配表（单位/万人，单向）

区段	普速铁路本线		高速线本线	
	客流大小	客流比例	客流大小	客流比例
北京-天津	438	20.3%	1 716	79.7%
天津-德州	529	19.8%	2 139	80.2%
德州-济南	654	23.7%	2 108	76.3%
济南-兖州	555	20.0%	2 224	80.0%
兖州-徐州	459	18.1%	2 082	81.9%
徐州-蚌埠	520	18.9%	2 226	81.1%
蚌埠-南京	408	14.7%	2 366	85.3%
南京-常州	1 134	33.7%	2 234	66.3%
常州-上海	1 236	36.4%	2 158	63.6%

从表 2-7 可以看出，2015 年京沪高速铁路承担铁路通道内绝大多数的客流，普速铁路承担的客流比重相对较小，普速铁路能力得到一定程度的释放。

2. 开行方案主要参数的确定

1）列车定员

高速列车的长编组定员按 1 200 人/列，编组按 16 辆考虑；短编组定员按 600 人/列，编组按 8 辆考虑；中速列车定员按 1 200 人/列，编组按 16 辆考虑；普速铁路列车定员取 1 200~1 300 人/列，编组按 15~17 辆考虑。

2）席位利用率与客流波动系数

本节分析京沪高速铁路和普速铁路日常情况下的列车开行方案，不分析节假日的开行方案，所以普速铁路上列车席位利用率平时取 0.75，高速线平时取 0.85，不考虑客流波动系数。

3）跨线点的分工

2015 年，京沪高速铁路只接发天津、济南、徐州、蚌埠、南京、上海 7 处衔接站的跨线旅客列车。京沪高速铁路吸引的跨线客流主要来自以下 26 个城市：哈尔滨、长春、沈阳、秦皇岛、唐山、呼和浩特、石家庄、太原、青岛、烟台、日照、郑州、武汉、合肥、连云港、杭州、宁波、兰州、福州、西安、广州、成都、重庆、南宁、长沙和贵阳等。

其中哈尔滨、长春、沈阳、秦皇岛、唐山的跨线列车从天津接入；呼和浩特的跨线列车从北京接入；石家庄、太原的跨线列车从德州接入；青岛、烟台的跨线列车从济南接入；日照、连云港的跨线列车从徐州接入；郑州、兰州、西安到德州以北的跨线列车从德州接入，到德州以南的跨线列车从徐州接入，武汉、广州、成都、重庆、南宁、长沙、贵阳到德州以北的跨线列车从德州接入，到德州以南徐州以北的跨线列车从徐州接入，到徐州以南的跨线列车从南京接入；合肥到蚌埠以北的跨线列车从蚌埠接入，到南京以南的跨线列车从南京接入；福州、杭州、宁波的跨线列车从上海接入。由于德州 2020 年以后才具备接发跨线列车的条件，所以在做 2015 年列车开行方案时，石家庄、太原到济南以南的列车从济南接入，到济南以北的流不走京沪高速铁路，而选择其他路径；华南、西南非京沪高速本线的客流去往德州以北方向，及东北方向去往华南、西南方向的客流不走京沪高速铁路，而选择其他路径。

4）开行列车的种类

京沪高速铁路开行本线列车 AB_1、AB_2、AB_3、AB_4 和跨线 AK、BK 共 6 类旅客列车，京沪普速铁路开行特快旅客列车、快速旅客列车与普通旅客列车共 3 类旅客列车。

AB_1 类列车拟在北京南至济南、南京南和上海、天津西至济南、南京南和上海、济南至南京南和上海间开行，带走以上大站间客流的 50%；AB_2 类列车沿途只在天津西、济南、徐州、南京南等站停靠，带走大站间客流的 30%；AB_3 类列车通过数学模型来确定其停站方案，带走剩余的 20%大站间客流，以及中间站与大站间的客流，还有 80%中间站间的客流；AB_4 类列车在相邻的枢纽站间开行，带走剩余枢纽内中间站间的客流。AK、BK 类列车在京沪高速铁路上运行时，为保证在省会城市和旅游景点停站的原则，沿途在天津西、济南、德州、徐州、南京南、苏州、无锡、常州、蚌埠、曲阜、泰安等站停靠。

3. 列车开行方案的编制步骤

Step1.确定列车开行种类；

Step2.根据区段客流密度、各站间 OD 客流量及各类列车所占客流的比例，得出各区段的列车对数，作为初始开行方案；

Step3.根据列车停站原则、车站条件和停站方案模型确定各列车的停站方案。

4. 京沪高速铁路旅客列车开行方案

根据高速铁路和普速铁路分配的客流，结合列车开行方案的编制方法，得到京沪高速铁路和普速铁路旅客列车开行方案，如图 2-8~2-10 所示。

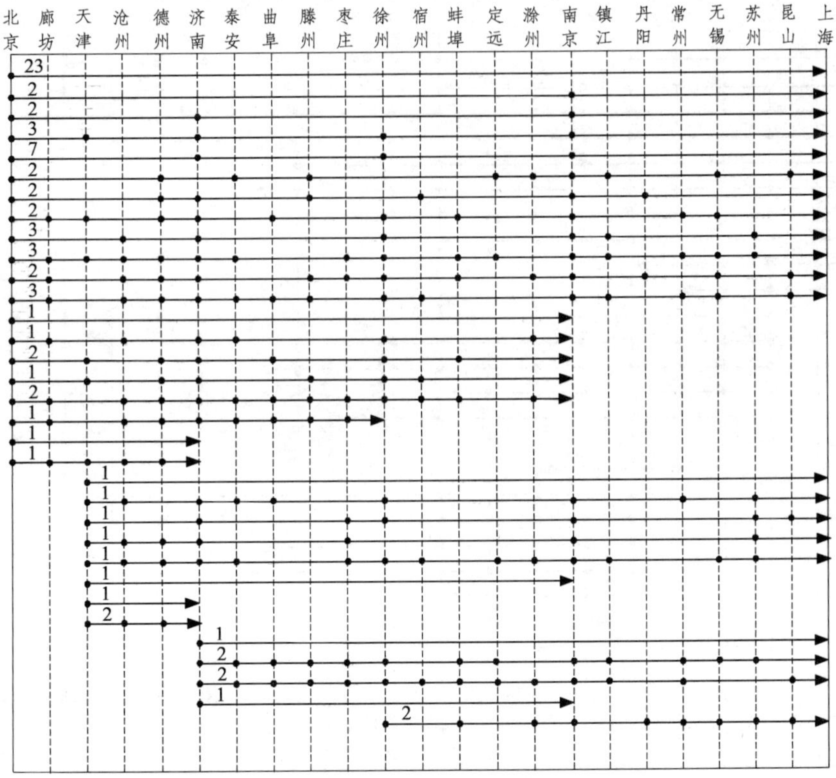

图 2-8　京沪高速铁路本线列车开行方案图

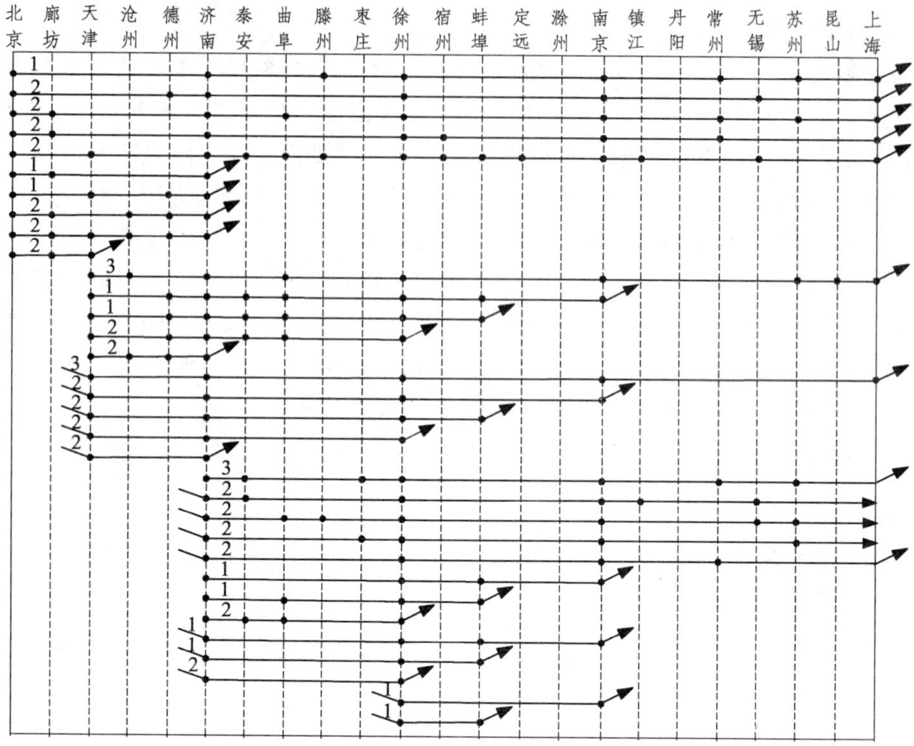

图 2-9　京沪高速铁路跨线列车开行方案图

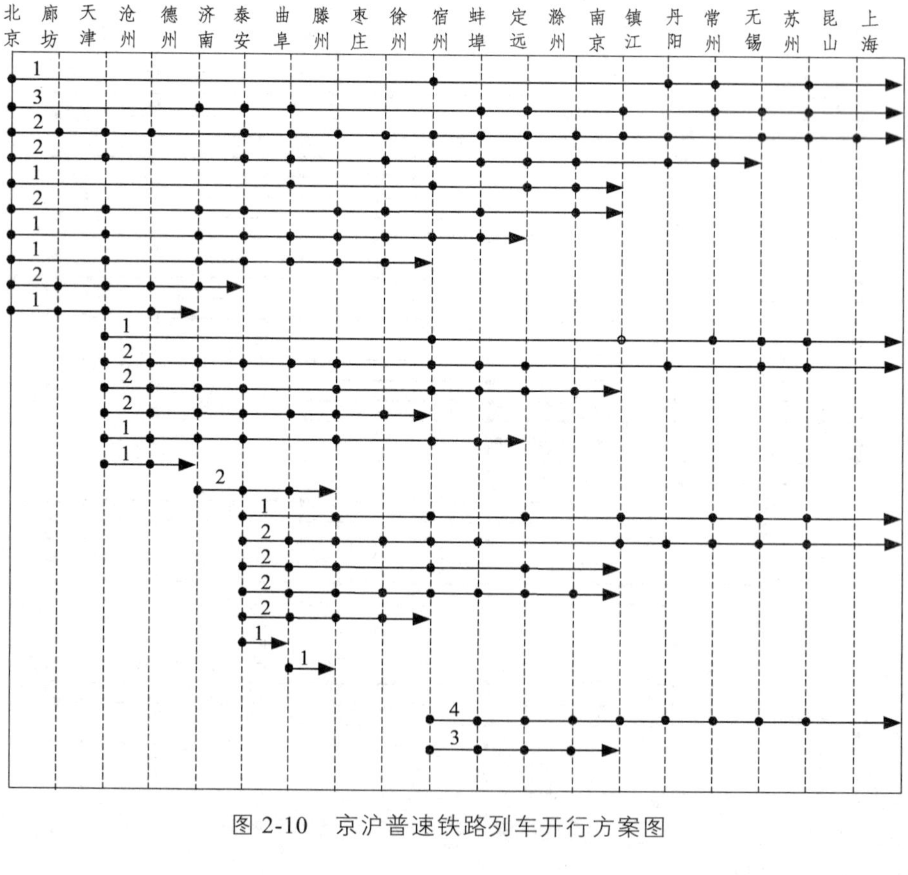

图 2-10　京沪普速铁路列车开行方案图

第三章　高速铁路客运需求及客流组织

第一节　高速铁路客运需求分析

旅客运输构成按出行目的可以分为公务性旅行、个人旅行两大类，主要包括出差、通勤、经商、打工、探亲、上学和旅游等。其中以出差、通勤、经商、打工为目的的旅客运输需求来源于生产领域，是与人类生产、交换、分配等活动有关的需求，可称为生产性旅行需求，这种需求是生产活动在运输领域的继续，其运输费用进入产品或劳务成本。以探亲、旅游为目的的旅客运输需求来源于消费领域，可称为消费性旅行需求，其运输费用来源于个人收入。

影响旅客运输需求的主要因素包括：经济发展水平、居民消费水平、人口数量、运输服务价格、运输服务质量。

市场经济条件下居民的消费动机受到政府宏观政策、调控约束的影响日益减少，更趋于符合满足人的自然需求。因此对旅客运输市场需求的研究须从旅客主观出行动机出发进行分析，这样得到的旅客运输市场需求分析结论才能指导客运企业准确设计出适销对路的客运产品，以满足居民出行的需要。

消费者行为理论是西方经济学中用于研究消费者在市场上如何做出购买决策的理论。在研究居民出行需求方面，可以引用如下三组曲线（恩格尔曲线）予以分析说明，如图 3-1 所示。

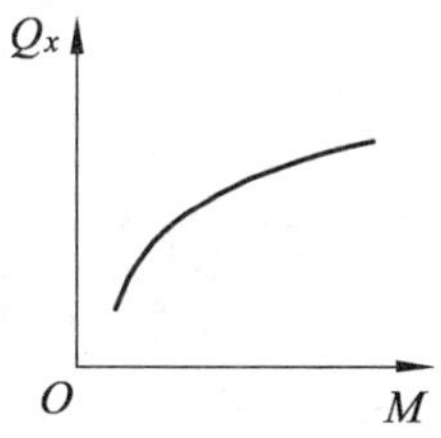

(a)　$0 < \varepsilon_x < 1$

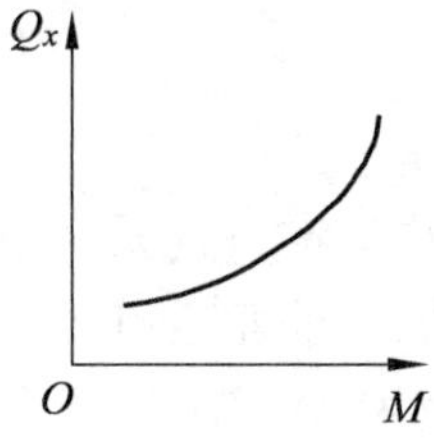

(b)　$\varepsilon_x > 1$

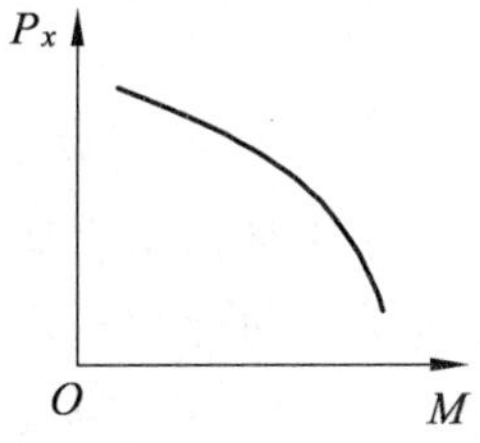

(c)　食物消费的恩格尔曲线

图 3-1　恩格尔曲线

上图中 Q_x 指对于 x 商品的购买量；M 指居民的收入水平；P_x 指用于购买 x 商品的支出占总支出的比例；ε_x 指对于 x 商品的需求弹性。图 3-1（a）中的曲线缓慢地由左下方向右上方倾斜，它表明商品 x 的购买量 Q_x 随收入 M 的增长而增长，但是购买量增长的速度越来越慢于收入的增加速度，这时商品 x 的需求弹性小于 1，但大于 0，一般生活必需品属于此类；图 3-1（b）中的曲线陡峭地由左下方向右上方倾斜，它表明商品 x 的购买量 Q_x 随收入 M 的增长而增长，但是购买量增长的速度大于收入的增长速度，这时商品 x 的需求弹性大于 1，一般用于满足精神需求方面的消费属于此类；图 3-1（c）主要反映食物消费随收入变化而变化的基本规律，该规律又称为“恩格尔定律”。它的内容可简单的描述为：一个家庭的收入越少，家庭收入中用来购买食物的支出所占的比例就越大，随着家庭收入的增加，家庭收入中用来购买食物的支出份额则会下降，而用于其他方面的开支（如通信、交通、娱乐、教育等）所占比重趋于上升。恩格尔定律可以用恩格尔系数来表示：恩格尔系数=食物支出/总支出。

恩格尔系数可以用于反映一个地区、国家的生活水平和贫富程度，同时可以反映其消费结构变动的趋势。旅客出行消费应当取决于居民的收入水平。由于旅客出行消费的产生动机高于满足生活必需品的消费需求并且包含满足精神消费方面的需求成分较大，如旅游观光、探亲访友、会议度假等。因此恩格尔曲线描述应近似于图 3-1（b），即随着居民消费水平的提高，居民出行需求显著增长。这里应当指出的是此种情形是以符合消费者行为自然需求为基本前提的。

居民的收入水平直接受制于地区或国家的整体经济发达水平。因此经济发达程度从某种意义上说是影响旅客出行需求变化的根本原因。客运量是衡量旅客出行需求整体水平的一个重要指标，客运量的增长与人均消费水平增长的幅度基本一致，并且明显大于人口增长幅度。

第二节　高速铁路客运市场调查

一、国外高速铁路客运市场调查

国外铁路运输企业都十分重视客运市场的调查，并积累了丰富的经验。这里以日本、法国铁路为例进行介绍。

1. 日本铁路客流调查

日本各铁路公司客运市场调查的基本特征是大视角、多层次。借助现代信息技术，特别是全国联网的计算机客票发售系统，对客运市场的变化情况和旅客的具体需求做出准确分析和科学预测。所谓大视角就是对社会需求以及各种运输方式的发展变化状况进行全面分析了解，把铁路客运置于全社会宏观环境之中，从而制定科学的发展战略。多层次就是对铁路客流的分析具体入微，从方方面面把握旅客运输。例如，在客流的地域流动上，对都市圈内客流、城市间客流、长途客流的变化情况有十分精确的数据统计；在客流构成上，对老年人客流、残疾人客流、通勤通学客流、其他旅客需求掌握的十分详细，服务措施具有非常强的针对性；在需求层次上，对乘坐高档次列车、普通列车的旅客动态掌握的也十分准确。

通过日本铁路的调查问卷也可以看出，日本的铁路调查非常细致，涉及个人出行的方方面面。比如调查了交通换乘的距离、次数、台阶的级数；交通方式换乘方便与否对出行人再次选择交通工具的影响；信息方面包括引导信息、运行信息、车票价格、车票小型化等的调查。

日本铁路调查通常把铁路放在综合交通网中进行，注重客运市场调查的整体性与联系性，例如进行铁路与其他运输方式衔接与竞争的调查。因此，更能把握旅客的需求动向，掌握铁路客运市场全方位的信息。

在调查的具体实施方面，日本铁路调查采用两种方式：铁路自行组织与外包给有关咨询公司。一般来说，大型的系统的调查都采取后一种方式，小型的临时调查则采取前一种方式。

2. 法国铁路客流调查

法国铁路采用一套工具组合来了解市场需求，包括：市场观察、外部报告/互联网、专门调查小组、高速列车临时线路调查（极具特色的全球“图片”调查）、针对客户、产品和交流的临时调查、旅客自己填写的调查问卷（在车站内，机场内和高速收费站内）、群体测试调查、法铁销售数据库分析、客户数据库分析。每月还跟踪调查铁路和航空运输及其市场份额，由销售人员和列车经理进行后续日常客户满意度/不满意度调查，建立客户关系中心，了解旅客需求。此外，还要依靠先进的预测工具分析一些变化带来的影响。

1）“图片”调查

图片工具过去是法铁了解客户的基本工具。每条重要线路每 2~3 年进行一次图片调查了解旅客的旅行习惯及其变化。目前，法铁根据多年的市场调查，销售手段的详尽分析、客户忠诚度项目和网上销售产品的数据库，对客户有了深入的了解。现在使用图片调查工具相对较少，因为该工具任务重且成本相对较高。尽管“经典的”图片调查仍被使用，但是在个案的基础上并不再系统化，而是更多地使用工作较轻松，更有针对性的调查。

2）专门调查小组

在法铁，专门调查小组已经有 20 多年的历史。专门调查小组的目标是法国和西欧旅行市场的跟踪调查，包括法国人的流动性、旅行次数和平均行程、各种模式的市场份额、根据出行目的和年龄进行市场跟踪调查。还要根据市场需求进行深度分析，包括私人休闲/商务旅行价格方案的交叉、判断特定目标旅客群价格细分是否合适、新票价用户的定位。

专门调查小组的职能包括选出 8 000 人作为总人口的代表，每两个月接受一次采访，内容包括任何在法国境内或国外超过 100 km 的旅行（除了完全在法国境外的旅行）；对所有出行方式从流动性（分个人或客户）和旅行（按旅行次数）两个层面进行分析；自 2004 年以来，此项工作一直与旅游部进行合作。专门调查小组在法铁的使用已经减少。目前，法铁主要依靠自己广泛而深入的市场知识进行需求分析。但是，这种调查工具对于执行营销相关政策仍然必不可少。

3）销售数据库

根据订票系统和旅行档案信息，法铁能够掌握任何一张客票销售情况和所有出发后 60 天的变更记录。这些数据由“Aristote”系统进行存储和处理。根据预定和分销软件“铁路订票（Resarail）”提供的信息，进行销售数据分析。必要的时候可以由临时调研/调查对 Aristote 进行补充，临时调研/调查是营销团队的一个主要信息渠道。

4）团体测试调查

对小型抽样客户群进行深入现场采访，可用于分析潜在客户对即将实施的价格调整的反应和意向。此外还有战略观察部，一个由年轻经济学家组成的部门，主要负责观察所有铁路客运市场的情况和向制定高速列车政策提供预示。

5）TGV 高速列车

自 2005 年以来，法铁推出了一个新理念即 ID TGV 高速列车，进行高速列车的营销方案实验。

另外，法铁还进行调查抽样，包括对于价格方案的客户调查（新型价格范围的调整，各调查人群间的平衡，季票持有者敏感度分析）、交流调查（广告活动的预测试和后续测试）、分销工具调查（新型工具如自动售票机、手机售票等的预测试和后续测试）、对筹划中的新增服务项目的意见、高速列车品牌形象的调查等。

将市场信息调查流程越来越多地外包，在运营商中已经成为的一个整体趋势。在实施外包之前，运营商主要依靠自己的专家。法铁在营销部门成立之初，调研基本是由法铁营销人员来完成。这一部分很快就被外包出去，但仍然由法铁营销专家来负责。这些专家过去制定具体要求，严密控制准备和实施，给出最后结论并撰写最终报告。目前，专家们制定工作框架和目标，研究和调研完全由营销公司来完成并独立负责。当完全控制了流程时，也就积累了经验，使法铁的营销专家有效控制了分包商的工作（方法、成本、所需时间），同时知道哪些工具最适合所制定目标。

二、我国高速铁路客运市场调查

随着铁路由卖方市场向买方市场的转变，我国的铁路市场调查正逐渐受到重视，已陆续开展了一些一定目的、一定区域的客运市场调查，使客运市场调查的内容逐渐充实丰富起来。例如对修建高速铁路进行的市场潜力预测调查、对铁路和公路竞争情况的短途客运市场调查、对铁路和航空竞争情况的中长途客运市场调查等，许多调查在调查内容设计、调查方式选择、调查问卷设计、调查对象选择方法、调查步骤设计和实施以及调查结果统计分析等各个方面都已做得比较成功，但规范化、系统化、连续性还有待加强，调查内容、调查方式、方法的科学性有待提高。

三、高速铁路客运市场调查的内容

铁路客运市场调查应从宏观和微观的各个层次出发，进行大视野、多角度的调查，主要内容包括以下几个方面：

1. 对铁路客运市场环境调查

主要包括政治环境、经济环境、科学技术和社会文化等。

政治环境主要指国家政府颁布的有关政策、法令等，如金融政策、外贸政策、价格政策、税收政策、经济开发倾斜政策、市场准入法等。

经济环境主要指国民生产总值和国民收入总值、人口总数、工资水平、自然资源状况和基础设施条件等。

科学技术主要指当前国内外科学技术的发展状况，如新学科的诞生，对客运市场有影响的新技术开发，新技术的引进与国产化程度，铁路客运新产品的开发、研制、推广等。

社会文化主要包括文化传统、宗教信仰、风俗习惯、可持续发展意识和消费观念等。

2. 对数量信息方面的调查

主要包括客流量、客运周转量、旅客行程和客流密度分布变化等。

3. 对铁路客运营销需求信息的调查

主要包括对铁路客运产品的调查和旅客需求的调查。

对铁路客运产品的调查包括铁路客运产品所能提供的客运服务水平、客运产品的价格、销售渠道、形象和促销手段（如广告）情况等。

对旅客需求的调查包括旅客的基本情况和构成、旅客对铁路客运产品满意程度（如安全性、舒适性、便利性）等、旅客对交通方式的选择意愿和考虑的因素以及旅客对铁路的客运产品的潜在需求等。

4. 对竞争对手的调查

主要是对公路、航空和水运的调查。调查内容包括占有市场份额情况，客运服务水平和价格等相对于铁路客运的优劣势，市场营销手段和旅客满意程度等。

四、高速铁路客运市场调查的体系结构

铁路客运市场调查的体系应从系统性、连续性和制度化几个方面着手，根据不同的调查目的确定相应的调查内容及方式，结构如图 3-2 所示。

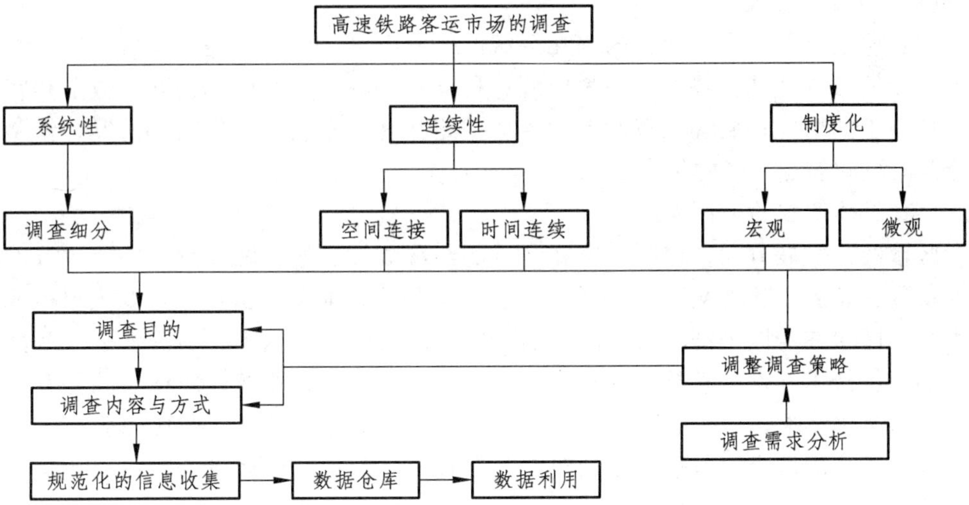

图 3-2　铁路客运市场调查的体系结构图

从图 3-2 可看出，企业经营决策者进行市场营销，在不同时期、不同经营状况和竞争对手情况等条件下，需要不同信息，有必要进行铁路客运市场调查细分，如图 3-3 所示。开展一项

调查前，根据不同的调查目的设计不同的调查方案。

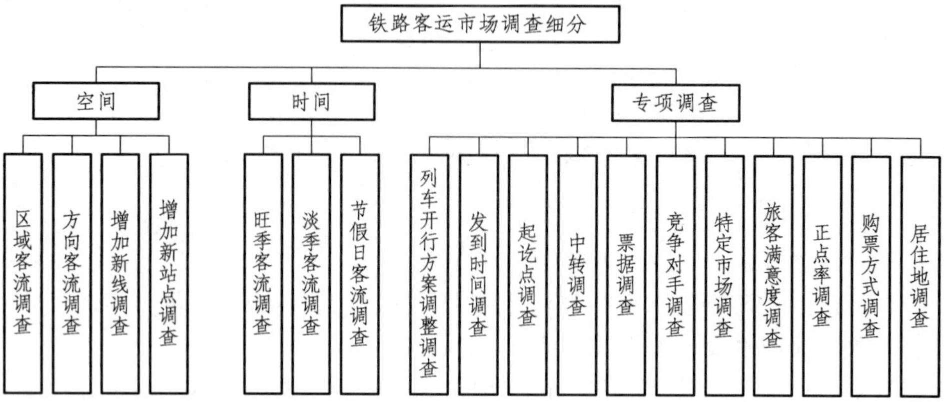

图 3-3　铁路客运市场调查细分

五、铁路客运市场调查方案——区域客运市场调查

以区域客运市场调查为例介绍铁路客运市场调查的组织方案。

1. 调查目的

由于不同地区经济发展水平不同，存在阶梯性的差异，因此不同地区的旅客总体消费水平也存在着较大差异，客运需求也相应不同。调查的目的主要是了解不同区域的旅客需求，如不同区域旅客对高速列车一、二等厢、卧铺车的需求情况；不同区域旅客对票价的敏感程度等。

2. 调查内容

调查主要包括以下几个方面：国家在区域的经济政策、区域的经济发展阶段、在全国经济发展中所处的位置、社会习惯、宗教传统、科技水平等；旅客列车的开行数量和客座利用率满足市场需求的情况；旅客乘车的舒适度；铁路在客运市场的竞争能力情况；铁路旅客票价是否能及时反映客运市场的供求变化。

因此，其具体调查的项目为：

（1）区域经济发展方面，包括国家在区域的经济政策（如金融政策、外贸政策、价格政策、税收政策、经济开发政策、市场准入法等）、区域生产总值、区域人口及人口构成、区域城市化水平、区域在全国经济发展中的排名、区域居民的消费水平、工资水平，区域对客运市场有影响的新技术开发，新技术的引进与国产化的程度，铁路客运新产品的开发、研制、推广，区域的文化传统、宗教信仰、风俗习惯、可持续发展意识和消费观念等。

（2）客运产品的调查，包括旅客列车的开行种类、数量、客运量、客运周转量、旅客平均运距、客座利用率。

（3）旅客对客运产品满意度的调查，包括购票情况（如购票的渠道、订票费、车票预售时间、票价等）、候车情况（如服务态度、开水供应、卫生、舒适、安全情况等）、乘车情况（如乘车安全、乘务员的服务、车内治安秩序、车内环境卫生、开水供应、列车始发正点、列车速度、上车购票情况、小商品服务等）。

（4）铁路在客运市场的竞争能力调查项目，包括各种运输方式客运量、客运周转量、平均运距的对比，各种运输方式安全、方便、舒适、票价、速度等因素对旅客出行选择的影响，各种运输方式的营销手段等。

3. 调查方式

采取抽样调查方式进行定期调查。区域经济发展方面的项目以及客运产品的调查项目每季度统计一次，旅客对客运产品满意度的调查以及铁路在客运市场的竞争能力调查项目，选择每年的客流旺季、客流淡季分别进行一次。

4. 调查方法

根据不同的调查内容，采取不同的调查方法。不同的调查方法也可以结合使用。区域经济发展方面的项目以及客运产品的调查项目，基本上通过文案调查法查找相关资料或者面访调查法询问相关人员；旅客对客运产品满意度的调查一般采用问卷调查法进行调查；铁路在客运市场的竞争能力调查项目采用文案调查法、问卷调查法或面访调查法相结合的方法进行。

第三节　高速铁路客流的出行特征

一、高速铁路旅客出行特征

铁路旅客出行的因素较多，根据铁路旅客出行过程，旅客出行行为的影响因素有：旅客特性、列车技术经济特性和接续列车特性等。铁路旅客出行行为的影响因素会影响到高速铁路旅客出行时段选择。

虽然旅客在选择高速铁路与普速铁路客运产品时考虑的影响因素相同，但由于高速铁路与既有铁路在技术经济特征方面的不同，导致了高速铁路旅客出行需求与普速铁路旅客出行需求有很大差异。高速铁路旅客出行不再是简单满足于安全到达目的地，更多的是追求舒适、快捷、方便、准时等高品质、高质量的客运服务。在高速铁路开通的背景下，高速铁路旅客出行需求呈现出新的特点。

1. 旅客消费层次提高

随着我国经济的快速发展和人民生活水平的提高，旅客出行需求呈现出层次化和个性化的差别。不同消费层次的旅客对客运产品的要求不尽相同。目前，我国铁路客流主要分为公务、商务、旅游、学生、探亲和外出务工客流等，如按消费层次划分，可将其划分为高、中、低三个消费层次，如表 3-1 所示。

根据调查，选择高速铁路出行的旅客大多是公务、商务、旅游等中高端消费层次的旅客，该群体的旅客对快捷性、舒适性和准时性的要求较高，而对经济的敏感性不高；选择既有铁路出行的旅客大部分是中低消费人群，他们对时间和舒适性的要求相对较低，比较关注的是票价因素。因此，高速铁路客运产品设计面向的服务群体是中高端消费的旅客，旅客的消费水平整体要高于既有铁路。

表 3-1　我国铁路客流层次划分

客流层次	客流构成	快捷性	舒适性	经济性	时效性
高消费人群	大部分公务客流、商务客流、一部分旅游和探亲流	最高	最高	一般	最高
中消费人群	大部分旅游和探亲流、一部分学生客流、外出务工客流	较高	较高	较敏感	较高
低消费人群	大部分学生客流、民工客流、一部分探亲流	一般	一般	最敏感	一般

2. 旅客时间观念加强

随着人们生活节奏的加快和出行次数频繁，旅客的时间观念发生了很大改变。旅客的时间观念包括“旅行时间长短”和“旅行时间段”两层含义。前者决定了旅客对列车等级、交通工具的速度、交通方式间的换乘效率的选择，这些因素也越来越成为影响旅客出行选择的关键因素；后者决定了旅客对列车发到时刻的重视，旅客通过市内交通从出发地到达铁路车站，从铁路车站到达目的地要考虑到车站与市内交通的方便衔接，减少换乘等待时间。因此，高速铁路旅客的出行不仅要考虑列车在途时间的长短，而且还要考虑到列车的发到时刻、客流节点与市内交通的衔接时间等问题。

3. 旅客集结. 乘降时间短

高速铁路面向旅客提供的是高质量的客运服务产品，高速铁路旅客层次的提高也使得铁路部门必须转变服务理念，提高服务质量。高速铁路高效率的运输组织模式，不仅能减少旅客在车站等候时间，而且能大大缩短旅客乘降时间；客运站客流表现为集结时间短，单位时间内进出车站的旅客人数大大增加；旅客进出站快捷、简便。

4. 旅客出行随机性和波动性增加

高速铁路旅客出行以公务、商务、旅游为出行目的的较多，而这类旅客的出行时间带有不确定性，客流的随机性较大；另外，节假日是旅客出行的黄金时期，以旅游、探亲为主的客流对时间性要求较高，客流高峰一般出现在节前和节后，而在节日期间客流会明显回落；客流在沿某一方向上也会出现波动性，在节前以出城客流为主，在节后以返城客流为主。所以高速铁路客流的随机性和波动性都较大。

二、高速铁路客流特性分析

1. 高速铁路客流影响因素分析

从高速铁路服务属性的角度看，影响高铁客流的主要因素有：交通运输结构、线网通达性、运营组织、运输设施改善、运输产品质量及营销策略等。

1）交通运输结构

我国主要提供的旅客运输方式有公路、铁路、水运、航空 4 种，其中铁路包括了既有铁路和高速铁路。基于不同运输方式优缺点的对比分析，可以采用优势互补的方式，建立特定的运输结构。设计合理的交通运输结构，能够有效地增强区域之间联系，增加吸引的客流。

2）线网通达性

地区各种交通运输的线路是否联通，是否形成一定规模的线路网络，均会影响地区的客流形成和客流结构。线网的通达性越高，形成的客流结构就越多样化，服务到的客流比例越高。

3）运营组织

高铁的运营组织主要包括列车开行方案、列车的运行时间、票价等方面。编制合理的列车开行方案能够有力改善运输资源的利用效率，降低各种设施设备运营成本，还能有效服务乘客出行，吸引更多的客流；由于生产力水平的提高，人们时间价值也随之发生变化，对列车服务质量要求越来越高，主要表现在列车运行速度准点性，缩短旅行时间并保证列车准时会吸引旅客更多的出行需求：票价的合理制定也能够吸引客流的增加。

4）运输设施完善

高速铁路的设施完善极大地提高了运输服务的质量，通过改善服务设施，能使旅客的出行更加舒适、便捷，提升高速铁路的吸引力，从而吸引更多的旅客乘坐高速铁路出行。

5）运输产品质量及营销策略

随着经济发展收入增加，旅客出行需求呈现多样化，而且对运输服务质量的要求日益增高。旅客希望提供服务的运输工具具有更高的舒适性、安全性等，采用先进优质的运输工具更具竞争力。为了提高运输市场份额，企业会适当使用营销策略，比如淡季打折优惠等措施，有效地吸引客流量。

2. 客流时空变化特性分析

高铁客流会随着时间的不同而不断变化，这种变化有一定的规律性，主要体现在年变化、时期（春暑运、小长假、平时等）变化、周变化及日变化，同时又存在一定的随机性。这些变化特点将对后续客流预测产生重要影响。

对于客流年变化而言，随着我国铁路网络特别是高速铁路网络的日益完善，近年来我国铁路年客运量呈现稳步增长的态势。其中动车组客运量增加尤为明显，主要原因是高铁骨干网络逐步成型，使快速、舒适的高铁逐步成为人们出行的首选。特别是2012年后，动车组客运量总体上呈现出比较稳定的线性增长状态。因此，总体上高铁及动车客流总量的年变化趋势是相对比较稳定且有规律的，其预测也会相对准确。

在客流量总体增长的同时，全年客流明显可划分为若干不同时期，包括春运、3—6月、暑运和10—12月及各类小长假等。以全路2016年客流数据为例，可知春运前客流量总体较小；2016年春运后，暑运前、国庆节前三个时间段的客流量水平依次增长；春暑运时间段内，两个时间段客流都明显高于日常常态客流，2016年春运期间呈现出除夕的客流量达到谷值，春节后客流量高于春节前的趋势；小长假时间段均较短，呈现出客流明显激增的趋势，形成明显的峰值，其中劳动节和国庆节客流要略高于其余小长假。除年与时期的变化外，客流还呈现出明显的周变化特性，同一时期内客流的周变化规律明显，一周内不同日期的客流差别较大，但是各周相同日期的客流量比较类似，在一定范围内小幅振动，一般在10%左右，总体上比较规律的同时呈现出一定的随机性。

除随时间变化外，各区域的 OD 客流变化也会有所不同，虽然不同线路全年的日客流总量变化趋势基本一致，但不同线路不同时段客流变化各有特点。其中，京广高铁客流量最大，且变化幅度相对较大，其暑运客流量增长幅度明显大于其他线路。哈大高铁的客流总量最小，但其变化趋势与其他线路类似。

第四节　高速铁路客流预测

客流预测是项目建设决策和可行性研究的重要依据，根据高速铁路通道客流的特点，结合高铁在铁路网中的地位和作用进行客运量预测，有助于旅客开行方案的编制和线路经济效益的测算，为高速铁路的建设和运营提供参考。

由前文客流特性分析易知，铁路客流会随时间不断波动变化，除小长假外，主要由年波动、时期波动、周波动以及随机波动组成。其中，年波动、时期波动、周波动是规律性波动，对客流的影响可以通过对数据的分析与比较来判断，而随机波动则没有特定的规律。为了减少这种波动的误差，找到客流变化的规律，许多专家和学者运用了不同的客流预测方法，主要分为以下几种：回归分析法、时间序列分析法、灰色预测法、神经网络预测法、支持向量机法、四阶段法等。各种方法的主要优缺点如表 3-2 所示。

表 3-2　各种客流预测方法优缺点

方法序号	预测方法	优点	缺点
1	回归分析法	技术成熟，预测简单	误差大，外推特性差
2	时间序列分析法	短期预测结果误差小	不适用于中长期预测
3	灰色预测法	预测所需数据量少，精度高	不适用于短期预测
4	神经网络预测法	自学能力强，容错度高	预测结果的随机性较强
5	支持向量机法	统计样本较少时也能获得良好统计规律	核函数的选取困难
6	四阶段法	有较强的理论基础和实践经验	适用于城市交通规划

下面介绍比较常见的时间序列分析法和四阶段法。

一、时间序列分析法

对于短期客流的预测常采用时间序列分析法。时间序列是按照固定的时间间隔采样取得的一系列观测值。因此这些观测值是一些有严格先后顺序的数据，不同时间点或时间段对应的数据之间在大多数情况下存在着某种前后相承的关系，而非互相独立。因此，对这类数据的分析和研究需要一些特殊的方法。时间序列分析就是包含了针对这种独特数据特点而形成和发展起来的一系列统计分析方法的一个完整的体系。

根据前文所总结的全路客流量时变特征，首先将数据按照固定的时间间隔（最小单位为天）采样，符合时间序列的基本特点；其次，客流的时变具有年变化（逐年递增）、时期变化

（规律性强、变化平稳、以周为周期在一定范围内波动）和周变化（周内不同日期有差别、各周相同日期接近）特点，每日客流量变化均基于前一天数据，数据间存在着前后相承的依赖性；再次，客流变化在基本规律性的基础上存在一定范围内的随机波动，而针对时间序列数据生成的动态模型本质上即是由系统依照基本的概率机制而产生，是某个随机过程的一个实现，因此时间序列法本身包含了对于数据随机波动的考虑；最后，时间序列的前后相承性决定了时间序列法只能作短期预测，不适合作长期预测。

时间序列预测法可用于短期、中期和长期预测。根据对资料分析方法的不同，又可分为：简单序时平均数法、加权序时平均数法、移动平均法、加权移动平均法、趋势预测法、指数平滑法、季节性趋势预测法等。其中指数平滑法的目标是使预测值与观测值之间的均方误差达到最小，对于实际的高铁客流预测，常采用时间序列分析法中的指数平滑法进行预测。指数平滑法因权数选择和平滑方法的不同而分成多种模型形式，指数平滑法常见的模型有以下几种：

1. 一次指数平滑法

一次指数平滑法是简单移动平均法的变形，适用于比较平衡的序列，其模型表达式如式3-1所示：

$$f_{t+1} = f_t + (y_t - f_t)/n \tag{3-1}$$

令 $\alpha = 1/n$，则有

$$f_{t+1} = \frac{1}{n}y_t + \left(1-\frac{1}{n}\right)f_t = \alpha y_t + (1-\alpha)f_t = \alpha[\sum_{k=0}^{t}(1-\alpha)^k y_{t-k}] \tag{3-2}$$

式中：f_t为 t 时刻的一次指数平滑值；f_{t+1} 为 t+1 时刻的预测值；n 为移动步长；α 为等待估计的参数。

由上式可见，简单指数平滑法将之前 t+1 期的平滑值作为当期的预测值。随着时间向过去的推移，各期实际值对预测值的影响按指数规律递减，这是该方法命名为指数平滑的原因。在 SPSS 软件中可根据模型对数据的拟合情况，自动选择误差最小时的平滑常数值 $\alpha(0<\alpha<1)$。

2. 二次指数平滑法

也称为双重指数平滑，是利用平滑值对时间序列的线性趋势进行修正，进而建立线性平滑模型进行预测。二次指数平滑法适用于有线性趋势的时间序列，包括 Brown 线性趋势模型和 Holt 线性趋势模型。

1）Brown 线性趋势模型（Brown 单一参数线性指数平滑）

Brown 单一参数线性指数平滑包括两个平滑值计算公式，分别为一次、二次平滑公式。

$$f_t^{(1)} = \alpha y_t + (1-\alpha)f_{t-1}^{(1)} \tag{3-3}$$

$$f_t^{(2)} = \alpha f_t^{(1)} + (1-\alpha)f_{t-1}^{(2)} \tag{3-4}$$

式中：$f_t^{(1)}$ 为一次指数平滑值；$f_t^{(2)}$ 为二次指数平滑值；α 为待估参数；当 t=1 时，$f_{t-1}^{(1)}$ 和 $f_{t-1}^{(2)}$

是平滑初始值，需要事先给定。由两个平滑公式得到的两个平滑值可计算线性平滑模型的两个参数 a_t 和 b_t，见公式 3-5 和 3-6。

$$a_t = 2f_t^{(1)} - f_t^{(2)} \tag{3-5}$$

$$b_t = \frac{\alpha}{\alpha - 1}(f_t^{(1)} - f_t^{(2)}) \tag{3-6}$$

最终得到线性平滑模型：

$$f_{t+m} = a_t + b_t m \tag{3-7}$$

式中：m 为超前期数；f_{t+m} 为第 $t+m$ 期的预测值。

2）Holt 线性趋势模型

Holt 双参数指数平滑与 Brown 单一参数线性指数平滑原理相同，差别在于 Holt 双参数指数平滑不直接应用二次指数平滑，而是分别对原序列数据和序列的趋势进行平滑。模型的一般形式为：

$$f_{t+m} = S_t + b_t m \tag{3-8}$$

$$S_t = ay_t + (1-\alpha)(S_{t-1} + b_{t-1}) \tag{3-9}$$

$$b_t = \gamma(S_t - S_{t-1}) + (1-\gamma)b_{t-1} \tag{3-10}$$

式中：S_t 为数据的平滑值；b_t 为趋势的平滑值（即相邻两个数据平滑值之差）；α 、γ 为待估参数；f_{t+m} 为第 $t+m$ 期的预测值。当 t=1 时，$S_{t-1}^{(1)}$ 和 $b_{t-1}^{(1)}$ 是平滑初始值，同样需事先给定。

3. 三次指数平滑法

三次指数平滑法包括 Brown 三次指数平滑模型和 Winters 加法模型。

1）Brown 三次指数平滑模型

Brown 三次指数平滑适用于有非线性趋势的时间序列，其模型的一般形式为：

$$f_{t+m} = a_t + b_t m + \frac{1}{2}c_t m^2 \tag{3-11}$$

其中

$$a_t = 3S_t^{(1)} - 3S_t^{(2)} + S_t^{(3)} \tag{3-12}$$

$$b_t = \frac{\alpha}{2(1-\alpha)^2}[(6-5\alpha)S_t^{(1)} - (10-8\alpha)S_t^{(2)} + (4-3\alpha)S_t^{(3)}] \tag{3-13}$$

$$c_t = \frac{\alpha^2}{(1-\alpha)^2}(S_t^{(1)} - 2S_t^{(2)} + S_t^{(3)}) \tag{3-14}$$

各次平滑形式分别为：

$$S_t^{(1)} = \alpha y_t + (1-\alpha)S_{t-1}^{(1)} \tag{3-15}$$

$$S_t^{(2)} = \alpha S_t^{(1)} + (1-\alpha) S_{t-1}^{(2)} \tag{3-16}$$

$$S_t^{(3)} = \alpha S_t^{(2)} + (1-\alpha) S_{t-1}^{(3)} \tag{3-17}$$

式中：S_t为数据的平滑值；α 为待估参数；当 t=1 时，$S_{t-1}^{(1)}$是平滑初始值，需要事先给定。

2）Winters 加法模型

Winters 加法模型的一般形式为：

$$f_{t+m} = S_t + b_t m + I_{t-l+m} \tag{3-18}$$

其中

$$S_t = \alpha(y_t - I_{t-l}) + (1-\alpha)(S_{t-1} + b_{t-1}) \tag{3-19}$$

$$b_t = \gamma(S_t - S_{t-1}) + (1-\gamma) b_{t-1} \tag{3-20}$$

$$I_t = \beta(y_t - S_t) + (1-\beta) I_{t-l} \tag{3-21}$$

式中：t 为时间序列各期的序号，$t=l+1$，$l+2$，…，T；m 为要预测的时刻距离现在时刻的时刻间隔数；f_{t+m}为第 $t+m$ 期预测值；l 为周期长度；S_t为 t 时刻的周期项；b_t为 t 时刻的周期项；I_t为 t 时刻的季节项；y_t为 t 时刻的原始数据；α 、β 、γ 分别为模型的待估参数。

二、四阶段法

四阶段法是国际上流行的预测方法，有较强的理论基础和实践经验，它起源于城市交通规划，近年来已被广泛应用于区域交通规划和国内外高速铁路项目的设计中。在我国高速铁路项目中，四阶段法是经常使用的方法，不同的研究文献对于四阶段的划分不太统一，部分文献将四阶段法分成运量生成、运量分布、运输方式划分和运输方式分配四个阶段，另一些文献将四阶段法分成交通生成、交通发生与吸引、交通分布和交通分配四个阶段。下文介绍后一种四阶段法涉及的各阶段的预测方法，并重点改进了重力模型。

四阶段法的核心是相互关联，即通过生成量的预测约束发生量和吸引量的预测，进而约束各个客流量的预测。下面将具体介绍各个阶段的公式：

1. 交通生成

交通生成阶段采用原单位法，模型如公式 3-22 所示。

$$y = k \cdot pop \tag{3-22}$$

式中：y 为该地区的出行总量，即客流总量（人）；k 为每人平均产生的交通量；pop 为该地区的人口（人）。

2. 交通发生与吸引

假设交通发生和吸引量与人口呈线性关系，则计算交通发生量和吸引量的模型分别如公式 3-23 和公式 3-24 所示。

$$P_i = a + bX_i \tag{3-23}$$

$$A_j = c + dZ_j \tag{3-24}$$

式中：P_i，A_j分别为 i 站的发生量和 j 站的吸引量（人）；X_i，Z_j分别为 i 站和 j 站所覆盖范围的人口（人）；a，b，c，d 为相应参数。

在实际情况下，各站的发生量和吸引量会存在差异，但是在客流预测阶段，为了数据处理的方便，通常会假设各站的发生量与吸引量相等。

3. 交通分布

交通分布阶段采用的是重力模型。高速铁路的客流很大程度上会受到列车开行方案的影响，将开行方案对客流的影响考虑到模型的建立中，会提高客流预测结果的准确性。因此对传统重力模型做出了改进，重点为了区分本线客流、跨线客流、本省客流和跨省客流的不同特征，在阻抗函数中加入了跨线和跨省的时间罚值，如公式 3-25 所示。

$$q_{ij} = \theta \frac{(pop_i \cdot pop_j)^{\alpha} \cdot (gdp_i \cdot gdp_j)^{\beta}}{(t_{ij} + t_l \cdot l + t_p \cdot p)^{\gamma}} \tag{3-25}$$

式中：q_{ij}为 i 站到 j 站的客流量（人）；pop_i为 i 站的人口（人）；gdp_i为 i 站的 GDP（元）；t_{ij}为 i 站到 j 站的旅行时间（h）；l 为 0-1 变量，表示该 OD 是否跨线，当其值为 1 时表示跨线，反之不跨线；p 为 0-1 变量，表示该 OD 是否跨省，当其值为 1 时表示跨省，反之不跨省；t_l，t_p 分别为跨线、跨省的时间惩罚值（h）；$\alpha,\beta,\gamma,\theta$ 为相应参数。

重力模型的参数标定方法主要采用最小二乘法，通过回归的方式拟合获得。通过公式 3-25 计算所得的交通分布结果可能并不能满足各个节点的发生量和吸引量，可采用平均增长率的循环迭代平衡的方法进行修正。

4. 交通方式划分

交通方式划分最常采用基于广义费用的 LOGIT 竞争模型，其结构如公式 3-26 所示，需要考虑不同运输方式的票价和旅行时间。

$$p_{ij}^k = \frac{\exp(\lambda \cdot gc_{ij}^k)}{\sum_{l=1}^{M} \exp(\lambda \cdot gc_{ij}^l)} = \frac{\exp(\alpha_k + \beta_1 \cdot t_{ij}^k + \beta_2 \cdot mc_{ij}^k)}{\sum_{l=1}^{M} \exp(\alpha_l + \beta_1 \cdot t_{ij}^l + \beta_2 \cdot mc_{ij}^l)} \tag{3-26}$$

式中：p_{ij}为 i 站到 j 站间 k 种运输方式的分担率；gc_{ij}^k 为 ij 间 k 种运输方式的广义出行费用（元）；t_{ij}^k 为 ij 间 k 种运输方式的旅行时间（h）；mc_{ij}^k 为 ij 间 k 种运输方式的票价（元）；α_k 为 k 种运输方式的方式罚因子，表示交通方式服务属性中除时间、是否跨线以外的因素（舒适、方便性等）；α, β, λ 为相应参数。

5. 交通分配

根据交通分布求得的客流 OD 数据，采用全有全无分配法，在无能力约束的情况下进行最短路配流，最终得出各主要区段的客流分配结果。首先运用 Dijkstra 算法计算各 OD 的最短径路，然后将客流量统一分配到最短径路上，即可求得各线路区段的客流量。

第五节　高速铁路客流组织

客流组织一般是指经过对车站设备、设施和空间的分析，根据车站某个时间段的进出车站乘客数量预测，制定符合地铁车站实际情况的乘客进站、乘车（或换乘）、下车、出站疏导和指引的方案，以及根据方案进行的车站行车、票务和人员组织。

一、进站客流组织

进站客流是指旅客通过市内其他交通工具到达车站站前广场开始，一直到进入车站候车的客流，与之相对应的客流组织包括如下过程：

（1）旅客乘市内公共交通工具或步行到达高铁客运站站前广场，或乘坐私家车、出租车通过站前斜桥直接到达高铁站二楼候车区域；

（2）旅客通过站前引导标识可到达售票厅或二层候车厅处的售票窗口；

（3）旅客购票后进入候车大厅，经过实名制验票、危险品检查后乘扶梯或走楼梯到达二层车站候车区，候车区内旅客可以自由活动，如购物、休息等；

（4）旅客通过站内广播信息、电子显示屏等引导标识，确定所乘列车的具体检票时间、地点；

（5）旅客经过自动检票闸机或人工检票后，通过车站跨线设备如天桥、地道、平交道口等到达列车停靠站台；

（6）经站台工作人员提示，确认好旅客所乘车厢，并由列车乘务员提示旅客出示车票，核对车次、日期、座位号、铺位号等车票信息，有序组织旅客上车。

二、出站客流组织

出站客流是指乘坐高铁列车的旅客到达车站开始，一直到进入站前广场的客流。相对进站流程而言，出站流程会相对简单，与之相对应的客流组织过程一般为：

（1）在车站工作人员提示下，下车的旅客明确出站方向，并自行通过人行天桥、地下通道、平交道口等跨线设备离开站台；

（2）出站旅客通过跨线设备后行进至出站口处，要再次接受工作人员对车票的查验，持有蓝色磁介质车票的旅客经过自动检票闸机检票后出站，持红色纸质车票的旅客经人工检票出站；

（3）车站工作人员疏导旅客陆续离开车站或车站出站口，为加快旅客的疏散速度，在出站口为旅客提供市内换乘交通工具信息，如公交车站、私家车停车场、出租车停靠地点以及地铁或轻轨等交通方式的信息。

三、客运站旅客流线分析

客运站内旅客的流动过程和流动路线简称为旅客流线，即旅客在客运站内部整个走行过程中的走行路线。旅客流线组织是否合理，不但影响客运站的作业效率和能力，同时也直接关系到客服设备的利用效率及旅客服务质量的好坏。到达客运站的旅客，按所需服务的不同，可分为进站旅客、出站旅客和换乘旅客，与之相对应的流线分别为进站旅客流线、出站旅客流线、换乘旅客流线。

1. 进站旅客流线

旅客根据自身实际需要在不同时间乘坐市内交通工具到达站前广场，或乘坐私家车、出租车到达客运车站二楼候车区，在客运车站售票厅办理购（取）票业务后，经过车站实名制验票、危险品检查后进入客运车站，通过楼梯或自动扶梯进入候车区，旅客随后在候车区自由活动。在列车到达检票前旅客在候车区、购物区、餐饮娱乐区的行走分布无特定规律，并可能在不同地点候车等候。旅客通过车站广播、检票口电子显示屏提示按顺序进行检票进站，通过站内跨线设备、扶梯进入站台等候上车，按照车站工作人员的提示到达列车车厢停靠位置，经列车乘务员核验车票日期、车次、到站、座位号、铺位号等信息后上车。进站旅客流线中的实名制验票和安检环节在不同的高铁客运站的先后顺序可能有所不同。

2. 出站旅客流线

高铁客运车站的出站旅客流线过程相对简单，其主要特点是在较短的时间内旅客大量集中到达、旅客流目的一致、在车站内停留时间较短、走行速度也较快，所以，只有保证车站出站通道容量以及车站内天桥、地道以及平交道口的通畅，才能为旅客以最快的速度、最短的时间出站；另外，出站口与私家车、出租车停车场以及公交车、地铁、轻轨等公共交通换乘工具实现无缝隙紧密衔接，更能较好地组织旅客疏散。要保证出站旅客流与进站旅客流无交叉，站台、跨线设备、出站口等任何一个环节都不能出现问题，否则都有可能导致出站旅客在站前广场、停车场、公交站、地铁站等地方滞留拥堵，滞留旅客与进站流线更容易产生交叉造成二次拥堵，进而影响了车站的客运组织，降低了车站的服务水平。

3. 换乘旅客流线

铁路客运枢纽站一般有两条以上客运干线在此交叉，是大、中、小城市的连接点，因此不同方向流的旅客可能会存在在铁路客运枢纽站进行换乘列车，从而到达目的地。这类旅客的流向与到达列车和换乘列车之间的时间接续有关，换乘列车需等待时间较长时，旅客会选择出站后再通过危险品检查、实名制验票等进站上车流程进入车站候车区内等待换乘；如果换乘列车等待时间较短，旅客则不出站直接在换乘列车到达的站台等候换乘。

4. 影响旅客流线的因素分析

铁路客运站中主要存在四方面因素影响旅客流线：

（1）在该站经停且办理旅客乘降业务的旅客列车对数。

车站停靠办理旅客乘降业务的列车对数直接关系该车站的客流量，若车站内通过的旅客列车较少，旅客数量也会相对较少；若车站内始发、经停的旅客列车对数较多，旅客数量也会随之增加，当旅客列车集中到达时，会引起旅客的大量聚集，从而导致各客运设施处的排队现象，影响旅客的进站时间。

（2）站内客运设备设施的数量。

根据旅客到发人数配备合理数量的客运设备设施是非常重要的，若车站到发旅客人数较少，配备客运设备设施数量过多则会造成资源的浪费，增加车站不必要的成本支出；而到发旅客人数较多的车站却没有足够的客运设备设施时，就会造成旅客大面积聚集，排长队等候且时间过长，从而影响高铁客运车站的整体服务质量。

（3）客运业务服务时间的差异。

售票、实名制验票、危险品检查、开车前检票等过程的客运业务服务时间也与旅客流线的通畅性联系紧密。工作人员的工作效率较低或客运辅助设备陈旧时，会严重增加客运业务服务时间，甚至会延误旅客进站上车的时间，造成漏乘或列车晚点等问题的发生。

（4）客运站内的导向标识及旅客通行设备。

客运车站内引导标识的主要功能是：对站内列车信息、候车区域等重要信息进行公告，起到引导旅客正确做出决策的作用，避免旅客花费较长的时间在站内寻找需要的信息；能减少旅客在站内的行走距离，提升车站内的服务水平；实现客流进站、候车的高效流动。通行设备主要指车站内部的通道及乘降设备设施，如果客运车站内通道狭小，乘降设备数量或容量不足，同样也会引起旅客滞留或排队聚集等现象，进而降低客运车站的整体服务质量。

第六节　高速铁路客流预测与组织实例

本案例详见参考文献*，此处只列出主要解决方法。

一、Winters 线性和季节性指数平滑预测模型

结合文献中原始数据均有的趋势性、季节性特点，建立一种 Winters 线性和季节性指数平滑模型作为平日与暑运期间的客流量预测模型。实际操作方面，将利用 SPSS 24.0 软件的时间序列预测分析功能对所选 OD 在时段内每天的日客流量进行预测。

为了应用 Winters 方法进行预测，必须事先获得至少两个周期内的所有已知数据，本案例为目标时段对应所选基础数据的起始两周数据，记为：

$$f_1, f_2, f_3, f_4, f_5, f_6, f_7, f_{7+1}, f_{7+2}, f_{7+3}, f_{7+4}, f_{7+5}, f_{7+6}, f_{7+7}$$

在此基础上，才能对 Winters 线性和季节性指数平滑模型中周期项 S_t、趋势项 b_t、季节项

* 本案例引自于北京交通大学马佩献的硕士论文《高速铁路列车开行方案服务水平提升对客流影响研究》。

I_t进行初始值计算，并进一步预测第三周期及后续周期数据。具体步骤如下：

（1）计算前两个周期内平均每个周期的增量 B。

$$B=\frac{1}{l}(V_2-V_1) \tag{3-27}$$

其中$V_1=\frac{1}{l}\sum_{t=1}^{l}y_t$，$V_2=\frac{1}{l}\sum_{t=l+1}^{2l}y_t$，$y_t$是 t 时刻的原始数据，l 的周期长度为 7。

（2）计算初始增量 b_0 及初始指数平滑值 S_0。

$$b_0=B \tag{3-28}$$

$$S_0=V_2+\frac{(l-1)B}{2} \tag{3-29}$$

（3）分别计算前两个周期内每个时期的季节指数。

第一个周期内每个时期的季节指数：

$$I_t=\frac{y_t}{V_1-(\frac{l+1}{2}-t)B} \tag{3-30}$$

其中：t=1，2，…，l。一共计算出 $2l$ 个季节指数。

（4）计算前两个周期中平均每个时期的季节指数：

$$I_t^{'}=\frac{I_t+I_{t+l}}{2} \tag{3-31}$$

其中：t=1，2，…，l，由此计算得到 l 个平均季节指数。

（5）将季节指数正态化：

$$l'=\sum_{t=1}^{l}I_t^{'} \tag{3-32}$$

$$I_{t0}=\frac{l}{l'}I_t^{'} \tag{3-33}$$

其中：t=1，2，…，l，由此计算得到 l 个正态化后的季节指数 I_t,，其和是 1。

（6）进行第三周期内各日期客流量预测：

$$f_{t+m}=(S_0+b_0m)I_{t-2l+m} \tag{3-34}$$

其中：t=$2l$，m=1，2，…，l。该步骤可计算出第三个周期每日客流量的预测值 f_{2t+1}，f_{2t+2}，f_{2t+3}，f_{2t+4}，f_{2t+5}，f_{2t+6}，f_{2t+7}。

（7）令 $S_{t-1}=S_0$，$b_{t-1}=b_0$，$I_{t-l}=I_{t_0}$，将其与第三周期各预测值代入式（3-35）~式（3-37），可得到新一期的周期项 S_t、趋势项 b_t、季节项 I_t，计算出下一周期各日客流量的预测值。

$$S_t=\alpha(y_t-I_{t-1})+(1-\alpha)(S_{t-1}+b_{t-1}) \tag{3-35}$$

$$b_t=r(S_t-S_{t-1})+(1-r)b_{t-1} \tag{3-36}$$

$$I_t = \beta(y_t - S_t) + (1-\beta)I_{t-1} \tag{3-37}$$

此后，继续更新下一周期预测所需的周期项 S_t、趋势项 b_t、季节项 I_t，计算出下一周期各日客流量的预测值。重复此步骤直至得到目标时段的预测值为止。

二、预测时段选择

本案例中既有数据的时间跨度为 2016 年 1 月 1 日至 2017 年 6 月 30 日。为了便于将 2017 年预测数据同 2017 年既有数据进行对比，将选取 2017 年前半年部分时段作为目标时段进行预测。易知在前半年小长假出现较为频繁，因此在选取平日时段时，应尽量选择相邻两个长假之间居中的日期，以尽可能使客流在时段内的波动平稳。

综上，本案例选取 2017 年 3 月 6 日至 2017 年 3 月 19 日这段时间作为目标时段，相应的基础时间序列为 2016 年 3 月 6 日至 2017 年 3 月 5 日。选择 SPSS 24.0 软件作为预测工具，采用时间序列分析预测法中的 Winters 线性和季节性指数平滑模型进行预测。

三、预测结果分析

对于 2017.3.6—2017.3.19 时间段内的客流预测，Winters 加法模型与 Winters 乘法模型均可将预测误差控制在±8%以内；除 2017.3.10、2017.3.17、2017.3.18 三日外，Winters 乘法模型的预测误差均小于 Winters 加法模型，并有 8 天的预测误差均控制在 5%及以下。因此，本时段 Winters 乘法模型预测效果优于 Winters 加法模型，但二者预测结果的差距不大。如表 3-3 所示。

表 3-3　2017.3.6—2017.3.19 全路日客流量预测结果

预测日期	星期	实际客流/人	Winters 加法模型		Winters 乘法模型	
			预测客流/人	预测误差	预测客流/人	预测误差
20170306	星期一	3 795 646	4 065 561	7.1%	4 021 253	5.9%
20170307	星期二	3 567 048	3 793 281	6.3%	3 749 860	5.1%
20170308	星期三	3 654 323	3 872 831	6.0%	3 790 695	3.7%
20170309	星期四	3 769 834	3 930 999	4.3%	3 860 866	2.4%
20170310	星期五	4 778 408	4 641 946	−2.9%	4 540 706	−5.0%
20170311	星期六	4 102 375	4 314 896	5.2%	4 256 611	3.8%
20170312	星期日	4 668 598	4 593 399	−1.6%	4 626 736	−0.9%
20170313	星期一	3 770 978	4 073 179	8.0%	4 031 986	6.9%
20170314	星期二	3 618 426	3 800 899	5.0%	3 759 865	3.9%
20170315	星期三	3 769 122	3 880 449	3.0%	3 800 805	0.8%
20170316	星期四	3 885 389	3 938 617	1.4%	3 871 159	−0.4%
20170317	星期五	4 908 649	4 649 564	−5.3%	4 552 808	−7.2%
20170318	星期六	4 313 843	4 322 514	0.2%	4 267 951	−1.1%
20170319	星期日	4 878 508	4 601 017	−5.7%	4 639 057	−4.9%

另一方面，从模型统计指标来看（见表 3-4），对于表征回归曲线对真值拟合程度的指标 R^2，Winters 加法模型的对应值要大于 Winters 乘法模型（即更接近于 1），表明 Winters 加法模型对于过去一年日客流量变化的拟合更好；对于表征拟合值与真实值偏差的参数均方根误差，同样 Winters 加法模型的值更小，表明该模型对时间序列的拟合值偏离真实值的程度更小，拟合精度更高。综合以上两参数，在对既有时间序列的分析拟合方面，Winters 加法模型表现更好。

表 3-4　Winters 加法模型与乘法模型统计指标（2017.3.6—2017.3.19）

	Winters 加法模型	Winters 乘法模型
R^2	0.578	0.537
均方根误差（RMSE）	433 936.9	454 839.8

第四章　高速铁路旅客列车开行方案

第一节　概　述

一、高速铁路旅客列车开行方案的作用和意义

高速铁路旅客列车开行方案是旅客列车运营组织的重要组成部分，是高速铁路列车运行图和动车组运用计划编制的基础，是旅客运输组织的核心问题。

高速铁路旅客列车开行方案的编制质量，直接关系到高速铁路能否提供高水平的运输服务和获得预期的经济效益。高速铁路旅客列车开行方案应该较好地反映铁路旅客运输的经营策略和服务质量水平，提高铁路旅客运输的经营效果和效益，增强与其他运输方式的竞争实力。

综上所述，高速铁路旅客列车开行方案开行方案对于高速铁路客流输送、列车运行图编制、高速动车组运用、运输组织协调、高速铁路客运产品规划、客运工作效率和服务质量的提高等方面都具有十分重要的作用和意义。

二、高速铁路旅客列车开行方案的内容

旅客列车开行方案是以客运量为基础，以客流性质、特点和规律为依据，科学合理地安排包括旅客列车开行等级、起讫点、数量、经由线路、编组内容、停站方案、列车客座能力利用、车底运用等内容，体现从客流到列车流的组织方案。

旅客列车的开行方案主要包括以下几个方面的内容：

（1）旅客列车运行特性，包括列车的运行区段和途中停站方案。列车的运行区段包括列车的始发站、终到站及经由线路三个要素。列车停站次数的增加会使旅行时间加长，同时也会降低线路的通过能力，增加列车的开行费用，所以在停站方案中要合理确定列车的停靠站。

（2）旅客列车性质，包括列车等级、种类、数量等。高速铁路上运行的相关列车包括 A 类列车和 B 类列车，其中，A 类列车指最高运行速度在 300 km/h 及以上的列车；B 类列车指最高运行速度在 200 km/h 及以上的列车。列车的开行对数是指方向上或区段内为满足运量需求而开行的旅客列车数量，当上下行成对时，可用对数表示。

（3）设备利用情况，包括列车编组内容、列车定员、车底运用情况、客座利用能力等方面。这几个方面与旅客输送量、运输能力、票价等企业经济效益方面密切相关。

（4）旅客列车开行效益，包括经济效益、社会效益和市场效益三部分。经过一段时间的市场培育后，社会效益和市场效益会逐渐转化为经济效益。因此，在确定旅客列车开行方案

时，除了考虑铁路部门自身的收益外，还应当考虑旅客的出行需求及旅客出行成本（主要包括旅客出行费用支出和时间消耗），以提高列车开行的社会效益和市场效益。

除此之外，对于高速铁路旅客列车开行方案的编制还要涉及客流 OD 的预测及分析和列车运行图的编制问题。客流 OD 的预测及分析是旅客列车开行方案编制的前提和基础，而列车运行图的编制则属于方案的具体实施，它决定了开行方案中车底运用、停站时间、运行时间等方面的内容。

第二节　国外高速铁路列车开行方案的特点

日、法、德三个国家在高速铁路方面的研究起步较早，各自形成了具有本国特色的高速铁路建设模式和运行组织模式，走在了世界高速铁路发展的前列。它们在长期实际运营组织中积累起来的技术和研究经验是值得我们广泛学习和参考的。

一、日本新干线列车开行特点

1. 日本新干线列车运营概况

日本运营的新干线共有 8 条，分别是东海道、山阳、东北、山形、秋田、上越、长野、九州新干线，总运营里程 2 462.6 公里，全天图定开行高速列车 1 235 列。除九州新干线，其余 7 条新干线相互连接成网，整体呈以东京为中心向外辐射状。由于日本 1/3 的人口集中在东京附近，所以不开行跨东京的列车，总体呈现出“全高速-换乘”的运输组织模式。日本新干线线路情况如图 4-1 所示。

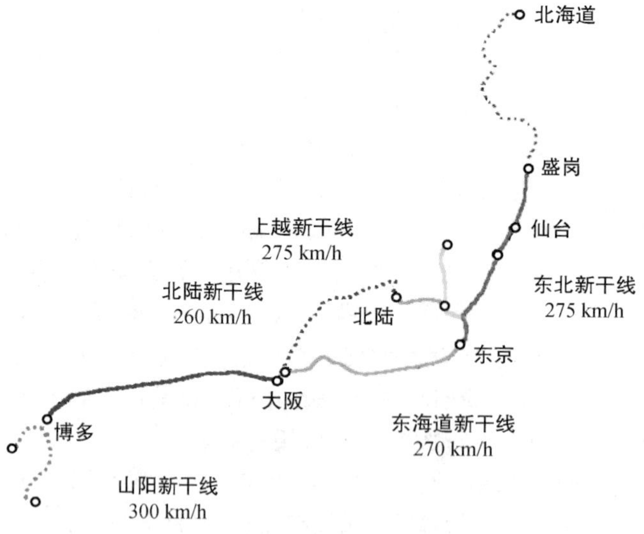

图 4-1　日本新干线线路情况

日本新干线节点特征明显，根据车站所在城市的政治地位、经济发展、人口数量以及动车组维修设备配置情况等因素基本分为四级节点：一级节点为政治地位重要、经济发达的特大都市，动车维修设备完善，如东海道—山阳新干线途经的东京、大阪、福冈；二级节点为经济发达的县厅市，具有一定的动车组检修能力，如广岛、名古屋、横滨等；三级节点为经济发展一般地区的县厅市；四级节点为县级市。列车的起讫点设置、停站频率和列车始发终到数量均与节点性质密切相关。

2. 日本新干线列车开行特点分析。

（1）运输产品具有多样性和差异性，方便旅客记忆。

日本新干线针对运输市场的不同需求，按列车的运行距离、旅行速度、运行方向开发出不同等级的运输产品，同时为方便旅客记忆，增强品牌效应，给不同的运输产品冠以典型的名字加以区分。

比如东海道—山阳新干线，列车按等级分为希望号、光号和回声号。这三种产品在乘坐舒适性、运行区间、旅行速度、服务节点均存在差异。希望号大都采用 N700 系动车组，停站少、旅行速度约为 217.4 km/h，主要服务相邻及跨一级节点之间的中长途客流；光号大都采用 700 系动车组，运行距离在 500 km 左右，旅行速度约为 174.5 km/h，主要服务相邻一级节点之间的中短途客流；回声号大都采用 500 系动车组，站站停运行，主要服务一、二级节点之间的城际短途客流。再如东北新干线与其他新干线相连，形成具有“主干—分支”型特征的路网，东京站始发有开往多个方向的跨线列车，为方便旅客乘车，运输产品的名字代表跨线运行的方向，如疾风号—八户方向、小町号—秋田方向、浅间号—长野方向、朱鹭号—新潟方向等。

（2）固定停、交错停、站站停三者互补式停站设计。

日本新干线在停站设计上，兼顾列车旅行速度和车站服务频率，采取固定停、交错停、站站停三者互补的停站模式。固定停站，即无论何种等级列车均在固定的车站进行客运作业，这种车站所在的城市一般为二级节点或是客运整备基地的所在地；交错停站，即在固定停站的基础上，选取相对次一级的节点车站，交错进行客运作业，列车等级越高交错停站的数量越少。

比如东海道新干线三种等级列车均固定在品川、新横滨、名古屋、京都、新大阪停站；希望号列车采取固定停站，注重旅行速度，兼顾大节点之间的服务频率；光号列车在固定停的基础上，在小田原、丰桥交错停站；回声号实行站站停，注重小节点之间客流的输送，对希望号、光号形成补充。

回声号列车在运行图中采用待避的方式，提高线路通过能力，最多时连续待避两列希望号列车。

（3）实施相对周期性的运行图。

日本新干线列车运行图具有明显周期性特点，在列车运行的时间段内，每个小时各种列车都有基本相同的数量，且同类列车在同一车站都有相同的出发时间，以此形成周期性。但是同一时刻出发的同种列车，其目的地和运行区间不尽相同，所以其周期性是相对的。

比如东海道—山阳新干线的东京站，从 6：00 到 21：00，其基本图每小时发出 11~14 列不同等级的列车，以开行比重较大的 13 列为例，其中包含希望号 9 列，光号和回声号各 2 列。希望号发车时刻集中在每小时的 0、10、13、20、23、30、40、47、50 分；光号发车时刻集中在每小时的 03、33 分；回声号发车时刻集中在每小时的 26、56 分；但同是整点发出的希望号列车，有的运行区间是东京—博多、有的是东京—新大阪。

实际运行时，每季度、每周或每日的计划运行图，都是对该基本运行图按规律抽线后形成，因此抽线后的运行图同样具有周期性。

（4）大站均衡与全线波动相结合。

日本新干线列车实行周期性运行图，大节点车站开行频率注重均衡性，但在客流波动期，特别是早晚通勤高峰期，全线列车开行数量有较大的变化，如图 4-2 所示。

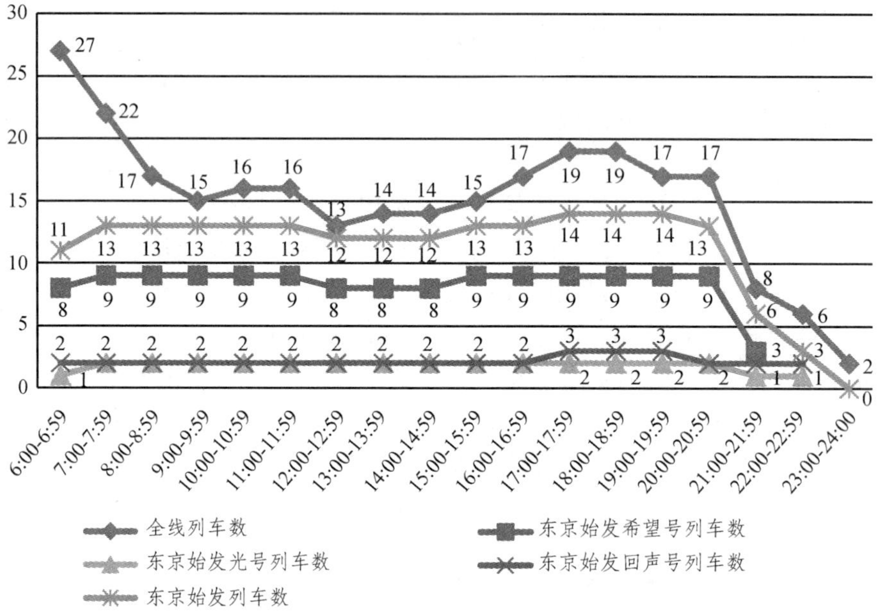

图 4-2　东海道—山阳新干线列车开行密度

东海道—山阳新干线，东京站全天列车开行密度较为均衡，大都保持在每小时 11~14 列，而全线由于在高峰期开行二级节点间始发终到城际列车，波峰波谷特征明显，如 6：00—7：00、7：00—8：00 每小时分别开行 27 列、22 列。

（5）采取灵活的列车编组方式。

日本新干线利用动车组列车可以组合分解的特性，根据旅客出行地点、方向的不同或客流量的变化，分段摘挂或改变列车的前进方向。

比如东京站发出 1 列疾风・小町号列车，运行至盛冈站后分解成疾风号和小町号两列，疾风号运行至东北新干线的终点站八户，小町号运行至秋田新干线的终点站秋田，分解时间需要大约 8 min。另一方面，为适应客流波动，在高峰期采用 12 辆或 16 辆编组运输，平时仅以 6 辆或 8 辆编组运行。

二、法国高速铁路开行特点

1. 法国高速铁路列车运营概况

法国铁路总营业里程 3.099×10^4 km，其中高速线 1 840 km，包括东南线（含东南延长线）、地中海线、大西洋线和北方线。其线路示意图如图 4-3 所示，线路技术条件及装备水平如表

4-1 所示。法国采取全高速运输组织模式，高速线上只运行 TGV 列车，列车大量下线运行。

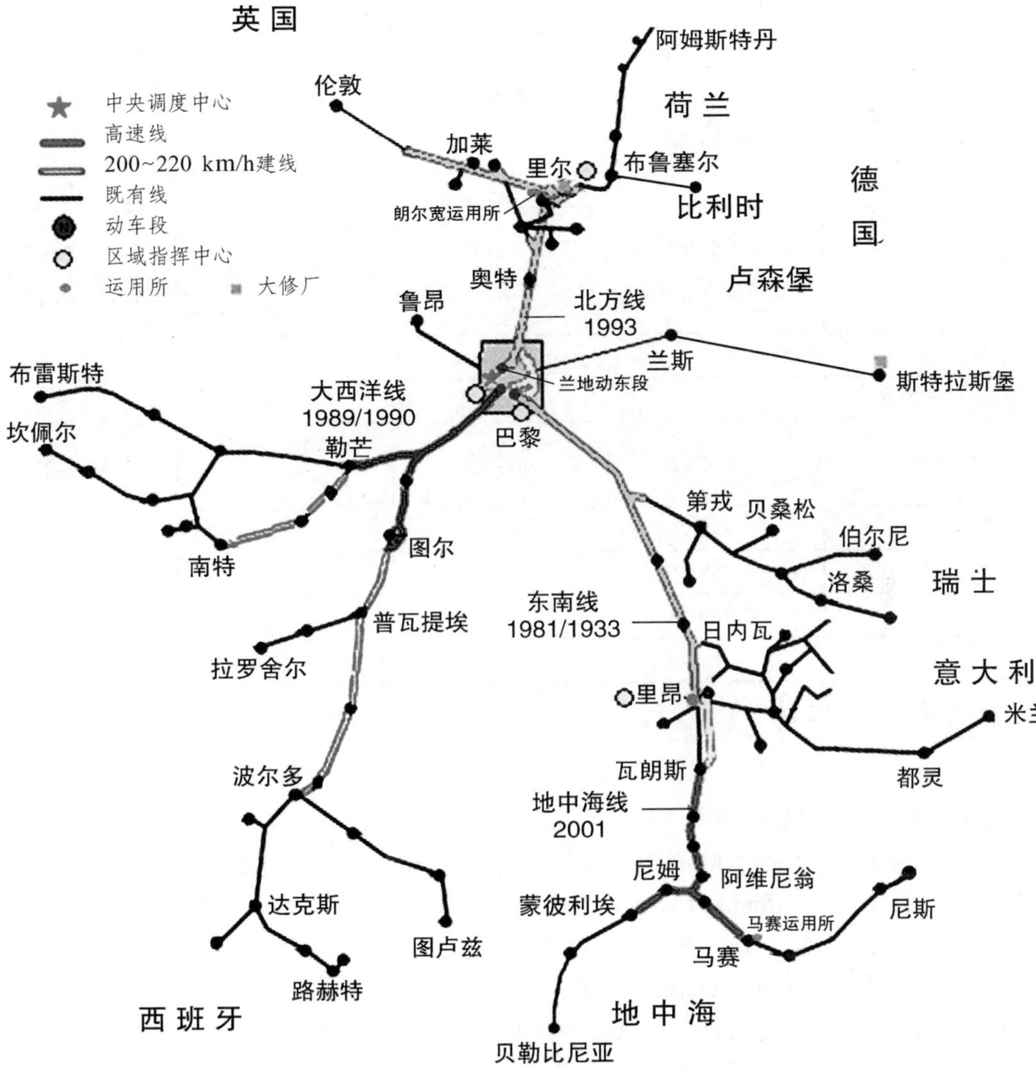

图 4-3　TGV 列车下线范围及主要下线城市示意图

表 4-1　法国高速线技术条件及装备水平

线　别	东南线及延长线	大西洋线	北方线	地中海线
投入运营时间	1981 年	1989 年	1993 年	2001 年
运输方式	客运专线			
线路长度/km*	538	282	333	295
最高运行速度/（km/h）	270	300	300	350
高速列车轴重/t	17			
最大坡度‰	35	25	25	35
最小曲线半径/m	4 000	4 000	6 000	7 000
线间距/m	4.2	4.2	4.5	4.8

续表

线　别	东南线及延长线	大西洋线	北方线	地中海线
轨道结构	双块式轨枕，nabla 扣件，UIC60 钢轨，跨区间无缝线路			
道岔最高允许速度	区间道岔侧向通过速度 230 km/h，渡线道岔为 170 km/h，车站与库线道岔为 80 km/h			
隧道面积/m^2	/	71	100	100
供电电压	直流 1 500 V，交流 25 kV，20 Hz	直流 1 500 V，交流 25 kV，20 Hz	直流 750 V，1 500 V，3 000 V，交流 25 kV，20 Hz	直流 1 500 V，交流 25 kV，20 Hz
供电方式	AT			
接触网悬挂方式	全补偿单链形弹性悬挂			
列车种类	高速-PSE	高速-A	EUROSTAR（高速-TMST）	高速-2N
列车总重/t	418	479	787	424
列车定员/人	368	485	794	545
列控方式	TVM300	TVM300A	TVM430	TVM430
自动闭塞方式	固定闭塞，UM71 型无绝缘轨道电路			

注：*巴黎高速环线 92 km。

2. 法国高速铁路列车开行特点分析

（1）TGV 列车起讫点数量不多。包括 Lille、Paris、Lyon、Dijon、Rennes、Nantes、Toulouse、Bordeaux、Montpellier、Nice、Marseille 以及比利时的 Brussels、瑞士的 Lausanne、Geneve、Brig、Zurich 和意大利的 Milano 等城市。这些城市也是法国和 TGV 列车连接的其他国家的重要城市，人口规模一般都在几十万至几百万之间。除此之外，也包括位于法国国境边缘地区的二十几个城市，如 Nazaire、Arcachon、Hendaye、Gervais 等。

（2）一站直达列车较少。TGV 一站直达列车集中于国际车次——Lille 和 Brussels、Paris 和 Geneve、Paris 和 Zurich 之间；其他法国城市之间开行一站直达列车的数量很少。

（3）直通与中转换乘方案相结合。运距较长的运行线上（如 Lille 至 Hendaye）既有直通列车，也有组合的中转换乘列车，但直通列车数量不多，旅客通过不同车次在不同时间的换乘组合也可以到达目的地。图 4-4 所示为直通与中转换乘方案结合的一个实例（注：●代表列车起讫点）。

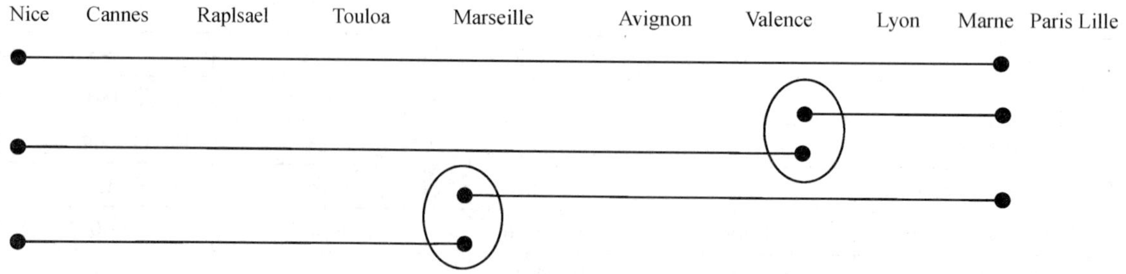

图 4-4　直达列车与换乘方案结合示意图

（4）运距与停站方式设计灵活。由于高速线上只运行 TGV 列车且开行数量较多，所以一方面设计了长短运距不同的运行线，另一方面设计了多样的停站方式。其中列车停站方式中比较规律的是长运距的列车，一般在 Lille、Paris、Lyon、Marseille 以及运行线上其他一些大城市如 Montpellier、Bordeaux 和 Avignon 都有停站，能为旅客提供去往其他方向的换乘条件；在某些区段，TGV 列车与普速列车的停站设置基本相同。

法国列车时刻表中只有 TGV 和普速列车。有别于 ICE 不同种类列车之间的换乘模式，法国列车之间的接续和换乘基于路网主要节点，主要集中在 Lille、Paris 和 Lyon 等一些大城市的几个大站。对时刻表中列车起讫点的统计表明几乎所有 TGV 列车的起点或终点都在 LilleParis 和 Lyon。为了保证旅客换乘的方便，一方面，综合交通枢纽使得旅客可以实现火车与各种城市交通方式的同站换乘；另一方面，列车的准时性较高，TGV 换乘列车之间的时差一般设置为 10 min 左右，节省旅客的换乘等待时间。

目前法国有 6 条高速线，以巴黎为中心向四周放射的高速线能通往 6 个方向的不同地区和城市。虽然高速线路里程只有 1 800 km，但 TGV 列车的通达范围达到 7 000 km 以上，几乎所有的高速列车都下线运行，使高速列车通达很多没有高速线路的城市。4-3 所示为各个方向 TGV 列车下线运行的情况。

TGV 列车下线距离短则几十公里，长则几百公里，原因是不同方向高速线的延伸范围不同，法国西南部是 TGV 列车下线范围最广的区域，从 Tours 往南，最远可通达到 Irun、Tarbes 等城市。从下线城市看，TGV 列车下线的终点城市数量有限，中途停站城市较多，但较相同区段普速列车的停站要少。从下线列车的起讫点分布看，起讫点都在高速线上的 TGV 列车仅限于 Paris 至 Lyon、Tours、Marseille、Avignon，Brussels 至 Marseille 等高速线上的主要车站之间，数量不多。由于 TGV 列车几乎都下线运行，根据统计，80%左右的列车为起讫点之一或起讫点都不在高速线上的情况。

TGV 国际列车和中长途列车的始发时刻不规律，但运距在 400 km 左右或某些客流较多的城市之间列车的开行基本也采用周期开行方案，如 Paris 和 Lyon 之间每天开行 21 列列车，非高峰时期每小时 1 列，高峰时期每小时 2 列，特别高峰时期每 15 分钟就开行 1 列（其他 TGV 列车服务频率较高的区段如图 4-3 中虚线箭头所示）。所以 TGV 列车时刻表具有非周期性与周期性开行方案相结合的特点。服务时间一般分布在早 4 点至第二天凌晨 3 点之间，一些长运距的线路上也开行夜间列车，第二天早上到达目的地。

三、德国高速铁路开行特点

1. 德国高速铁路列车运营概况

德国高速公路网比较完善，其高速铁路到 20 世纪 90 年代初才建成，其建设目标为扩大货运能力、改善运输质量、消除运输瓶颈区间。德国高速铁路网由普速铁路改建（最高速度 200 km/h）和新建高速线（最高速度 250~300 km/h）混合而成，大致包括 10 条高速铁路，总里程 1 285 km，其中科隆—法兰克福为客运专线，其他线路均为客货混跑。德国高速铁路示意图如图 4-5。

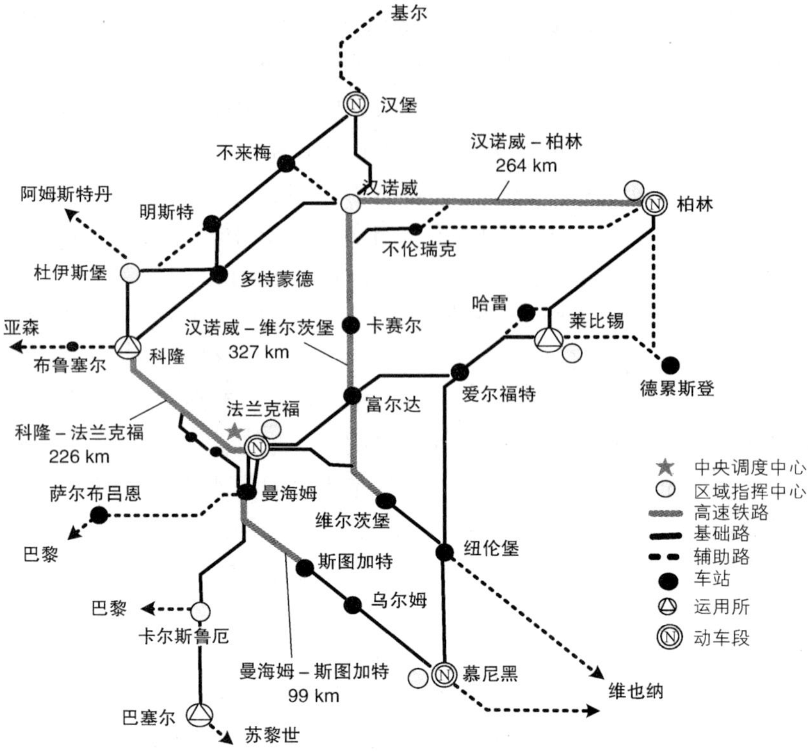

图 4-5　德国高速铁路示意图

2. 德国高速铁路列车开行特点分析

德国客流的特点是分散在全国各个城市，为扩大服务范围，ICE 列车大量下线运行，运行线几乎遍布整个德国。对时刻表中各次列车的起讫点和停站方式进行统计分析，可以总结其停站方案具有如下特点：

1）ICE 列车起讫点数量不多

主要选在 Koln、Berlin、Dortmund、Frankfurt、Manheim、Nurnberg、Munchen、Stuttgart、Duisburg、Dresden、Hamburg、Hannover、Leipzig 和其他一些国家的城市——Brussels、Innsbruck、Amsterdam、Zurich、Basel、Wien 等 20 多个城市。德国这些主要城市的人口为 8 300 万左右，大部分是金融、商业、文化或工业中心；ICE 列车连接的其他国家的几个城市主要为本国的首都或最大城市。

2）一站直达列车比例不高

一般运距在 200 km 以内时才考虑开行一站直达列车，如 Frankfurt 与 Mannheim（88 km）、Leipzig 与 Dresden（120 km）、Munchen 与 Nurnberg（199 km）等城市之间；大部分为中途停站的 ICE 列车，列车旅行时间在 6 h 以上时停站都在 4 次及以上。另外 ICE 列车在相同起讫点之间的停站次数也不完全相同。

3）停站结构有一定规律

德国列车时刻表中大多数是 ICE 和 IC 列车，相互间形成的停站结构可大致归结为三类：

（1）“包含/重叠型”停站方式：ICE 和 IC 列车的起讫点不同，但中途停站部分有重叠，见图 4-6 和图 4-7；

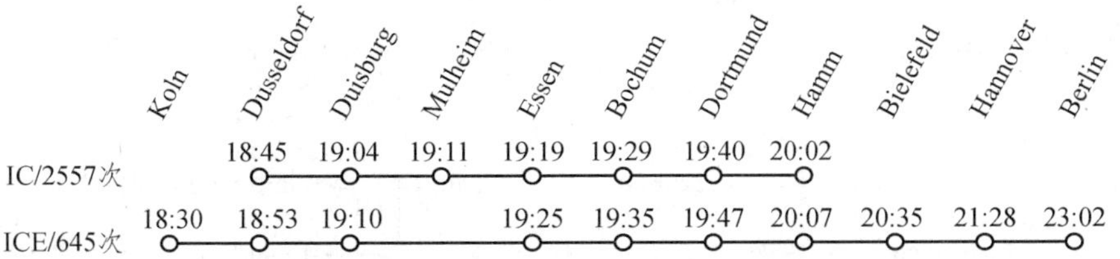

图 4-6 “包含型”停站方式示意图

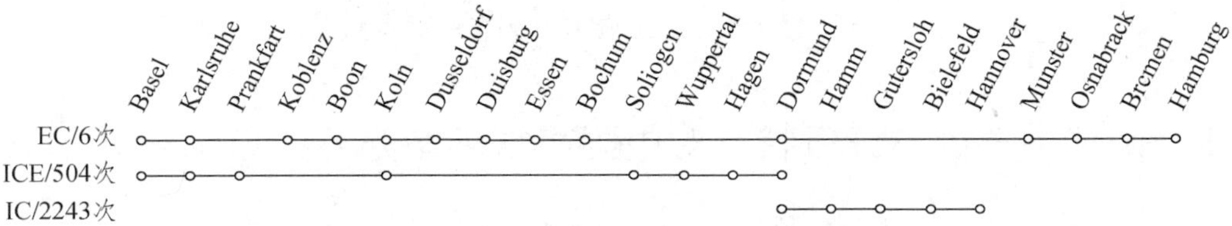

图 4-7 “重叠型”停站方式示意图

（2）“交错/互补型”停站方式：同一时段 ICE 与 IC 或 EC 等其他列车在同一或不同运行线上的停站区段互不相同，见图 4-8；

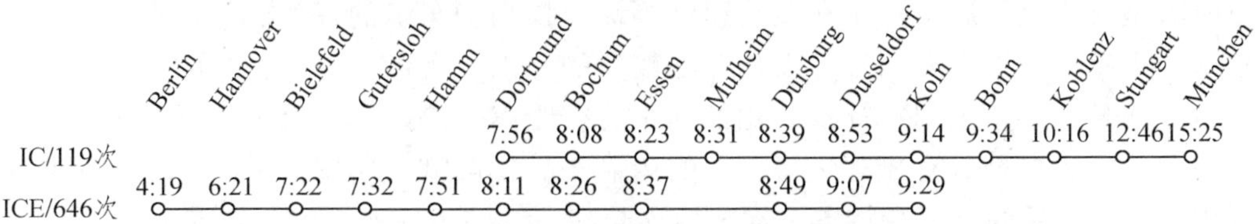

图 4-8 “交错/互补型”停站方案示意图

（3）短途 ICE 列车的直达模式：相同起讫点之间的短途 ICE 列车的停站次数明显小于 IC 和 RE 等列车，有较多的一站直达列车。ICE 列车起讫点数量不多，与其他等级列车之间的停站形成互补配合的关系（ICE 列车之间也有这几类的停站结构），便于旅客在不同列车之间选择和换乘。

（4）运距和平均停站距离的设计。德国很少组织开行国内的长途直达 ICE 列车，旅行时间在 6.5 h 以上的运行线集中于国际列车——Hamburg 至 Wien、Brig、Basel、Zurich，Munchen 至 Zurich 等。ICE 列车的平均停站距离与 ICE 列车的停站次数有关，一般设置为 200 km 以下，最小为 20 km 左右，大多数为 100 km 左右。

由于各种列车的起讫点、停站方式和运距不同，ICE 列车与 ICE、IC、EN、EC、RE、IRE 等列车以及地铁之间有良好的接续和换乘。此处“接续”指两列列车分别在同一车站先后终到与始发；“换乘”指两列列车先后在同一站台停站，而不同时为始发和终到停车。

ICE 列车采取节拍式开行方案，各条运行线上列车的始发时刻每小时都基本固定不变，且发车间隔也比较规律。主要车站各方向的列车服务频率见图 4-9（/h代表几小时开行几列列车）。有些运行线在一天中的非高峰时期 3、4 h 开行一列，高峰时期每小时开行一列或者半小时就开行一列。

虽然 ICE 列车运行线遍布全国，但主要的列车运行线数量有限，根据客流情况各个区段一天内的行车密度有所不同。客流密度较高的区段在一天中的各小时都有列车，始发列车在凌晨 4 点以后，终到列车至第二天凌晨 2 点之前；客流密度较低的区段列车始发终到时间的范围要窄一些，有的区段往返列车的始发时间采取奇数与偶数时刻交叉的形式。

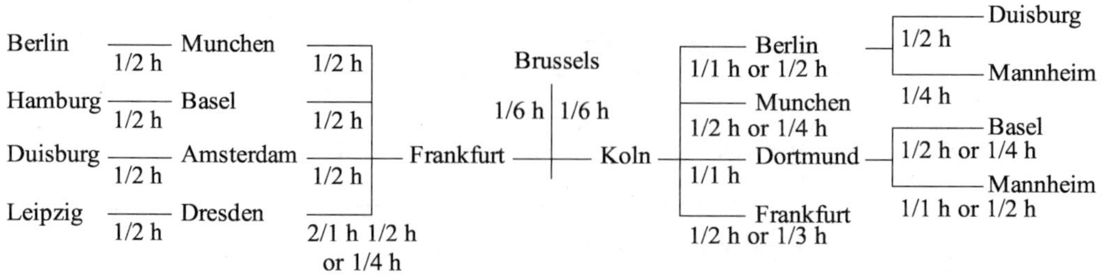

图 4-9　主要车站各方向 ICE 列车的服务频率

四、国外高速列车开行特点对中国高铁列车开行的启示

国外高速铁路虽然国情、路情与我国有较大的差别，但其列车开行设计理念为我国高速铁路的开行提供了启示和借鉴。

1. 高速路运输产品多样化设计

我国高速铁路成网后，列车在线路速度等级、担当动车组的种类、起讫点等级、运行距离、停站方案设计、编组方案等方面均存在较大的差别，将形成不同种类的运输产品。这些运输产品根据某一或多重判定标准，比如列车运行距离、停站方案设置，进一步细分为不同等级的列车，形成多种具有显著运行特点的运输产品，可赋予典型的名字，使旅客听到名字就能联想到这些产品的差异和特点，逐步建立起高速铁路不同产品的品牌形象。

2. 起讫点的选择

德国 ICE 与法国 TGV 列车的起讫点数量都不多，且选择重要城市，利于简化高速列车运输组织。我国高速列车的起讫点数量也不宜过多，应根据城市区位特点合理地选取与布局。可作为高速列车起讫点的城市包括："四纵四横"客运专线所连接的主要城市，如北京、上海、广州、成都等；客运专线与普速铁路连接或相交点的主要大、中城市或客运枢纽；高速列车下线的主要城市；其他重要城市如旅游城市等。

3. 停站方案

对于混跑运输组织模式，由于高速线上运行不同种类的列车，一方面可以借鉴 ICE 列车的几种停站结构，本线列车与跨线列车、普速铁路列车的停站形成互补配合的关系和时间、空间上的衔接；另一方面可通过分级节点停站系统方案（荷兰铁路旅客列车停站采取此种方式）简化 ICE 的停站模式，根据各个车站的等级设计不同等级列车的停站方案，如高速列车在高速站或重要枢纽城市停站，中速和普速列车在其他等级车站停站。对于全高速运输组织模式，在运输能力充足时可以根据客流特点设置多种停站方式，借鉴 TGV 中长途列车一般在线路上的大城市均设置停站，为旅客提供便捷换乘条件的方法，设置我国高速列车的停站方案。

4. 直达与中转换乘方案设计

欧洲国家虽然运行线跨度范围不大，但较少组织长途直达列车，如法国 TGV 就采取直达加中转换乘方案相结合的方式。直达与中转换乘有机结合的开行方案的优点是：对于直通客流较小的区段，换乘组织可以发挥路网枢纽站的辐射作用；实现不同 O/D 量的运行线与列车服务频率的协调配合；提高旅客在时间和地点上选择车次的机动性。另外直达与中转换乘方案对高速列车服务时间有影响，德法高速列车的服务时间基本始于早 4 点止于凌晨 2 点左右，法国各个较长客流区段的夜间 TGV 列车不是每天都开行，因此数量很少。从这个方面来讲，目前我国长大距离的运行线通常都组织开行夕发朝至列车，若采取基于路网主要节点的组合换乘方案，结合开行夕发朝至列车，则有益于夜间的高速列车检修整备、高速线开设夜间天窗以及组织快速货物列车上线运行。因此设计适合我国的直达与中转换乘有机结合的开行方案是我国未来快速客运网运输组织的重要问题。

5. 重点起讫点间列车实行周期性运行

周期性运行图方便旅客记忆，也极大地方便不同季度、星期和日间各种适应客流变化的计划运行图和列车运行计划的编制工作。但是我国高速铁路路网复杂，节点多，跨线的中长途列车开行数量大，对周期性运行图的铺画会带来一定的影响。可借鉴法国 TGV 列车时刻表的非周期性与周期性开行方案相结合的方式，除城际铁路之外，考虑部分重点车次或重点方向的列车实行周期性开行，比如北京—上海、北京—南京等。

6. 合理设计长短途列车开行密度

日本新干线客流出行特征为：中、长途旅客主要是商务流，时间价值高，平均候车时间短，注重列车开行的高密度和均衡性；短途城际旅客主要是通勤流和学生流，由于上下班（学）的时间限制，客流会出现明显的波动。所以在高峰时段需要加大开行密度，平峰或波谷时则减少开行密度。我国高速铁路可以根据本国的客流出行特点、客流性质和客流需求，合理组配中、长途和短途城际列车的开行密度和不同时段的开行数量。

7. 列车编组形式灵活

我国高速铁路列车编组不宜一成不变，也可根据客流情况进行调整。如跨线列车，在线路通过能力紧张的区段，可考虑两列动车组重联方式，到达分界车站后分解，一组继续前行，一组跨线运行至终点。或者根据客流的波动特点，调节列车的编组数量，做到既能满足运输需求又节约运输成本。

8. 高速列车下线方式

德法既有铁路均为提速改造线路，如 TGV 列车的下线运行速度能达到 200 km/h。我国高速列车下线范围受到提速改造线路里程的约束，因此通达范围有限，具体下线范围还需要利用数学模型等工具，根据其经济合理性来确定。虽然 TGV 通达范围很广，但不考虑停站情况时下线城市的数量有限，这一点也是我国高速列车下线运行组织要考虑的实际问题，主要受制于动车养护维修设备等一些技术条件。

9. 一站直达列车的开行

ICE 与 TGV 共同点之一是一站直达列车比例不高，一般在短运距或国际线上才开行。大量开行中途停站列车适应德法客流较分散的特点，这种行车方式虽然符合我国近期高速线路里程不多、动车组数量较少的实际，但需结合我国主要枢纽城市之间客流量较大和距离较长的实际，频繁停站会降低旅速，不利于体现高速列车高速度的优势。

第三节　国内高速铁路列车开行方案的特点

以京津城际高速铁路为例分析我国高速铁路旅客列车开行方案特征。

京津城际高速铁路上只开行本线列车。列车的开行区段有两个，分别是北京南—天津和北京南—塘沽，中间站只有一个武清站，如图 4-10 所示。

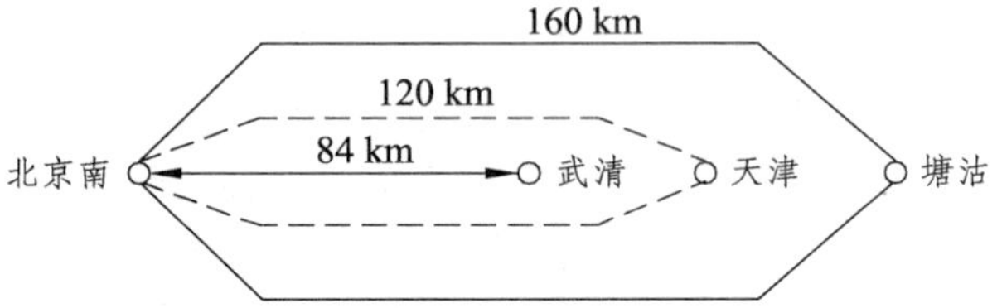

图 4-10　京津城际高速铁路旅客列车开行区段示意图

区段内开行的直达列车比例很大。其中北京南—天津区段有少量列车停靠武清站，列车全程运行时分 33 min（停靠武清列车 38 min）；北京南—滨海新区段开行的列车较少，除直达列车外，有部分列车停靠天津站。具体开行情况如表 4-2 所示。

表 4-2　京津城际高速铁路旅客列车开行情况

列车开行区段	列车种类	列车开行数量/对	占区段列车开行百分比
北京南—天津	一站直达	55	76.4%
	经停武清站	17	23.6%
北京南—塘沽	一站直达	4（下行）/3（上行）	44.4%/33.3%
	经停天津站	5（下行）/6（上行）	55.6%/66.7%

从以上分析可以看出，由于京津城际高速铁路自身的特殊性，其列车开行方案具有显著的特点：由于连接了北京、天津两大直辖市且全程里程较短，列车实行公交化开行，每个时段开行都比较有规律，便于旅客记忆和出行；列车全天开行时段很广，开行密度很高。以下行方向为例，首发列车发车时刻为 06：25，末班列车发车时刻为 22：45。由于客流条件所决定，直达列车开行比例很高；客流高峰期，适当缩短列车开行间隔时间，提高了服务水平。

通过对京津城际及京沪高速铁路（见本章第六节第二部分）开行方案分析，总结我国高速铁路列车开行特征如下：

1. 不同速度等级列车共线运行的设计理念

为了体现我国高速铁路客运产品的多样性，在我国高速铁路网中，实行不同速度等级共线运行的运输组织模式，300 km/h 等级线路运行 300 km/h 和 250 km/h 两种速度等级的动车组列车，200 km/h 等级线路运行 200 km/h 动车组列车以及 160 km/h 以下的普速列车。为了实现线路通过能力的有效利用，在 300 km/h 等级线路上，大量开行 300 km/h 动车组列车，如京沪、武广高铁 300 km/h 动车组列车分别占总开行量的 72%和 95%；在 200 km/h 等级线路上，客流充足情况下，大量开行 200 km/h 动车组列车，如汉宜线 200 km/h 动车组列车占到总开行量的 84%。

2. 节点等级决定起讫点的选择及停站频率

我国列车开行方案对于起讫点的选择主要根据城市人口规模、社会经济发展程度、区位地理特点等因素，一般情况下可作为高速列车起讫点的城市包括：首都、直辖市、省会城市，如北京、上海、广州、长沙、武汉等；高速铁路与普速铁路连接或相交点的主要大、中城市或客运枢纽，如徐州；其他重要城市如旅游城市（青岛、岳阳、韶关）等。

在停站频率方面，同样是以节点的等级进行划分，重要节点为必停站，其他节点在交错停站安排时，根据重要程度进行频次的划分。如京沪高速铁路的南京南站、济南西站，作为必停车站，停站频率基本达到了 100%，而其他节点根据等级，设置 2～14 不等的停站频次，如徐州东站，作为京沪高铁与陇海线的交汇点，停站频次为 14 次，而宿州东站停站频次仅为 2 次。

3. 停站模式多样化

我国高速铁路具有运营里程长，沿途站点多的特点，在列车开行方案编制时既要考虑高速列车的旅行速度，又要照顾节点间的服务频率。因此在列车开行方案的停站设计中，对于 300 km/h 动车组列车，设计了直达列车、省际直达列车和以固定节点停站为主、其他节点交错停站的列车；对于 250 km/h 动车组列车，设计了站站停列车停站模式。在干线上直达列车、省际直达列车、站站停列车开行数量比例不高，大部分为以固定节点停站为主、其他节点交错停站的列车，一般停 5～6 站。在城际铁路上开行一定比例的直达列车，京津、沪宁城际直达列车比例分别占到了 69%和 12.5%。

4. 直达与中转换乘相结合的旅客输送模式

直达与中转换乘有机结合的开行方案，其优点是对于直通客流较小的区段，换乘组织可以发挥路网枢纽站的辐射作用；实现不同 O/D 量的运行线与列车服务频率的协调配合；提高旅客在时间和地点上选择车次的机动性。对于直达输送模式，一方面开行跨线列车，保证大节点间能够开行始发终到列车，如武广高速铁路，在广深港铁路开通后，开行武汉—深圳的列车；在郑武高速铁路开通后，开行西安—广州南的列车；另一方面通过大量交错停站和站站停列车，保证大节点与小节点以及小节点之间的直达输送。对于中转换乘输送模式，利用高频率的本线列车，在重要节点实现与其他线路本线列车的紧密换乘，有效保证节点间旅客通达的机动性。

5. 列车开行周期性设置

周期性运行图方便旅客记忆，但是我国高速铁路路网复杂，节点多，跨线的中长途列车开行数量大，对周期性运行图的铺画会带来一定的影响。所以编制列车开行方案时采用非周期性与周期性开行方案相结合的方式，除城际铁路之外，考虑部分重点车次或重点方向的列车实行周期性开行，比如北京南—上海虹桥、停一站直达列车，每天的 9：00、14：00 整点开行；省际直达列车，每天 8：00、10：00、11：00、15：00、16：00、17：00 整点开行。

另一方面，为了适应平日、周末、节假日客流的波动性，方便运行图和列车运行计划的实施，我国高速铁路在基本图的情况下，根据客流出行情况，利用抽取运行线的方式，设计了平日运行图和周末运行图，如京沪高铁高峰开行 90 对列车、周末开行 83 对、平日开行 76 对。

第四节　高速铁路旅客列车开行方案的影响因素

影响高速铁路旅客列车开行方案确定的因素包括：

（1）客流条件：包括客流性质及重点服务对象情况等；

（2）运输组织条件：包括线路条件（线路及车站能力、线路技术等级）、列车条件（编成辆数、列车定员）和行车组织方式等方面；

（3）经济条件：包括旅客旅行时间消耗、铁路部门效益等内容。

一、客流量及客流性质

客流量及客流性质反映了旅客的出行需求，是制定旅客列车开行方案的基础，即所谓“按流开车”。铁路运输企业为了较好地满足旅客的出行需求，同时又照顾长途旅客，应尽量提高有效客运周转量。

根据旅客乘车行程是否跨越铁路局集团公司管辖范围为界限，客流可以分为直通客流、管内客流和市郊客流三类。直通客流是指旅客的乘车行程跨及两个及以上铁路局集团公司的客流，这种客流因旅行距离较长，旅客在途时间也较长，对列车服务标准要求也较高，并要求有一定的舒适度。管内客流是指旅客的乘车行程在一个铁路局集团公司范围之内的客流，一般情况，这种客流因旅行距离较短，旅客的在途时间也较短，对列车服务标准要求较低，但希望旅行方便快捷。市郊客流是指乘车里程通常在 100 km 左右，往返于大城市和附近郊区之间的客流，这种客流旅客乘车距离短，时间性较强，要求列车开行密度高、时刻适宜、列车准点，便于早出晚归。

根据旅客选择列车等级的不同，客流可分为高速客流、中速客流和普速客流。选择高速和中速列车的客流时间价值较高，尤其是高速客流，对列车的运行速度要求较高，这两部分客流与高速铁路列车开行有关。而普速客流对列车运行速度要求相对较低，一般经由普速铁路输送，该类客流主要考虑出行的费用支出。

一般情况下，高速铁路旅客都希望自己旅行的费用支出少、旅行时间短，当两者不能兼顾时，不同性质、特点（主要包括收入水平、旅行目的等）的旅客会选择不同等级的列车，重视时间的旅客选择高速列车，重视费用的旅客选择中速列车。所以在进行客流分配时，不能简单地将 O-D 量平均到每一列车上，需要考虑旅客的旅行心理，只有这样才能如实地反映旅客对列车的选择行为，从而对开行方案做出科学合理地评价。

二、铁路部门的收益

铁路部门的收益是影响开行方案的一个重要因素，它等于运营收入与运营成本之差。列车区间载客量是影响铁路部门收益的直接因素，列车的区间载客量反映了列车对客流的吸引情况，其大小取决于旅客对乘车方案的选择，即客流分配情况，这就要求在计算铁路部门收益之前，根据开行方案中拟定开行的列车对客流进行合理的分配。为了最大化列车吸引的客流，开行的列车应充分考虑旅客的出行需求、出行心理及旅客的性质、特点。通常情况下，列车在各停站之间的区间载客量可根据客流的分配方案确定，考虑到铁路部门的收益，列车的区间载客量应不小于某已给定值，以保证列车的客座利用率。另外，随着列车上座率的提高，铁路的收入虽然增加了，但是会给旅客带来相对下降的服务水平，反过来又会影响到铁路的收入。因此，要综合考虑铁路收入和旅客车上服务水平两个方面确定合理的列车客座利用率。

铁路部门的运营收入包括客票收入和其他附加收入。客票收入是列车运营的主要收入，其大小取决于列车在各运行区间的载客量及人公里票价率。人公里票价率与列车等级、线路类别有关。附加收入通常与客票收入相关联，随客票收入的增加而增加，且总额不大。票价在实际确定的过程中具有递远递减的规律。

在交通供给水平基本保持不变的前提下，旅客票价水平的确定，主要应考虑以下因素：

（1）运输成本是定价时应考虑的一个重要因素。票价水平应能保证企业运输收入弥补运输支出和税金外，有合理的盈利，这是保证企业生存和发展的基本条件。

（2）各种运输方式旅客票价水平及比价关系。

（3）居民旅行支付能力与心理承受能力是确定旅客票价必须遵循的重要原则。票价水平应与提供的运输服务质量、居民旅行消费需求层次相一致。

（4）旅客构成及其旅行支付能力。

通过全面系统地分析以上各因素，综合考虑高速铁路的技术经济特性和优势，最终可以确定高速铁路的运价率。

根据铁路运输的实际，旅客列车经济效益核算方法有实算法、边际利润法、单位成本法和作业成本法。但是不论采用哪种方法，都是以成本计算为依据的，都可以针对所要完成的运输任务，计算出所要产生的年客运总成本。

运营成本分为变动成本和固定成本两个部分。其中变动成本包括列车公里费用、列车的停站费用和旅客换乘组织费用。列车公里费用是指列车运行单位公里的费用消耗，与列车等级及路段类别均有关系，包含各类列车的折旧费、能耗、材料费、维修费、人员工资津贴等。换乘组织费用是指由于旅客的换乘而给铁路部门带来的费用支出，主要是由于旅客办理换乘手续及换乘旅客的候车增加了车站对旅客的服务费用。固定成本包括车辆、线路等固定资产折旧、维持固定人员工资等。一般来讲，列车开行的固定成本对列车开行方案不会产生影响。

不言而喻，提高经济效益是铁路客运企业开行客车的主要目标，但考虑到我国高速铁路在国民经济中的特殊地位和作用，也必须兼顾社会效益和市场效益。而且经过一段时间的市场培育后，社会效益和市场效益会逐渐转化为经济效益。因此，在确定高速铁路旅客列车开行方案时，除了考虑铁路部门自身的收益外，还应当考虑旅客的出行需求及旅客的出行成本（主要包括旅客出行费用支出和时间消耗），以提高列车开行的社会效益和市场效益。

三、旅客的旅行时间消耗

旅客的旅行时间是旅客出行成本的重要组成部分，对列车开行方案中的诸多方面均会产生影响，是制定列车开行方案需要考虑的重要因素。为了减少旅客的旅行时间，提高旅客的满意度，需要对影响旅客旅行时间的各因素进行统筹考虑。旅客的旅行时间消耗主要分为候车时间消耗、途中停站时间消耗、列车运行时间消耗、换乘时间消耗四部分。

（1）旅客的候车时间与旅客的候车集结到达过程紧密相关。但对于一个理性的旅客而言，往往要提前了解列车的发车时间，不会提前太多到达车站候车，因此旅客的候车时间基本上为常数。

（2）旅客因列车停站的时间消耗是指由于列车的中途停站而使车上旅客增加的时间消耗，其大小主要与旅客选择的乘车方案中列车的停站方案有关。列车的停站方案主要与客流、列车的速度等级、车站的等级等因素有关，对于高速列车停站数目较少，且停站时间较短；而中速列车则相对停站数目较多，停站时间相对较长；车站等级高，列车在车站的停站时间也相对较长。列车的停站增加了铁路所需列车车底总数量、列车起停引起额外的能耗、占用线路通过能力的费用、乘务组费用以及车站额外费用等。另外，列车的途中停站时间取决于运输组织的方式，大多数发达国家的高速铁路列车的在同等级的车站上，其途中停站时间基本是相同的。

（3）旅客在列车运行过程中的时间消耗是旅客旅行过程中的主要时间消耗，与列车在各区间运行的平均技术速度和区间里程有关，在列车运行径路确定的情况下，各区间的里程无法改变，因此要减少旅客在列车运行过程中的时间消耗只能提高列车在区间内运行的技术速度。列车运行的技术速度主要取决于列车的速度等级及线路类别。因此，当客流量（选择高速列车部分的客流）大时，在路况条件允许的情况下，应尽量修建高速铁路，采用高速列车进行输送。为尽可能避免高速车在普速线上运行和中速车在高速铁路上运行的不经济，一般通过票价来控制运输成本。

（4）换乘时间是指旅客由于换乘列车而消耗的时间，主要与可选择换乘列车的开行密度以及相互列车的接续时间有关。由于旅客的乘车过程也是一种体力消耗过程，当旅客乘车达到一定时间后，将会产生疲倦感，此时旅客一般不太愿意再换乘。为避免频繁换乘，不宜让旅客在整个出行中换乘超过一次。同时，换乘将影响旅客途中休息，增加疲劳，还可能因先乘列车晚点而漏乘后续列车。因此，换乘还会给旅客的乘车带来一定的风险。当可选择换乘的列车数目较多时，可利用列车的平均时间间隔确定旅客换乘所需的时间；若可选择换乘列车数目较少时，可根据旅客换乘时间的统计数据确定。

由于高速铁路上高速列车的运行密度较高，对于换乘高速列车的旅客，如果其到达列车发生晚点，高速铁路上的高行车密度以及较为富余的座席利用率设计将使其能顺利继续前行。对于换下高速线的旅客，由于到达的高速列车运行可靠性很高，晚点的可能性相当小、晚点程度也很低。只要对换乘时间稍留一定的富余，便基本能保证旅行的顺利。因此，换乘时间与换乘列车的等级有关，若换乘高速列车，则换乘时间的取值可相对较大，若换乘中速列车，则换乘时间的取值应稍小。如果不是由于列车开行方案的不足而导致的换乘，对于高速铁路上旅客的换乘则是为了节省旅客的旅行时间。因此，旅客是否选择换乘也与换乘所能节省的时间及旅客愿意为节省时间而付出的经济代价有关，这两方面均取决于旅客在高速线上的旅行距离。

四、列车定员

列车定员即为列车的最大载客量，可利用列车的编组数量与车辆定员的乘积进行计算。

由于车辆的定员人数一般为常量，列车的编组数量是影响列车定员的主要因素，进而对开行方案中的列车对数产生影响。通常列车的编组数量与长短途列车的性质有关，对于短途列车，其编组数量较少，而对于长途列车，其编组数量相对较多。

另外，列车的编组内容（车型、车数）还要根据列车运行径路上沿途车站的到发线有效长度、站台长度、折返牵出线长度、动车组单元类型、牵引供电水平、列车间隔时间、线路能力等因素统一确定。考虑到高速铁路对于本线客流采取公交化运营组织的方式，要保证本线客流具有较高的服务频率，在充分利用线路能力的基础上，提高列车的行车密度，因此，高速铁路上列车的编组数量相对较小，而且一般来讲对于本线车流编组内容都基本相同。

一般的在确定了线路能力及能力利用系数之后，根据客流密度最大区段的高峰小时的客流量以及最小列车间隔时间，就可以确定出一定线路能力利用情况下，相应的列车编成辆数及定员。另外，为了适应客流波动和增长的需要，在高峰小时可以通过增加列车的编组数量来提高高峰小时的运能。

五、车站能力及区间通过能力

在制定开行方案时，列车开行的数量、运行径路等会受到铁路基础设施设备能力的限制，主要反映在车站能力和区间通过能力上。车站能力主要是指车站的始发列车能力和接发列车的能力。车站接发列车的能力主要受车站的到发线数目和车站整备折返能力的限制，当车站始发能力不足时，可延长或缩短列车运行区段，以避开车站能力的限制。此外，还应考虑车站在政治、经济、文化、地理位置等多方面的因素，有时因车站地位的不同，可超越客流需要而延长运行区段。

区间通过能力是指在采用一定的机车车辆和一定的行车组织方法条件下，区间的各种固定设备，在单位时间内（通常指一昼夜）所能通过的最多列车数或对数。其大小主要决定于区间正线数、区间长度、线路纵段面、机车类型、信号、联锁、闭塞设备的种类。在最小列车追踪间隔时间的条件下，区间具有最大的通过能力。一般情况下，为了适应运输需求的波动、列车日常运行调整、线路维修、改造等要求，区间通过能力利用水平往往被限制了上限，即限制了在一定时间内区间所能通过的最多列车数或对数。

第五节　高速铁路旅客列车开行方案的编制

一、高速铁路旅客列车开行方案编制的基本原则

制定高速铁路旅客列车开行方案要考虑的因素很多，但按流开车是确定开行方案的基本和首要原则，同时还必须方便旅客旅行，尽可能减少旅客换乘次数和在途时间，并经济合理地使用车底，使线路长短结合、客流分布均匀，充分发挥运载工具的运输能力和铁路运输固定设备的利用率。

1. 方便旅客出行的原则

列车开行方案的编制以最大程度方便旅客出行、提高旅客服务质量和优质的列车运行秩序为目标。理想的开行方案必须能为旅客提供方便的乘车条件，缩短旅行时间，符合其出行规律。对于旅客流量较大的主要客运始发和终到站间，应开行部分沿途不停车或只停 1~2 站的高速列车，尽可能满足两点间直达客流的需要；对中长距离的高速列车，应根据客流 OD 开行部分沿线车站交错停车的列车；应开行部分沿途各站均停车的高速列车，以满足相邻车站间客流乘车的需要。

2. 缩短旅客旅行时间的原则

高速度是高速铁路的主要标志，是缩短旅客旅行时间的主要因素。旅客更关心的是总体旅行速度，而不是列车运行的最高速度。在编制高速铁路旅客列车开行方案时，要处理好旅行速度和为旅客提供必要乘降频率的关系，在方便旅客乘降的基础上，旅行速度越高越好。

3. 缩短旅客列车运行间隔，提高旅客运量的原则

列车运行的间隔缩短，运行密度大，可以为旅客提供高的服务频率，缩短旅客的候车时间，吸引更多的客流。

4. 保证列车运行高正点率的原则

高速铁路旅客列车需求层次高的客流不但要缩短旅行时间，对行程安排的准确率要求也较高，十分看中列车的正点率。不同速度跨线列车与本线列车共线运行时，可能会对本线的列车正点运行造成一定的影响。在进行开行方案设置时，需要尽可能保证列车始发、运行和终到的正点率，以方便旅客有效安排自己的行程。

5. 提高服务质量的原则

高速铁路旅客列车运营要提供较高的服务质量，必须有完善的客运服务系统作保证，为旅客在购票、旅行和到达目的地的过程中提供方便、周到的服务。为此，应通过高速铁路客票服务系统、旅客服务系统、市场营销系统的有机衔接，使旅客能够随时随地选择多种购票方式买到满意车次的车票，并有序地乘降，顺利到达目的地。

旅客列车开行方案是旅客列车开行的基础。制定和优化旅客列车开行方案的依据是客流，客流构成的三要素（性质、流量、流向）是确定列车开行的基本条件。城市的性质、规模和作用是优化列车开行方案的基点。列车的长短途比例、快慢比例、距离范围、扩大编组及其扩能措施效果的利用等，从不同角度反映了列车开行方案与实际需求的符合程度。

提高列车开行的经济效益和社会效益是编制和优化旅客列车开行方案的基本原则，它包括选择合理的开行径路，决定列车的起讫点和列车性质，确定列车的等级、长短途比例等多项内容。

综合考虑现有设备能力是客车开行方案编制和优化过程中不容忽视的一个方面，它的作用表现在以下两点：线路、车站等设备能力能否保证旅客列车开行的需要；在既有能力条件下如何选择开车。

综上所述，编制和优化旅客列车开行方案的基本原则应该是：以客流为依据，以城市（车站）为基点，充分利用现有设备，努力提高旅客列车开行方案的经济效益和社会效益。

二、高速铁路旅客列车开行方案编制和形成过程

合理旅客列车开行方案的编制，是铁路旅客运输的核心问题。高速铁路列车开行方案涉及的影响因素、编制过程环节众多，并与客流预测、运行图铺画密切相关。我国高速铁路在建设初期，将采取本线列车和不同速度的跨线列车共线运行的运输组织模式，增加了旅客列车开行方案编制的复杂性。

目前，在实际工作中，我国普速铁路旅客列车开行方案的确定过程基本处于手工处理阶段。一般是以现行运行图中开行的直通旅客列车为基础，根据预测得到的计划客流 OD，确定加开的、慢改快、快改特快、短变长的旅客列车，综合形成一个新的旅客列车开行方案。

高速铁路旅客列车开行方案应以客运量为基础，以客流性质、特点和规律为依据，科学合理地安排旅客列车开行等级、种类、起讫点、数量、编组内容、停站方案、列车席位利用、车底运用等内容。

我国旅客列车开行方案的确定必须遵循铁路客运的特定规律，在一定的铁路运输能力的限制下，更有效地组织长、短途旅客列车的开行，达到既能较充分地满足市场需求，又能合理地利用铁路运输能力的目的。

从广义上讲，旅客列车开行方案的编制和形成基本上要经历三个阶段：

（1）客流 OD 的生成与分析；

（2）列车开行方案的编制；

（3）列车运行图的铺画——开行方案的最终形成及具体实施。

其中，列车开行方案的编制是整个过程中的关键，直接影响到高速铁路客流输送的服务质量。每个阶段所完成的工作以及得到的结果如表 4-3 所示。

表 4-3　高速铁路列车开行编制过程及对应相关工作

过程环节	需要相关参数	相关优化内容	相关优化结果
运量预测	服务属性（旅行时间、候车时间、服务频率等）	客流量预测；路网配流	客流 OD、客流密度；高峰客流分布等
列车开行方案制定	客流参数、运行径路、列车能力利用参数、时间消耗参数等	列车输送方案；客流搭乘方案	列车数量、起讫点、途中停站方案
运行图铺画	列车参数等	运行图铺画；车组周转	列车旅行、停站、接续时间；服务频率；车组周转及数量

从以上完整的过程来看，各个过程环节相互联系，开行方案所包含的内容是在不同的编制环节和形成过程中得到的。可以看出，以上三个子过程所需要的参数和工作结果之间形成了相互联结、互为因果的链条：

（1）运量预测阶段需要的列车服务属性，是在客流输送方案制定后才产生的，而且是在运行图编制以后才被确定的；

（2）列车开行方案编制所需要的客流参数，是通过客流预测得到的；

（3）运行图铺画所需要的列车参数，必须要在列车开行方案确定后才能得到。

因此，开行方案形成的整个过程中，应该是一个不断循环迭代调整的过程，如图 4-11 所示。

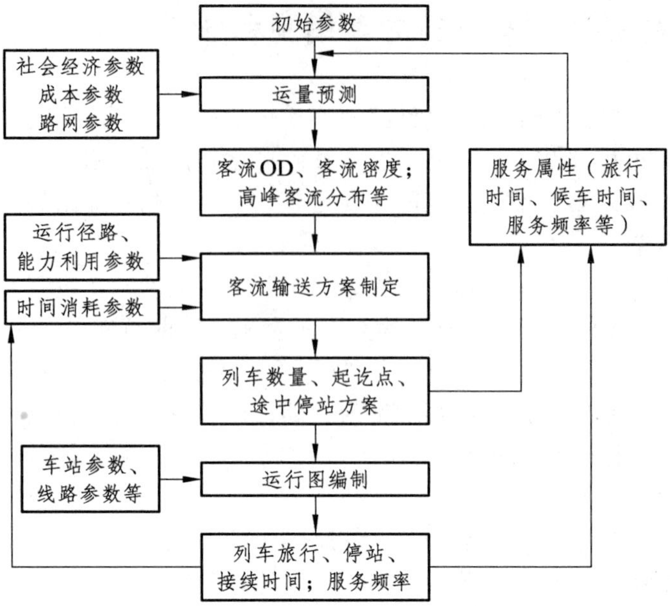

图 4-11　高速铁路旅客列车开行方案编制过程示意图

从狭义来讲，通常意义上所说的开行方案的编制，是指以上过程中的第一和第二个阶段的工作，体现了从客流 OD 转变为列流的过程。流程见图 4-12。

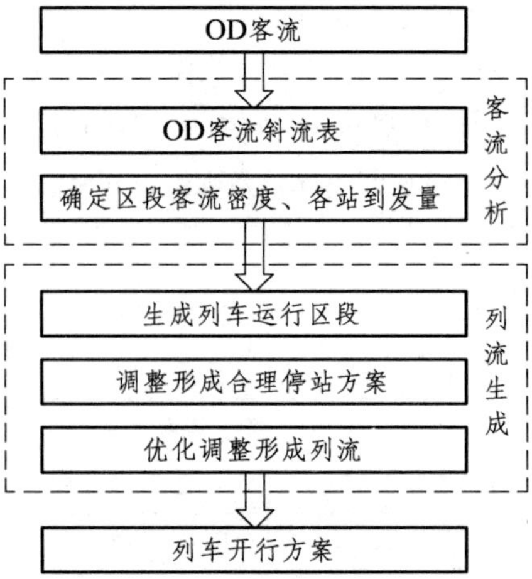

图 4-12　列车开行方案确定步骤

第六节　高速铁路旅客列车开行方案的优化

铁路旅客列车开行方案必须良好的反映铁路旅客运输的经营策略和服务质量，并有利于铁路运输组织。铁路旅客列车开行方案的制定涉及的内容、因素众多，路网区域规模大，而且不同的列车之间存在复杂的组合问题，该问题是一个典型的组合优化问题。

一、列车开行方案优化模型

1. 相关参数定义

对于给定的铁路网 (S,E)，车站集 $S=\{s_i|i=1,2,...,n\}$，路段集 $E=\{e_i\,|\,i=1,2,...,m\}$；$A=\{a(s_u,s_v)\,|\,s_u、s_v\in S\}$ 表示网络客流 OD 矩阵；$D=\{d(e_i)\,|\,i=1,2,...,m\}$ 表示路段里程；$\gamma(e_i)\in\{1,2\}$，分别表示高速或普速路段。

s_u—s_v 间的客流量为 $a(s_u,s_v)$，其中 τ 类客流所占比例为 $\lambda(s_u,s_v,\tau)$，$\lambda\in[0,1]$；$\tau\in\{1,2\}$，分别表示高速与中速客流。记 s_i 至 s_j 的客运周转量为 $A_{客运}(s_i,s_j)$，单位旅客换乘的组织费用为 λ 元/次。

$\eta(\gamma_i)\in\{1,2\}$，分别表示列车 r_i 为高速或中速列车；列车 r_i 在路段 e_j 上运行的票价率为 $g(r_i,e_f)$；列车定员为 $A_{定}$；列车运行的单位成本为 $f_{公里}(r_i,e_f)$；停站的单位费用消耗为 $f_{停站}(s_{ij})$。

$S(r_i)=\{s_{ij}\,|\,j=1,2,...,\varsigma(i)\}$，表示列车 r_i 的途经站集合；记 s_{i1} 和 $s_{i\varsigma(i)}$ 分别为列车 r_i 的始发和终到站。在 s_i 站换乘至 s_j 站的平均换乘时间消耗为 $t_{换}(s_i,s_j)$。若列车 r_i 在 s_{ij} 停站，$x(r_i,s_{ij})=1$，否则 $x(r_i,s_{ij})=0$；停车时间记为 $t_{停}(r_i,s_{ij})$；列车 r_i 的停站总数记为 $\varsigma'(i)$。假设列车在路网上运行时都选择最短径路，并记 s_i 至 s_j 的最短径路为 $L(s_i,s_j)$；$L_i(j)$ 表示列车 r_i 从第 j 至 $j+1$ 停站的路段集合；$L_i(1,\varsigma(i))$ 表示列车 r_i 从始发站到终到站的途径路段集合。

网络中 s_u 至 s_v 间列车运行路径集合为 $P(s_u,s_v)=\{p_k(s_u,s_v)\,|\,k=1,2,...,\sigma(s_u,s_v)\}$，$\sigma(s_u,s_v)$ 表示 s_u 至 s_v 的路径数目，$P(s_u,s_v)$ 对应于客流 $a(s_u,s_v)$ 的乘车方案，采取 $p_k(s_u,s_v)$ 乘车方案的客流量为 $a_k(s_u,s_v)$，其中 τ 类客流量的大小记为 $a_k(s_u,s_v,\tau)$。

设车站 s_j 在单位时间内可始发的列车数目为 $\lambda(s_j)$，可接发的列车数目为 $l(s_j)$；路段 e_j 的通过能力为 $\hbar(s_j)$。引入列车始发站标识 $\phi(r_i,s_j)$：若列车 r_i 在 s_j 站始发，$\phi(r_i,s_j)=1$，否则 $\phi(r_i,s_j)=0$。引入列车途经路段标识 $\varphi(r_i,s_j)$：若列车路径 r_i 包含 e_j 路段，$\varphi(r_i,s_j)=1$，否则 $\varphi(r_i,s_j)=0$。

为了对客流进行合理的分配，根据开行方案中列车的运行区段及停站方案，构造列车运行网络 (S',E')。其中，$S'=\{s_i\,|\,i=1,2,...,n'\}$ 标识列车运行网络中车站的集合；$E'=\{e'_i\,|\,i=1,2,...,m'\}=\{(r_j,L_j(k))\,|\,k=1,2,...,\varsigma'(j)-1,r_j\in R\}$。从上式可以看出，网络的边为二元量，既包含了在该边上运行的列车，又包含了该边的组成路段。$f(e'_i)$、$g(e'_i)$ 分别表示与 e'_i 边关联的起点站和终点站，$r(e'_i)$ 表示运行在 e'_i 边上的列车，$L(e'_i)$ 表示组成边 e'_i 的路段集合。

2. 影响参数计算

1）铁路部门的收益

铁路部门的运营收入，即旅客的票价支出，取决于人公里票价率及客流分配情况。根据相关参数定义，可得单位旅客采取方案 $p_k(s_u,s_v)$ 的票价 C_k 和铁路部门的运营总收入：

$$C_{票价}=\sum_{u,v,k}a_k(s_u,s_v)\cdot\sum_{i,j}d(e_i)g(r(e'_j),e_i) \tag{4-1}$$

列车运行总费用 $C_{列车}$、旅客换乘总费用 $C_{换乘}$ 和铁路部门的运营支出：

$$C_{支出}=\sum_{u}\lambda A_{中转}(s_u)+[\sum_{i,j}x(r_i,s_{ij})+\sum_{i,k}d(e_k)f_{公里}(r_i,e_k)] \tag{4-2}$$

式中：第一项为 $C_{换乘}$，第二项与第三项之和为 $C_{列车}$。

2）旅客的出行成本

（1）旅客票价支出。

由铁路部门的票价收入可知，单位旅客的票价为：

$$C_k(s_u,s_v)=\sum_{i,j}d(e_i)g(r(e'_j),e_i) \tag{4-3}$$

（2）旅客时间消耗。

列车的技术速度记为 V，则旅客在列车运行过程中的时间消耗为：

$$T_{运}^{k}(s_u,s_v)=\sum_{i,j}d(e_i)/V(r(e'_j),e_i) \tag{4-4}$$

根据不同乘车方案包含列车的停站情况，确定旅客停站总时间消耗为：

$$T_{停}^{k}(s_u,s_v)=\sum_{i,j}t_{停}(r(e'_j),g(e'_j)) \tag{4-5}$$

根据乘车方案中包含的路径信息，可计算旅客的换乘时间消耗为：

$$T_{换}^{k}(s_u,s_v)=\sum_{i}t_{换}(g(e'_j),s_v) \tag{4-6}$$

由旅客时间消耗的组成可知，旅客的总时间消耗为：

$$T^k(s_u,s_v)=T_{运}^{k}(s_u,s_v)+T_{停}^{k}(s_u,s_v)+T_{换}^{k}(s_u,s_v) \tag{4-7}$$

根据 τ 类旅客旅行时间和费用权重 $w_T(\tau)$ 和 $w_C(\tau)$，s_u 至 s_v 站旅客的总成本为：

$$C_{旅客}(s_u,s_v)=\sum_{k}a_k(s_u,s_v,\tau)[T_k(s_u,s_v)w_T(\tau)+C_k(s_u,s_v)w_C(\tau)] \tag{4-8}$$

3）客运周转量

根据乘车方案 $p_k(s_u,s_v)$ 的客流量及列车里程 $d_m(s_u,s_v)$，可计算有效客运周转量为：

$$A_{客运}(s_u,s_v)=\sum_{k}a_k(s_u,s_v)\cdot d_m(s_u,s_v) \tag{4-9}$$

3. 开行方案综合模型

综合以上分析，得出列车开行方案的综合多目标规划模型如下：

$$\max C_{铁路}=C_{票价}-C_{支出} \tag{4-10}$$

$$\min C_{旅客}=\sum_{s_u\in S}\sum_{s_v\in S}C_{旅客}(s_u,s_v) \tag{4-11}$$

$$\max A_{客运}=\sum_{s_u\in S}\sum_{s_v\in S}A_{客运}(s_u,s_v) \tag{4-12}$$

$$\sum_{s_u\in S}\sum_{s_v\in S}\sum_{(r_i,L_i(j))\in p_k(s_u,s_v)}a_k(s_u,s_v)\leqslant A_{定} \tag{4-13}$$

$$\sum_{0\leqslant k\leqslant\sigma(s_u,s_v)}a_k(s_u,s_v,\tau)\leqslant a_k(s_u,s_v)\lambda(s_u,s_v,\tau) \tag{4-14}$$

$$\sum_{\tau=1,2}a_k(s_u,s_v,\tau)=a_k(s_u,s_v) \tag{4-15}$$

$$\sum_{0\leqslant i\leqslant h}\phi(r_i,s_j)\leqslant\lambda(s_j) \tag{4-16}$$

$$\sum_{0\leqslant i\leqslant h}x(r_i,s_j)\leqslant l(s_j) \tag{4-17}$$

$$\sum_{0\leqslant i\leqslant h}\varphi(r_i,s_j)\leqslant\hbar(s_j) \tag{4-18}$$

模型中，式（4-10）~（4-12）为目标函数，式（4-10）表示铁路部门的收益最大；式（4-11）为旅客的出行成本最小；式（4-12）为有效客运周转量最大。式（4-13）~（4-18）为约束条件。式（4-13）表示列车在任意运行路段的最大载客量不大于列车定员；式（4-14）表示任意两站之间选择所有乘车方案的每类旅客总数应不大于两站之间该类旅客总量；式（4-15）表示任意两站之间选择所有乘车方案的旅客总数应不大于两站之间的旅客总量；式（4-16）表示车站对始发列车数目的约束；式（4-17）表示车站对接发列车数的约束；式（4-18）表示对各路段通过列车数目的能力约束。

4. 客流分配

列车开行方案综合模型的求解是以客流分配结果为基础的，应对路网上的客流进行分配。客流分配应以旅客的角度进行，反映旅客对列车的选择行为。

在进行客流分配时，首先应尽量满足旅客的出行需求，即最大化运送旅客流量；为了减少列车的虚糜，应尽量照顾长途旅客，最大化有效客运周转量。同时，还应充分考虑客流的性质、特点，旅客的出行心理（或出行时间最少，或中转次数最少，或出行费用最低）等因素，突出旅客对列车选择的主动性，从总体上减少旅客的出行成本，提高旅客的满意度。通常情况下，旅客希望自己的出行时间最短、费用支出最少，而这两点是相互矛盾的，必须在这两点之间进行平衡。不同性质、特点的旅客，对出行时间和费用支出的重视程度不同，在衡量旅客出行的总成本时，可根据不同类型旅客对费用和时间的权重进行计算。

通过分析影响客流分配的因素，在前面构建的列车运行网络的基础上建立客流分配的多目标规划模型，并可利用线性规划的方法进行求解。

二、模型的求解算法

1. 求解思路

模型中存在的变量包括开行方案中列车的对数、列车的运行区段及停站集合、列车等级及客流分配结果（选择不同乘车方案的客流量），种类繁多，很难由模型直接求解得出一个有效解。为此可将模型分为两层进行求解。

第一层：首先确定列车的运行区段、开行数量及列车等级

在确定列车的运行区段、开行数量及列车等级的过程中，可结合列车的开行原则，如铁路总公司的有关规定、列车的载客量等进行。旅客列车运行区段和行车量，基本上决定于客流计划，“按流开车”是确定运行区段和行车量的基本原则。根据客流量的大小，将确定列车运行区段、行车量及列车等级的过程分为两个步骤：首先确定大流量客流需要开行的列车，然后确定剩余客流需要开行的列车。

第二层：确定各列车的停站方案

列车的停站方案随着列车数目及列车途经站数目的增加呈明显的组合爆炸现象，很难利用传统的优化方法求得让人满意的列车停站方案，目前一般的手段是利用现代优化算法进行求解。下文将介绍采用遗传算法进行求解的过程。

2. 列车运行区段. 开行数量及等级的确定

1）大流量客流需要开行列车的确定

对于大流量客流，为了方便旅客，节省旅客出行时间的消耗，铁路应最大限度地开行直达不停站或少停站列车。需要开行列车的确定步骤如下：

（1）确定列车定员。铁路总公司对直通旅客列车规定：跨两局的列车其直通客流量不少于 600 人，跨三局的列车不少于 500 人，跨四局及其以上的列车不少于 400 人。考虑到高速列车的开行密度，其定员可适当降低，但要保证列车的载客量不少于最低载客量限制。

（2）确定列车运行区段。考虑车站所在地的政治、经济、文化情况，不一定均采取最短径路，可通过对列车运行区段的人为调整来实现各车站和路段的负荷尽量均衡。

（3）确定各运行区段的列车对数。按照大流量客流开行列车运行区段包含车站数目由多到少的顺序，对于包含车站数目相同的运行区段，则按照区段里程的由长到短的顺序，根据列车定员，并尽量减少列车的虚糜，依次确定各列车运行区段需要开行的列车对数。

（4）各运行区段列车开行数量调整。确定各区段开行列车对数后，都需要对该区段始发车站的始发能力、区段包含的各区间的通过能力进行检验和调整，以确保符合车站能力和区段通过能力的限制。

（5）确定列车等级。在进行能力检验和调整后，根据直达客流量中不同类型旅客所占比例的大小，确定各列车的等级。

（6）跨线列车及其等级修正。为了避免高速列车在普速铁路上运行或中速列车在高速铁路上运行的不经济，要对跨线运行列车的等级进行修正。对于运行不经济的跨线列车，需要改变列车的等级或将其分拆为在不同区段上开行的不同等级的列车。对于新分拆出来的列车需要检查开行方案中是否存在拟定吸引客流与该列车拟定吸引客流相同的列车，以确定是否有必要对列车进行合并。对不能与其他列车合并的新分拆出的列车，检查其能力约束。

（7）确定运行区段剩余客流。

另外，对于虚糜较大的列车，可考虑让其吸引沿途长大客流或合并部分运行径路相同的列车，以提高列车的客座利用率，减少虚糜。

2）剩余客流需要开行列车的确定

对于零散客流需要开行列车的确定方法和过程，与大流量客流需要开行列车的确定基本相同。在确定剩余的零散客流需要开行的列车时，可适当降低列车的载客量下限，以尽可能地确保有列车运送剩余客流。

3. 列车停站方案的自适应遗传算法

当很难事先获得问题的求解方向时，搜索就几乎成为唯一有效的方法了。随机搜索广泛探索整个解空间并且能够从局部最优中逃离。局部搜索深度探索最优解并且能够向着局部最优解逼近。理想的搜索应该同时具有这两种搜索性质。遗传算法是一种结合了有向和随机两种能力的通用搜索算法。该算法可以在对搜索空间进行深度搜索和广度搜索之间维持很好的平衡。在遗传算法中，选择机制积累深度搜索的信息，遗传算子保证向解空间中的新区域进行广度搜索。

下面结合列车停站方案的特点，介绍列车停站方案的自适应遗传算法。

1）编码与解码

采用基于车站的编码方式。基因的位置标志车站编号，基因的内容表达在该站停车的列车数目及编号；染色体总长度为路网中车站的数目。该编码方式可通过限制停站列车的数目来确保个体的可行性。染色体的解码过程即确定各列车的停站情况，也即开行方案中列车的停站方案。

2）种群初始化

染色体的表达采用的是复合结构，可在满足车站接发能力约束的条件下，根据各列车的运行区段，首先随机产生各车站的停站列车数目，然后再随机确定各车站需要停车的列车的编号，以此构造初始种群。

3）种群的评估

在对种群中的个体进行评估时，采用加和法将原多目标转化为单目标规划问题，并以单目标规划的目标函数值作为个体的适应值。根据旅客可选乘车方案情况对客流进行分配后得到的结果计算目标函数值。计算种群中所有个体的适应值，即可完成对种群的评估。

4）选择操作

在带有最优性方法的选择过程中，采用转轮法和精英选择策略。如果上一代的最优个体没有在下一代中得到复制，则从下一代中随机去掉一个染色体并将上一代中的最优染色体加入下一代中。

5）遗传算子

在具体实施中，交叉算子采用两点交叉方法，变异算子采取一般扰动变异方法，即随机地选择需要进行变异个体中一个基因位，随机的改变基因位的部分或全部内容，得到新的个体。变异概率取值在进化初期可较大，这样可以确保搜索更广的解空间；在进化后期应取较小值，使算法收敛于最优解。

6）局部优化

为了进一步提高遗传算法的搜索性能，在算法中插入局部优化模块，以便遗传算法搜索有更大潜力的解空间，使算法更快地收敛于最优解。局部优化采用随机搜索已知个体附近的其他个体，若新个体比当前个体的适应值大，则用新个体替代当前个体。

结合遗传算法的一般结构及关于列车停站方案的分析，求解列车停站方案的遗传算法的总体流程如图 4-13 所示。

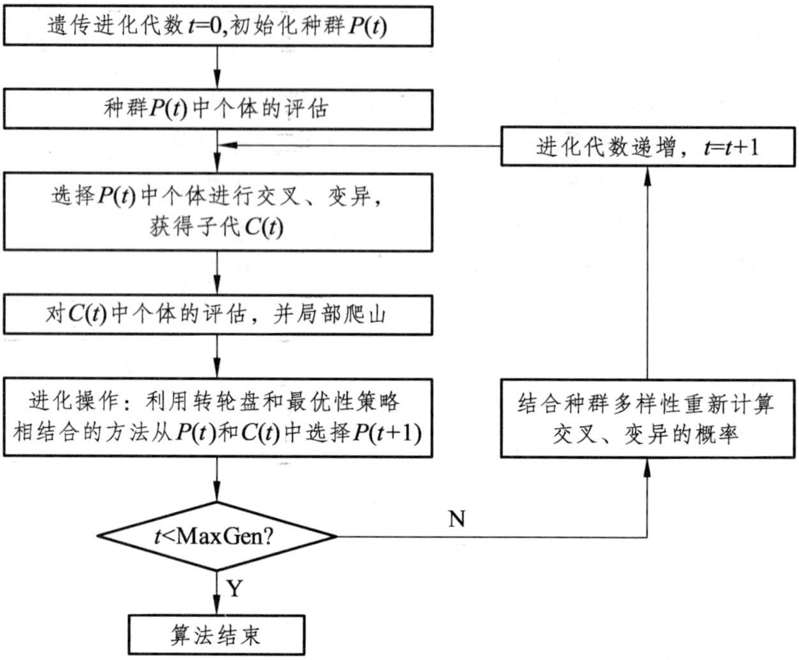

图 4-13　算法流程图

第七节　高速铁路列车开行方案实例

一、东海道—山阳新干线列车开行方案

日本高速铁路的营业里程达 1 952.5 km。其中：东海道新干线 515.4 km；山阳新干线 553.7 km；东北新干线 496.5 km；上越新干线 369.5 km；长野（北陆）新干线 117.4 km。

东海道—山阳新干线列车开行方案如下：

（1）东海道·山阳新干线东京—博多（下行）共开行列车 278 列，其中希望号 133 列、光号 57 列、回声号 88 列。

（2）东京站始发列车 199 列：

东京—博多 30 列、东京—广岛 15 列

东京—岗山 22 列、东京—相生 1 列

东京—姬路 1 列、东京—新大阪 104 列

东京—名谷屋 18 列、东京—滨松 2 列

东京—静冈 2 列、东京—三岛 4 列。

（3）将车站分为以下几个等级：

一级节点：东京、新大阪、博多；

二级节点：名古屋、岗山、广岛；

三级节点：三岛、静冈、滨松、姬路、相生、福山、三原、新山口、小仓；

四级节点：其他。

（4）停站分析。

所有列车都停的车站：东京、名谷屋、京都、新大阪、新神户、岗山、广岛、小仓、博多。

所有列车必在品川、新横滨之一停站。

在一、二级节点全停，为增加一级节点吸引客流的作用，同时一定程度上缓解其能力，与一级节点相邻的车站全停（如：品川/新横滨、京都、新神户、小仓）。

（5）不同列车适用性分析。

表 4-4　不同开行列车适用距离及节点等级

列车种类	适用开行距离	适用节点等级
希望号	500 km 以上	一级节点间 一、二级节点间
光号	300 ~ 700 km 集中在 500 km 左右	一级节点间 一、二级节点间
回声号	550 km 以下 比较分散	一级（二级）节点间 一级与二、三级节点间 二、三级节点间

（6）列车开行时段分析。

6：00—21：00 间每小时开行的列车数量大体上相同，在早 8：00—9：00、晚 17：00—19：00 的列车数量较大，中长途列车在各小时段的发车比例基本相同，短途列车集中在部分小时段开行。

二、京沪高铁列车开行方案

1. 京沪高速铁路概况

京沪高速铁路运营里程 1 318 km，与胶济、陇海、沪杭等铁路相连，共设 24 个车站：北京南、廊坊、天津西、天津南、沧州西、德州东、济南西、泰安、曲阜东、滕州东、枣庄、徐州东、宿州东、蚌埠南、定远、滁州、南京南、镇江南、丹阳北、常州北、无锡东、苏州北、昆山南、上海虹桥，其中北京南、天津西、济南西、南京南、上海虹桥具有始发终到能力。

2. 列车开行方案

京沪高速铁路不仅运行本线列车，如北京南—上海虹桥、北京南—南京南、北京—济南西等列车，还运行跨线列车，如北京南—青岛、北京南—杭州、上海虹—青岛等；既有 300 km/h 动车组“G”字头列车，又有 250 km/h 动车组“D”字头列车。途径京沪高速铁路的列车，其起讫点主要有北京南、上海虹桥、南京南、天津西、济南西、青岛、杭州、徐州东、福州、郑州等车站。具体列车开行方案如下：

时速 300 公里列车 65 对：

（1）北京南—上海虹桥停一站直达 2 对。只安排在南京南一站停车，9：00 和 14：00 整点开行。

（2）北京南—上海虹桥省际直达 6 对。安排济南西、南京南 2 个省会城市车站停车，分别安排在 8：00、10：00、11：00、15：00、16：00、17：00 整点开行。

（3）北京南—上海虹桥交错停站列车 32 对。在沿途车站交错停车，停站数一般不超过 6 个。

（4）本线区段列车 8 对。北京南—南京南 3 对、上海虹桥—天津西 3 对、北京南—济南西 2 对。

（5）跨线列车 17 对。北京南—青岛 3 对、北京南—杭州 7 对、天津西—杭州 2 对、济南西—杭州 1 对、上海虹桥—青岛 4 对。

时速 250 公里列车 25 对：

（1）本线列车 12 对。北京南—上海虹桥 3 对、天津西—上海虹桥 1 对、北京南—济南西 3 对、北京南—徐州东 1 对、徐州东—上海虹桥 1 对、济南西—上海虹桥 2 对、北京南—南京南 1 对。

（2）跨线列车 13 对。北京南—福州 1 对、北京南—青岛 6 对、天津西—青岛 2 对、郑州—上海虹桥 3 对、郑州—济南 1 对。

3. 列车停站方案

列车停站方案选取京沪本线列车中起讫点为北京南—上海虹桥的“G”字头列车，表 4-5 列出了京沪高速铁路本线下行方向列车的停站方案，其停站特点为：

（1）其停站模式主要有直达列车（仅停南京南）、省际直达列车（仅停济南西、南京南）和以省会城市为固定停站（济南西、南京南），其他城市交错停站等三种模式；

（2）交错停站列车一般停 4 ~ 7 站，大都停 5 ~ 6 站，平均每列停站 5.8 次；

（3）节点等级决定停站次数，省会城市车站，如南京南、济南西基本为固定停，停站次数分别为 40 次和 38 次；其次为徐州东、无锡东为 14 次，停站最少的为宿州东和定远站，分别仅停站 2 次和 0 次。

具体停站方案如表 4-5 所示。

4. 列车运行周期

京沪高铁高峰期（春暑运、小长假，下同）按基本图满图运行，日常（周一至周四）和周末（周五至周日）抽线运行。

周末开行 83 对动车组列车，比基本图少开 7 对，其中北京南—上海虹桥 3 对、北京南—南京南 2 对、北京南—济南西 1 对、济南西—上海虹桥 1 对。

日常开行 76 对动车组列车，比周末少开 7 对，其中北京南—上海虹桥 6 对，天津西—上海虹桥 1 对。

高峰期开行 90 对动车组列车。

表 4-5　京沪高速铁路本线下行方向列车的停站方案（北京南—上海虹桥）

运行区段	廊坊	天津南	沧州西	德州东	济南西	泰安	曲阜东	滕州东	枣庄	徐州东	宿州东	蚌埠南	定远	滁州	南京站	镇江南	丹阳北	常州北	无锡东	苏州北	昆山南	列车停站小计
北京南—上海虹桥															1							1
北京南—上海虹桥															1							1
北京南—上海虹桥					1										1							2
北京南—上海虹桥					1										1							2
北京南—上海虹桥					1										1							2
北京南—上海虹桥					1										1							2
北京南—上海虹桥					1										1							2
北京南—上海虹桥					1										1							2
北京南—上海虹桥					1		1		1						1			1	1			6
北京南—上海虹桥				1	1			1				1			1				1			6
北京南—上海虹桥		1			1	1		1							1	1				1		6
北京南—上海虹桥				1	1	1	1					1			1		1					7
北京南—上海虹桥					1				1					1	1				1		1	6

续表

运行区段	廊坊	天津南	沧州西	德州东	济南西	泰安	曲阜东	滕州东	枣庄	徐州东	宿州东	蚌埠南	定远	滁州	南京站	镇江南	丹阳北	常州北	无锡东	苏州北	昆山南	列车停站小计
北京南—上海虹桥					1	1						1			1	1				1		6
北京南—上海虹桥				1	1					1					1			1		1		6
北京南—上海虹桥	1			1	1			1						1	1				1			6
北京南—上海虹桥					1				1						1	1			1		1	6
北京南—上海虹桥					1	1									1	1			1	1		6
北京南—上海虹桥					1					1					1		1		1			5
北京南—上海虹桥					1	1				1				1	1					1		6
北京南—上海虹桥			1	1	1									1	1			1			1	6
北京南—上海虹桥		1	1		1							1			1		1			1		5
北京南—上海虹桥				1	1					1	1				1				1			6
北京南—上海虹桥	1	1			1					1					1	1			1			5
北京南—上海虹桥			1		1							1			1			1			1	5
北京南—上海虹桥					1	1				1				1	1					1		6
北京南—上海虹桥			1	1	1					1					1				1			5

续表

运行区段	廊坊	天津南	沧州西	德州东	济南西	泰安	曲阜东	滕州东	枣庄	徐州东	宿州东	蚌埠南	定远	滁州	南京站	镇江南	丹阳北	常州北	无锡东	苏州北	昆山南	列车停站小计
北京南—上海虹桥	1				1	1								1	1			1		1		6
北京南—上海虹桥			1		1			1				1			1	1						5
北京南—上海虹桥					1	1				1					1		1		1			6
北京南—上海虹桥				1	1			1						1	1	1			1			7
北京南—上海虹桥		1			1				1	1					1					1		5
北京南—上海虹桥				1	1	1					1				1			1				6
北京南—上海虹桥				1	1		1			1				1	1					1		7
北京南—上海虹桥			1		1	1				1		1			1				1			6
北京南—上海虹桥					1		1			1					1		1				1	6
北京南—上海虹桥				1	1			1		1					1	1			1			7
北京南—上海虹桥			1		1	1									1			1		1		5
北京南—上海虹桥				1	1				1						1	1					1	6
北京南—上海虹桥	1	1			1			1		1					1							4
车站停站小计	4	5	7	12	38	11	4	7	5	14	2	7	0	8	40	9	5	7	14	11	6	200

第五章　高速铁路列车运行图

第一节　高速铁路列车运行图概述

随着我国高速铁路的快速发展，我国高速铁路网络逐渐完善。高速铁路列车运行图作为铁路运输生产的综合性计划，同时也是铁路运输服务的核心产品，其编制优化技术随着铁路运输行业的发展而发展，从最初的人工手工编制方法，到现在的人机交互编制方法，列车运行图编制效率大大提高。本节从高速铁路列车运行图编制的基本要素、铺画方式和编制特点等方面进行介绍。

一、高速铁路列车运行图基本要素

高速铁路列车运行图基本要素与普速铁路列车运行图基本要素相同，主要包括线路、车站等固定设备要素和各种时间要素。本小节主要介绍列车运行图编制过程中的时间要素，包括以下几个方面：区间运行时分、中间站停站时间、起停附加时分、动车组在折返站停留时间、列车追踪间隔时间、综合维修天窗开设时间等。

1. 区间运行时分

列车区间运行时分是指列车在某一个区间运行的标准时间，在列车运行图编制过程中常用区间运行标尺表示，一旦区间运行时分确定后，一般不再对其进行修改。区间运行时分通常是使用仿真软件计算一个大概运行时分，然后结合实际动车组实验结果最终确定，计算时需要分上下行方向和动车组型号分别进行确定。

2. 中间站的停站时间

列车在中间站的停站时间指列车在中间站上办理必要的客运作业或是技术作业所停留的时间。在编制列车运行图时一般可以分为客运营业停时和技术作业停时。停站时间标准的确定应该根据列车在中间站的作业内容、动车组性能及列车控制系统等因素确定。

3. 折返（配属）站停留时间

列车在折返（配属）站的停留时间是指列车在终到折返（配属）站后，经过一定的技术作业变更车次继续担任下次运行任务，列车在折返（配属）站办理必要的技术作业所需要的时间。列车在折返（配属）站停留时间，确定时需要根据列车在折返（配属）站的作业内容进行分析，并根据现场数据查定最终确定。

4. 起停车附加时分

列车的起车附加时分是指列车由车站出发比直接通过车站所增加的运行时分；列车停车附加时分是指列车到站停车比不停车通过车站所增加的运行时分。在编制列车运行图时，列车起停附加时分属于区间运行标尺，各站的起停附加时分一般确定后不再变动。

5. 列车追踪间隔时间

列车追踪间隔时间是指追踪运行的两列车之间最小时间间隔，是编制列车运行图的必要约束条件之一。列车追踪间隔时间影响因素包括列车控制系统、线路条件、车站信号联锁设备等。

6. 综合维修天窗开设时间

高速铁路天窗开设时间对列车运行影响较大，一般在天窗时间内不允许行车。我国高速铁路天窗开始时间一般在 0：00—6：00 之间，白天一般不安排固定维修天窗。

二、高速铁路列车运行图的铺画方式

高速铁路列车运行图的铺画方式、列车的开行位置，对通过能力均会产生影响。

（1）同类列车成组铺画。成组铺画的追踪列数越多，每一列车占用运行图的时间越少，时速 200~300 km 列车的影响越少，可铺画的总列数越多，如图 5-1 所示。

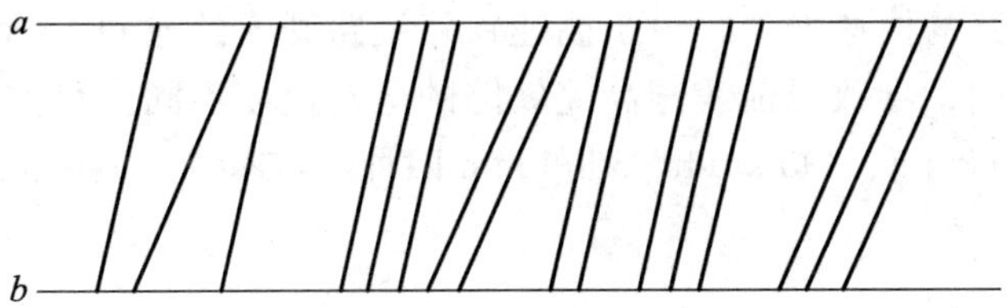

图 5-1 同类列车成组铺画对通过能力的影响

（2）时速 300 km 及以上列车采用交替停站的方式。停站顺序可由远而近，也可由近及远，但两种方式对高速铁路通过能力的影响不同，如图 5-2 所示。

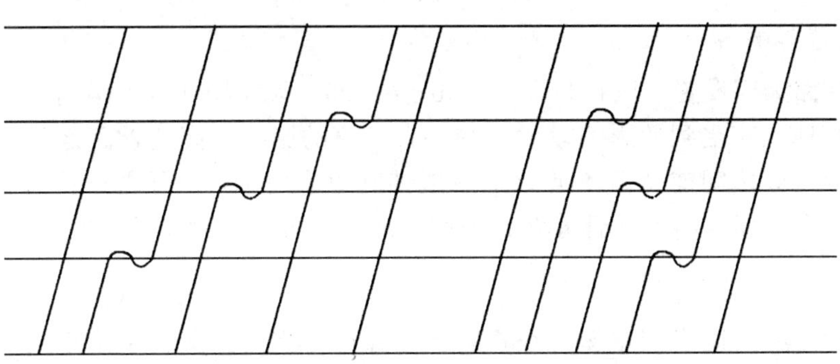

图 5-2 停站方式对通过能力的影响

（3）减少越行与待避的次数。时速 300 km 及以上列车不越行过多的时速 200~300 km 列车，以减少运行图的空费时间；时速 200~300 km 列车待避次数不宜过多，否则将严重影响列车的旅速，如图 5-3 所示。

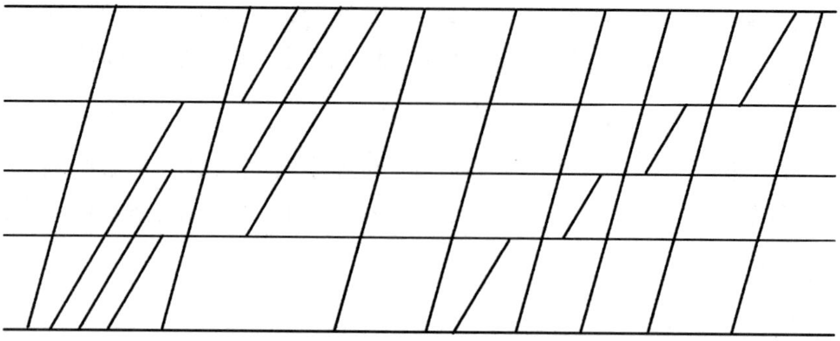

图 5-3　越行与待避过多的铺画方式

三、高速铁路列车运行图特点

不同于普速铁路列车运行图的编制，高速铁路运行图编制时需要充分考虑高速铁路列车运行特点。其编制特点主要包括以下几个方面：不同速度列车混跑、跨线车比例较高、综合天窗影响较大、运行线具有较高弹性、高峰区段能力紧张等。

1. 不同速度列车混跑

随着我国高速铁路的快速发展，由于高速铁路线路开通的时间不同、旅客运行需求不同以及动车组型号的不同，导致目前我国高速铁路的运营速度不同。目前我国高速铁路运营速度包括 200 km/h、250 km/h、300 km/h、350 km/h 四种。高速线路上可能会同时存在不同速度的列车混跑。

2. 跨线列车比例较高

高速铁路网的逐渐完善使得其在我国旅客运输中扮演着越来越重要的角色，高速铁路不仅需要承担本线列车运输任务，同时还需要承担跨线运输任务，并且跨线列车比例有越来越高的趋势。

3. 综合天窗影响较大

我国高速铁路天窗设置一般在晚上 0：00—6：00，天窗期间列车运行方式为禁止运行，因此中长途的高速列车受到的影响较大。受综合天窗的影响，高速铁路运行图中长途列车一般在 7：00—18：00 之间铺画，18 点之后一般铺画短途列车。但随着运输需求的增大，我国高速铁路推出了夕发朝至高铁动卧方案，采用夜间行车方式，列车可以在天窗时间内运行。

4. 运行线具有较高弹性

高速铁路列车运行图中列车运行线具有较高弹性。当列车运行中出现与运行图中时间不匹配时，必须能够恢复列车的运行时分，这就要求列车运行图有足够的弹性，能够保证列车正点到达。因此在编制高速铁路列车运行图时必须留有一定的时间，满足列车运行图弹性要求。

5. 高峰时间段内能力紧张

我国高速铁路的开通吸引了大量客流。旅客在出行时出现了明显的时间规律性。高速铁路客流会有明显的早晚高峰特点，一般早高峰在 7：30—10：30，晚高峰在 15：00—18：00。除此之外，高速铁路客流还在春运暑运和五一、十一小长假等时间段内出行高峰。

第二节　国外高速铁路列车运行图的编制

一、开行时刻规律

日本新干线开通以来，一直非常重视列车运行图的研究，形成了规格化运行图。东海道新干线规格化运行图 1 h 内共铺画 11 列列车，包括 3 种不同速度的高速列车：希望号（Nozomi）1 列、光号（Hikari）7 列、回声号（Kodama）3 列，其中 3 列低速、8 列高速。列车之间的关系简单，高速列车之间无越行，低速列车之间无越行，但高速列车途中多次越行低速列车；高速列车最多两列追踪运行，低速列车不追踪运行；低速列车待避均衡，一般间隔 2 ~ 3 站待避 1 次，列车在东京、大阪站到发较均衡。11 条运行线中有 4 条为季节及临时列车运行线，即备用列车运行线，其中 3 列高速、1 列低速，3 条高速列车备用线集中在一个时段，当不考虑备用线时，运行线之间的关系变得更简单，几乎很少有低速列车同时待避两列高速列车的情况。西欧国家城际列车开行规律较强，大多使用类似于“规格化运行图”的周期性列车运行图，通常 1h 内列车的开行方式基本相同，一般每 0.5 h 或 1 h 开行 1 列节拍式列车，只是早、晚高峰以及客流密度较低的时段有些调整。荷兰海牙 HS 火车站每小时列车停靠站台示意图和到发信息分别见图 5-4 和表 5-1。

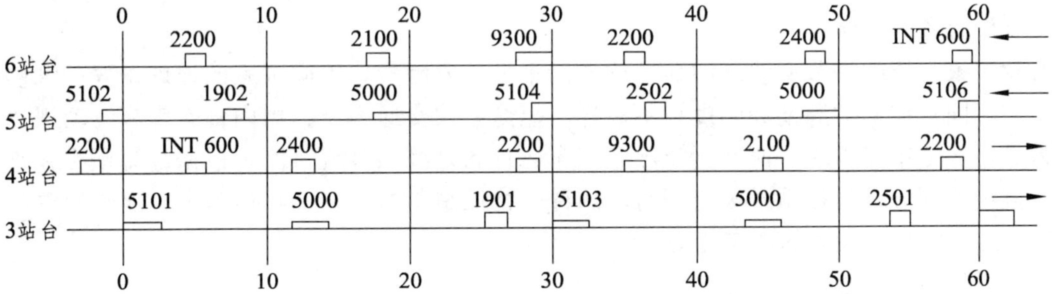

图 5-4　荷兰海牙 HS 车站每小时列车停靠站台示意图

各国国情决定采用的运行图模式也各有特点。如 TGV 国际列车和中长途列车的始发时刻规律性不太强，但运距在 400 km 左右或某些客流较多的城际列车的开行基本采用周期性开行方案。巴黎—里昂每天开行 21 列列车，非高峰时期每 1 h 开行 1 列，高峰时期每 1 h 开行 2 列，特别高峰时期每 15 min 开行 1 列。TGV 列车时刻表具有非周期性与周期性开行方案相结合的特点。

表 5-1 荷兰海牙 HS 车站每小时列车到发信息

车次	方向	频率/(列·h^{-1})	往南				往北			
			到达时刻/min	出发时刻/min	停站时间/min	停靠站台	到达时刻/min	出发时刻/min	停站时间/min	停靠站台
AR 5000	莱顿↔鹿特丹	2	12 42	14 44	2	3	18 48	20 50	2	5
AR 5100	海牙中心↔鹿特丹	2	00 30	03 33	3	3	29 59	30 00	1	5
IR 2200	莱顿↔鹿特丹	2	28 58	29 59	1	4	05 35	06 36	1	6
IC 1900	海牙中心↔鹿特丹	1	24	25	1	3	07	08	1	5
IC 2100	莱顿↔鹿特丹	1	45	46	1	4	17	18	1	6
IC 2400	莱顿↔鹿特丹	1	15	16	1	4	47	48	1	6
IC 2500	海牙中心↔鹿特丹	1	54	55	1	3	37	38	1	5
INT 600	莱顿↔鹿特丹	1	04	06	2	4	58	59	1	6
HST 9300	莱顿↔鹿特丹	1	34	36	2	4	28	30	2	6

二、客流波动

从日本和欧洲国家高速列车开行模式可以看出，除列车运行图具有开行时刻规律的特点外，还充分考虑客流波动。日本高速列车运行图是一种均衡运输模式，看不出明显的运行高峰与非高峰时间，但图中编制了相当多的假日运行线，有的线路比例高达 36%，这些运行线在平日可作为备用线使用。

西欧国家客流的季节型波动明显，旅游因素是主要因素。不同国家的地理位置、气候和文化风俗不同，波动的周期和幅度也不一样。短途公共交通客流，周内日间客流波动规律明显。为满足客运市场需求，西欧国家旅客列车运行图是按照客流时段（根据客流预测和既有年度客流规律划分，包括季时段与周时段两种）特征编制的。在实际运营中，西欧的铁路运营秩序稳定，对客流波动的适应能力强。

第三节 高速铁路列车运行图的编制与管理

由于高速铁路列车运行图是高速铁路各项运输计划的全面指导方案，编制过程复杂，需要铁路系统的各级业务管理部门相互协调配合。随着科学技术的发展，实现计算机编制列车运行图，可以将工作人员从繁重的编图工作解脱出来。由西南交通大学全国列车运行图编制中心开发的运行图编制系统被各铁路局集团公司统一采用，效果反应良好。

新建高速铁路线与普速铁路一起构成了一个复杂网络，不同车速动车组列车在列车运行图的指导下有序运行。其中，构成高速线路网络的主要因素是各车站和线路区间。我国高速线路均是双线铁路，上下行列车运行系统具有较强的独立性，运行图的编制模型可按照运行方向的不同分别来进行。

在实际工作中，通常采用将高速铁路网选择线路交会点作为生成列车始发终到方案的基点，然后将路网分解为相对独立的子线路分别求解。即对于一些线路来讲，如果几条线路的交会点的列车始发终到方案能够确定，则该约束将转化为在线路交会点上其他方向线路列车运行方案已定情况下，优化单条直线线路上的列车运行方案。这样，该问题可被顺序分解为若干子问题进行求解。其实质就是对于分解后的路网，按照一定的顺序求解单条线路上的列车运行方案，直至所有被分解的线路求解完毕。这样，高速路网的网状线路可以转化为多条单一线路分别处理。

一、高速铁路列车运行图编制原则

高速铁路列车运行图在编制过程中，必须要保证列车运行安全，符合客流规律，充分发挥高速铁路特性，最大限度地提高列车运行图编制质量。编制原则主要包括以下几个方面。

（1）保证列车运行安全。

（2）严格遵守列车技术作业标准。

（3）方便旅客，符合客运规律。客流是铁路列车运行图的重要编制依据，运行图结构布局需要以客流为基础，在编制列车运行图之前，需要根据客流规律，按照客流分配原则确定列车开行方案。

（4）经济合理的使用动车组。动车组是承担高速铁路列车运行的工具。经济合理地使用动车组是运行图的重要质量指标，充分使用列车运行图，发挥其最大使用效率。

（5）充分考虑乘务人员的作息时间。

（6）充分利用铁路通过能力。在高速铁路列车运行图编制过程中，应该消除各种不必要的停留时间，保证列车的旅行速度。

（7）保证运行线的弹性。在充分利用区间通过能力时也需要控制通过能力利用率，保证高速铁路列车运行图具有一定的弹性，以满足列车由于突发技术故障或是天气变化造成的运行时间变化。

（8）保证各站、各区段间工作的协调和均衡。在编制列车运行图时，应该保证各站、各区段工作的协调和平衡，在一个昼夜内各阶段大体均衡，充分利用各车站的到发线和咽喉通过能力，充分利用车站作业能力和区间通过能力。

（9）提高各站的应急处理能力。

二、高速铁路列车运行图编制流程

编制高速铁路列车运行图需要考虑各影响因素，确定合理的运行图结构能够提高列车运行图的编制质量。高速铁路列车运行图编制可以分为两个步骤：第一，编制列车运行方案图，建立列车运行图骨架，解决列车运行图的全面布局问题，运行方案编制时，以小时格为基础，只针对每个方向编制各技术站间运行线；第二，编制列车运行详图，主要解决列车在车站的到发或通过时刻，以及各站技术作业过程。

高速铁路列车运行图编制流程如下：

1. 确定列车开行方案

在编制列车运行图前，由各铁路局集团公司或高速铁路公司根据往年列车运行情况、客运需求、动车组设备以及相关线路情况，提交开行方案，确定各区段列车开行方案，提交中国铁路总公司。中国铁路总公司汇总整理后，根据实际情况，确定最终的全路列车开行方案。

2. 确定列车运行线铺画等级

根据列车速度等级、列车运行里程、客运产品需求（如京沪线整点品牌列车）确定列车铺画等级。编制高速铁路列车运行图时，列车都具有较高速度等级，因此低等级列车被越行时，应控制被高等级列车越行 2 次以内（待证）。在铺画过程中，应该先铺画长距离高等级列车，再铺画短距离低等级列车，保证列车运行图骨架的合理性。

3. 确定初始时间布点

在确定列车等级之后，根据列车运行区段，确定每个列车的始发、终到时间域。在铺画该等级列车时，需要根据始发终到时间域，确定列车始发、终到时间，形成初始布点。在编制过程中，需要尽量保证列车运行线在始发时间域内，以保证运行图骨架的合理性。

4. 编制列车运行详图

根据已经确定的列车铺画等级以及初始布点，从最高等级列车开始，按照时间顺序完善运行线在各站的具体到发时间及作业时间。

三、高速铁路列车始发时间的确定

铺画列车运行图时，应首先确定列车在车站的出发时刻，然后再根据一定要求铺线。与普速铁路列车运行图初始布点相比，高速铁路列车运行图初始布点具有以下特点：布点对象只有旅客列车、列车种类少、布点车站不固定、布点时段受限制。始发时间布点是运行图铺画的第一步，其恰当与否与运行图冲突调整息息相关：始发时间布点选的越好，那么初始运行方案与最优方案差距较小，从而调整就越简单，调整的次数也就越少，反之则越复杂，次数也越多。

高速铁路列车运行图初始布点指在给定开行方案（列车车次、等级、经由径路、始发终到站、停站等）和各行车技术标准（区间运行时分、停站时分、起停附加时分、各种间隔等）的条件下，按照列车等级次序，合理确定旅客列车在始发站的始发时刻。初始布点方案须要达到以下几个目标：

（1）始发时刻点方便旅客旅行。方便旅客旅行取决于客车初发点是否满足人们出行需求。开行方案中根据客流情况制定的具体各列列车经由径路、停站方案各不相同，各具体列车沿途停站点是否满足中转客流需要也是旅客方便性要考虑的因素，这是同类列车确定始发时刻，确定列车作业顺序的主要依据。

（2）经济、合理地使用动车组。意味着去程列车的到发时刻与回程列车到发时刻必须很好的衔接。

（3）均衡发车。在满足以上两个条件的情况下，尽量使运行线均衡地分布在图上。

通过对优化目标的分析，列车初始布点可以归结为将特定的始发时间域指派给待定的运行线，并且每个时间域只能指派给一条运行线，因此可以将优化问题看作指派问题，并且采用指派问题算法来求解。

四、高速铁路列车运行线铺画及调整

1. 高速列车运行线的铺画

根据已定开行方案、初始布点方案和列车运行线的强约束关系，顺序推点，展开列车运行线铺画。高速动车组列车、动车组列车等同类列车之间原则上不越行，这对提高区间通过能力没有显著影响；高等级列车可越行低等级列车；作为运行图的骨架，高速动车组列车在车站内的停留时间原则上应严格按预定标准执行；动车组列车则根据行车组织的需要，在允许范围内进行微调；动车组列车的运行速度不应低于普速铁路的运行速度。

由于列车运行速度的不同，必然存在列车的避让与越行的问题。这种越行和避让在由初始布点方案顺序推点形成的初始运行图中表现为不同形式的冲突，即各种运行线的交叉。冲突是由两条运行线相交而形成，按照冲突发生的地点，冲突可分为区间冲突和车站冲突两种类型[5]。

1）区间冲突

区间冲突是由于不同速度列车混跑时产生的两列车在同一时间同一区间发生追尾的情况，如图 5-5 所示。

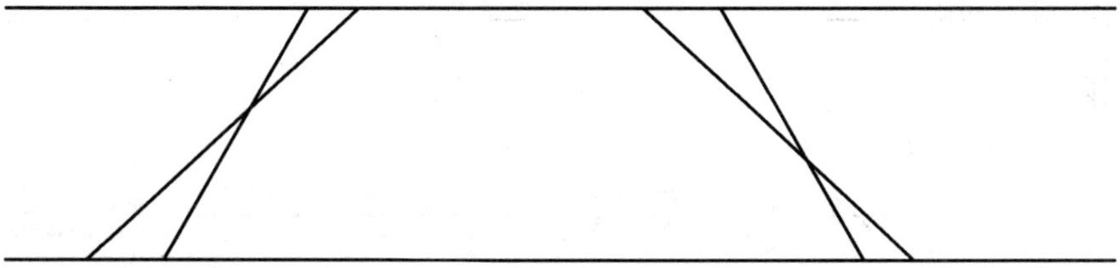

图 5-5　区间冲突形式

2）车站冲突

车站冲突主要是间隔时间的冲突，主要包含追踪间隔时间冲突（对于自动闭塞区段）、连发间隔时间冲突、发到间隔时间冲突和到发间隔时间冲突，如图 5-6 所示。

（a）列车追踪间隔　　　　（b）列车连发间隔

（c）发到间隔时间　　（d）到发间隔时间

图 5-6　车站间隔时间冲突

2. 高速列车运行线的调整

对于在区间内产生的冲突，可通过调整运行线，转化为在两边车站的冲突，然后采用统一化解办法进行化解。对于具体类型的冲突应选择合适的化解方案进行化解。

对于一张运行图中的所有冲突，若选择一起组合化解，虽然整体优化的效果比较好，但由于规模较大，化解过程将会非常复杂，实现困难。为了降低化解难度，可将所有冲突根据其化解难易程度排序，每次选择容易化解的冲突进行优先化解。排序规则为：根据化解各冲突时所需调整其作业时刻相对幅度，按相对调整幅度大小对所有冲突由小到大进行排序，进而按此逐个化解选中冲突，同时所采用的冲突化解方案也能满足能使相对调整幅度最小的车站作业要求。

冲突化解时冲突作业的相对调整幅度可根据对应作业时刻值来确定。如图 5-7 所示，k 和 $k+1$ 表示相邻两车站，i_1 和 i_2 表示下行方向两列产生冲突的列车，$x_{i_1,k}^{d}$ 表示列车 i_1 到达 k 站的时刻，$x_{i_1,k}^{f}$ 表示列车 i_1 从 k 站出发的时刻，$x_{i_2,k}^{d}$ 表示列车 i_2 到达 k 站的时刻，X 表示列车 i_1 发车时刻与列车 i_2 到达时刻之间的间隔。同理，$x_{i_1,k+1}^{d}$ 表示列车 i_1 到达 $k+1$ 站的时刻，$x_{i_1,k+1}^{f}$ 表示列车 i_1 从 $k+1$ 站出发的时刻，$x_{i_2,k+1}^{d}$ 表示列车 i_2 到达 $k+1$ 站的时刻，X_0 表示列车 i_2 发车时刻与列车 i_1 到达时刻之间的间隔。

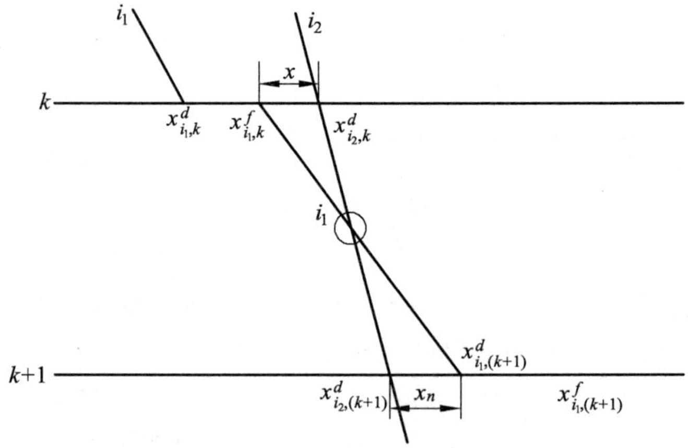

图 5-7　冲突化解顺序及化解车站选择示意图

若采用车站 k 作为化解方案，则相对调整幅度值为 $X = x_{i_2,k}^{d} - x_{i_1,k}^{f}$。同样，若采用车站 $k+1$ 作为化解方案，则其相对调整幅度值为 $X_0 = x_{i_2,k+1}^{d} - x_{i_1,k+1}^{d}$，比较 X 与 X_0 的大小，选出较小值，

即满足 $\min\{X, X_0\}$ 所对应的车站为该冲突的化解方案。

对所有冲突，可按照上述方法确定其化解方案以及相应的相对调整幅度值 X^*，根据 X^* 由小到大的顺序排列各冲突即可获得化解冲突顺序。

给定化解冲突及其化解方案，确定冲突作业在车站的先后顺序后，便可通过平移运行线、交换运行线以及扩大始发时间域来调整运行线在各车站时刻，从而使之满足最小作业时间间隔要求（以 $X < X_0$ 为例）。

1）平移运行线

假设当前调整作业时间间隔的两项相邻作业为 $x_{i_1,k}^d$ 和 $x_{i_2,k}^d$，调整时固定运行线 i_1，开始向左平移运行线 i_2 至图 5-8 所示虚线处，若与周围运行线作业时刻不冲突，则化解过程结束，同时更新列车在各车站相应作业时刻；否则如图 5-9 所示，i_2 向左平移，其到达 k 站时刻 $x_{i_2,k}^d$，与 i_1 在 k 站的到达时刻 $x_{i_1,k}^d$ 之间的差满足不同时到达间隔时间处，然后固定 i_2，开始向右平移 i_1 自 k 站向 $k+1$ 站及以远所有部分，直至 $x_{i_2,k}^d$ 和 $x_{i_1,k}^f$ 之间满足安全时间间隔，冲突化解完毕，继续化解其他冲突。

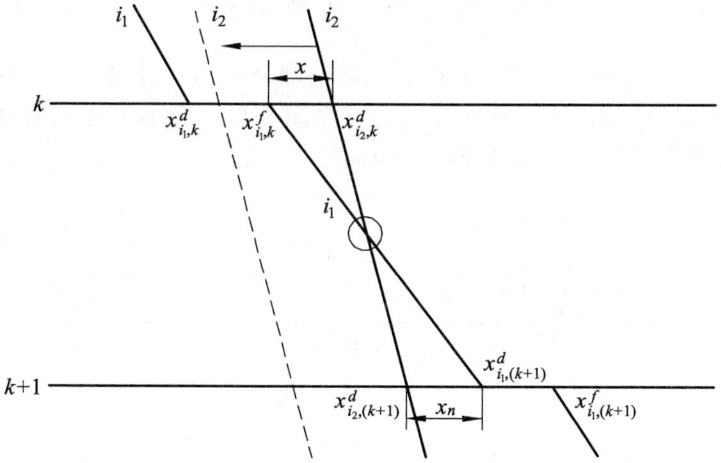

图 5-8　平移运行线示意图 1

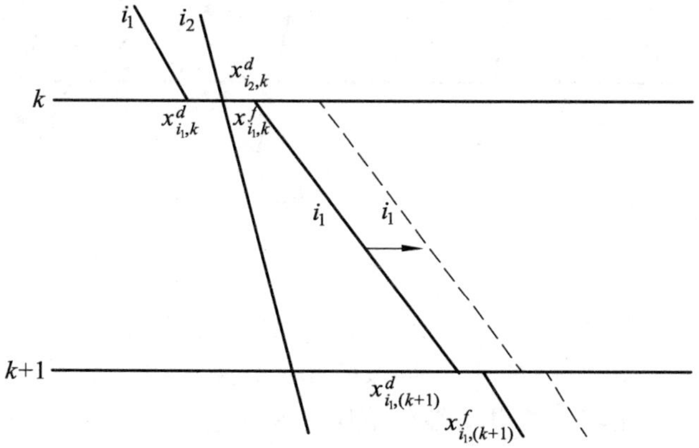

图 5-9　平移运行线示意图 2

若 $x^d_{i_2,k}$ 和 $x^f_{i_1,k}$ 之间仍不满足安全时间间隔要求，则如图 5-10 所示，i_1 在 k 站之前部分与 i_2 一同向左平移，直至满足安全时间间隔要求。

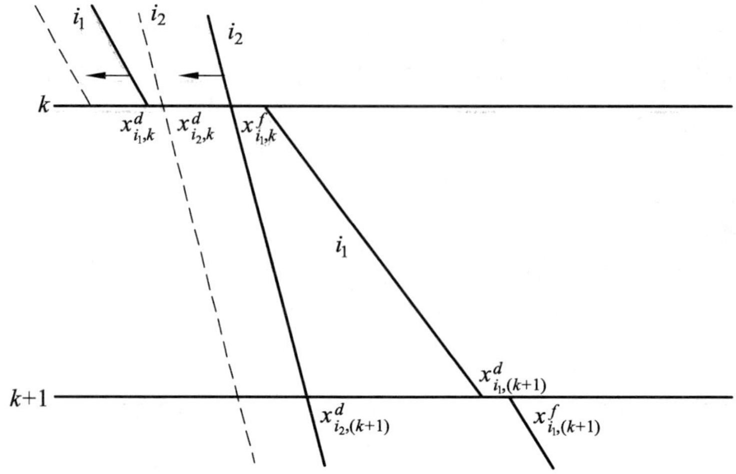

图 5-10　平移运行线示意图 3

若在如图 5-10 所示移动过程中，i_1 在 k 站之前部分遇到运行线 i_0 并且两者之间作业时间间隔已达到最小要求，则连同 i_0 一起向左平移，如图 5-11 所示，直至所有作业间隔满足安全时间间隔要求，冲突化解完毕，继续化解其他冲突。

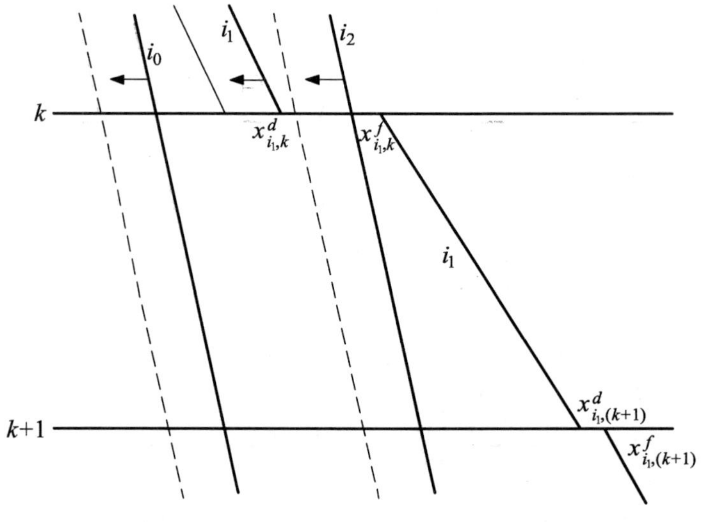

图 5-11　平移运行线示意图 4

2）交换运行线

若图 5-10 所示操作使得列车 i_1 在 k 站之前部分已经达到此车次始发时间域边界并且冲突仍然存在，则需要进行交换运行线操作，即改变车站作业顺序，如图 5-12 所示，然后重复平移运行线操作，直至冲突化解，并更新各车站作业顺序集合。

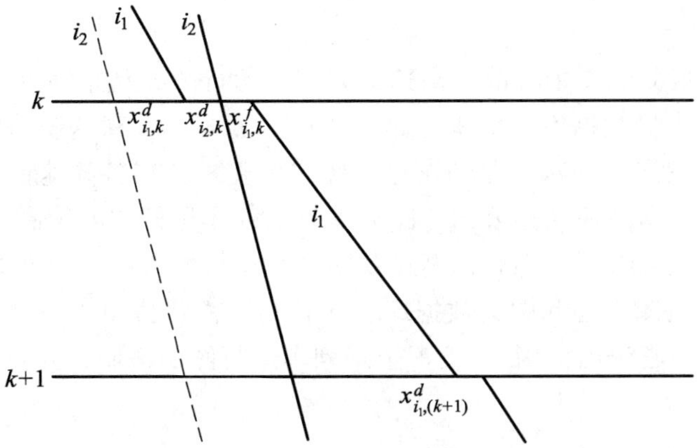

图 5-12　交换运行线示意图

3）扩大列车始发时间域

当 i_2 移动过程中受到始发时间域的限制时，由于列车始发时间域边界不能移动，故需扩大相应列车始发时间域，并平移运行线，使得各作业时间间隔满足安全时间间隔要求，如图5-13 所示，从而化解冲突。

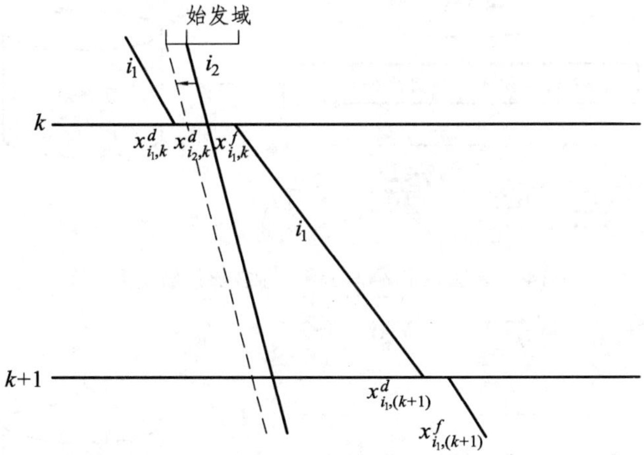

图 5-13　扩大列车始发时间域示意图

五、高速铁路列车运行图编制系统

在高速铁路投入运营的情况下，全路直通客车方案与既有客车结构相比变化较大，制约因素多，必须依靠先进技术，研制开发自动化和智能化程度较高的路网编图软件系统，实现计算机编图。

1. 系统设计目标

“建立集列车运行图技术资料收集、管理，列车运行图编制、管理，适应高速铁路条件下全路列车运行图编制需要的智能化辅助决策系统，充分利用计算机及网络技术，实现高速铁路线路条件下我国铁路列车运行图编制、调整和管理的现代化，提高编图质量和效率”是高速铁路列车运行图编制的系统设计目标。

2. 系统总体方案

中国铁路总公司成立编图中心前，高速铁路列车运行图编制系统方案如图 5-14 所示。在中国铁路总公司建立中央数据库，负责全路直通旅客列车（含高速铁路跨线旅客列车）和重点货物列车运行线的制定，并对全路列车运行图实施管理。在各高速铁路公司（路局）建立管内数据库，负责处理本高速铁路公司（路局）管内列车运行图的编制与调整工作。

中国铁路总公司成立编图中心后，高速铁路列车运行图编制系统方案如图 5-15 所示。在中国铁路总公司设立编图中心和中央数据库，在各高速铁路公司（路局）设立中国铁路总公司编图分中心（编图中心派出机构），负责全路列车运行图的编制，并对全路列车运行图实施管理。

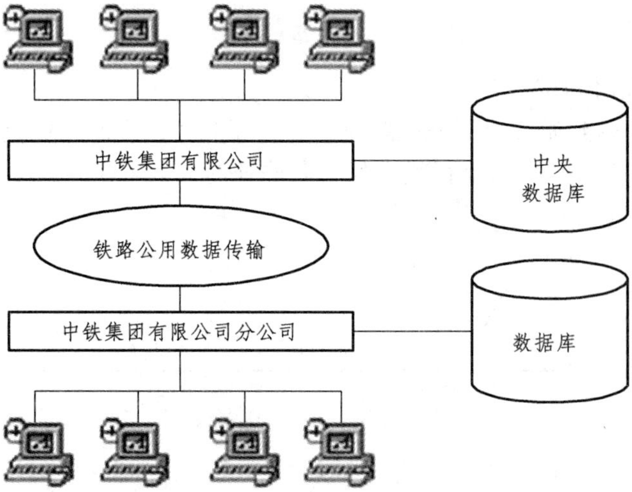

图 5-14　高速铁路列车运行图编制系统方案（I）

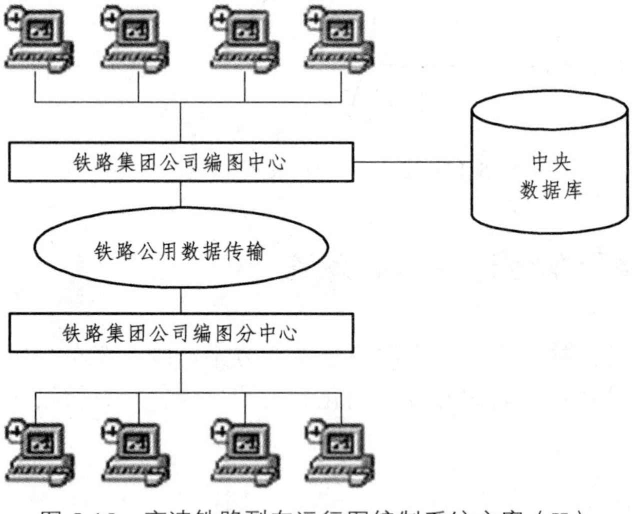

图 5-15　高速铁路列车运行图编制系统方案（II）

3. 系统功能

系统功能的设置，既要能提供方便、快捷的数据处理手段和科学的数据存储方法，提供编图理论的应用条件，提高编图业务的整体科学水平和编图效率，同时也要能方便分级管理，提供辅助决策手段，使列车运行图的编制与调整工作在科学的基础上充分发挥编图管理者和技术人员的主观能动性，提高列车运行图决策过程的智能水平。高速铁路列车运行图编制系统包括的主要功能如图 5-16 所示。

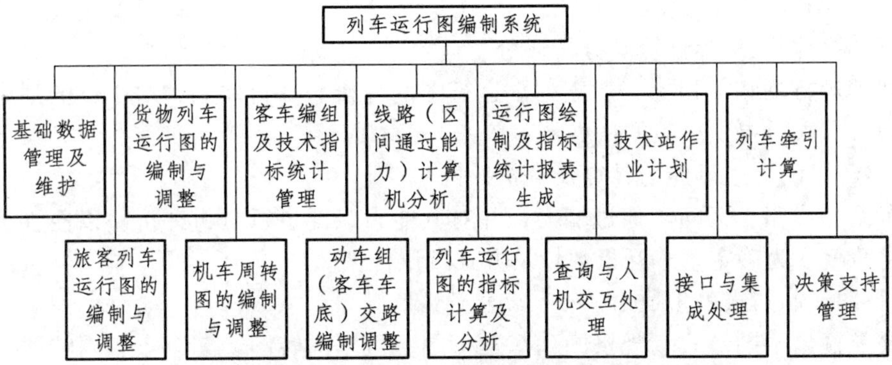

图 5-16　高速铁路列车运行图编制系统主要功能示意图

1）基础数据的管理及维护

中国铁路总公司对上报和需要下载的编图基础数据信息进行统一的审定处理，保持全路编图数据的一致性，负责全路中心数据库数据的录入，查询，统计，增加，删除，修改，更新，备份，生成编图接口文件、历史文件、报表文件和统计分析文件等。高速铁路公司（路局）接收全路中心数据库的下载信息，维护和更新路局中心数据库的数据，并进行数据的录入、查询、统计、增加、删除、修改、更新、备份等操作，生成编图接口文件、历史文件、报表文件和统计分析文件，同时负责向部编图中心上报数据信息。

2）旅客列车运行图的编制和调整

中国铁路总公司根据各相关业务管理部门的旅客运输计划、客车数量、等级以及开行方式、注意事项等信息，编制全路旅客列车方案图；客车方案确定后，根据编图范围要求，编制旅客列车运行图；并根据需求和调整范围，对旅客列车运行图进行调整与修改。

高速铁路公司（路局）根据部全路中心数据库储存后并下载到高速铁路公司（路局）编图中心的旅客列车方案和旅客列车运行图编制与调整结果信息，编制与调整管内旅客列车运行图，并把编图结果上报部编图中心。

3）货物列车运行图的编制与调整

中国铁路总公司主要编调重点货物列车运行线，结果数据经基础数据管理模块下载到高速铁路公司（路局）编图中心。高速铁路公司（路局）编图中心根据部编图中心下达的旅客列车方案和客货列车运行图信息，编制与调整管内货物列车运行图，并将结果数据上报部编图中心。

4）机车周转图的编制与调整

中国铁路总公司根据处理范围要求，编制与调整相应的机车周转图，并经基础数据管理模块下载到高速铁路公司（路局）编图中心。各铁路局集团公司根据处理范围要求，编制与调整相应的机车周转图，并将结果数据上报部编图中心。

5）客车编组及技术指标统计管理

实现旅客列车编组管理、营业停站及时间管理、时刻表编辑管理、客车简图绘制、客图技术指标统计等，为客图管理及相关统计分析工作提供技术支撑手段。

6）动车组（客车车底）交路的编制与调整

全路编图中心统一编制动车组（客车车底）运用计划，计算相应指标，生成结果文件并将相关信息下载到铁路局集团公司。

7）列车运行图的指标计算及分析评价

计算列车运行图相关指标，建立列车运行图的分析与评价体系，对生成的列车运行图进行评价，为管理人员提供决策的依据。

8）线路（区间）通过能力计算及分析评价

计算车站、线路（区间）通过能力，并对其能力状况进行分析评价，以便寻求综合能力利用的优化策略，为确定列车开行数量及方式提供依据。

9）运行图绘制与报表生成

根据要求输出不同形式、规格的列车运行图、机车周转图、客车车底周转图、动车组运用计划、客货列车时刻表；计算并生成运行图指标表、能力分析表等。

10）查询与人机交互处理

向中国铁路总公司业务管理人员提供全路的列车运行图数据和相关信息，并提供监督、查询及控制编图进程的手段。

11）技术站作业计划

根据列车运行计划、机车周转计划、动车组（客车车底）运用计划编制客运站、编组站、区段站技术作业图表，指导技术站的作业组织，并对技术站能力和运行图可行性进行检查。

12）接口与集成处理

控制人机交互、软件运行、数据调用，外部信息的接收及转换，共享信息的转换与输出。

13）牵引计算

进行列车及动车组的牵引计算，确定区间运行时分等。由于目前已有牵引计算系统，因此本系统可通过接口转换获取牵引计算系统的结果数据。

14）决策支持管理

通过决策支持管理模块，引入有效的管理决策模型及其管理方法，进行辅助决策管理。

4. 系统关键技术

1）城际铁路节拍式列车运行方案的运行图编制技术

城际铁路列车开行数量具有按时段的波动性和规律性，列车在不同的时段按节拍式运行。由于列车开行数量受动车组能力的制约，城际铁路运行图的编制应与动车组运用计划综合考虑。

2）跨线列车运行线的编制技术

跨线列车运行线方案对高速铁路能力利用影响显著，在不同的列车运行方案组织模式下，跨线列车对本线高速列车的扣除系数波动较大，而且跨线列车的开行对天窗开设方案有严格的要求，甚至影响高速铁路的天窗工作组织。

3）高速铁路列车运行图编制的弹性

我国采用普速铁路与高速铁路跨线运输的组织模式，实际运营中对跨线列车的晚点调整相当困难，因此高速铁路列车运行图的编制必须重点考虑运行图的弹性。

4）运行线之间的衔接

为方便旅客换乘，在主要换乘站必须考虑和处理好不同运行线之间的衔接问题。

5）列车运行图编制系统的适应性技术

列车运行图编制系统必须适应路网列车运行图的编制，满足不同线路技术条件下全路客货列车运行图的编制需要，系统应具有广泛的通用性、适应性和实际应用操作上的可行性。

6）列车运行图编制系统的智能化技术

在高速铁路运营需求和技术条件下，路网列车运行图的编制影响因素更加复杂，系统必须具有较高的自动化程度，达到较高的智能化水平。

六、高速铁路运行图编制管理模式

高速铁路建成后，即使是独立性较强的城际铁路，也有可能在接轨站与普速铁路共用车站咽喉，车底出入库可能存在进路冲突，并且，今后相当长的时期内，我国将采用普速铁路与高速铁路跨境运输的组织模式，高速铁路是整个路网的组成部分，与普速铁路紧密联系，列车运行图编制管理不宜独立进行，应在整个路网中结合普速铁路进行统一编制和管理。

因此，高速铁路运行图的编制管理模式应与普速铁路一起来进行规划和设置。

高速铁路建成后，高速铁路跨线列车数量和开行方案由铁路局集团公司提报，本线列车开行数量和方案由高速铁路公司提报，中国铁路总公司进行审批，在满足跨线列车开行前提条件下，中国铁路总公司原则上应同意高速铁路本线列车的开行数量和方案。

中国铁路总公司成立编图中心前，跨局列车运行因由中国铁路总公司组织编制，管内列车运行网由高速铁路公司编制，报中国铁路总公司审批；中国铁路总公司成立编图中心后，高速铁路列车运行图由中国铁路总公司编制。

第四节　高速铁路列车运行图优化

一、高速铁路列车运行图优化思想

高速铁路列车运行图优化指在满足高速铁路上各类作业时间标准等约束条件下，确定旅客列车开行方案中运行在此高速铁路各次旅客列车的车站到达、出发或通过作业时间，在保证旅客列车在合理时间范围内始发、终到的同时，使得所选取的旅客列车运行图优化目标达到最优。

由于初始布点模型中，列车始发点可在相应合理始发区间一定范围内调整，列车运行线的确定有较强的随机性。按照前面编制思想，列车初始布点方案基本上确定了列车运行图的主框架，较优的初始布点方案对应较优的运行图方案，故列车运行图编制方案的优化可通过调整列车运行线初始时刻的分布来实现。

二、基于改进遗传算法的运行图优化策略

1. 算法选取

随着高速铁路线路中车站节点数以及在线路上开行的列车数的增加，模型中的变量和约束条件数的增加速度也越来越快，用一般的方法计算满足不了实际需要。为了尽可能快地求解，尝试用现在应用广泛的进化算法进行求解。基于此，本节开发了高速铁路列车运行图编制优化的改进遗传算法，以期提高求解效率和解的质量。

遗传算法 GA（Genetic Algorithm）的灵感来自生物进化和遗传学理论，它是一种模拟自然界生物进化过程与机制求解问题的自组与自适的人工智能方法，是一种借鉴生物界自然选择和自然遗传机制的概率搜索算法，是由 Holland 教授在 1975 年提出的。

2. 算法理论基础

1）基本遗传算法的思想

遗传算法模拟了自然选择和遗传中发生的复制、交叉和变异等现象，从任一初始种群出发，通过随机选择、交叉和变异操作，产生一群更适应环境的个体，使群体进化到搜索空间中越来越好的区域，这样一代一代地不断繁衍进化，最后收敛到一群最适应环境的个体（Individual），求得问题的最优解。

2）算法流程

遗传算法的运算流程包括编码、初始群体生成、适应度值评价检测、选择、交叉、变异六部分，下面分别做简要的介绍。

（1）编码。

解空间的解数据 x，作为遗传算法的表现型形式。从表现型到基因型的过程称为编码。遗传算法在搜索之前先将解空间的解数据表示成遗传过程的基因型串结构数据，这些串结构数据（基因）的不同组合就构成了不同的个体。

（2）初始群体的生成。

随机生成 N 个个体，N 个个体构成一个群体。遗传算法以这 N 个串结构作为初始群体开始迭代。设置进化代数计数器 t=0；设置最大进化代数 T；随机生成 N 个个体作为初始群体 P（0）；

（3）适应度值评价检测。

适应度函数用来评价个体或解的优劣性。对于具体的问题，适应度函数定义的方式不同。根据不同的问题，计算群体 P（1）中各个个体的适应度。

（4）选择。

将选择算子作用于群体，根据适应度函数值的大小，选取适应度高的个体进行下一代群体的操作。

（5）交叉。

将交叉算子作用于群体，交叉操作以交叉概率随机选取群体中的个体在生成的位置进行交叉操作。

（6）变异。

将变异算子作用于群体，变异操作以变异概率随机选取个体中的基因位进行变异，得到

新的个体。

算法流程图如图 5-17 所示。

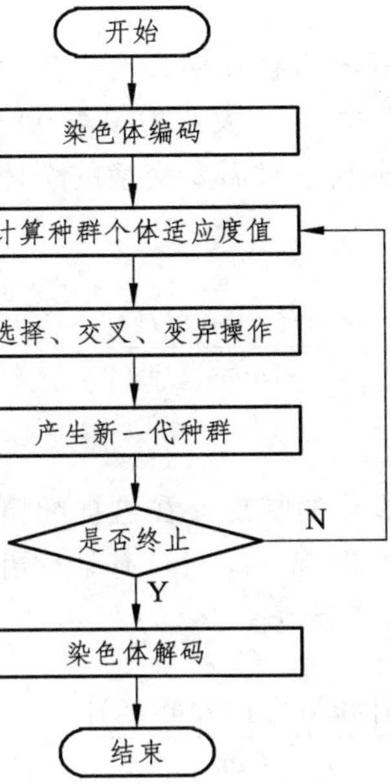

图 5-17　遗传算法流程图

3. 运行图优化编制的遗传策略设计

遗传算法不受探索空间的限制性假设的约束，是一种较为通用的概率搜索算法，而求解运行图的优化编制模型问题则是一类特殊的 NP-hard 问题。要使 GA 能够较好地解决问题，一方面可以对模型进行处理使其适应 GA 的优化，另一方面可以对 GA 进行处理使其适应运行图编制问题的求解，而更有效的方法是对 GA 和运行图编制模型同时作处理使其相互适应，如图 5-18 所示。

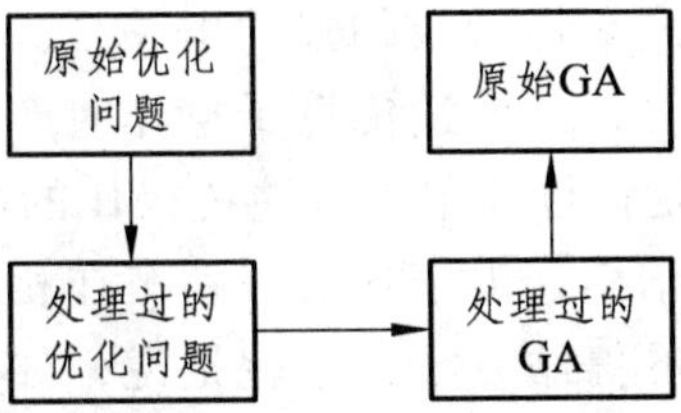

图 5-18　GA 用于求解编制运行图的处理方法

这里所谓的处理就是对运行图编制问题和算法的编码、操作、结构等的处理。

在迭代过程中，交叉算子 P_c 和变异算子 P_m，要进行很多次。基本遗传算法一般采用固定的交叉概率 P_c（0.4~0.8）和变异概率 P_m（0.001~0.01）。单纯地增大 P_c 和 P_m 的概率值可以增强遗传算法全局搜索的能力，但同时会降低其局部寻优的能力。对于交叉算子和变异算子引入自适应策略，则既可以兼顾全局搜索和局部寻优，又可以动态地控制遗传操作频率，提高搜索对空间变化的适应能力。

自适应策略两个主要思想：①交叉、变异概率的大小基于群体的状态。当群体趋向一致时，通过增大 P_c 和 P_m 以跳出局部最优；而当群体较为分散时，则减小 P_c 和 P_m 的值。②对待不同的染色体，采取不同的交叉、变异概率，根据其种群代数的不同，自适应地改变 P_c 和 P_m 的大小。

（1）交叉概率的计算。

交叉操作通过将父代的良好基因信息互换，产生更为优良的子代。执行交叉的个体是随机选择的。首先，要确定交换的概率 P_c，大致为 0.4~0.8，也就是说，约 40%~80%的个体要执行交叉，然后采用设计的选择机制，对需要交换的个体进行排序，依次两两进行交叉。交叉概率计算公式如下：

$$P_{ic}=\min(P_c)+\frac{i\left[\max(P_c)-\min(P_c)\right]}{Gen} \tag{5-1}$$

（2）变异概率的计算。

遗传算法具有容易陷入局部优化的缺点，在这样的情况下以较大的变异概率可以使算法跳出局部极值点。因此变异概率 P_m 的选择应当具有某种可调节性。设计建立一个变异概率 P_m 与遗传代数的函数，第 i 代的遗传变异概率 P_{im} 为：

$$P_{im}=\min(P_m)+\frac{i\left[\max(P_m)-\min(P_m)\right]}{Gen} \tag{5-2}$$

式中：$\max(P_m)$为设定的最大变异率；$\min(P_m)$为设定的最小变异率；Gen 为设定的遗传代数。如此，在运算前期变异率较低，有很强的全局搜索能力；在中后期变异率较高，可以防止局部优化，陷入早熟。

这里设计引入自适应算子以改进寻优能力。

1）运行图编制模型的编码解码设计

编码是将问题的解表示成某种形式的排列，每一个排列被称为一个染色体（个体）。遗传算法就是通过对染色体的进化淘汰，达到优化求解的目的。对运行图编制问题进行编码的关键是怎样合理地编码，才能反应列车运行线的强约束关系。若个体过长，增大解空间，影响遗传算法的求解效率；若编码不当，会使遗传算子操作时产生不可行解，失去了交叉或变异算子的有效性。因此合适的编码是设计简单高效遗传操作的关键。

分析高速铁路列车运行图的结构，由于各等级列车在相应区间的纯运行时分是确定的，开行方案中也确定了列车在各站的停站方案，也就是说，如果始发站在端点站，且列车在始发站的出发时刻确定，那么这条运行线就大致确定了，所有运行线确定，就生成一张运行图。基于此，设计通过调整列车的始发时刻对运行图进行优化。

个体编码采用实数向量编码。把各类列车按照一定顺序排列起来，取其始发时刻 x_{io}^{f}，y_{jo}^{f} 作为求解变量进行编码 $p=\left(x^1,x^2,\cdots,x^m,y^1,y^2,\cdots,y^n\right)^T$。列车初始布点方法能够调节始发站在端点站列车的始发时间，从而保证了初始个体以及个体通过遗传操作以后的有效性。

2）初始种群的产生

较高的适应度值的初始种群 P（0）能够在很短时间迭代过程中获得最优解；较低的适应度值的初始种群则需要经过很多次迭代才能够收敛到最优解，甚至在经过一定数量的迭代过程之后，无法获得最优解。因此，初始种群的产生在遗传进化过程中具有重要地位，建立一个具有较高适应度值的初始种群，能够在很大程度上减少迭代次数，节省计算时间。利用初始布点方法产生初始种群的个体，P（0）的个数 PS 一般是取 30~50 个。

3）适应度函数设计

遗传算法根据生物界适者生存的道理，采用适应度作为选择机制的度量标准：以个体适应度的大小来确定该个体被遗传到下一代群体中的概率。个体的适应度越大，该个体被遗传到下一代的概率也越大；个体的适应度越小，该个体被遗传到下一代的概率就越小。对初始种群中每个个体采用运行图铺画算法求解其对应的运行图问题，并计算适应度函数：

$$F(p_i)=\frac{v_1}{z_1}+\frac{v_2}{z_2} \quad i=1,2,\cdots,PS \tag{5-3}$$

确定个体选择概率为：

$$q_i=\frac{F(p_i)}{\sum_i F(p_i)} \tag{5-4}$$

4）遗传操作

（1）复制。

复制是将优良个体在下一代新群体中繁殖。在每代群体中根据前文设计的选择机制选择出需要复制的个体，复制概率只控制被复制的个体数目，一般取 0.1~0.2，也就是说，群体中有 10%~20%的个体被淘汰。

从当前代 $P(t)$ 及其子辈 $P'(t)$ 中选取优良个体遗传到下一代，为了保持个体的多样性，不允许同代具有相同的个体，取 $P''(t)=P'(t)\cup P(t)$ 设计如下复制算法。

Step1：从 $P'(t)$ 中选取适应度最高的个体 p，转 Step3；

Step2：计算 $P'(t)$ 中每个个体的选择概率，采用轮盘赌方法选取个体 p；

$$q_i=\frac{F(p_i)}{\sum_i F(p_i)} \tag{5-5}$$

Step3：更新种群 $P''(t)=P''(t)-\{p\}$，$P(t+1)=P(t+1)+\{p\}$；

Step4：若 P（$t+1$）中有 PS 个体，算法终止；否则转 Step2。

（2）交叉。

交叉操作可以将父代的良好基因通过信息互换，而产生更好的子代。根据自适应策略的思想，第 t 代交叉概率 P_{tc} 如下；

$$P_{tc}=\min(P_c)+\frac{t\left[\max(P_c)-\min(P_c)\right]}{PS} \tag{5-6}$$

式中：$\max(P_c),\min(P_c)$ 为设定的最大、最小交叉概率。

对两个配对染色体随机选择交叉点，然后交换交叉点后的部分，从而产生两个新个体。

交叉办法是：产生一个长度为 PS 的伪随机数序列，用该序列依据交叉概率 P_0 匹配当前群体 $P(k)$，期望选出 $P_{tc}\times PS$ 个个体进行交叉。把挑选出来的个体分别设为 p_1 和 p_2，设计交叉操作如下：

$$\begin{cases} p_1' = \lambda p_1 + (1-\lambda) p_2 \\ p_2' = (1-\lambda) p_1 + \lambda p_2 \end{cases} \tag{5-7}$$

式中：$\lambda \in (0,1)$ 的随机数；p_1', p_2',分别为 p_1 和 p_2 交叉所产生的子辈个体。

（3）变异。

变异操作是迭代过程中产生新个体的另一种方法，是将某一个体的某些基因字符进行改变的操作。变异算子用于改变某条列车运行线在始发站的出发时刻。具体过程如下：

Step1：选择需要变异的个体；

Step2：确定变异概率 P_{tm}；

$$P_{tm} = \min(P_m) + \frac{t\left[\max(P_m) - \min(P_m)\right]}{PS} \tag{5-8}$$

式中：$\max(P_m), \min(P_m)$ 为设定的最大、最小交叉概率。

Step3：在个体中变异的位置随机选出，进行变异。

从群体 $P(t)$中依据变异概率选取部分基因进行变异。设个体 $p \in P(t)$ 的第 j 位基因位被选中，进行如下变异操作：

$$x_j' = x_j + \Delta\left(t, x_j^U - x_j\right) \tag{5-9}$$

或

$$x_j' = x_k + \Delta\left(t, x_j - x_j^L\right) \tag{5-10}$$

式中：x_j^U 和 x_j^L 的上界和下界，即前面确定的列车的始发区间范围；函数 $\Delta(k, y)$ 随着 k 的增加趋于 0，取 $\Delta(k, y)$ 为：

$$\Delta(t, y) = yr\left[1 - \frac{t}{T}\right]^b \tag{5-11}$$

式中：$r \in [0,1]$ 的随机数；b 为确定非均匀度的参数。

5）改进的终止条件

常用终止方法是规定遗传迭代的代次。终止代数是表示遗传算法运行结束条件的一个参数，需要有一定的经验才能估算出此取值。

现改进较为准确的判断方式：利用某种判定准则，当判定出群体已经进化成熟且不再有进化趋势时就可终止算法的运行过程。每一代群体的平均适应度值：

$$f_{rg} = \frac{\sum_{i=1}^{PS} f_{rgi}}{PS} \quad r = 1, 2, \cdots, t \tag{5-12}$$

如果连续 4 代染色体的平均适应度差都小于设定阈值 κ，即：$f_{r(g+1)}-f_{rg}\leqslant\kappa$ 则算法终止。设定阈值 κ 取值根据具体情况确定。

4. 求解算法流程

根据前面小节算法设计方法，得到求解算法流程如下：

Step1：初始化。量化输入高速铁路线路 $L=(S, A)$，初始化各车站及区间，读入各类列车运行标尺等已知参数和变量，列车开行方案及停站方案，确定上下行各等级列车数量及运输组织模式，天窗开设方式。设置种群大小 PS，交叉概率 $\max(P_m),\min(P_m)$，变异概率 $\max(P_m),\min(P_m)$，最大代数 T，终止条件设定阈值 κ。产生规模为 P 的初始群体 $P(0)$，$t=0$。

Step2：利用列车运行图初始布点模型算法完成初始布点，并运用运行图编制算法完成对 $P(t)$ 中个体的运行图铺画。

Step3：对个体进行评价，得到每个个体的适应度 $F(p_i^t)$ 及被选中的概率 q_i^t。若 $t>T$，或满足式 $f_{r(g+1)}-f_{rg}\leqslant\kappa$ 的终止条件，转 Step8。

Step4：交叉操作。依据交叉概率 P_0 从 $P(t)$ 中选择个体配对进行交叉，把交叉得到的子辈添加到子辈集合 $P'(t)$ 中。

Step5：变异操作。依据变异概率 P_{im}，对 $P(t)$ 中个体的基因位进行变异，变异得到的子辈添加到子辈 $P'(t)$。

Step6：产生下代。利用复制算法得到下一代群体 $P(t+1)$。

Step7：若 $t<T$，$t=t+1$，转 Step4；否则，转 Step8。

Step8：解码，得到各列车最优初始时刻，利用运行图编图软件输出最优个体对应的列车运行图，算法终止。

第五节　高速铁路列车运行图评价

前面几节涉及了高速铁路列车运行图编制及优化方法，结果是得到合理的运行图方案。得到的运行图需要通过在铁路运输组织工作中的实施效果反馈，进行综合分析评价才能最终反映运行图方案的优劣，运用实施评价的结果反过来指导编图人员对运行图做相应调整，如此进入一个良好的工作循环。合理、完善的高速铁路列车运行图评价指标体系是评判列车运行图优劣的基础和保障，因此研究设计适应运输市场变革需要，并且符合高速铁路特点的列车运行图评价指标体系是目前铁路客运系统的重要工作之一。

一、高速铁路列车运行图指标体系建立原则

高速铁路投入运营后，采用的技术设备、行车组织方式和控车方式等不同于普通铁路，完善合理的高速铁路列车运行图评价指标体系应该克服普速铁路运行图评价指标的单一性和

局限性。从面向旅客服务和运营管理效率的角度出发，使建立的高速铁路列车运行图指标体系具有全面性、准确性、可量化性、实际应用性和目的性。

1. 全面性原则

在普速铁路列车运行图评价研究成果的基础上，结合高速铁路运营组织的特点，建立科学、完善的高速铁路列车运行图评价指标体系。高速铁路运输系统是一个十分庞大的运输系统，进行全面的列车运行图评价指标的设置，能够广泛地反映高速铁路列车运行图的编制质量的各个因素，从而全面地反映运输组织水平，编制完善的高速铁路列车运行图。

2. 准确性原则

指标体系的建立应在满足全面性的基础上，使之建立的每个评价指标都准确可靠。指标的设置要具有合理性、科学性。建立准确的高速铁路列车运行图指标评价标准，构建准确的评价指标计算方法，确定准确的高速铁路列车运行图评价方法，使之建立的指标评价系统能够准确地反映列车运行图的编制质量。

3. 定性与定量相结合的原则

指标体系的评价应具有可量化性，运用统计学、数理分析等多科学技术，分析建立各项指标的数学模型和合理的计算方法，从而使指标体系的评价更具有权威性和说服性。在建立数学评价模型的基础上，给列车运行图的编制提供一个合理的优化空间，找出影响列车运行图编制质量的关键因素。评价指标体系由多指标共同组成，有些指标可以准确量化，有些指标则带有较强的模糊性，难以准确量化。单纯的定量指标或定性指标均不足以全面反映方案的优劣特性，因而需将两类指标结合起来共同评价。

4. 实际应用性原则

高速铁路列车运行图的铺画要尽可能地满足为旅客提供安全快捷的运输服务，同时还要减少运输成本。基于上述评价目的，各项指标的选取和建立具有实际价值和评价意义，能够做到提高列车运行图的编制质量，实现合理的运输组织，在全路范围内得到普及应用。

5. 目的性原则

根据评价目的，针对影响高速铁路旅客列车运行图评价的主要因素选取指标因子，从而得到各方面具有代表性的单项指标或综合指标，以确定适当的评价体系。不同的评价目标将产生不同的评价指标体系，评价目标是通过对高速铁路旅客列车运行图多侧面特点的综合揭示，从而建立一种可行的高速铁路旅客列车运行图的综合评价方法。

二、高速铁路列车运行图评价指标体系

高速铁路列车运行图评价指标体系的建立依托普速铁路列车运行评价指标体系基础，在分析了高速铁路列车的运输组织模式和运行图的编制目标之后，得出了高速铁路列车运行图评价指标自身的建立模式。

科学合理的高速铁路列车运行图评价指标体系不仅包含列车运行的基本评价指标，动车组运用指标，还应包含满足旅客需求、提高旅客服务质量的列车服务质量评价指标，为了列车更好的运行调整，满足行车需要的列车可调整性评价指标，同时还有计算铁路运输企业的成本和效益的运行图经济性评价指标，以及列车运行图实施完之后对列车运行图执行性能进行评价的运行反馈指标。因此，高速铁路列车运行图评价指标包含运行图技术指标、服务质量评价指标、能力利用指标、运行图效益评价指标、运行图均衡性评价指标、运行图可调整性评价指标、运行图实施反馈评价指标。详细的高速铁路列车运行图评价指标体系如图 5-19 所示。

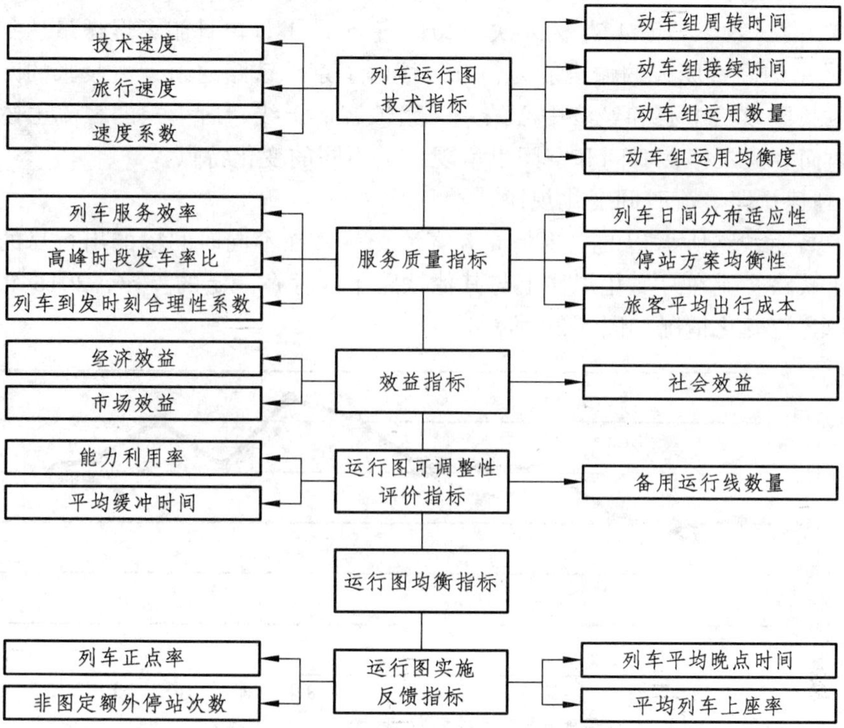

图 5-19　高速铁路列车运行图评价指标体系

第六节　高速铁路列车运行图编制实例

一、京沪高铁列车运行图编制概况

以京沪高速铁路为背景进行实例验证*。京沪高速铁路全线 1 318 km，始发于北京南站，终到上海虹桥车站，全线共设 23 个车站，其中始发站 6 个（北京南站、天津南站、济南西站、

* 本案例引自于北京交通大学陈苒的硕士论文《面向旅客出行需求的高速铁路列车运行图编制模型与算法》。

徐州东站、南京南站、上海虹桥站），中间站 17 个，各始发站之间将根据需求开行点到点列车，其建成对于缩短旅客出行时间、释放普速铁路能力、促进沿线经济发展均具有重大意义，线路基本情况详见第四章案例分析。

1. 京沪高速铁路客流规律

众所周知，把握客流规律是合理开行旅客列车和铺画列车运行图的基础。京沪高速铁路作为我国“四纵四横”客运规划网最主要的一条客运干线，自 2011 年开通以来，吸引了大量的沿线客流，客流规模以平均 15%的速度持续增长。2013 年 2 月 28 日，京沪高铁已开通运营将近两年，累计发送旅客突破 1 亿人次，2014 年 4 月 14 日突破 2 亿人次，通车运营 4 年间累计运送旅客 3.3 亿人次、5 年 4.67 亿人次，2017 年 5 月 1 日单日旅客运送量达到峰值，共计 66.6 万人次。京沪高铁庞大的输送能力，有效缓解了京沪铁路通道运力紧张的问题。京沪高速铁路是连接我国政治中心和经济中心的一条繁忙客运干线，所承担的客流主体与其他高铁线路不同，因而客流规律在时间和空间也呈现出了不同的变化特点。

1）京沪高速铁路客流时间变化规律

由于京沪高速铁路所承担的主要是商务客流，旅客在不同时间段的出行目的不同，从而导致京沪高速铁路客流在月变化规律上与其他铁路干线存在一定的差异，2016 年京沪高铁与全国铁路的月客流变化情况如图 5-20 所示。

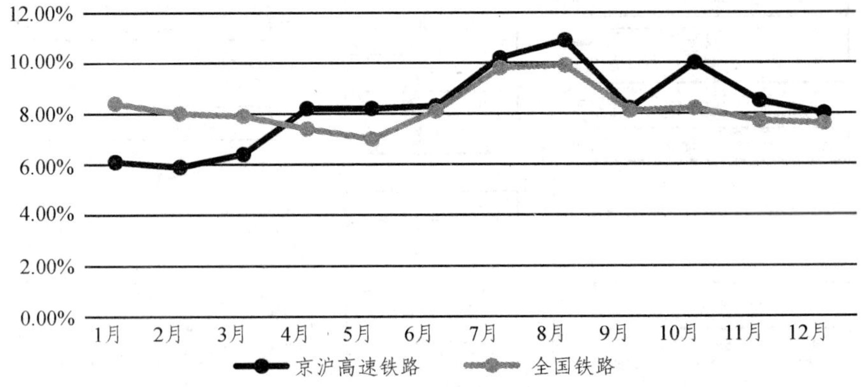

图 5-20　2016 年京沪高速铁路与全国铁路的月客流量对比图

由上图可以看出，京沪高速铁路在 4 月到 12 月所承担的客流量占全年客流量的比率都高于全国铁路，而 1~3 月则正好相反。这是由于在不同月份选择京沪高铁出行的客流主体不一样，京沪高铁客流以商务客流为主，通常情况下，在 4 月到 12 月期间，该部分客流占总输送旅客数的比率较高，而 1 月到 3 月为我国的法定节假日期间，主要客流是返乡旅客，商务客流比率下降，使得京沪高铁的客流总比率下降。因此，为了保证运输能力的供需平衡，京沪高铁应结合月客流变化规律来对运力资源进行合理分配。

在周变化规律方面，京沪高铁在 2016 年 6 月 1 日到 6 月 28 日的客流数据情况如图 5-21 所示，在一周中，周一到周四为工作日期间，出行客流主要是通勤客流和商务客流，客流变化较为稳定，而周五和周日主要以旅游客流为主，客流量出现突变，周六又回到客流低峰。由于京沪高铁每周的客流波动情况都类似于英文字母 M，因而可以说京沪高铁客流在周规律变化方面呈现 M 形特征。

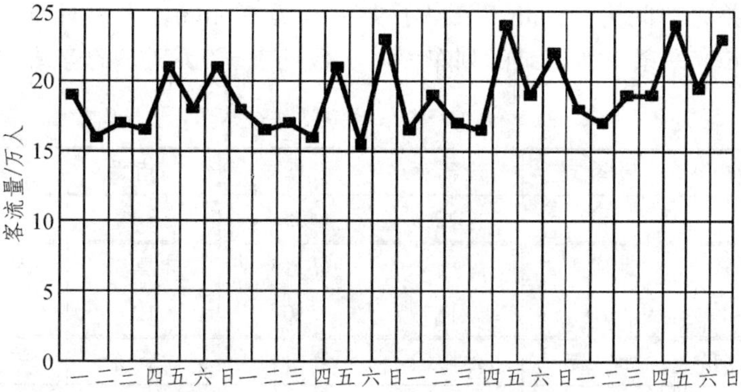

图 5-21　京沪高铁客流量周变化规律

2）京沪高速铁路客流空间变化规律

京沪高铁上运行的列车可以分为本线列车和跨线列车，其中本线列车是指起终点以及运行线路都在京沪高速线上的列车，跨线列车是指列车的起点或终点不在京沪高铁线上，但部分运行线路在京沪高铁线上的列车。相应地，搭乘本线列车的客流为本线客流，搭乘跨线列车的客流为跨线客流。2016 年京沪高铁各区间本线客流占通道客流的比率如图 5-22 所示。

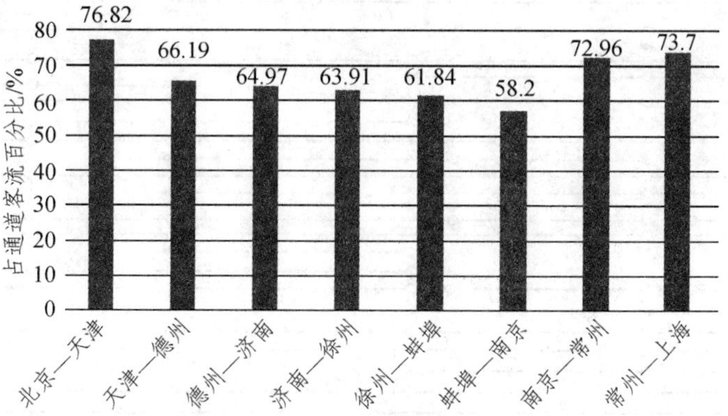

图 5-22　京沪高速铁路客流空间变化规律

由于京沪高速铁路线上的天津南、济南西、徐州东、南京南等站与周边多条铁路线相衔接，使得各个方向的跨线客流都可以依托京沪高铁线进行运输，这为京沪高铁线引入了更多的跨线列车，从而增加了列车运行图的铺画难度，因而还需要根据京沪高铁的空间客流变化特点来编制列车运行图。

2. 实例基本数据与参数设置

截取 2016 年 10 月 1 日京沪高铁的实际列车开行数据进行具体研究，由于列车及旅客组的起始终到点在路网中都被刻画为时空节点，因此所涉及的节点数共有 1 483 个，旅客组数共有 982 个。此外，京沪高速铁路为双线电气化铁路，上下行列车互不干扰，首先以下行方向的列车运行信息为例编制列车运行图，同理可得上行方向的运行图。

1）列车及车站信息

选取速度为 300 km/h 和 200 km/h 的动车组列车，且规定列车的最小发车间隔时间为

5 min，列车追踪时间间隔为 5 min，列车最小停站时间为 3 min，每列车的定员为 1 000 人。旅客在换乘站的最小换乘时间为 15 min，最大换乘时间为 30 min，天窗时间为 00：30：00—4：30：00。根据 12306 客票系统所记录的列车停站次数见表 5-2，列车的停站方案如图 5-23 所示。

表 5-2　各车站停站次数表

车站	廊坊	天津南	沧州西	德州东	济南西	泰安	曲阜东
次数	7	13	12	25	30	11	11
车站	滕州东	枣庄西	徐州东	宿州东	蚌埠南	定远站	滁州站
次数	7	10	18	10	12	4	10
车站	南京南	镇江南	丹阳北	常州北	无锡东	苏州北	昆山南
次数	27	9	5	13	14	16	5

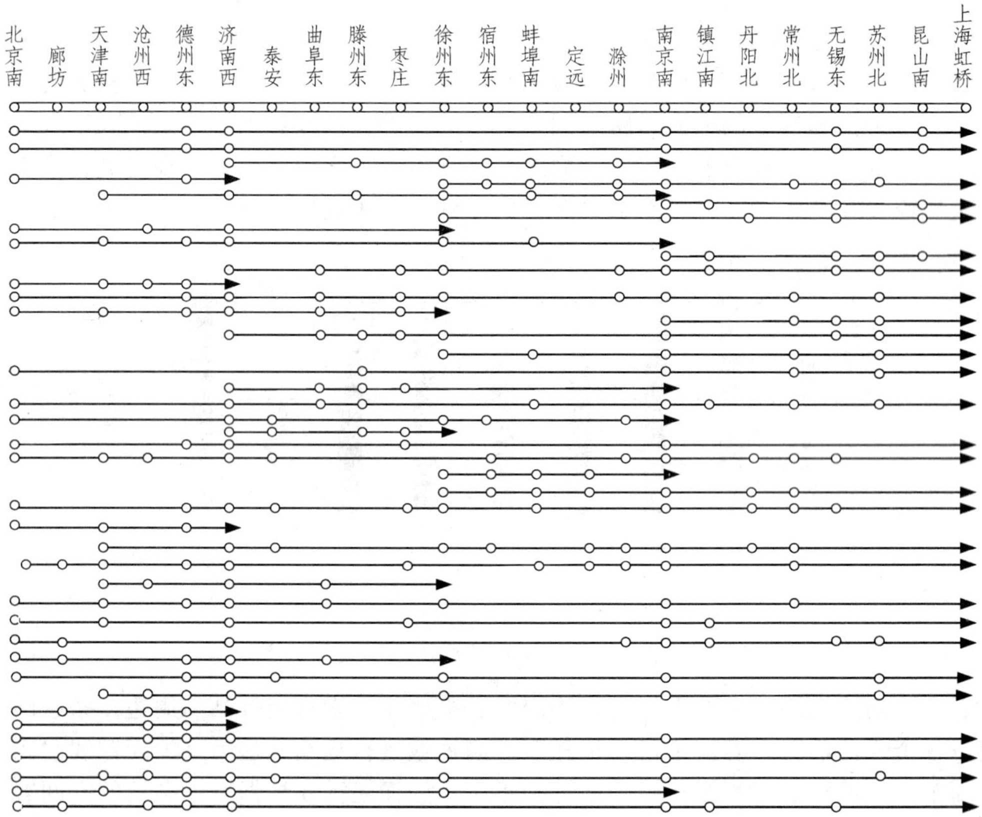

图 5-23　停站方案备选集

2）客流信息

为了验证模型的有效性，以 12306 客票系统所记录的售票结果作为旅客出行的输入数据，计划以 2016 年 10 月 1 日 6：00—24：00 的客票信息为基础，编制 18 h 的运行图，并以 1 min 为时间间隔，则时间长度为 0—1 080 min。

3）实验平台

算法实现的计算机环境为 Visual Studio 2013 平台，CPU 为 Intel（R）Core（TM）i7-2635QM 2.50GHz，内存为 4GB，运用 C++语言进行求解。

二、基于时空状态网络的京沪高铁列车运行图编制结果

基于京沪高速铁路的客流数据，求解得到的列车运行图如图 5-24 所示，共计投入 50 对列车。由于列车间的相互影响，使得要想保证旅客能够在其时间窗内完成出行计划，则必须为其安排合理的换乘路径。在运行图的编制过程中考虑了旅客需求及换乘关系的影响，与实际的列车运行图相比，得到的运行图在列车的换乘衔接以及满足旅客出行需求方面都取得了很好的效果。例如，对于出发站为德州东，到达站为苏州北且期望出发时间窗为 10：40—11：00，期望到达时间窗为 15：00—15：20 的旅客组来说，可直接搭乘列车 G23 次列车。而对于与该旅客组具有相同始发终到站的旅客来说，若其期望出发时间窗为 14：00—14：20，期望终到时间窗为 18：20—18：40，考虑到列车间的相互关系，安排该部分旅客先搭乘列车 G47 到达南京南站，后换乘列车 G49 到达终点，且在南京南站为其安排 22 min 的换乘时间，具体路径如图 5-24 中所示红色粗实线。

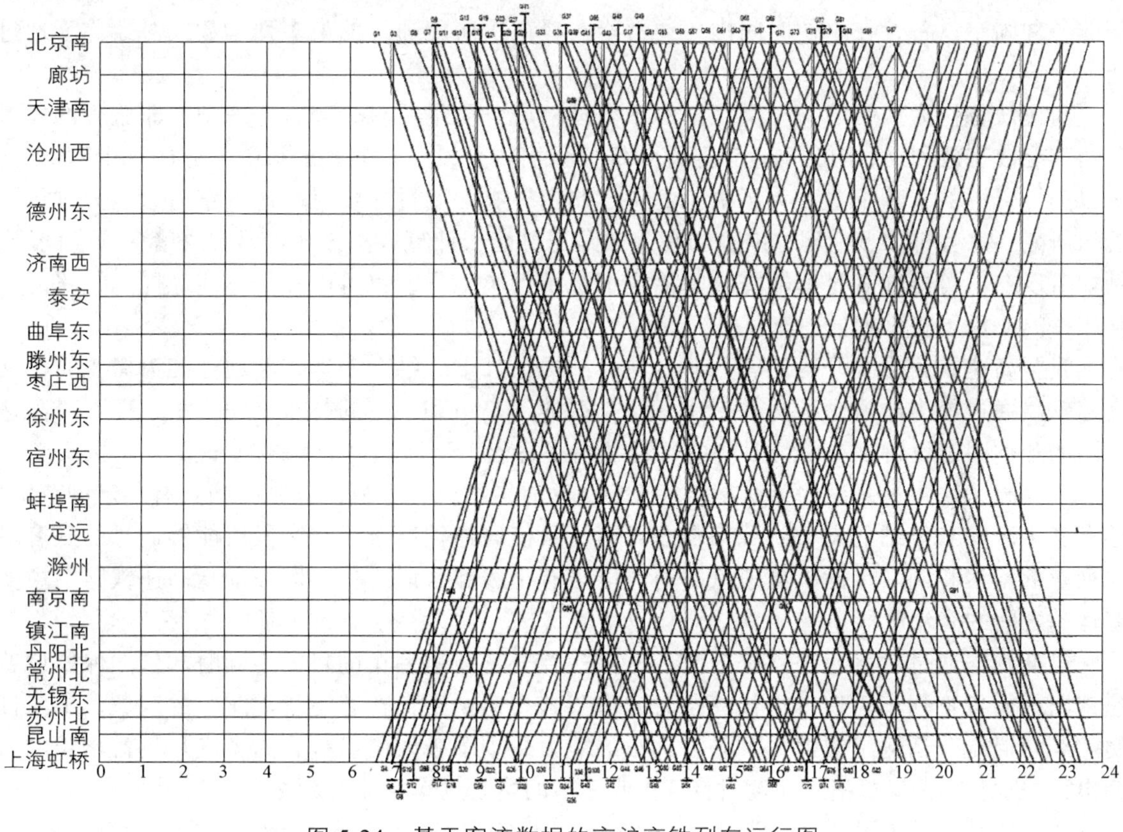

图 5-24　基于客流数据的京沪高铁列车运行图

第六章　高速铁路通过能力

第一节　高速铁路通过能力及其影响因素

一、高速铁路通过能力概念

对广义的铁路而言，在采用一定类型的机车车辆和一定的行车组织方法条件下，铁路区段的各种固定设备，在单位时间内（通常指一昼夜）所能通过的最多列车数或对数称为通过能力。

高速铁路作为铁路的一种类型，对旅客运输服务质量要求较高，考虑到并非旅程的所有时间都能被有效利用，同时高速铁路综合维修天窗的开设又将列车运行图拆分成至少两部分，所以为了资源的合理配置，为了决策的科学制定，有必要进一步对高速铁路通过能力进行分析与研究。只有科学、合理、准确的高速铁路通过能力计算方法，才可以解决诸多现实问题，例如可以在尽可能地满足运输需求的前提下组织行车工作，也可以在尽可能地提高线路能力利用率的前提下安排加插列车。

我国高速铁路主要开行旅客列车，在此前提条件下，结合普速铁路通过能力概念，定义高速铁路通过能力的概念为：在采用一定类型的动车组和一定的行车组织方法条件下，高速铁路的各种固定设备，在单位时间内（通常指一昼夜）所能通过的最多列车数或对数。

因为高速铁路上开设的天窗是矩形天窗，同时考虑到列车始发终到时间具有一定的范围，还有各个区间和车站的设备状况存在差异性，致使高速铁路全线与区段所能够通过的旅客最大列车数不尽相同。因此，高速铁路通过能力有全线和区段之分，区段即指高速铁路上主要客运站之间的客流区段。

早期我国通过对普速铁路进行改造从而达到开行高速列车的目的，同时却依然保留原普速铁路上的货物列车，使得很长一段时间内我国高速铁路存在“客货混跑”的现象。事实证明“客货混跑”运输组织模式下旅客列车的能力受到了极大的影响，为了满足日益增长的旅客出行需求，首先就要消除速度过低、作业过多的货物列车对旅客列车开行的影响，达到“客货分离”的目标，我国高速铁路进行了大规模的投资建设，新建的多数客运专线为高速铁路。目前我国新建高速铁路采用“不同速度等级列车混行”的运输组织模式，虽然在一定程度上满足了旅客的多种出行需求，但同时也造成了运行图铺画和运输组织的复杂性。由于存在速差问题，所以在同个区间的运行时间也存在差值，时分差越大则证明浪费的时间越多，一个客流区段内运行时分差最大的区间通常其区间通过能力就是这个客流区段的通过能力。鉴于此，定义高速铁路通过能力限制区间的概念为：在高速铁路多种速度等级列车共线运行的运输组织模式下，客流区段内具有最大运行时分差的区间就是限制区间，通常与长度最大的区间重合。

常规的铁路具有一套完整成熟的通过能力计算方法，而高速铁路主要开行高等级的旅客列车，且有较高的旅客运输服务质量要求，所以不能直接使用传统的普速铁路通过能力计算方法，而是要结合高速铁路通过能力的特点，提出适合我国高速铁路的通过能力计算方法。

二、高速铁路通过能力影响因素

我国的国情决定了高速铁路在初近期应采用多种速度旅客列车共线运行的运行组织模式，多种速度旅客列车共线运行势必对高速铁路的通过能力造成较大影响。为了合理安全地组织好多种速度列车运行，有必要对高速铁路的通过能力影响因素进行分析研究，了解低速列车在高速铁路上运行对通过能力的影响程度，从而根据实际情况制订高速铁路的运输组织模式及列车开行方案。

高速铁路的通过能力主要受运输模式、列车种类、运行速度、停站时间和次数、运行图铺画方式、站间距离、天窗设置等设备和运营因素的影响。

1. 列车种类

在高速铁路上，如果按本线和跨线列车混合运行的运输组织模式，特别是在各种列车数量都不太大的运营初期，可能出现多种速度列车混合运行的情况，此时，同种列车组织追踪的概率减少，全图列车追踪数量降低，必然导致区间通过能力的下降。

2. 不同种类列车数量所占的比例

当某种列车数量比例较大时，可以组织该种列车连发（追踪），提高同种列车的追踪数量，从而增加区间通过能力。也就是说列车种类单一时通过能力大。

3. 列车追踪数量

组织同等速度列车按追踪间隔时间连续放行，增加追踪列车数量，可有效提高区间通过能力。特别是在高速铁路上，在早晚高峰组织群发群到，既能满足旅客早出晚归的旅行需要，也有利于提高运行图的列车追踪数量，扩大运输能力。

4. 列车追踪间隔时间

该因素是决定双线自动闭塞区段区间通过能力的重要技术参数。在高速铁路存在两种或多种列车的情况下，为了提过区间通过能力，对速度较高和速度较低的列车，可以根据信号显示制式不同，采用两种追踪间隔。

5. 列车区间运行时分之差

该因素是决定两种或多种速度列车组合运行的区段区间通过能力的重要技术参数。该参数有最大列车区间运行时分之差和平均列车区间运行时分之差两种。最大列车区间运行时分之差直接影响普通跨线列车与高速列车组合运行时的列车间隔，因此，该时分值越大，通过能力越小。

6. 列车停站次数和时间

在普速铁路上，由于只有旅客列车的停站地点、时间和次数对能力有影响，相对来说比较简单，而在高速铁路上，由于不同速度的列车有不同的停站要求，即使同等速度的列车，其停站要求也不尽相同，在铺画运行图时，合理安排停站地点，达到既满足旅客上下乘车需要，又使通过能力的损失为最少。

7. 站间距离的影响

客运区段内中间站的站间距离与高速、普通跨线列车两种运行速度组合而成的两种列车区间运行时分之差，是决定区间通过能力的重要因素之一。

8. 天窗时间和类型

高速铁路旅客列车运行速度高达 200~350 km/h，为保证行车安全，需要保持良好的线路和设备状态。因此，高速铁路的维修作业时间要求较长，一般宜在夜间 0—6 点，给予 3~6 小时的双方向均停止行车的矩形天窗。

第二节　高速铁路通过能力利用特点

从根本上来说，普速铁路通过能力和高速铁路通过能力的区别在于普速铁路通过能力是以各设备能力得到最充分发挥为依据进行计算，紧紧围绕列车能够安全、快速运行来安排。而高速铁路通过能力不仅要考虑到设备方面，还必须考虑到客流的需求。对于不满足客流需求的能力就不应算为通过能力，如通过频繁越行组合出的运行图或者在不合理的时间内开行列车，虽然能力可能会比较大，但旅客列车并不允许被过于频繁地越行，这样铺画出的运行图并不实际，也不可行。如果不考虑客流需求仅考虑设备限制而铺画出的运行图，旅客不会去乘坐相应列车，旅客得不到需要的服务，铁路企业的利益也无法保证。因此高速铁路通过能力不论是在表示还是计算时，其与普速铁路最根本的区别就在于高速铁路要时时考虑到满足客流需求这一点。

高速铁路通过能力由于受到两方面（设备能力、考虑客流需求）的限制，假设普速铁路通过能力计算方法能够体现普速铁路自身的真实能力，高速铁路的实际有效能力不会大于采用普速铁路计算方法计算出的能力。

如果将其本质区别更为直观地表现出来，高速铁路通过能力相对于普速铁路通过能力而言具有以下几个特点：

（1）高速铁路动车组由于不受机车牵引范围的限制，也不会在运行途中进行解体等，因此其应以客运站分段考虑通过能力。若干个连续分段组成某一区段，平行运行图各区段能力由不同到站的分段通过能力组成。若某一长区段包含某一短区段，则在能力使用方面，长区段能力可供短区段使用，而短区段能力不一定能供长区段使用。一般说来，我国高速铁路上运行的都是旅客列车，即使是速度相对较低的列车，其在普速铁路上也属于级别较高的列车，因此，不能让旅客列车像普速铁路上的货物列车一样，通过补轴、解编、过多停站等较为多样的处理方式来充分利用通过能力。旅客列车在运行途中不可能在某一车站停太多时间来待避大量 A 类列车，这不论是在旅客出行时间耗费方面还是铁路企业自身设备占用以及市场竞争方面都是不允许的。

（2）高速铁路通过能力计算时约束更多。在普速铁路上列车运行图铺画时，若同时存在客货列车，则在铺画完旅客列车后再对货物列车进行铺画，货物列车一般采取停站的方式来避免对旅客列车造成影响，因此货物列车可能被多列旅客列车越行，而高速铁路上运行的旅客列车并不允许被过多列车越行。除此之外，高速铁路旅客列车在追踪运行的数量、不同种类列车占所有列车的比例等方面均有要求。

（3）“天窗”时间。由于高速铁路线路维修所采取的方式与普速铁路不同，普速铁路采取的是一线行车一线维修的“V”型天窗，高速铁路采取的是两线同时维修的垂直矩形天窗。因此，高速铁路在计算时必须考虑到天窗前后空费三角区的影响，该部分空费时间能否利用等问题。此外，天窗铺设形式对于通过能力以及夕发朝至列车的开行均有较大影响。

（4）能力的时段性。高速铁路通过能力有时段性要求，这是由于旅客出行具有时段性所决定的，因此在部分时段，需要能力较大，应该侧重于能力的大小，而在另外一些时段，更应该注意能力的质量，即列车的发车时刻与旅客的出行高峰时刻更加吻合。

具体的时段可以按照以下几种方式划分：

① 黄金时段。宜于旅客出行和旅客列车始发终到的时段，一般来说，这个时段是最便于旅客出行的时段，因而也是旅客列车的最佳始发终到时段。这个时段线路具有的通过能力叫作黄金时段能力。

② 高峰时段。由于列车分布不均匀而产生的列车在某一时间段内密集到发或通过相应区间或车站，这个时间段称为高峰时段。在一天之内可能会产生几个高峰时段，不同线路、不同区段或区间，其高峰时段将是不同的。从其特点看：高峰时段也是能力紧张时段，这个时段的能力称为高峰时段能力，未来若实现网运分离，高峰时段能力是决定路网公司能否满足客运公司需求的关键。

③ 平缓时段。在这个时段内，到发或通过的列车相对较稀疏，是能力缓和时段，如果可以通过调整列车通过时刻来得到一个充分长的时间，则可以在这个时段内安排线路维修和设备检修等工作。

由于通过能力的时效性和不可储存性，不同时段的能力相互间不能转移和替代。同时，不同时段能力的价值也将不同。因此，只有有效合理地配置运力资源，扩大路网规模和运输能力，才能满足客运对不同时段能力的需求，从而获得最佳的经济效益。

（5）通过能力的有效性。有效性是指线路通过能力必须考虑旅客的需求，如果某一时刻铺画有大量列车但并不存在客流需求，则认为该能力是无效的。

通过能力的计算过程中还应考虑到列车运行的质量要求，即必须考虑列车运行图应具有的弹性（松弛时间），以便能够在列车运行晚点时有能力使其恢复正点或减少晚点时间，从而减少由此产生的经济损失，这就是说通过能力还有一定的质量要求。由于需要考虑到通过能力的市场价值，因此，其能力还有价值性，能力的价值是与时间、地点和该运行线的质量（前后冗余时间）等直接相关的。

综上所述，我国高速铁路通过能力的大小应当是在给定设备设施技术水平和行车组织方式的前提下，同时满足线路所能提供和旅客所能接受两个方面的要求，仅满足某一方面的通过能力不能算作高速铁路的有效通过能力。

第三节　高速铁路追踪间隔时间

一、移动自动闭塞追踪列车间隔时间计算原理

列控系统的闭塞与防护主要是对闭塞分区以及列车速度进行防护。列控系统闭塞技术有：固定闭塞、移动闭塞（虚拟闭塞）。

准移动自动闭塞（固定闭塞条件下的目标距离防护方式）和移动闭塞方式是我国高铁列控系统中采用的闭塞防护技术。

1. 准移动自动闭塞

准移动自动闭塞将线路划分为固定位置、某一长度的闭塞分区。一个闭塞分区只能被一列车占用。列车间隔以闭塞分区为单位，而与列车在分区内的实际位置无关。在速度防护上采用目标—距离控制模式，根据目标距离、目标速度及列车本身的性能，通过列车牵引计算确定列车制动速度曲线，采用一次制动方式，如图 6-1 所示。

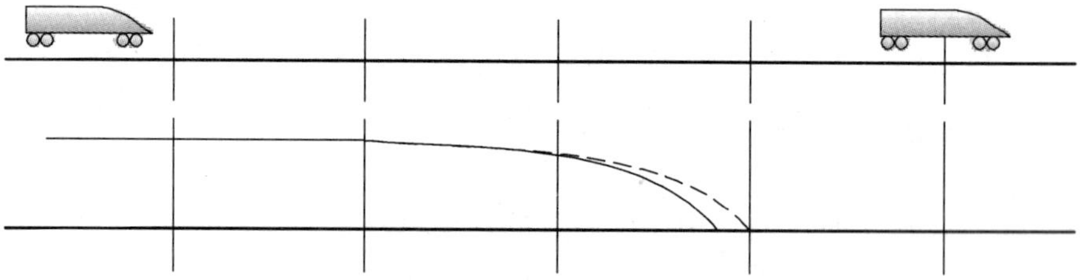

图 6-1　固定闭塞条件下的目标距离防护方式

2. 移动自动闭塞方式

移动自动闭塞方式的线路无固定划分的闭塞分区。列车间隔是动态的并随前行列车的移动而移动。后续列车以前行列车尾部为追踪的安全防护点。前后列车的最小间隔等于后行列车的制动距离+安全距离，如图 6-2 所示。

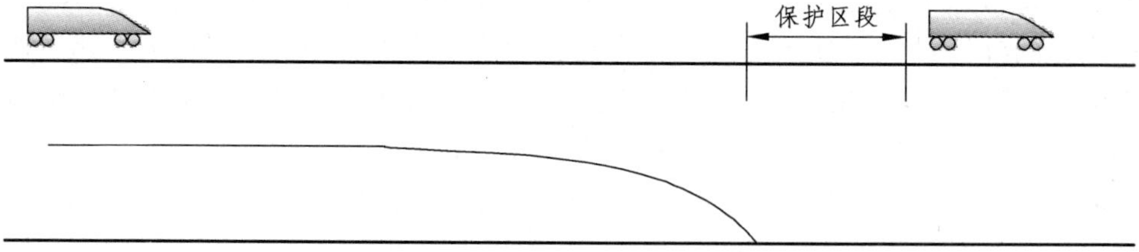

图 6-2　移动自动闭塞方式

移动自动闭塞区间内运行的每一列车均与前方站的中心控制装置周期性地保持高可靠度的通讯联系；车站中心控制装置接到列车信息后，根据列车牵引特性曲线及区间相关参数，解算出每一追踪列车的允许最大运行速度发送给列车，而对于接近进站的列车，则根据调度命令发出该列车进站及进入股道等信号。

采用移动自动闭塞系统可以有效地压缩追踪列车间隔时间，提高区间通过能力。移动自动闭塞区间追踪列车间隔时间如图 6-3 所示。

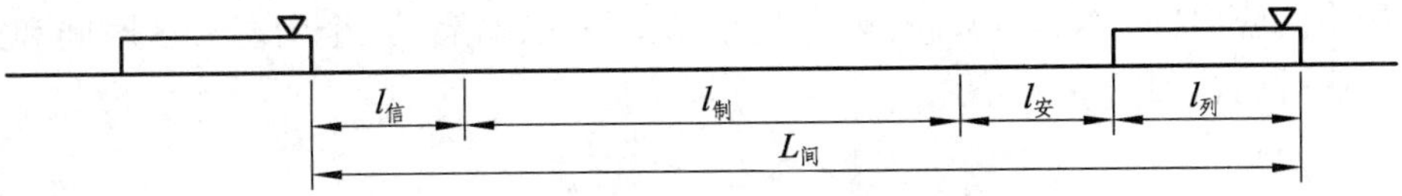

图 6-3　移动自动闭塞追踪间隔图

据此，在区间内运行的追踪列车间隔时间 $I_{追}$可按下式计算：

$$I_{追}=0.06\frac{l_{制}+l_{列}+l_{安}}{v_{运}}+t_{信}\ (\text{min}) \tag{6-1}$$

式中：$l_{制}$为列车制动距离（m）；$l_{安}$为系统安全防护距离（m）；$t_{信}$为列车动态信息传输时间（min）。

二、高速铁路追踪列车间隔时间查定方法

在采用调度集中（CTC）行车指挥方式和 CTCS-2/3 级列控系统控车条件下，列车运行图中相邻的同向或对向列车间必须保持的最小间隔时间称为高速铁路追踪列车间隔时间。

1. 列车区间追踪间隔时间（$I_{追}$）

列车区间追踪间隔时间是指相同速度等级列车区间追踪运行时必须间隔的最小距离的运行时间，它以前行列车所在闭塞分区入口附加一定的安全防护距离为追踪目标点，在满足目标制动距离条件下，后行列车正常运行而必须间隔的最短距离范围内的运行时间，如图 6-4 所示。

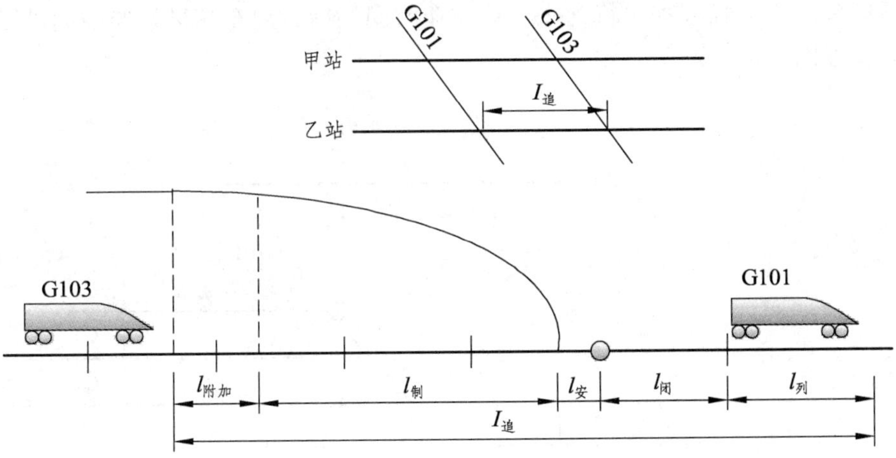

图 6-4　高速铁路列车区间追踪间隔时间

$$I_{追}=3.6\frac{l_{制}+l_{安}+l_{闭}+l_{列}}{v_{运}}+t_{附加}\quad (\text{s}) \tag{6-2}$$

式中：$l_{闭}$为车站闭塞分区的长度（m）；$t_{附加}$为附加作业时间（s）。

2. 列车出发追踪间隔时间（$I_{发}$）

列车出发追踪间隔时间是指自前行列车由车站发出时起，至由该站同方向再发出另一列车时止的最小间隔时间，它包括前行列车从车站出发至出清第一个闭塞分区时间和办理后行列车出发作业时间，如图 6-5 所示。

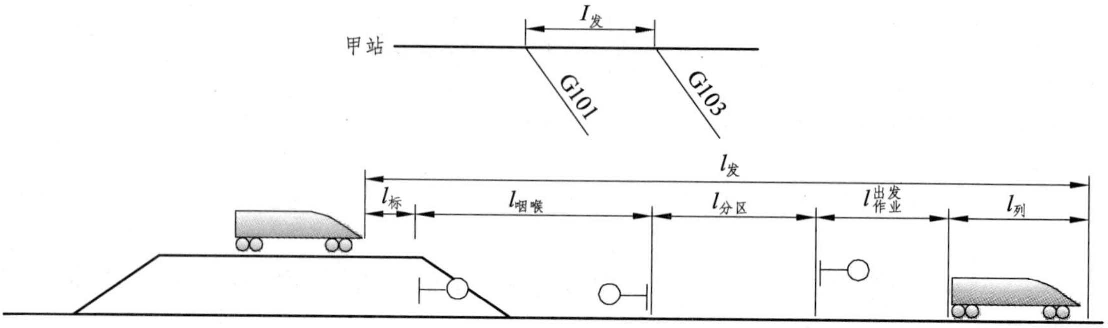

图 6-5　高速铁路列车出发追踪间隔时间

$$I_{发}=3.6\frac{l_{标}+l_{咽喉}+l_{分区}}{v_{出}}+t^{出发}_{作业} \tag{6-3}$$

式中：$l_{标}$ 为列车停车台到出站信号机的距离（m）；$l_{咽喉}$ 为车站咽喉区的长度（m）；$t^{出发}_{作业}$ 为后行列车出发作业时间，包括前行列车出清第一离去、为后行列车办理发车进路时间等（s）。

3. 列车到达追踪间隔时间（$I_{到}$）

列车到达追踪间隔时间是指自前行列车到达车站时起，至同方向后行列车到达该站时止的最小间隔时间，它包括办理后行列车到达作业时间和后行列车从进站监控制动距离运行至站内的时间，如图 6-6 所示。

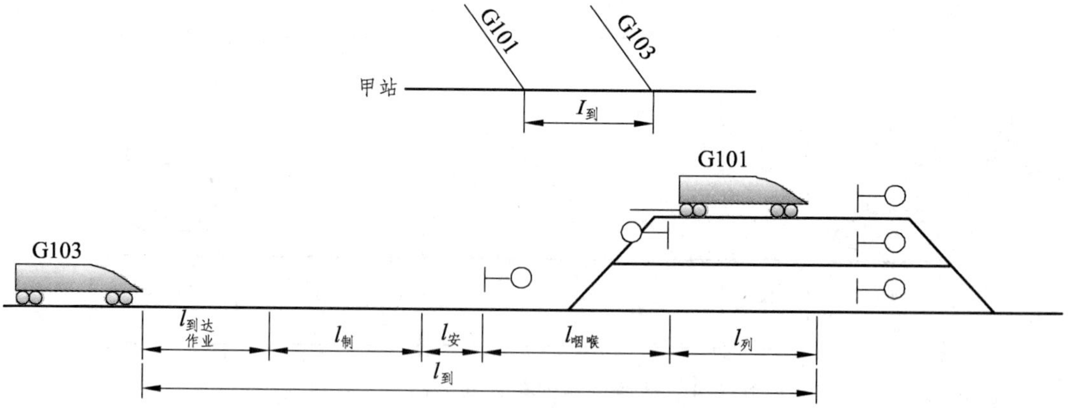

图 6-6　高速铁路列车到达追踪间隔时间

$$I_{到}=3.6\frac{l_{制}+l_{安}+l_{咽喉}+l_{列}}{v_{进}}+t^{到达}_{作业} \tag{6-4}$$

式中：$t_{作业}^{到达}$ 为后行列车到达作业时间，包括前行列车出清接近轨道最近区段、为后行列车办理发车进路时间等（s）。

4. 列车通过追踪间隔时间（$I_通$）

列车通过追踪间隔时间是指自前行列车通过车站时起，至同方向后行列车再通过该站时止的最小间隔时间，它包括前行列车出清第一个闭塞分区后办理后行列车通过作业时间、后行列车以正常运行速度通过进站监控制动距离至一离去范围的运行时间，如图 6-7 所示。

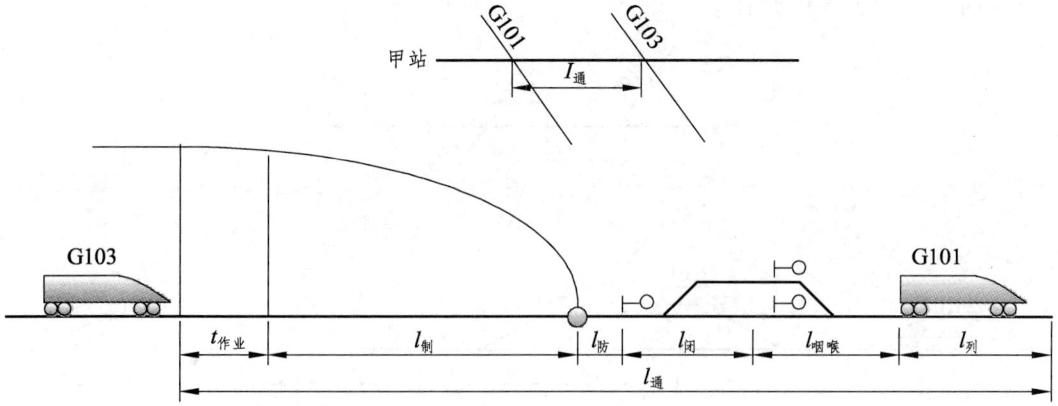

图 6-7　高速铁路列车通过追踪间隔时间

$$I_{通}=3.6\frac{l_{制}+l_{防}+l_{闭}+l_{咽喉}+l_{列}}{v_{通}^{平均}}+t_{作业}^{通过} \tag{6-5}$$

式中　$t_{作业}^{通过}$ 为列车通过作业时间，包括前行列车出清第一离去，为后行列车办理通过进路时间等（s）。

5. 同方向列车到通间隔时间（$I_{到通}$）

同方向列车到通间隔时间是指自前行列车到达车站停稳时起，至同方向后行列车通过车站时止的最小间隔时间，它包括办理后行列车通过作业时间和后行列车以正常运行速度通过监控制动距离至进站距离的运行时间，如图 6-8 所示。

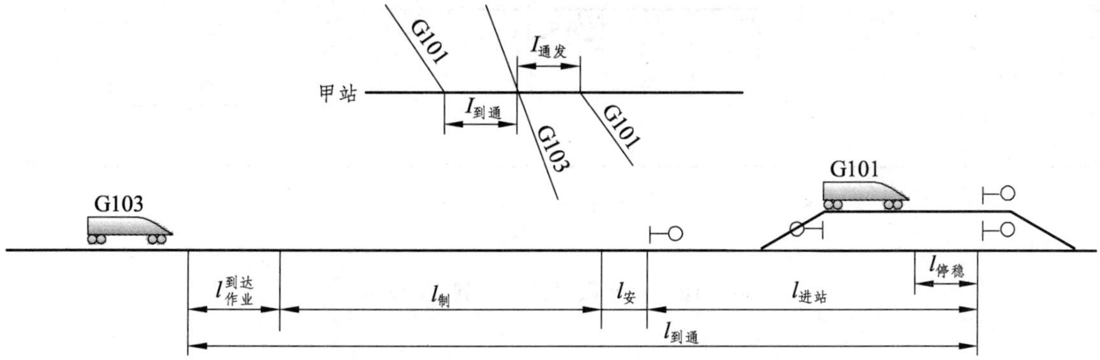

图 6-8　高速铁路同方向列车到通追踪间隔时间

$$I_{到通}=3.6\frac{l_{制}+l_{安}+l_{进站}}{v_{通}^{平均}}+t_{作业}^{到达}-t_{停稳} \qquad (6\text{-}6)$$

式中：$t_{停稳}$为列车完全进入股道后运行至列车停车标的时间（s）。

6. 同方向列车通发间隔时间（$I_{通发}$）

同方向列车通发间隔时间是指自前行列车通过车站时起，至同方向后行列车从该站发出时止的最小间隔时间，它包括前行列车通过车站至出清第一个闭塞分区时间和办理后行列车出发作业时间，如图 6-9 所示。

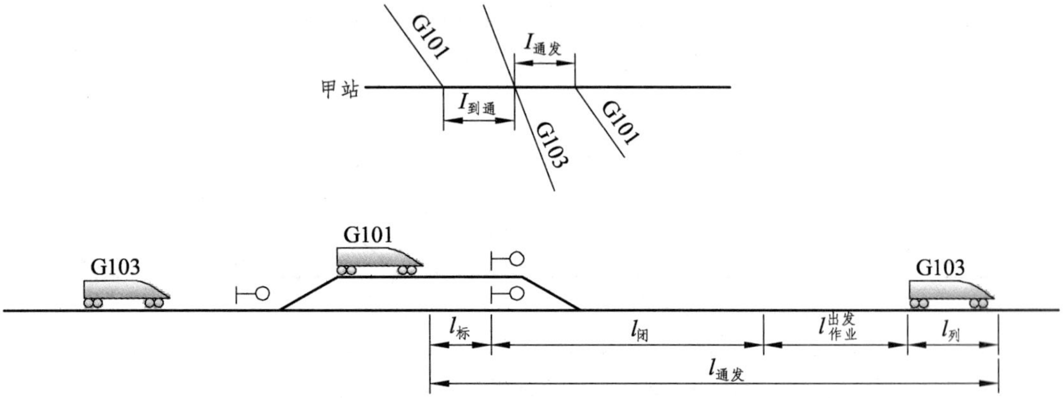

图 6-9　高速铁路同方向列车通发间隔时间

$$I_{通发}=3.6\frac{l_{标}+l_{闭}++l_{列}}{v_{通过}}+t_{作业}^{出发} \qquad (6\text{-}7)$$

7. 列车通到间隔时间（$I_{通到}$）

列车通到间隔时间是指自前行列车由车站通过时起，至同方向后行列车到达该站时止的最小间隔时间，它包括办理后行列车到达作业时间和后行列车从监控制动距离运行至站内停车的时间，如图 6-10 所示。

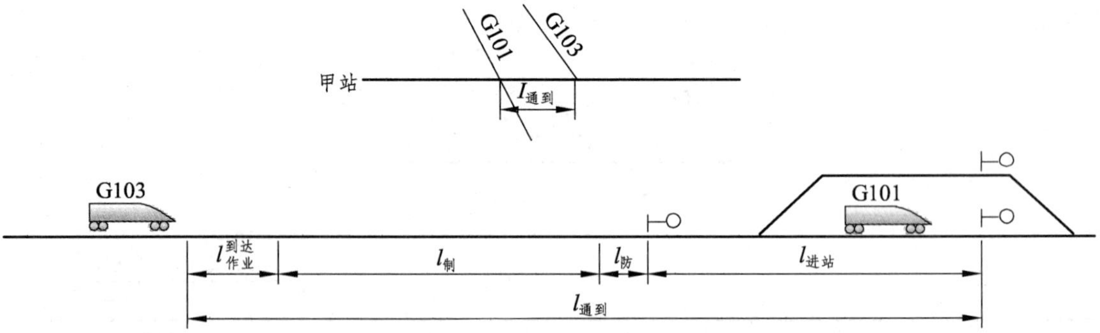

图 6-10　高速铁路列车通到间隔时间

$$I_{通到}=3.6\frac{l_{制}+l_{防}+l_{进站}}{v_{到达}}+t_{作业}^{到达}=I_{到}+t_{停稳} \qquad (6\text{-}8)$$

8. 列车发通间隔时间（$I_{发通}$）

列车发通间隔时间是指自前行列车由车站发出时起，至同方向后行列车通过该站时止的最小间隔时间，它包括前行列车从车站出发至出清第一个闭塞分区时间、办理后行列车通过作业时间以及后行列车以正常运行速度通过监控制动距离至进站距离的运行时间。

$I_{发通}$有如下 4 种形式：

（1）两列车在前方站均通过，如图 6-11（a）所示。

（2）前、后行列车在前方站分别停车、通过，如图 6-11（b）所示。

（3）前、后行列车在前方站分别通过、停车，如图 6-11（c）所示。

（4）两列车在前方站均停车，如图 6-11（d）所示。

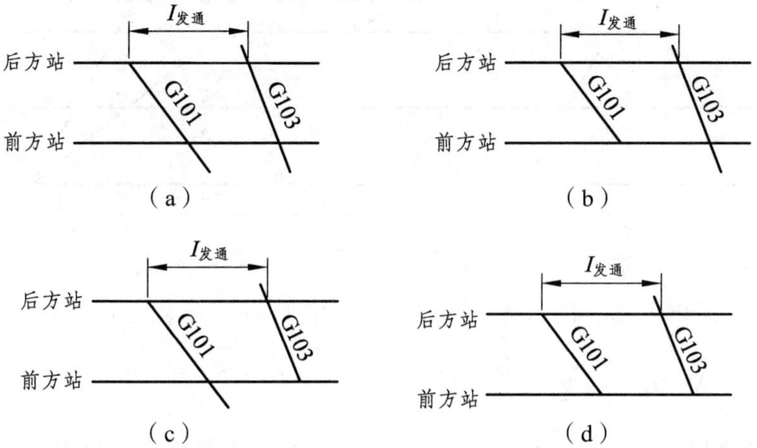

图 6-11　高速铁路列车发通间隔时间

第四节　高速铁路通过能力的计算方法

一、扣除系数法

扣除系数法是沿袭传统的非平行运行图通过能力计算法，以一种列车占用能力为标准，确定其他列车与该标准列车在能力占用上的扣除系数，从而将不同列车的能力占用归一化为标准列车的数量，确定出通过能力的是理论计算值。在高速铁路通过能力计算中，一般是将速度最高的 A 类列车确定为标准列车。

1. 平行运行图通过能力

高速铁路平行运行图通过能力

$$N_{平}=\frac{1\,440-T_{天窗}-T_{无效}}{I}-\frac{60S}{vI} \tag{6-9}$$

式中：$N_{平}$为平行运行图通过能力（对数或列数）；$T_{天窗}$为维修天窗时间（min）；$T_{无效}$为由于受

旅客有效到发时间的限制在列车运行图中产生的不能利用的无效时间（min）；I 为 A 类列车最小追踪间隔时间（min）；S 为高速客流区段长度（km）；v 为 A 类列车平均运行速度（km/h）。

2. A 类列车扣除系数

在 A 类列车之间，由于停站办理作业的 A 类列车额外占用列车运行图时间而产生的扣除系数，称为 A 类列车扣除系数 ε_A。

A 类列车在区段内停站一次，对通过能力的影响可由图 6-12 表示。

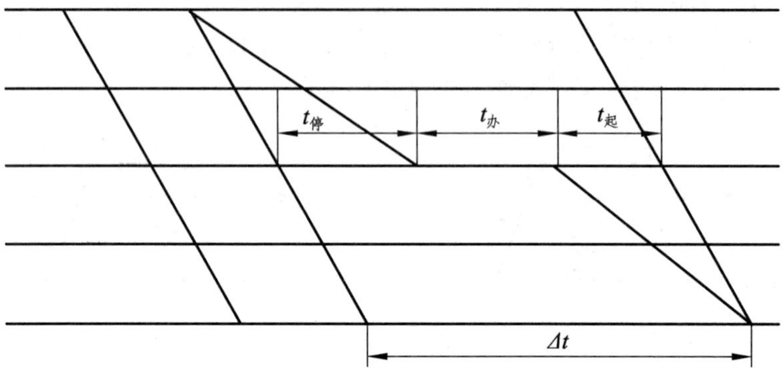

图 6-12　无越行 A 类列车停站示意图

A 类列车在区段内停站一次，将引起旅行时间增加 Δt，Δt 由三部分时间组成：

$$\Delta t = t_{起} + t_{停} + t_{办} \tag{6-10}$$

式中：$t_{起}$ 为 A 类列车起动附加时分（min）；$t_{停}$ 为 A 类列车停车附加时分（min）；$t_{办}$ 为 A 类列车停站办理作业时间（min）。

停站一次的 A 类列车影响通过能力列数为 $\Delta t / I$。A 类列车扣除系数可表示为：

$$\varepsilon_A = 1 + \frac{\Delta t}{I} = 1 + \frac{t_{起} + t_{停} + t_{办}}{I} \tag{6-11}$$

3. B 类列车扣除系数

在不同速度列车共线运行的高速铁路上，由于 A 类列车与 B 类列车之间的旅行速度差异，B 类列车额外占用列车运行图时间而产生的扣除系数，称为 B 类列车扣除系数 ε_B。

1）B 类列车不被越行时

图 6-13（a）所示是三列 B 类列车与三列 A 类列车间隔发车，图 6-13（b）所示是三列 B 类列车连续发车。

$$T_1 = 3\left(I_{到} + I_{发}\right) + n_B\left(T_B - T_A\right) \tag{6-12}$$

$$T_2 = I_{到} + I_{发} + T_B - T_A + \left(n_B - 1\right) I \tag{6-13}$$

式中：n_B 为影响区间内 B 类列车数；T_A 为 A 类列车区段运行时分（min）；T_B 为 B 类列车区段运行时分（min）。

比较图 6-13 可以看出：$T_1>T_2$，也就是说 a 图的铺画方式对通过能力影响大些。

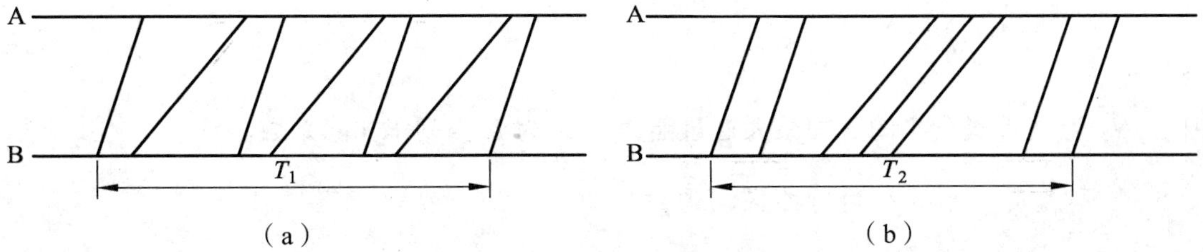

图 6-13　B 类列车不被越行

B 类列车不被越行时，如图 6-14 所示。

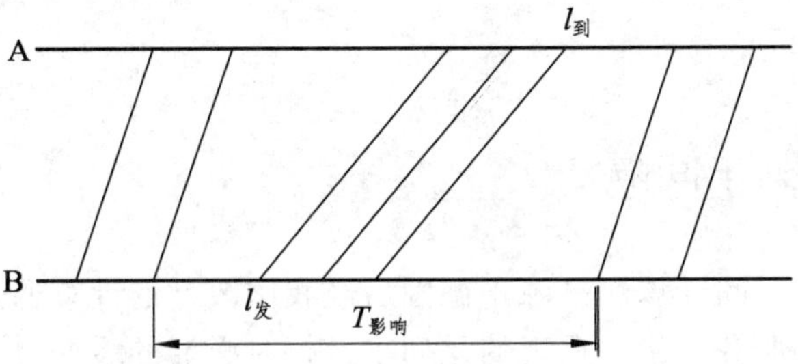

图 6-14　B 类列车不被越行影响区

B 类列车对 A 类列车的扣除系数可用下式计算：

$$\varepsilon_{B}=\frac{T_{影响}-I}{n_{B}I}=\frac{I_{到}+I_{发}+t_{起}+t_{停}+T_{B}-T_{A}+\left(n_{B}-1\right)I}{n_{B}I} \tag{6-14}$$

2）相邻两列 A 类列车连续出发

相邻两列 A 类列车连续出发，如图 6-15 所示，B 类列车对 A 类列车的扣除系数可按下式计算：

$$\begin{aligned}\varepsilon_{B}&=\frac{T_{影响}-2I}{n_{B}I}\\&=\frac{2(I_{到}+I_{发})+\left(n_{B}-1\right)I+2\ (t_{起}+t_{停})+T_{B}-T_{A}+\delta T+t_{间}-2I}{n_{B}I}\end{aligned} \tag{6-15}$$

式中：$I\leqslant t_{间}<I_{到}+I_{发}+t_{起停}+t_{差}$；$t_{差}$ 为高速铁路区段内不同速度列车区间运行时分差的最大值；$t_{间}$ 为相邻两 A 类列车连续出发时间间隔。

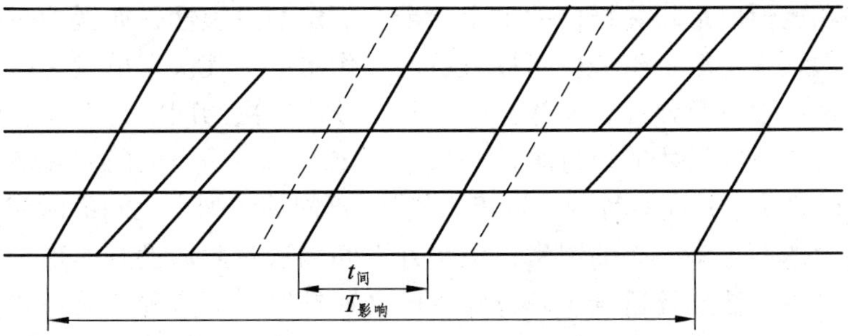

图 6-15　相邻两 A 类列车连续出发间隔示意图

4. 全高速非平行运行图区间通过能力

$$N_{全} = \frac{N_{平}}{\varepsilon_A} \tag{6-16}$$

式中：$N_{全}$ 为全 A 类列车的区间最大通过能力；ε_A 为 A 类列车扣除系数。

5. 不同速度列车共线运行的区间通过能力

$$N_{混} = N_A + N_B = N_{全} - N_B\varepsilon_B + N_B \tag{6-17}$$

式中：$N_{混}$ 为不同速度列车共线运行条件下区间最大通过能力；N_B 为 B 类列车数；ε_B 为 B 类列车扣除系数。

二、平均最小列车间隔法

平均最小列车间隔时间计算法是源于德国后经我国改良的计算通过能力的方法，因为这种方法是更偏向于运输服务质量，重视的是列车运行时必要的缓冲时间，首先是分析每一个区间列车的实际运行状态，然后再根据列车的晚点概率，符合一定质量要求下允许列车晚点的时间，各种列车类别的平均最小列车间隔时间等计算条件来共同确定区间通过能力的取值。

最小列车间隔法的优点首先在于其未选取某种列车作为基准列车，这就避开了扣除系数法最难以确定的也是最困难的部分，即扣除系数。其通过分析各种列车组合及其所占用的时间为基础来研究通过能力。仍以 B 类列车比例这一要素为例，当 B 类列车数量较少形不成 B 类列车内部之间的追踪时，其平均列车最小间隔时间：

$$\overline{I} = I + \beta_0(1-\beta_0)[t_0^i(1-\Delta)] \tag{6-18}$$

式中：I 为最小列车间隔时间；β_0 为 B 类列车所占比例；t_0^i 为 B 类列车在 i 区间的区间运行时分；Δ 为 B 类列车与 A 类列车的速度比值。由上式可以看出，按照最小列车间隔法算出的通过能力能够基本吻合实际铺画所验证的 U 型曲线，β_0 为 0 或 1 时，即全为 A 类列车或全为 B 类列车时，平均列车间隔时间最小，线路通过能力最大。β_0 为 0.5 时，即 B 类列车和 A 类列车数量相同时（实际铺画时未必是在该点），平均列车间隔时间最大，线路通过能力最小。

其次在于它的动态性，即其考虑到了列车晚点出现的概率和影响。该方法更能反映列车运行的实际情况，也更能符合市场高质量服务的要求。

但其中某些和运输质量相关指标的确定会带有一定的主观性，如缓冲时间取值大小、列车晚点概率在很大程度上取决于调度指挥人员的工作水平。其次它虽然解决了列车分布比较分散、平面图特性不强以及弹性较弱等扣除系数法较难解决的问题，但是具体的各项参数值必须在实际运营一段时间后才能通过统计分析来确定，与我国当前的实际情况不符。另外我国当前采用的 AB 类列车共线运行的运输组织模式，不同等级列车之间的时间差以及列车的停站是影响通过能力的两个最主要的因素，最小列车间隔法对此却没有体现，从纵向上将运行图分割开来了。这种方法比较适合于越行较少的高速铁路，而这种线路一般是像德国一样的纯高速运输组织模式，因此该方法在我国的使用仍具有一定的局限性。

三、计算机模拟法

计算机模拟法是由计算机模拟人工铺图，严格按铺图标尺，通过紧密铺画高、中速列车运行线，进而确定高速铁路区段或全线通过能力的方法。这种方法针对具体问题，按一定的优化目标，应用各种算法，利用计算机进行运行图的铺画。该方法兼具图解和分析计算功能，既可以模拟人工铺图中综合把握各种影响因素的特点，又可以在大量模拟铺画的基础上进行统计分析，研究各种因素的变化对能力的影响。

计算机的运用，使得大量的动态模拟人工图解成为可能，并有效克服分析计算法因简化因素而造成的不精确性和某些因素量化上的困难，既可以针对具体区段进行精确计算，又继承了分析影响因素的优点。但是计算机铺画的运行图可行方案往往数量巨大，对于方案的比选和优化是比较复杂的，这是计算机模拟铺画运行图确定通过能力的一个不足。

四、高速铁路通过能力计算方法选择分析

普速铁路采用扣除系数法计算通过能力已有非常成熟的理论基础，国内众多学者也一直在研究扣除系数法在高速铁路通过能力计算上的应用。扣除系数法适用于具有平面图特征的非平行运行图，可以利用平行运行图的特点，先确定其通过能力，然后根据高速列车的停站情况和低速列车开行的数量情况，来减少无停站高速列车的开行数量，即可求得非平行运行图的通过能力。同时，该方法所计算的通过能力是在严格“按图行车”、设备无故障、工作不中断、列车占用时间均等以及运行无延误等理想条件下的最大通过能力。相比其他常用的能力计算方法，扣除系数法的优势也很明显：首先，扣除系数法具有高适应性，能够适应不同的线路类型和不同的铺图水平；其次，扣除系数法的理论基础更为丰厚，也经过了长期实践的考验。虽然在高速铁路列车组成、运输组织模式及运行图类型改变的情况下传统扣除系数法产生了一定的不适用性，但是可以通过对传统计算方法进行改进来寻找适用于高速铁路的扣除系数法。

平均最小间隔时间法与扣除系数法不同的是，它是一个动态的方法，具有高度的不确定性。在计算过程中，许多参数都是随着列车运行工作质量要求的变化而改变的参数，简而言之，这些参数是由人为进行改变的，所以其计算结果带有强烈的主观意识。尤其是运用这种方法分析列车越行情况时，参数受到的影响比较复杂，连带着计算过程也会变得复杂。由于我国高速铁路多采用“不同速度等级列车混行”的运输组织模式，这种模式下不同速度等级列车之间产生的速差和高速列车的停站是影响高速铁路通过能力最主要的两个因素，如果以平均最小间隔时间法来计算的话，不能反映出这两个影响因素与通过能力之间的关系，所以目前该方法不适用于我国的高速铁路。

对计算机模拟法而言，它既具有人工铺图的优势，又能综合地把握各种影响因素的特点，还能克服人工铺图所产生的工作量过大和错误率偏高的缺点。对大量模拟铺画的结果进行统计分析，就可以了解到各种影响因素是如何影响通过能力的。但是使用计算机编图时通常会得到大量可行方案，对其进行比选工作时比较复杂，冗余度也较大，一般只能应用专家系统方法或借助人机对话的方式来寻求近似最优解或者满意解。

第五节　高速铁路通过能力计算实例

一、京津城际铁路简介

1. 线路概况

京津城际铁路*位于华北地区，连接环渤海地区京津两大直辖市。线路自北京南站东端引出，沿既有京山线南侧向东至玉蜓桥，线路转向东南，沿规划京津高速公路第二通道经亦庄、永乐至杨村，后沿京山线北侧至天津站并延伸至塘沽。线路全长 160.4 km，其中北京南站至天津站 118.44 km，运行 28.7 min（最高速度 300 km/h）；天津站至塘沽 45.3 km，运行 14.7 min。

设计年度近期 2020 年，远期 2030 年。近、远期区段最大客流密度分别为 280 万人、3 700 万人。该线拟采用高速动车组，初定编组为 12 辆，每列车定员 900 人。

全线共设北京南站、亦庄站、永乐站、武清站、天津站、塘沽市民广场站 6 个车站。其中，北京南站、天津站为城际列车始发站，永乐站为新建不办理客运业务的中间站，预留旅客乘降的条件，亦庄站和武清站为预留的旅客乘降站。

2. 线路的主要技术标准

铁路等级：高速铁路。

正线数目：双线。

设计速度：列车最高行车速度 300 km/h。

最小曲线半径：一般 7 000 m，困难条件下 5 500 m；枢纽内及车站两端减、加速地段计算确定。

限制坡度：12‰，个别地段 20‰。

线间距：5.0 m。

牵引种类：电力牵引。

列车类型：动车组。

列车编组：暂定 12 辆/列，进一步比较 16 辆编组方案；。

到发线有效长度：520 m。

列车运行控制方式：自动控制。

行车指挥方式：综合调度集中。

京津城际铁路采用全部运行 300 km/h 速度高速动车组的运输组织模式。

二、京津城际铁路通过能力计算分析

目前京津城际铁路上永乐站只是作为中间站，不办理客运业务，预留旅客乘降的条件。

* 本案例引自于北京交通大学孟翀的硕士论文《铁路客运专线通过能力计算方法的研究》。

以后随着永乐站客流量的增加，存在高速列车在永乐站停站办理客运业务的需要，则会出现非平行运行图的情况。

根据运量预测，京津城际铁路设计年度区段客流密度如表 6-1 所示。

表 6-1 京津城际铁路客流量预测表

	2010 年			2020 年		
	全日/（人/日）	高峰小时/（人/小时）	全年/（万人/年）	全日/（人/日）	高峰小时/（人/小时）	全年/（万人/年）
北京—亦庄	71 318	7 488	2 603	94 707	9 384	3 457
亦庄—永乐	76 563	7 997	2 794	102 211	10 078	3 731
永乐—天津	67 986	7 099	2 481	88 340	8 779	3 224

设计京津城际铁路近、远期分时段列车开行方案和高峰日分时段列车开行方案如表 6-2 和表 6-3 所示。

表 6-2 京津城际铁路分时段列车开行表

运行时段	北京南—天津			
	近　期		远　期	
	开行对数	行车间隔	开行对数	行车间隔
5：30—6：30	8	7.5	11	5.5
6：30—7：30	10	6.0	12	5.0
7：30—8：30	10	6.0	12	5.0
8：30—9：30	6	10.0	10	6.0
9：30—10：30	4	15.0	6	10.0
10：30—11：30	3	20.0	6	10.0
11：30—12：30	3	20.0	5	12.0
12：30—13：30	3	20.0	4	15.0
13：30—14：30	3	20.0	5	12.0
14：30—15：30	5	12.0	6	10.0
15：30—16：30	6	10.0	8	7.5
16：30—17：30	10	6.0	12	5.0
17：30—18：30	10	6.0	12	5.0
18：30—19：30	8	7.5	12	5.0
19：30—20：30	8	7.5	10	6.0
20：30—21：30	6	10.0	10	6.0
合计	103		141	

表 6-3 京津城际铁路高峰日分时段列车开行表

运行时段	北京南—天津			
	近期		远期	
	开行对数	行车间隔	开行对数	行车间隔
5：30—6：30	6	10.0	6	5.5
6：30—7：30	10	6.0	15	5.0
7：30—8：30	15	4.0	20	3.0
8：30—9：30	10	6.0	15	6.0
9：30—10：30	6	10.0	10	10.0
10：30—11：30	5	12.0	6	10.0
11：30—12：30	3	20.0	5	12.0
12：30—13：30	3	20.0	4	15.0
13：30—14：30	3	20.0	4	12.0
14：30—15：30	4	15.0	6	10.0
15：30—16：30	6	10.0	10	7.5
16：30—17：30	13	4.6	15	5.0
17：30—18：30	12	5.0	18	5.0
18：30—19：30	10	6.0	15	5.0
19：30—20：30	9	6.7	12	6.0
20：30—21：30	7	8.6	10	6.0
合计	122		171	

从上表可以看出，高峰日高峰时段，近期发车间隔达到了 4 min，每小时发车 15 对，远期发车间隔达到了 3 min，每小时发送列车 20 对，达到了系统设计的最大能力。

京津城际线为新建线路，全线的通过能力是一致的，本线的最小发车间隔为 3 min，最大通过能力是 20 对/h，每列车的最大定员为 900 人，所以京津城际的最大输送能力为 18 000 人/h。根据预测的客流量和列车开行方案，京津城际高峰小时的客流密度与输送能力如表 6-4 所示。

表 6-4 京津城际铁路高峰小时客流密度与输送能力对照表

	近期/人次	远期/人次
高峰小时客流密度	7 991	10 078
高峰小时输送能力	9 000	10 800

从上表可以看出，京津城际铁路的本线列车开行方案能够满足客运量的需要，下面计算京津城际铁路通过能力。

京津城际铁路的列车区间运行时间取值见表 6-5，列车间隔时间见表 6-6。高速列车的停站时间为 2 min，起、停车附加时间分别为 2 min、1 min，京津城际设计运营时间为每天 16 h。按有停站高速列车的比例为 10%、20%、40%三种情况讨论。

表 6-5　京津城际铁路列车区间运行时间表

区间	下行/min	上行/min
	运行时间	运行时间
北京南—亦庄	6.3	5.8
亦庄—永乐	5.1	5.0
永乐—武清	8.4	8.1
武清—天津	9.6	11.1
合计	29.4	30.0

表 6-6　京津城际铁路列车间隔时间表

类型	高高追踪	高高发通	高高到通
时间/min	4	6	3

京津城际铁路全高速平行运行图通过能力为：

$$n=\frac{1\,440-t_{检}-t_{无效}}{I}=\frac{960-30}{4}=232.5\text{（对）}$$

有停站高速列车比例为 10%时，扣除系数为：

$$\varepsilon_{高}=0.9+0.1\times 2.25=1.125$$

得到京津城际铁路全高速非平行运行图通过能力为：

$$n_{全}=\frac{n}{\varepsilon_{高}}=\frac{232.5}{1.125}=207\text{（对）}$$

有停站高速列车比例为 20%时，扣除系数为：

$$\varepsilon_{高}=0.8+0.2\times 2.25=1.25$$

得到京津城际铁路全高速非平行运行图通过能力为：

$$n_{全}=\frac{n}{\varepsilon_{高}}=\frac{232.5}{1.25}=186\text{（对）}$$

有停站高速列车比例为 40%时，扣除系数为：

$$\varepsilon_{高}=0.6+0.4\times 2.25=1.5$$

得到京津城际铁路全高速非平行运行图通过能力为：

$$n_{全}=\frac{n}{\varepsilon_{高}}=\frac{232.5}{1.5}=155\text{（对）}$$

京津城际铁路运行图通过能力的评价指标分别为 $p_{负荷}$ 取 1、$q_{均衡}$ 取 0.95、$u_{弹性}$ 取 0.95，得到修正后三种停站比例情况下的通过能力分别为：

$$n_{全}^{修}=1\times0.95\times0.95\times207=187（对）$$

$$n_{全}^{修}=1\times0.95\times0.95\times186=168（对）$$

$$n_{全}^{修}=1\times0.95\times0.95\times155=140（对）$$

计算得到的三种情况下京津城际铁路全高速非平行运行图通过能力均够满足近期的设计开行方案要求，因此对于像京津城际铁路这种主要用于输送城际间短途客流的高速铁路采用全高速有停站的运输组织模式是合理的。并且从上面三种停站情况计算结果可知，“全高速”模式下高速列车停站比例增大，高速铁路通过能力减小。

第七章　高速铁路综合维修天窗设置与施工维修组织

第一节　高速铁路综合维修的种类及要求

一、高速铁路综合维修的种类及形式

高速铁路综合维修主要是指对线路、供电、通信信号等道中或道旁固定设备进行日常检修和维护。由于高密度行车的运输特点，白天列车运行时段内很难利用运行间隔进行维修作业，只能安排在夜间的空闲时间维修。

高速铁路综合维修的主要形式是天窗修。在列车运行图上预留的用于维修施工所需要的行车空隙称为天窗。它是解决列车运行与设备维修施工之间矛盾的技术措施。

天窗修是现代铁路科学的维修方式，它规范了维修计划，有效地克服了设备的漏检漏修，保证了维修质量，保障了上道作业人员的人身安全，减少了对行车安全的影响，有利于人力、技术时间资源的综合利用和节约，提高了效率，方便了工区的日常管理工作，克服了以往分散重复的管理缺陷，防止了管理工作的疏漏，增强了职工之间的技术交流。采用预留无列车运行的“综合天窗”作为各设备管理单位共同进行设备养护、检修、施工的时间，既保证了运输安全，又为行车设备的养护创造了条件。

天窗修是铁路施工维修的重要实践。正确安排和使用天窗时间是加快施工维修进度的重要途径，也是缩短工程工期，提高经济效益的关键。在高速度、大密度的高速铁路上，为使线路设备经常处于良好状态，以确保行车安全和满足旅客乘车舒适度的要求，必须采用大型养路机械实行在运行图中预留天窗的维修制度。

国外高速铁路多采用综合维修天窗，一般都在夜间安排综合维修。根据维修对象的不同，铁路综合维修天窗主要进行工务维修、通信信号系统维修和牵引供电系统维修等。

1. 工务维修

工务维修包括轨道维修、桥梁检修、隧道检修等。其关键在于轨道维修，其维修质量对行车安全和旅客舒适度非常重要。轨道维修作业内容主要包括起道拨道、打磨钢轨、道床板维修、动力稳定等 10 多项维修内容。随着速度目标值越来越高，对轨道维修质量的要求也随之提高，难度也越来越大。但因高速铁路通过优化几何尺寸和客货混行数量将有所减少，每一段线路不需要天天维修，每一次维修不一定各项维修都需要。

2. 牵引供电系统维修

牵引供电系统维修包括变电所、受电弓和接触网维修三部分。由于铁路供电均采用两路

电源，故牵引变电所的正常停电检修不会影响到接触网供电，即不会影响正线的正常行车。受电弓作为动车的上部组成部分，应由车辆基地在进行动车维修时一并进行。而线路在进行接触网检修时，无法正常为列车运行提供必要的动力，必将影响高速线的正常行车。因此，确定接触网的维修时间至关重要。由于接触网各个零部件所受负荷程度不同，不适宜使用按固定周期维修接触网的方法，因此高速铁路的接触网维修应该以状态修为主，即按状态诊断对接触网进行位置调整或更换其磨损部分，其所需时间远小于工务维修所需时间。

3. 通信信号系统维修

通信信号设备维修包括信号机、电动道岔、轨道电路、控制台、电源屏、分线盒、电缆、继电器、地线、移频设备、行车闭塞设备机车信号等方面的维护和检修。通信信号设备维修工作由养护维修、中修和大修三部分组成。通信信号设备维护工作贯彻预防与整修相结合，以预防为主的方针。维修是指对运用中的通信信号设备进行养护和检修，掌握设备性能，预防设备故障，保证设备处于良好的运用状态；中修分为入所修和集中修，对现场可替换设备实行入所修，对现场规定设备实行集中修；大修是指为恢复、改善和提高设备质量，保证既有设备的正常使用和运输生产的正常进行，对设备进行的维修作业。

二、综合维修的时间要求

1. 工务维修时间要求

1）国外工务维修时间情况

德国、法国、日本、西班牙等国家在高速铁路的工务维修方面积累了大量的实际经验，值得我国借鉴。

采用大型综合维修机械，利用夜间进行维修是各国普遍的做法。各国主要利用夜间0:00—6:00进行维修，但对天窗的利用方式及维修作业时间具体安排有所不同，有的除夜间外，白天也安排一定时间的天窗，供养护人员做必要的补修使用。

德国高速铁路维修作业一般安排在夜间3:30—6:00，由于其高速线为客货混行，夜间开行货车，在3:00前160 km/h的快货均已通过，少量速度较慢的列车在维修时间内组织一线维修一线反向行车。

法国TGV线是各国维修作业量最小的。但为了确保轨道的高质量状态，天窗开设时间不小于3.5 h，以保证实际3 h的维修时间。另外还安排1~1.5 h的白天天窗。

日本新干线每日 0:00—6:00 为维修时间，日本新干线维修作业期间不存在邻线列车干扰问题，维修作业时间一般不小于3 h。考虑维修设备自维修基地到达作业地点的机械运行时间以及作业完毕后返回基地和维修、检查、检测时间等，经常出现用足6 h的情况。

西班牙高速铁路主要在夜间进行预防性维修，时间安排在0:00—4:30，在这段时间内开行一辆检测车沿线进行检查，早7:00恢复正常通车。

2）高速铁路工务维修时间的确定

我国高速铁路列车运行速度高、行车密度大，采用大型养路机械组成维修机组进行设备的综合维修，可以提高运输设备的质量，保证列车运行的安全。

大型养路机械作业的合理天窗时间应当充分保证一定数量的纯作业时间，使其实际作业效率接近或达到机械的设计作业效率，并且在线路通过能力允许的情况下，尽可能地为线路维修作业提供方便、高效的作业环境。所以，天窗时间的选择应当有利于提高机械作业效率。

决定养路机械维修作业效率的因素包括：天窗时间、机组效率及施工作业组织等几个方面。

（1）天窗时间。大型养路机械维修机组作业的天窗时间包括纯作业时间和辅助作业时间。辅助作业时间是指天窗作业时间内的非维修作业时间，包括：车站办理区间封锁手续时间、维修机组由车站至作业地点的往返运行时间、机组整备及摘挂时间、开通线路时间。

（2）机组效率。机组效率与选用的机组数量有关，大型养路机械维修机组进行的线路维修项目通常由起拨道捣固车、动力稳定车和配砟整形车联合完成。线路维修施工实践和有关研究表明，在同一天窗时间、同一区间内，单套机组作业方式线路维修效率最高，其次是两套机组。

大型养路机械维修机组的作业效率是指一套机组、一个天窗小时平均维修线路长度，是反映维修机组作业效率的综合性指标。它与机组平均作业效率、天窗时间机组数量的关系可用下列公式表示：

$$M=\frac{L}{A+T_{天}}=\frac{P+(T_{天}-T_{辅助})}{A+T_{天}} \tag{7-1}$$

式中：M 为维修机组的作业效率，m/（h·组）；L 为天窗时间内维修线路总长度（m）；A 为同一天窗时间、同一区间内维修机组数量（组）；$T_{天}$ 为天窗时间（h）；$T_{辅助}$ 为天窗时间内的辅助作业时间（h）；P 为机组平均作业效率（m/h）。

如果取天窗时间内的辅助作业时间 50 min、机组数量为 1 组、机组平均作业效率为 1 000 m/h，按照式（7-1）计算不同天窗时间内维修机组的作业效率见表 7-1 和图 7-1。

表 7-1　不同天窗时间内维修作业效率表

$T_{天}$/h	2	3	4	5	6	7	8
M/[m/（h·组）]	585	723	792	834	862	881	896
M 增长幅度/%	23.6	9.5	5.3	3.4	2.2	1.7	

注：表中增长幅度以前一个计算的 M 值为基准，下同。

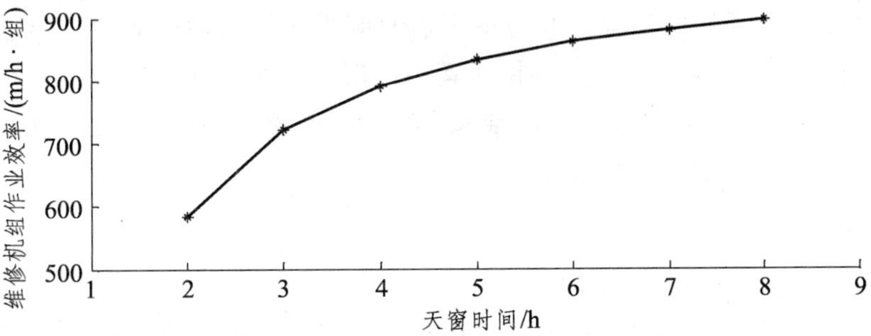

图 7-1　不同天窗时间内维修作业效率变化情况

以上对大型养路机械维修机组作业效率与天窗时间的关系研究分析中，没有考虑确认车运行时间和其他辅助时间对维修机组作业效率的影响。因此，在考虑确认车后，维修机组作业效率与机组平均作业效率、天窗时间的关系可表示为：

$$M=\frac{L}{T_{大机占用}}=\frac{P+(T_{天}-T_{赞助}-T_{确认车})}{T_{天}-T_{确认车}} \tag{7-2}$$

式中：$T_{大机占用}$为大型养路机械占用时间（h）；$T_{确认车}$为确认车走行占用时间（h）。

如果取天窗时间内的辅助作业时间 50 min、机组数量为 1 组、机组综合作业效率为 1 000 m/h，确认车走行时间取 1.25 h，按照式（7-2）计算不同天窗时间内维修机组的平均作业效率如表 7-2 和图 7-2 所示。

表 7-2　不同天窗时间内维修平均作业效率

$T_{天}$/h	3	4	5	6	7	8	9	10
M/[m/（h · 组）]	594	697	778	825	855	877	892	905
M 增长幅度/%	33.1	11.6	6.0	3.7	2.5	1.8	1.4	

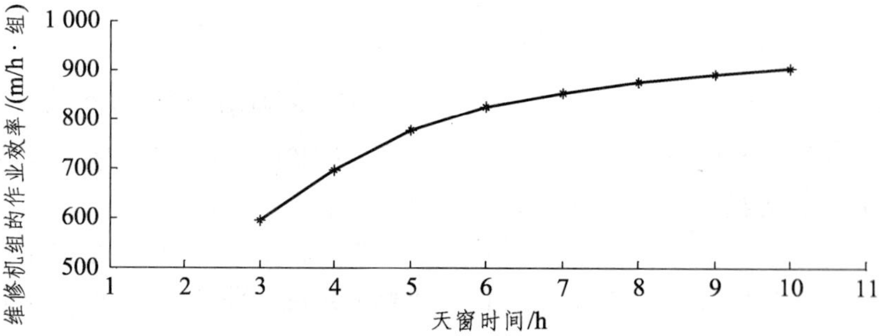

图 7-2　不同天窗时间内维修作业效率变化情况

从图 7-2 中曲线变化情况可以看出：维修机组平均作业效率随天窗时间延长而提高，这种随天窗时间改变而变化的幅度，当天窗时间为 3~5 h 时最大，5~6 h 时次之，6 h 以上时曲线变化平缓。如果将 700 m/（h · 组）作为大型养路机械维修机组平均作业效率的最低限值，则大型养路机械维修机组作业所需的天窗时间至少在 4 h 以上。所以从充分发挥机组平均作业效率和提高维修机组平均作业效率两方面考虑，合理的线路维修天窗时间应为 4~6 h。

根据高速铁路列车开行的情况，并考虑天窗时间带对线路通过能力的影响，维修天窗的时间安排在夜间的 0:00—6:00 为宜。在铺画运行图时，根据列车开行方案，在该时间段内选取至少 4 h 的时间带作为天窗时间。开设维修天窗的时间最长不应当超过 6 h，保证有足够的时间开行列车，以满足运输组织的需要。

2. 接触网维修时间要求

1）国外高速铁路接触网检修情况

在高速铁路上，随着列车速度的提高，接触网—受电弓供电系统在动力学方面存在的各种问题也就越加显著，要求比普通铁路具有更高的性能。因此，高速铁路接触网系统的特点是采用新结构和新材料。与此相应，国外关于接触网维修作业的技术开发，主要是采用长寿命设备、作业机械化、检查自动化等。长寿命装备主要指采用低磨耗的接触线；作业机械化主要是指开发公铁两用车、高空作业车等便于机动施工的高性能维修作业车以及检验维修作业的架电作业车等；检查自动化主要是指采用专用的接触网检测车或电气轨道综合试验车作为检查手段，如日本新干线的 P23 型新干线综合检测车。

高速铁路的接触网维修应该以状态维修为主，即采用定期的检查和有计划的预防性维修方法，该方式的关键是接触网的故障诊断系统和维修天窗的设置形式。

电气化铁路接触网维修的特点是需要经常性日常检查，并按照诊断状态对接触网进行位置调查或更换其磨损部分。根据日本新干线的运用经验，磨损部分有大量的维修工作。

关于高速铁路接触网的维修方式，国外高速铁路以客运量和供电负荷最大的日本新干线为代表，基本上采用白天运营、夜间维修的方式，接触网检测和维修均在夜间无行车的时间进行，其所需的时间均小于工务维修所需时间。

2）既有电气化线接触网维修情况

既有电气化铁路接触维修作业按设备运行的状态可以分为停电作业、带电作业和远离作业三种；按作业点位置分为高空作业（距地高 3 m 以上的处所进行的所有作业）和地面作业；按复杂程度分为一般带电作业和特殊带电作业。

在进行停电作业时，作业员（包括所携有的机器、材料、零部件等），与周围带电设备的安全距离不能小于：110 kV 为 1 500 mm；27.5 kV 和 25 kV 为 1 000 mm；10 kV 及其以下为 700 mm。

既有电气化铁路在列车运行图中昼间预留接触网维修天窗，并要求接触网停电检修时间不应小于 1h，具体接触网天窗时间有以下几点要求：

（1）单线区段不少于 60 min，双线区段不少于 90 min。

（2）对较大的区段（如枢纽、区段站等），若每天预留天窗有困难，每个供电臂每月应不少于 10 h 的停电检修时间。

（3）对执行 V 型天窗作业的双线区段每月至少保证 3 个垂直矩形天窗。

3）高速铁路接触网维修时间确定

从以上的分析可以看出，高速铁路接触网维修基本内容与既有电气化铁路相似，只是维修作业标准上有所区别，其正常维修作业时间要求将小于工务维修的需要，在获得充分准确的接触网诊断数基础上，对高速铁路接触网维修采用分段开设天窗。接触网维修基本上和线路工务维修一样，不需要天天维修，每一次维修不一定每项维修工作都要进行，可以与工务维修天窗重合设置，以便减少对日常行车的影响。

按照现行规定，在运行图上预留接触网维修天窗时间，双线铁路天窗时间为 90~180 min。对于我国未来高速铁路，由于维修技术的提高和维修设备的改进，其接触网维修应采取大型维修机械进行，并考虑实际运营的需要，其天窗时间建议采用 90~180 min，而且与工务维修天窗重合设置的形式。

3. 通信信号维修时间要求

为提高信号设备的维护质量，对信号设备维修实行日常养护和集中检修，把养护和检修基本分开。信号检修作业实行天窗的检修方式，影响行车的检修作业项目，应纳入天窗内进行。天窗时间内无法完成的较大型检修作业，必须纳入月度综合作业计划。当发现危及行车安全的设备隐患时，应立即按规定办理停用手续，克服设备的缺陷。

另外，以既有铁路信号设备维修作业时间分析，基本是在预留的接触网维修天窗时间内对非接触网维修区间和车站进行信号设备维修作业，其正常维修时间不大于进行接触网维修的时间。

我国高速铁路在信号方面，由于采用了更先进的技术和设备，设备的可靠程度有了很大的提高，同时设备的检修手段也有较大的提高和改善。信号设备的检修作业时间远远小于工务维修所需的时间，因此信号设备的检修也不应成为影响我国高速铁路综合维修天窗设置的限制因素。

第二节　高速铁路综合维修天窗时间

综合维修天窗是在运行图中预留专用时间，工务、电务、供电、通信信号各部门协调配合对铁路设施设备进行维修。本节对综合维修天窗进行概述，总结归纳综合维修天窗定义、优点、设置原则和不同的分类方式，分析矩形天窗模式、V 形天窗模式和混合形天窗模式的适应性。

一、综合维修天窗定义

天窗是指为了保证各项设备状态良好，列车安全平稳运行，对运营线进行维修，对区间或者车站正线规定的一段不放行列车的时间，即运行图中不铺画运行线为施工维修所预留的一段时间。在进行天窗维修时，各个部门相互配合，协调运输组织和天窗维修，保证列车的安全和维修施工安全。

综合维修天窗是指工务、电务、供电、通信信号、线路等生产部门，相互配合，为了铁路施工维修的需求，对线路、信号设备、供电设备、接触网等进行检修和日常维护而禁止列车运行的一段时间，这段时间在运行图中也需要预留。综合维修天窗的内容一般包括：电气化线路接触网检修、供电设备日常维护和检修、线路大中修、站场和线路技术改造等。

现阶段，我国高速铁路已初步成网，在此条件下，综合维修天窗是一种重要的维修方式。其优点在于：

（1）集成化维修，将工务、电务、供电、通信信号、线路等生产部门集合起来，相互配合，根据维修计划和实际特点，进行高效维修，有利于人力、时间和技术的利用和节约；

（2）有效克服维修过程和管理上的漏洞，避免了漏检、漏修，管理上更加集中，克服了之前维修分散和重复的特点，使得维修日常管理工作更加简便快捷，加强了各个部门员工之间的技术合作交流。

（3）综合维修天窗不仅能提高维修工作的效率，保障维修质量，同时能够最大程度上保证维修工作人员的安全，做到安全生产。

二、综合维修天窗设置原则

综合维修天窗是一种重要的科学维修方法，在现阶段铁路高速发展的背景下在维修中扮演着重要角色。综合维修天窗不仅对设备状况和线路质量有所保证，而且大大提高了工作效率，确保行车安全效率得到提高。综合维修天窗设置需要遵循一定的原则，以全面做出分析：

（1）保证铁路行车安全和维修作业的安全。因运输组织需要，可能会采取一线行车、一线维修的天窗模式，需要组织一线进行上下行列车运行，维修接触网时，反向列车需要从有电区进入无电区，进而有可能使无电区带电，需要特别注意做好防范措施，尽量采取两线同时维修模式。

（2）确保满足综合维修需求的原则。各个部门需要维修时间长度不同，同时，工务、电务、供电、通信信号各部门还需要积极配合，争取最短时间完成维修，维修作业需要一个最短时间，综合维修天窗时间需要大于维修需求作业最短时间，并且考虑到机动时间，保证顺利完成维修作业。

（3）由于夜间视线差，维修作业难度大，一般尽可能将维修天窗设置在白天。但是由于我国铁路能力紧张，一般线路能力富余较少，只有在能力富足的线路上，可以设置在白天。高速铁路一般白天运行密度大，天窗只能设置在夜间，需要加强夜间照明措施，确保维修效率和安全。

（4）协调好行车组织和综合维修天窗的关系。由于我国国土广袤，运行距离长，有大量夜间列车运行，综合维修天窗设置在夜间，将会和行车组织产生干扰和矛盾。在运输能力允许，旅客列车到发时间合理的情况下，应尽量为维修创造条件，如天窗时间尽量设置长一些，更加便于维修作业的准备和机械化作业。

总之，综合维修天窗设置需要在保证维修作业和行车安全的基础上，提高维修效率，降低维修施工占用区间的通过能力，根据不同线路、不同设备的特点，制定不同的维修计划，各部门加强相互之间的技术合作交流，积极配合，保证维修质量，确保行车安全。

第三节　不同形式综合维修天窗的特点

综合维修天窗是为了工务、电务、供电、通信信号和水电等部门配合完成施工维修而预留的一段不放行列车的时间，在运行图中此段时间不铺画运行线。从不同角度和设置形式，综合维修天窗可以分为不同类别，各具特点。

一、按设置时段分类

1. 间隔天窗

间隔天窗一般设置在铁路枢纽内，由于铁路枢纽内各条铁路方向不同，因此各线路的综合天窗设置时间是交叉的，可集中各条线路的设备进行维修，根据每一条路线的实际情况和维修计划，对天窗时间进行分配，一般间隔天窗的设置时间是 6 h。

2. 夜间天窗

按照天窗的设置原则，一般天窗尽可能设置在白天，但是由于繁忙干线和高速铁路列车速度高，行车密度大，白天线路能力紧张，没有空隙时间可以在白天设置综合维修天窗进行维修，夜间多为夕发朝至列车和货运列车，于是只能在夜间设置综合维修天窗。夜间设置维修天窗造成维修作业难度加大，所以需要加强照明条件，为维修施工提供有利条件。

3. 节假日天窗

节假日天窗主要设置在开行通勤列车和在市郊铁路运行列车的线路上，一般在节假日设置较长时间的天窗，对线路、设备进行大型检修和维护。在德国，周末会设置节假日天窗用来对线路设备进行大修。

二、按设置模式分类

综合维修天窗按设置模式主要分为矩形天窗、“V”形天窗和由两种基本类型衍化而生的混合形天窗。

矩形天窗，安排两条线路同时维修，禁止行车，确保上下线停电进行综合维修。

“V”形天窗，按照上下行分别设置天窗，天窗时间内一条线路组织双线，另外一条线组织施工维修。

混合形天窗，由矩形天窗和“V”形天窗两种形式衍化而来，可以分为时间混合形天窗和空间混合形天窗。时间混合形天窗包括了双向分隔式矩形天窗、平行矩形天窗等，空间混合形天窗包括了“Y”形天窗、分段矩形天窗等。

三、综合维修天窗设置模式及特点分析

综合维修天窗最基本模式是矩形天窗和“V”形天窗，这两种天窗在全路应用广泛。混合形天窗是由矩形天窗和“V”形天窗组合衍化而来，结合了两者的优点。在不同的线路情况下选择最佳天窗形式。下面对矩形天窗、“V”形天窗和各类混合形天窗具体形式、特点和适应性加以分析。

1. 矩形天窗及适应性分析

在运行图中留出整段时间，安排两条线路同时维修，禁止行车，确保上下行停电进行综合维修，维修天窗在运行图中为矩形形状，故称其为矩形天窗。高速铁路一般在 0 点至 6 点设置矩形天窗，因上下行同时停电，且天窗时间重合，又可以称为重合矩形天窗。矩形天窗的优点是能确保维修作业的安全性，保障施工人员人身安全；提供相对较长的综合维修时间，提高维修作业效率，可以真正做到“行车不施工，施工不行车”；但是矩形天窗对于行车组织影响大，尤其是在路网条件下，对夕发朝至列车和跨线列车通过能力影响很大。如图 7-3 所示为矩形天窗影响区域示意图，天窗的影响区域时间在图中标出。

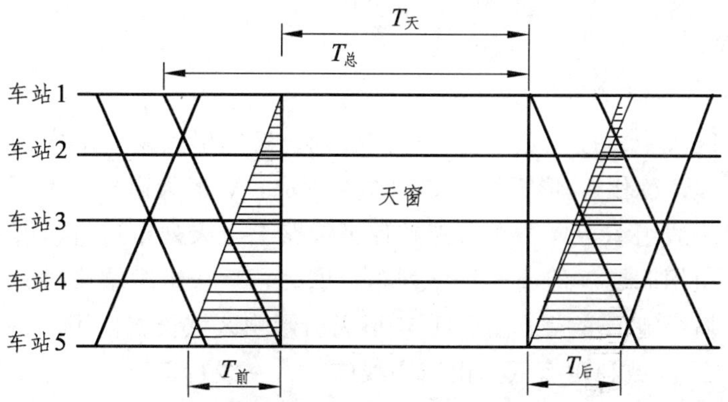

图 7-3　矩形天窗影响区域示意图

图中：$T_总$ 为天窗影响总长度，天窗影响时段和天窗外影响时段总和；$T_天$ 为天窗影响时段；$T_前$ 为天窗开始前影响时段；$T_后$ 为天窗结束后影响时段；$\sum t$ 为各区段列车运行时分之和。

由图 7-3 可以得出，上行影响区域：

$$T_总 = T_前 + T_天 \tag{7-3}$$

下行影响区域：

$$T_总 = T_后 + T_天 \tag{7-4}$$

式中：

$$T_前 = T_后 = \sum t \tag{7-5}$$

设置矩形综合维修天窗时，对于列车运行会有很大的能力损失，上行和下行损失能力相同。高速铁路列车不采取等候天窗形式，在上图中产生上行和下行两个空费三角区域，此部分区域可以用来铺画短途列车或者延长综合维修天窗时间，获取更加充裕的维修作业时间。

目前，京沪高铁采取矩形天窗，时间段是 0：30—4：30，为期 4 h，京沪高铁全长 1 318 km，列车采用速度为 300 km/h，由上式计算，综合维修天窗的影响区域长度达到约 11 h，则区段终到站[0：00，11：00]时间段内列车无法到达，区段始发站[19：00，24：00]时间段内跨线列车无法出发，矩形天窗严重影响了跨线列车的运行，对运输组织造成很大影响。

由以上分析可知，矩形天窗有以下特点：

（1）矩形天窗内，上下线均停电维修，区段内无法通行列车，形成了较长的空闲区域，线路能力损失严重，尤其是对于运行距离较长的跨线列车和夕发朝至列车影响显著。

（2）矩形天窗影响区段的始发终到站发到时间范围，随着线路运行距离的增大，对始发终到站发到时间影响增大，造成发车到达时间范围缩小：

（3）矩形维修天窗最大的优点在于能够长时间、连续提供维修作业时间，满足各个部分维修需求，提高维修作业效率，保证维修效果，确保列车安全平稳运行。

（4）由于上下线同时封锁，造成天窗影响区域前后产生两个空费三角区域，可利用区域延长综合维修天窗，争取更多维修时间，也可铺画短途列车运行线，组织运行。

（5）矩形维修天窗最大程度上确保施工作业安全和施工人员安全，由于我国铁路能力紧张，大部分线路天窗设置在夜间，夜间视线差，容易造成不安全事故，矩形天窗内无列车运行，保证维修安全。

2. V 形天窗及适应性分析

在运行图一个区段中，按照上下行错开式分别设置矩形天窗，形成具有一定斜率的空白区域，形状如字母 V，称作 V 形天窗，如图 7-4 所示。V 形天窗按照上下行分别停电维修，一线停电维修，另一线组织双向行车，能够保证线路上全天列车运行，解决了跨线列车和夕发朝至列车的运输组织问题。但高速铁路列车速度高，一线组织维修时，另一线双向行车需要限速运行，会对临线施工造成干扰，且 V 形天窗影响区域长，占用高铁昼间大量黄金发车时段，天窗形成 V 形区域利用率低。由于一线施工，一线行车，对于施工作业和人员的安全造成了极大的威胁，安全隐患严重。

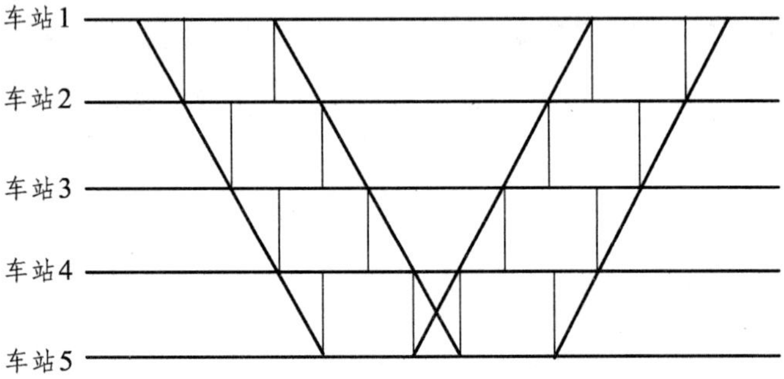

图 7-4　V 形天窗影响区域示意图

V 形天窗上下行分开设置，因此上下行天窗自成系统，以上行天窗为例，其影响区域是从上行最靠近天窗而不需要待避的那一列车起，到上行最后离开天窗的那一列车止，所围成的区域范围，如图 7-5 所示。

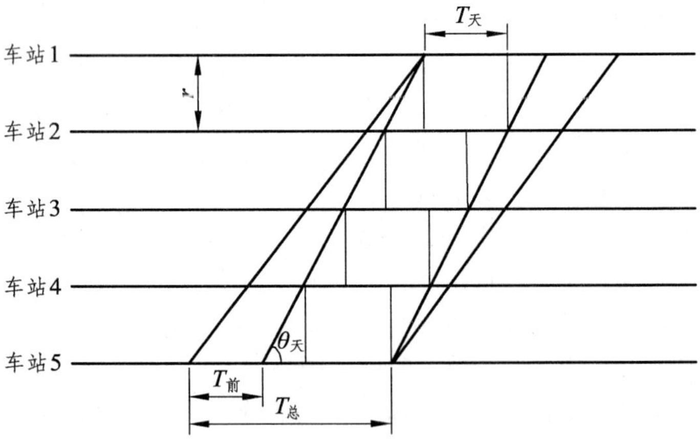

图 7-5　V 形天窗上行系统影响区域示意图

图中：$T_总$ 为天窗影响总长度，天窗影响时段和天窗外影响时段总和；$T_天$ 为天窗影响时段；$T_前$ 为天窗开始前影响时段；$T_后$ 为天窗结束后影响时段；r 为区段之间距离；$\theta_天$ 为天窗连线和车站之间的夹角。

由上图可以得出，上行影响区域：

$$T_{总} = T_{前} + T_{天} + r \cdot \cot\theta_{天} \tag{7-6}$$

同理可得，下行影响区域：

$$T_{总} = T_{后} + T_{天} + r \cdot \cot\theta_{天} \tag{7-7}$$

由以上分析可知，V 形天窗有以下特点：

（1）V 形天窗在每个车站上的影响区域长度相同，由两条运行线和始发终到站围成一个平行四边形，因此，每个车站影响长度相同。

（2）V 形区域内可组织列车双向行车，可以满足列车全天持续不间断运行需求，但是由于上下行列车不均衡，组织列车反向运行难度较大，不能有效利用资源，若产生晚点，运输组织更加难以协调，大大降低了线路的通过能力，列车速度较高时，行车密度大，不宜采用反向行车的运输组织方式。

（3）V 形天窗可以采用一线行车，一线维修的模式，保证了跨线列车和夕发朝至列车的运行图铺画，可以有效地解决这个问题，但是，两条线路间将会产生干扰，行车线必须进行限速运行，必要时要组织反向行车，施工线因临线行车，降低了施工效率。

（4）V 形天窗可以设置在白天，且各区间分开设置，白天光线充足，时间连续，满足了施工作业的各项需求，可提高效率，但是由于天窗倾斜，将会占用高速列车大量昼间黄金发车时段，同时也影响跨线列车的到达，高速铁路不宜采用此种天窗形式。

（5）V 形天窗不能很好保证施工作业和施工人员的安全，组织列车反向运行时，列车将从有电区进入无电区，有可能使无电区带电，作业安全受到了极大威胁。

3. 混合形天窗及适应性分析

混合形天窗是由天窗基本类型矩形天窗和 V 形天窗衍化而来的，通过空间和时间上的拼接、组合、优化、协调形成的适用于不用线路的天窗形式。混合形天窗可以分为时间混合形天窗和空间混合形天窗。

时间混合形是指在不同时间内根据上下行线路的实际运输组织情况设置矩形或 V 形天窗，包括双向分隔式矩形天窗、平行矩形天窗、单线隔日矩形天窗等；空间混合形是指在上下行线路上设置矩形、V 形或二者组合而成的天窗形式，包括 Y 形天窗、分段矩形天窗、r 形天窗、X 形天窗等。

1）时间混合形天窗

（1）平行矩形天窗。

平行矩形天窗是指在一个区段内，上下行线路在不同时间设置矩形天窗，且两个矩形天窗设置的时间段不重合，如图 7-6 所示。平行矩形天窗的优点是可以组织一线维修，一线行车，列车可全天候无间断运行。缺点是一天时间内设置两个矩形天窗，占用行车时间过长，导致高速列车的发到时间受到影响，对运输组织产生干扰，施工线和行车线会相互影响，施工安全得不到完全保障。

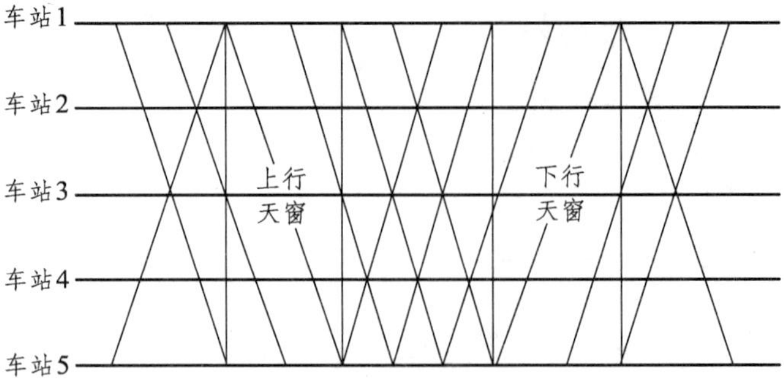

图 7-6　平行矩形天窗示意图

（2）单线隔日矩形天窗。

单线隔日矩形天窗是指在一个区段内，上下行线路按维修需求分单、双日设置矩形天窗，组织一线维修、一线行车，如图 7-7 所示。单线隔日矩形天窗是矩形天窗和平行矩形天窗二者的结合体，与平行矩形天窗最大区别在于平行矩形天窗在一天内设置上下行天窗，而单线隔日矩形天窗则按维修需求分单、双日设置矩形天窗。

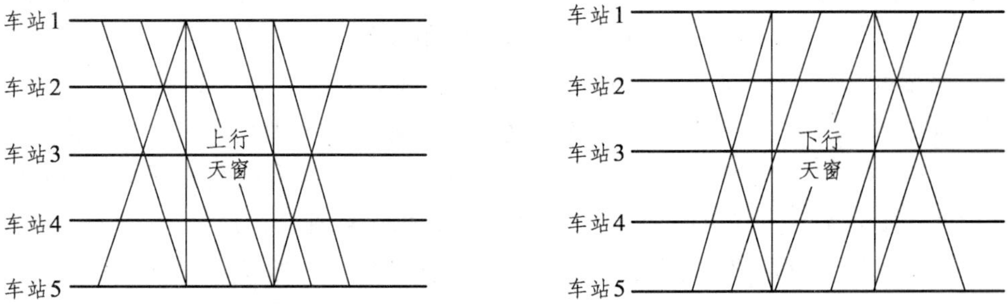

图 7-7　单线隔日矩形天窗（上行和下行）

单线隔日矩形天窗优点是可以解决平行矩形天窗占用线路时间长的问题，扩大了高速列车的到发时间范围，在此天窗下，列车也可以全天候、不间断运行，跨线列车和夕发朝至列车均可以在夜间顺利运行，且可以灵活地进行列车晚点调整。此天窗也具备矩形天窗优点，可以提供连续维修时间，提高维修作业效率，保证维修质量。缺点是维修线路作业和行车线路作业同时进行，会不可避免地发生干扰，存在安全隐患，且不能同时维修上下行线路设备，只能隔天维修，对设备要求高。

（3）双向分隔式矩形天窗。

双向分隔式矩形天窗是指在一个区段内设置矩形天窗，在矩形天窗内，分上下行各留出一段时间安排需要在天窗内运行通过的列车放行，其余天窗时间用于综合维修，此种天窗是矩形天窗和 V 形天窗的结合体，也具有矩形天窗和 V 形天窗的优缺点。如图 7-8 所示。

双向分隔式天窗的优点是克服了 V 形天窗占用线路时间长的问题，扩大了高速列车的到发时间范围，在此天窗下，列车也可以全天候、不间断运行，跨线列车和夕发朝至列车均可以在夜间顺利运行。不必组织单线双向行车，上下行线路有各自时间放行列车，不会发生干扰，提高了线路的通过能力。该天窗的缺点在于施工的同时临线会有列车运行，二者间会产生干扰，维修施工只能间断进行，无法保证作业的连续性，维修效果也得不到保证，且对于运行图上列车到发分布点具有很高的要求，要根据实际情况组织列车通过天窗，运输组织难度大。

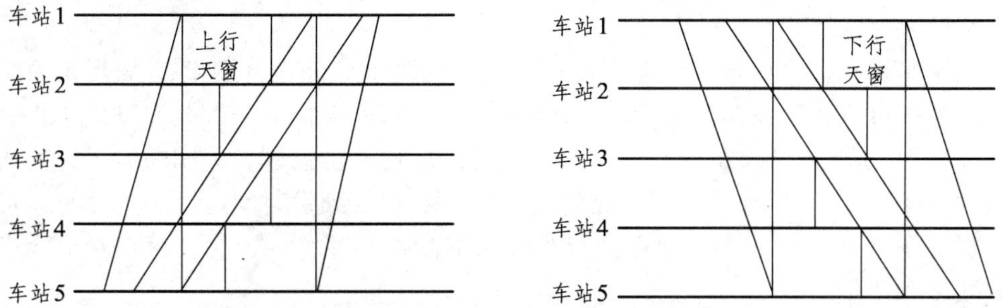

图 7-8　双向分隔式矩形天窗（上行和下行）

2）空间混合形天窗

（1）Y 形天窗。

Y 形天窗是指在一个区段内，分两段设置天窗，下半部分是上下行重合的矩形天窗，上半部分是分上下行设置的 V 形天窗，形似大写字母 Y，如图 7-9 所示。Y 形天窗是矩形天窗和 V 形天窗的组合形式，优点是兼具了 V 形天窗和矩形天窗优点，上半部分一线行车、一线维修，下半部分两线同时维修，能够满足两种需求；缺点是两种天窗连接处的能力浪费严重，天窗形式比较复杂，对于运输组织提出了更高要求，组织行车难度大，渡线维修问题很难解决。

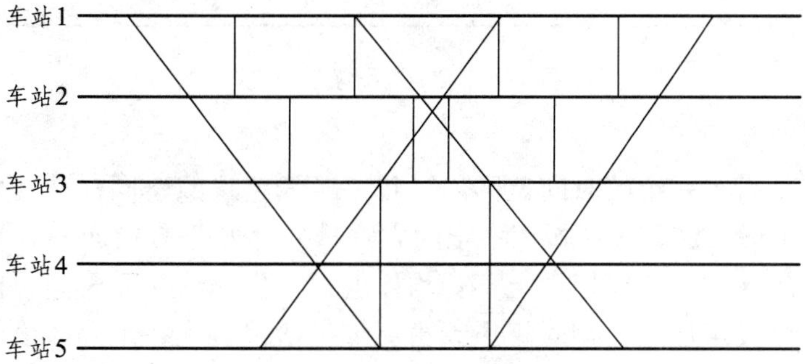

图 7-9　Y 形天窗示意图

（2）r 形天窗。

r 形天窗是指在一个区段内，按上下行分别设置天窗，一个方向设置矩形天窗，另外一个方向设置 V 形天窗，且二者的底部重合，形似小写字母 r，如图 7-10 所示。r 形天窗的优点是上行或者下行的通过能力和列车速度提高，可以满足两种施工需求。缺点是，行车线和维修线产生干扰，降低维修效率，存在安全隐患，且一个方向上列车等待时间长，渡线维修问题很难解决。

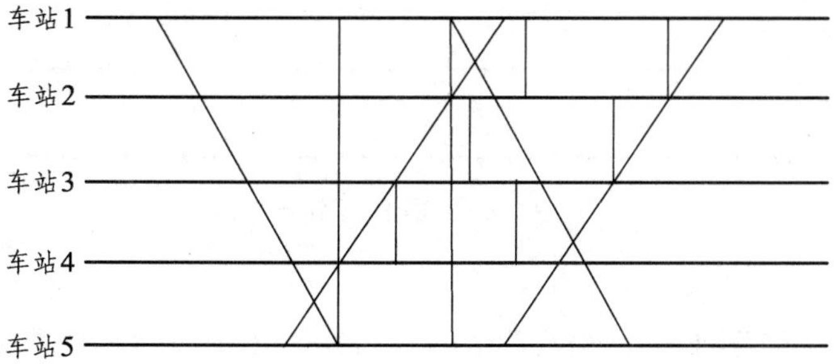

图 7-10　r 形天窗示意图

（3）X 形天窗。

X 形天窗是指在一个区段或者全线内，将其分为两个部分，分别设置 V 形天窗，形成交叉，类似大写字母 X，如图 7-11 所示。X 形天窗是对 V 形天窗的一种改进方式，将一个方向的天窗平移，形成了 X 形天窗。X 形天窗优点是保证列车全天候、无间断运行，便于跨线列车运输组织安排，比 V 形天窗占用线路时间缩短，对列车到发时间范围影响缩小，可连续集中维修，提高了维修作业效率；缺点是行车线和维修线有冲突和干扰，存在安全隐患，不能保证维修效果和质量。

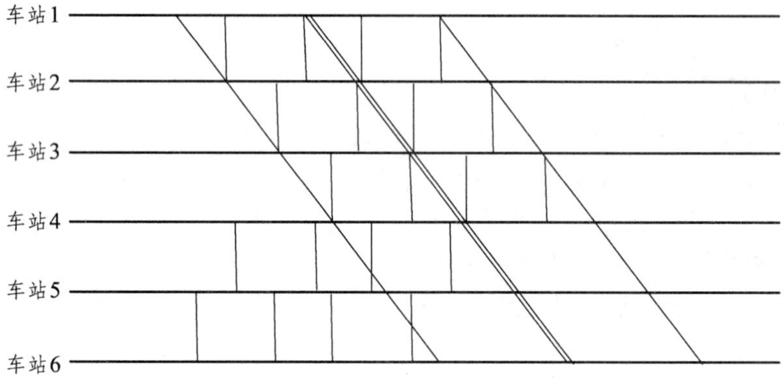

图 7-11　X 形天窗示意图

（4）分段矩形天窗。

分段矩形天窗是指在一定的时间范围内，将一条线路按照不同标准划分为若干个区段，在每个区段内设置矩形天窗，天窗按照一定的方式排列，如图 7-12 所示。分段矩形天窗的优点是具备矩形天窗的优点，天窗期内上下行均停电，提供连续作业时间，提高维修效率，确保维修作业安全。分段矩形天窗相对矩形天窗更加灵活，可以在不同区段以不同方式组合、倾斜，路网上采取此天窗可最大限度上满足行车需求，尤其是跨线列车的运行需要。其缺点是有利于某一个方向的运行需求，对另外一个方向行车造成困难，天窗设置时段不同，起始结束时间不同，运输组织和维修作业难度加大。

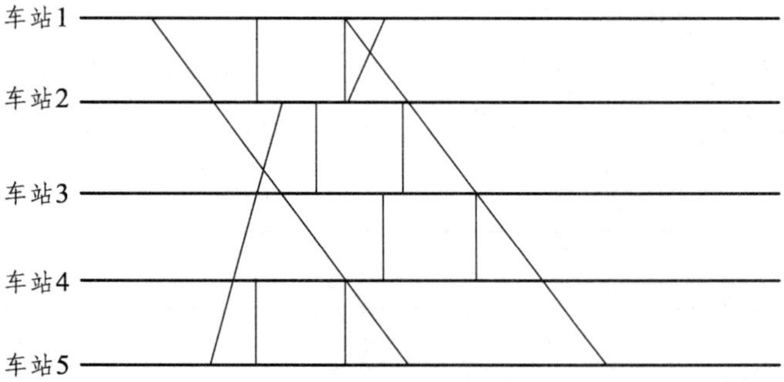

图 7-12　分段矩形天窗示意图

4. 无碴轨道条件下的天窗

（1）我国高速铁路线路长，网络规模大，运行距离较长的列车很难躲过天窗，对综合维修天窗的短时性要求特别高。

（2）无砟轨道维修作业时间短，综合天窗的设置时间决定于接触网维修作业的需要 1~2 h 左右。

（3）如果无砟轨道高速铁路的综合维修天窗时间为 2 ~ 3 h，可扩大通过能力约 10%。

（4）能够较好地满足对天窗的短时性要求，宜于采用分段矩形天窗的形式。

5. 天窗特点比较

1）不同形式天窗特点比较

不同形式天窗特点比较具体如表 7-3 所示。

表 7-3　不同形式天窗特点比较表

天窗形式		通过能力	影响时段	能力损失
V 型		8.5 ~ 15.5	20：30—9：30 ~ 6：30—13：30	134 ~ 142
双向分隔式矩形		12	23：30—6：30 ~ 21：30—8：30	81
单向隔日矩形	紧密发车	35.5 ~ 38.5	23：30—6：30 ~ 21：30—8：30	54 ~ 57
	单线追踪	7.5 ~ 16	23：30—6：30 ~ 21：30—8：30	77 ~ 86
	均衡运行	8.5 ~ 13.5	23：30—6：30 ~ 21：30—8：30	84 ~ 79

注：列车追踪间隔时间为 4min，天窗时间为 4 ~ 6 h。

2）单向隔日矩形天窗和双向分隔式矩形天窗比较

单向隔日矩形天窗和双向分隔式矩形天窗比较具体如表 7-4 所示。

表 7-4　单向隔日矩形天窗和双向分隔式矩形天窗比较表

比较内容	隔日单向矩形天窗	双向分隔式矩形天窗
行车方式	单线双向或追踪运行	双线追踪运行
线路设备要求	上、下行线均需具备双向行车条件	无特殊要求
列车开行时段	在影响范围内分布较均衡	时间要求比较集中
维修频率	上、下行线路隔天维修一次	上、下行线路每天维修一次
维修作业时间	5~6 h 连续维修作业时间	部分区段不足 3 h 连续作业时间
两线同时维修	需特殊处理	无特殊要求
天窗前后时段	可用于行车	只能用于增加维修时间
旅行速度	双向运行较低；追踪运行较高	相对较高
天窗影响范围	23：30—6：30 ~ 21：30—8：30	23：30—6：30 ~ 21：30—8：30

3）几种典型天窗形式特点比较

几种典型天窗形式特点比较具体如表 7-5 所示。

表 7-5 几种典型天窗形式特点比较表

天窗开设形式	单线隔日矩形天窗	双向分隔式矩形天窗	一般垂直矩形天窗	分段垂直矩形天窗
天窗内行车方式	单线双向行车	双向追踪运行	列车停运、转线或等线	
天窗内行车速度	列车最高速度应控制在 160 km/h 以内		无特殊要求	

续表

天窗开设形式	单线隔日矩形天窗	双向分隔式矩形天窗	一般垂直矩形天窗	分段垂直矩形天窗
线路设备要求	可反向行车	无特殊要求		
列车开行时段	天窗内分布较均衡	要求集中	天窗时段内不能行车	
线路维修频率	隔天维修一次	每天维修一次		
两线同时维修	隔一定时间须设置重合天窗	无特殊要求		
天窗影响范围	最小	再次	最大	其次
天窗内通过能力	最大	其次	最小	
全天能力损失	最小	再次	最大	其次
维修与行车关系	一线维修，一线行车；维修与行车干扰严重		两线同时封闭，两者互不干扰	

第四节　高速铁路施工维修作业组织与管理

从施工单位提出施工需求到施工方案的确定、执行，工作流程复杂，涉及的部门较多，在此流程中，施工维修计划贯穿全部，起着联系、协调各有关部门和指导施工执行的重要作用。因此，需要高质量地完成施工维修计划的编制工作，保障铁路施工工作的成功实施。

一、国外高速铁路施工维修计划编制管理

随着列车运行速度及行车密度的提高，对轨道几何状态的测控手段和轨道养护维修的要求也日益提高，建立以轨检车和计算机系统相结合的工务养护维修自动化管理系统的要求也越来越迫切。目前，各国在轨道类型、通过速度和线路维修质量要求等方面并不一致，但工务部门采用轨检车与计算机管理系统相结合，对线路养护维修实施自动化管理已成为共同发展的趋势。

日本新干线采用先进的信息管理系统，在东京情报管理中心内设置大型计算机，在新干线沿途设置 44 个终端机。管理中心根据各终端机获取的信息、轨检车每 10 日检测一次收集到的数据以及现场每日的作业报告等，进行处理并输出：轨道不平顺状态图、轨道不平顺状态表、轨道线形管理表、轨道管理图、轨道薄弱处所管理表、轨道养护周期表、轨道养护周期统计表等。这样，在全面掌握轨道状态基础上，可以安排维修作业计划，定量验收外包工程质量，根据工程质量按等级支付工程费用。

匈牙利线路维修和大修中采用 PATER 计算机辅助系统。该系统建立了较为健全的线路恶化模型、轨道材料质量评价理论、道岔评价理论等理论体系。系统根据输入数据，对线路状态做综合评价。输入数据包括：用 Psion 手持计算机检测的静态数据、用 FMR-004 型轨检车检测的数据、钢轨伤损和缺陷数据。

加拿大国铁也是采用计算机管理系统制定维修计划。其轨道管理系统包括：利用现场调

查和轨检车检测线路高低以及钢轨和轨枕状态，制定和实施钢轨磨耗、轨枕缺陷和线路表面不平顺标准；根据通过总吨位及各种轴重所占吨位的百分数预估轨道恶化。

英国的 MAPPS（轨道养护、轨道更新计划决策、费用估算支持系统）——用统计方法分析轨道破坏现象，基于技术经济分析模型，评价轨道养护维修方案，决策钢轨更换费用最小的更换周期。

德国的 SYSTEM DYNAMICS（轨道养护、轨道更新计划决策支持系统）——基于动态系统理论，用于长期的经济、技术相互作用仿真。

二、高速铁路施工维修计划编制管理的主要问题

1. 施工维修计划的编制原则及依据

高质量地完成施工计划的编制，需要有明确的编制原则及依据做指导。有了规范的参考标准，才能保证施工计划的制定和工程实施的顺利进行。施工计划的编制原则及依据如下：

（1）从行车安全角度出发进行编制；

（2）符合技术先进、经济合理的要求；

（3）符合铁路技术管理规程的要求；

（4）兼顾运输与施工，遵循各部门间协调组织、有机进行的原则。

2. 施工维修组织管理模式

目前，国内外铁路线路施工维修组织管理主要有管、检、修合一与管、检、修分离两种模式。我国高速铁路建设成网后，针对具体的运输组织特点，采用何种维修管理模式便于发挥出高效率、实现最大的经济效益，是需要深入研究的问题。

3. 施工组织管理方法

不同的维修管理模式下，组织方法也不尽相同。参照国外高速铁路维修管理组织的成功经验，比较分析我国既有铁路线路的维修组织管理方法，并结合我国高速铁路的实际情况，确定适用合理的管理方法是极其必要的。组织管理方法得当，才能保证工作顺利进行及高效率的实现。

4. 施工内容及设备检修周期的确定

高速铁路上列车速度快、冲击力大，线路技术标准高，这些特点决定了它的养护维修作业、施工工艺与常规铁路有很大的区别。在确定施工天窗的开设类型及时段后，施工单位要确定在天窗内的具体施工内容，利用有限的时间完成计划的维修任务。

高速铁路施工维修内容包括：轨道几何状态的测控、轨道养护维修、供电段电气设备检修、接触网维修、通信、信号维护、房屋建筑养护维修等。

（1）高速铁路的线路施工维修分为综合维修、经常保养和临时补修。综合维修是以全面改善轨道弹性、调整轨道几何尺寸、整修失效零部件为重点，按周期有计划地对线路进行综合修理，以恢复线路完好技术状态。经常保养是在全年和线路全长范围内进行有计划、有重点的养护，以保持线路质量经常处于均衡状态。临时补修是临时整修超过临时补修容许偏差

管理值及其他不良处所的临时性修理，以保证行车平稳和安全。

（2）供电段的电气设备维修按维修周期分为小修、中修和大修。

（3）接触网的定期检修分日常维修和大修两种修程。日常维修是维持性修理，利用每天的维修天窗，定期检查处理发现的缺陷；调整接触网的张力、弛度、补偿装置等；整修、补强和局部更换磨损的承力索、接触线及正馈线、供电线、回流线、加强线、保护线等附加导线；修换损坏的零部件，保持接触网的正常技术状态。大修是恢复性的彻底修理，主要是整锚段的更换接触网和附加导线，其目的在于改善接触网的技术状态增强供电能力，适应运输发展需要。接触网维修作业每天都要进行，每年春、秋进行 2 次设备全面检查调整，设备大修每 20 ~ 25 年 1 次。

（4）通信及信号设备实行大、中、维修三个修程。维修工作包括：日常检修、定期轮修、重点整修。日常检修是及时发现问题，消除故障因素，确保通信畅通的经常性生产活动，包括日、旬、月、季、半年检修测试工作。定期轮修是恢复、改善与提高设备强度和性能的修理测试工作，故修周期可根据设备使用频繁、重要程度而定，一般为 1 年及其以上，逐台、逐段、逐电路的进行。重点整修是工作量较大，无固定周期，一次性的设备整修工作。

信号中修是按周期对信号设备进行整修、补强和恢复工作，以保证电气性能和机械强度符合规定标准，安全可靠地使用到下一次中修或大修。一般信号设备中修周期为 5 年，大修周期为 10 ~ 15 年。

5. 维修施工机械设备布点

施工机械设备布点合理，会大大缩减施工前的准备作业，增加施工天窗的纯作业时间，提高作业效率。

6. 施工期间的安全保障

建立完善的施工安全保障体系，保证作业人员施工期间的人身安全，协调运输与施工间的关系，减少二者之间的相互影响，实现施工组织的优化管理。

7. 施工维修作业计划的确定

明确了维修的基本任务后，结合维修设备的布点、维修机械设备的数量、人员的技术水平及数量等，制定出合理的维修作业计划，按照计划完成一定的施工任务。

8. 施工维修质量指标评价体系的建立

建立指标评价体系，对施工质量进行评估，找出其中存在的问题并加以改进，进一步提高施工质量。建立质量评价体系时，需考虑作业组织协调性、施工时段内完成的维修任务量、施工时段内有效时间利用率、天窗兑现率、人员安全性等指标。

三、高速铁路施工维修计划编制管理模式及组织方法

1. 施工维修计划编制管理的基本模式

参照国外高速铁路及我国普速铁路的维修计划管理体制，施工维修计划编制的管理模式分为管、检、修合一与管、检、修分离两种模式。

1）管、检、修分离的维修管理体制

国外高速铁路大多采用管、检、修分离的维修管理模式。管、检、修是线路维修体系的三个基本环节，其中“管”是主体环节。路网公司对线路设备（资产）、运营成本、线路使用状态、线路运营安全和线路运营效益全面负责。它向运营商提供确保乘车舒适、行车安全的线路条件，并通过协议（或者合同）从运营单位得到线路使用费用。该费用用于新线建设、运营支出（成本），以及形成运营效益。为了扩大运营效益，路网公司必须在线路维修体系中采用科学的管理制度，以降低运营成本。

路网公司本身主要从事线路检测资料和轨道状态的分析、诊断，行车安全评估，制订维修计划、签订线路检测和线路维修外委合同，进行检测及维修施工监督和工程质量验收，负责轨道巡回检查。线路检测公司根据合同承担轨检车线路检测及钢轨探伤车探伤任务，并对检测结果做出分析，提出线路维修建议。线路维修公司根据合同承担维修作业任务，并与铁路公司（业主）进行施工质量验交。

维修管理组织方法以东日本高速铁路公司为例：由总公司——调度指挥中心及地区分公司——各专业技术中心组成的维修管理系统。由各专业（线路、房建、电力、通信信号等不同专业）技术中心对设备的状态进行监视、管理，制订维修计划；与高速铁路有关的维修业务上报调度指挥中心，与普速铁路有关的维修业务上报地区分公司，由调度指挥中心或地区分公司安排维修作业时间，发出维修指令；由调度指挥中心和地区公司汇总各专业设备维修情况向总公司汇报，由总公司制订线路设备更新和大型机械配置计划。

该模式下各部门间责、权、利划分明确，部门间存在着利益关系，这种管理模式有利于发挥各部门的专长，便于部门内部的组织管理，但部门间的协调与合作需要共同遵守相关管理机制及约定的基础上进行。

2）管、检、修合一的维修管理体制

我国既有铁路长期以来采用管、检、修合一的线路维修管理体制。由铁路局集团公司负责所辖范围内线路全部管理、检测和修理业务。铁路局集团公司拥有自己的轨道检测车，拥有自己的线路大、中维修作业队伍和作业机械，铁路局集团公司下属的工务段、大修段及再下一属的领工区、工区、机械化作业工队，按铁路局集团公司下达的大、中维修计划和维修任务指标安排和完成各自的工作。铁路局集团公司是统一的经济核算单位，负责全局的资产、运营收入、运营成本及经济效益核算。

营业线施工组织实行中国铁路总公司、铁路局集团公司、车务段（直属站）分级管理，逐级审批制度。由中国铁路总公司审批的施工计划，各铁路局集团公司于施工前一个月的 15 日前以铁路局集团公司文件或电报上报中国铁路总公司。对于通过能力不紧张的分界口，可由施工局与相邻局商定后报中国铁路总公司备案。中国铁路总公司和车务段（直属站）审批权限以外的施工项目，全部由铁路局集团公司审批。车务段（直属站）负责维修天窗的维修作业计划审查与安排。

该管理模式下，各部门间存在隶属关系，最高级别部门对隶属部门进行全程统一管理，下一级部门只需要完成上级管理者下达施工任务及相关指标即可，此模式下管理部门任务繁多，不利于全面发挥部门特长及优势。

2. 我国高速铁路的施工维修计划管理模式

我国高速铁路施工维修计划采用管、检、修分离的管理模式，组织管理实行中国铁路总公司、高速铁路公司二级管理，逐级审批制度。这种组织方案有利于发挥各部门的专业特长，做到责、权、利划分明确，发挥各自的积极性。

根据施工计划的影响范围，将施工划分为Ⅰ级和Ⅱ级。Ⅰ级施工包括：站场改造、主要干线更换道岔、主要干线及枢纽上跨铁路结构物、大型信联闭改造、大型电气化改造、高速铁路公司间分界站的施工等。若影响到跨高速铁路公司旅客列车的停运、变更运行区段、列车流改变运行径路、改变始发终到时刻和高速铁路公司间分界站运行时刻，该类施工计划需提报中国铁路总公司，由中国铁路总公司审核批准并安排施工计划的实施。Ⅱ级指对高速铁路公司管辖下的线路及车站进行的不会影响到跨高速铁路公司列车开行的相关施工，施工计划由高速铁路公司审批安排，不需上报中国铁路总公司。

另外，城际铁路的维修由高速铁路公司全程组织管理，进行相关施工安排时，不需要上报中国铁路总公司。

高速铁路公司、中国铁路总公司只负责施工计划的安排，具体的实施则委托专门的维修部门代维修，同时代维修部门检修后反馈相关信息给相关部门，并对检修质量负责。委托维修部门代维修时，维修体制采取国外的养护维修经验，如牵引供电、线路（钢轨及以下）采取委托代维修体制；通信、信号由系统集成商进行代维护；电力由地方供电部门直接管理，室内由房建部门负责；房屋建筑养护维修采取市场化运作方式。

3. 施工维修计划编制流程

在编制高速铁路施工计划前，要进行数据信息收集和处理分析。需要收集的数据信息包括轨道几何尺寸、轨道类型、通过总重、列车速度、轨道应力以及其他设施设备的状态信息。通过对各种数据资料的定量分析，参照各种标准，制定出大、中修计划和紧急补修计划，将计划下达给相关单位，由工区实施后收集反馈信息。施工维修计划编制流程可用图 7-13 表示。

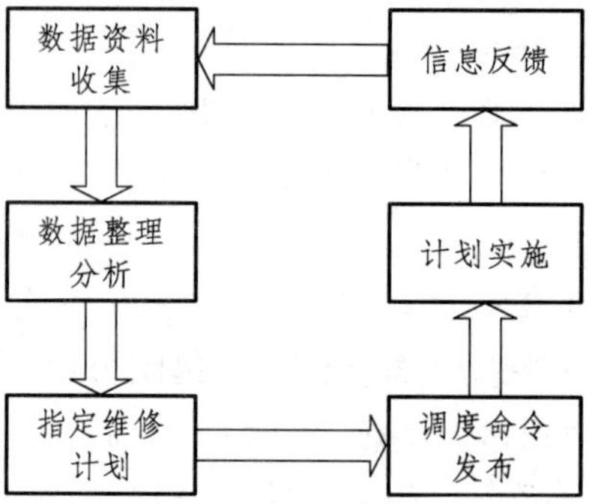

图 7-13　施工维修计划编制流程图

四、高速铁路施工维修计划编制管理系统

1. 系统目标

以优化施工管理组织、协调运输组织、保障行车安全、提高施工维修作业效率作为目标，以计算机技术为主要手段，通过组织、协调、优化各项资源，进行施工维修编制计划管理系

统的规划，实现施工维修计划管理的信息化、自动化及智能化，建立具有国际先进水平的铁路行车设备施工计划管理系统。

2. 系统总体方案

系统的总体结构取决于系统所要处理的业务、数据和信息的流程等相关因素。从总体上来讲，施工维修计划编制系统的任务是对线路、供电系统和通信信号系统等固定设施的维修做出相关计划。主要是通过人工监测、综合检测车（或检测中心）提供的设备技术状态信息以及段内的监测信息，经施工维修计划编制系统的分析处理，制定相应维修计划，施工管理部门根据施工级别提出具体施工计划，然后上报中国铁路总公司或高速铁路公司审批后，与行车调度部门进行协调，再由综合维修调度部门发布实施命令，由维修部门实施。业务流程如图 7-14 所示。

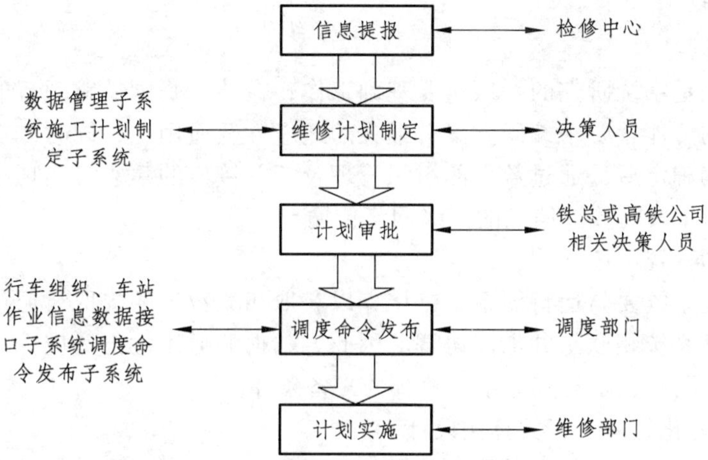

图 7-14　施工维修计划制定及实施业务流程

施工维修计划编制系统所要解决的主要问题是通过对数据资料的分析，考虑其他相关因素制定出合理的施工计划，通过综合维修调度与行车调度间的协调，实现计划的具体实施。施工管理系统体系结构可用图 7-15 表示。

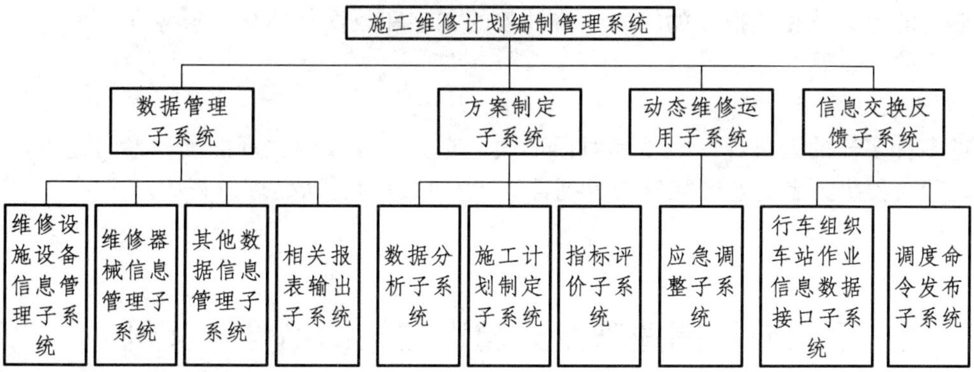

图 7-15　施工维修计划编制管理系统体系结构

3. 系统主要功能

计算机编制高速铁路施工维修计划管理系统的主要功能如下：

（1）实现整个高速铁路网络车站、线路、维修设施设备及其他相关设备的基础数据信息的综合管理，包括查询、修改、增加、删除数据信息功能；

（2）与列车运行图编制管理系统建立相关链接，进行路网逻辑结构、运行图数据、车站平面图数据等基础数据管理和行车组织、车站作业信息数据的接口传输；

（3）通过系统建立的指标参数集，对收集的相关数据进行智能化分析，给出分析结果，并根据分析结果制定施工计划；

（4）进行施工计划管理、网络会签及其下发，日常施工调度网络指挥及调度命令生成与发布；

（5）通过指标评价系统进行施工计划考核分析、行车影响分析、施工计划分布图解、施工计划远程查询。

4. 系统关键技术

1）数据结构设计

数据结构设计是系统研究的一项重要基础工作，在结合我国铁路现行的管理方式下，并能适应远景变革的可能，要求编码方案有最大的适应性及通用性，同时体现编码的严密性和科学性。编码方案确定后，通过数据的组织管理及相关接口的建立等实现中国铁路总公司、高速铁路公司、施工段间数据信息的三级网络传输。

2）系统数据通用性与适应性

施工计划编制系统要与运行图系统链接，以获取相关数据的提取，通过本系统编制的方案还要与行车调度系统相联系并加以协调。因此，数据的通用性与适应性是本系统需求解决的主要问题之一，同时也是与其他系统整合的必备条件。

3）数据的智能化处理及相关算法设计

系统要实现通过对提取信息及历史数据的分析处理，编制施工计划并实现与运行图系统的链接，自动搜索施工与行车的冲突并加以调整的功能，其实现方法是将各种约束条件表示成数学表达式，再把它转化为相应的数据结构模型，在满足系统设定条件的前提下，进行施工方案的启发式搜索算法求解。

4）分析结果的可视化表示及相关报表的输出

图形化的界面及相关报表的输出，将抽象的文字和数据具体化、形象化，可以极大地提高操作人员的工作效率。

5）人机交互系统

通过多种多样的人机界面技术和对话形式，充分发挥人的主观能动性参与施工计划制定的决策过程，使决策者的意图能够渗入到计算机对问题的自动处理过程中。

第五节　高速铁路天窗设置与综合维修实例

在 2004 年 7 月中国铁路总公司（原铁道部）召开“京沪高速铁路运输组织方式、综合维修管理模式等重大技术问题”专题讨论会上，运输局从高速铁路运输安全的角度建议：不采用“一线维修、一线运行”的运输组织方式。因此，只能选择一般垂直矩形天窗或分段垂直矩形天窗。

1. 垂直矩形天窗

（1）可以连续提供 5 ~ 6 小时，甚至更长的维修作业时间；
（2）对于需两线同时封锁维修的设备提供了良好条件，在维修过程中不受邻线行车干扰；
（3）会影响一定范围的发车时段；
（4）对夕发朝至和较长距离跨线列车的夜间行车需求无法满足；
（5）对通过能力的影响大。

2. 分段矩形天窗

（1）只能在很小的程度上满足夜间列车运行的需要；
（2）只能照顾顺倾斜方向列车的开行，而大大恶化了另一方向的行车条件；
（3）全线连续设置时将产生较大的影响区，会影响日间发车；对与天窗倾斜方向相反方向的列车运行将造成更大的影响，不宜全线连续开设；
（4）具有很大的灵活性，可以根据实际的行车需要，在全线甚至是整个高铁线网上，选择合适的时间、倾斜方向、倾斜角度，以分段、组合、连续等多种方式进行开设；
（5）比垂直矩形天窗具有更大的优势。

3. 结论

（1）不采用“一线维修、一线行车”的方式；
（2）分段垂直矩形天窗较一般垂直矩形天窗具有更大的灵活性；
（3）高速铁路综合维修天窗选择宜采用分段垂直矩形天窗。

由于高速铁路的行车速度高，车辆轴重较轻且品种单一，荷载变化具有重复性和周期性，因此，对轨道平顺性的要求很高。为使高速铁路能以规定速度安全、平稳、舒适地运行，必须保证工务维修质量。适时合理地安排维修计划，而不是固定一个周期每年按周期进行维修是状态修与传统的周期修的根本区别。

各国高速铁路均使用养路机械在运行图中预留的天窗内进行检测、养护、维修及故障处理作业。但天窗时间的长短和天窗开设形式各不相同。天窗时间的长短主要取决于工务维修工作的性质和如何充分发挥施工机械的作业效率，有关研究表明，大型养路机械维修作业所需合理的“天窗”时间应为 180 ~ 270 min。电务、接触网维修时间均可控制在工务维修作业时间内，且可通过协调配合，与之平行作业。

从控制工区划分范围讲，分析主要专业的工作内容可以看出变电检修、桥涵维护基本上不影响行车，不是工区划分范围的限制因素；通信信号的维修除道岔转辙机抢修、轨道电路和应答器检查有危险因素外，通过设置冗余设备，实行换件修和在线检测等技术措施，基本实现了预防性计划修和状态修。其作业与行车天窗没有大的关系（与线路维修和接触网维护有密切关系），在维修机构的布局上可以有很大的灵活性。唯有线路维修和接触网维护、抢修需要直接占用线路，作业与行车关系极大。其中线路作业具有作业量大，需要定员多，耗时长的特点。例如线路综合维修，应力放散作业。而接触网小型事故具有突发和不可预见性（外力影响）。总之，高速铁路为实现预防性计划修，必须减少线路和接触网小型事故抢修作业。

以便有计划地安排预防性维护，尽可能地减少突发事件。在管辖距离上，要考虑接触网抢修到达事故地点的运行时间；同时考虑线路维修、维护作业时间来决定工区管辖范围的距离。

下面就假设一个事例来分析工区管辖范围和天窗时间的关系。设有 A、B、C、D 四站，B、D 站设工区。当区间的维修计划是使用大型养路维修机械列车对故障点进行维修时，具体作业程序如下分析：

如图 7-16 所示，B、C 站间距 60 km，B—C 区间由 B 站工区负责。维修点最不利处当在靠近 C 站约 6 km 处。再假设有 2 处维护点，分别在 B—C 区间的 1/4 和 3/4 处，维护地段长分别约 12 km 和 6 km。

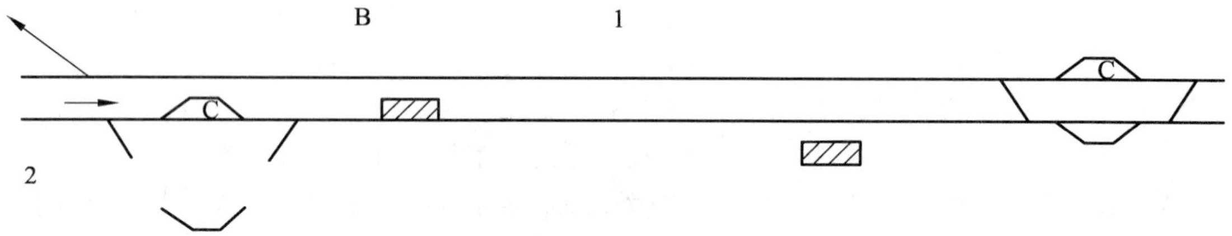

图 7-16　B—C 区间日常养护维修作业地点示意图

当维修和维护作业同时进行时，因维护作业耗时较短，天窗时间受维修时间控制，所以先分析维修作业情况。维修车由维修基地经 B 站驶入区间。运行距离 114 km，按 100 km/h 速度运行约需 1.14 h。固定附加时分为办理车站封锁、开通时间 10 min，维修机械上架、落架 2 次共 32 min，总附加作业时间为 1.84 h。捣固车机械作业效率按 1.5 km/h 计，二辆捣固车每小时可完成 3 km，2 h 能完成 6 km。因此，这种工区布置安排仅线路综合维修作业就需要 4 h 以上。考虑增加线路确认检查，维修列车返回 B 站后确认车出动，车速 100 km/h；确认区段（6 km）检查车速 40 km/h，共需要运行 1.5 h。则天窗时间共约 5.5 h。

当仅有维护作业时，轨道车由 B 站驶入第 1 作业区工作 1 h 完成任务后行至 C 站，转线至上行第 2 作业区工作约 0.5 h 完成任务并返回 B 站入维修基地。在全部作业过程中，轨道车自身运行距离约为 102 km，机械自运行时间约 61 min，固定附加时分为办理车站封锁、开通时间 10 min，总附加作业时间为 1.2 h，工作时间约 1.5 h，则工作时间约 2.7 h。加上确认区段（18 km）检查车速 40 km/h，需要运行 0.45 h；确认车运行距离 102 km 又约 61 min。共 1.46 h。则天窗时间为 4.15 h 以上时，才能完成作业任务。

第八章　高速铁路动车组运用及乘务组织

第一节　概　述

动车组是完成既有铁路提速和高速铁路旅客运输生产任务的主要移动设备，它是指列车的牵引动力装置（相当于机车）和载客的装置（相当于客车车底）固定为一体的特殊车底，具有机车和客车车底双重性质。提高动车组运用效率可以减少动车组使用数量，对于降低运营成本具有重要意义。

动车组运用计划是动车组运用和维修的综合计划，它根据给定的列车运行图、有关动车组检修的规章制度及检修基地条件等，对动车组的运用时刻、始发车站、担当车次、动车组检修时间、检修地点及检修类型等做出具体安排，以确保状态良好的动车组实现按图行车，高效完成运输任务。当列车运行图调整时，动车组运用计划也将重新编制。

动车组乘务运用计划是动车组乘务员（组）的综合乘务计划，它根据给定的列车运行图、有关乘务员乘务规程、乘务基地条件等，对乘务员（组）在何时何地出乘，何时担当哪次列车，何时何地退乘等做出具体安排，以确保列车开行计划的实现。

在编制列车运行图时必须考虑动车组和乘务员的情况，如果没有质量良好、数量匹配的动车组可供使用，没有条件适合的乘务员值乘，再好的运行图也无法实现，因此动车组和乘务员运用是非常关键的。更进一步，动车组运用计划和乘务员运用计划不仅关系到能否按图行车，还直接影响动车组的运用效率、乘务工作效率，以及整个铁路运营的成本，从而影响铁路运输的经济效益，所以它们是高速铁路旅客运输组织的基本计划。

国外高速铁路动车组与乘务运用通常是与客车开行计划、列车运行图以及调度系统紧密相结合，并在实际运用中依靠综合调度来实施调整，其共同的目的是提高动车组利用率、减少动车组使用数量、降低运营成本。如日本新干线采用行车管理系统 COSMOS 实现了包括车底运用在内的列车运行组织全面计算机管理；法国采用动车组长短路相结合、多次循环开行的方式提高动车组使用效率；德国通过优化列车运行图保证运行线的良好接续来提高动车组使用效率。

第二节　高速铁路动车组的运用管理

一、动车组的运用与管理体制

在动车组的运用与检修管理方面，我国主要以固定配属的方式将动车组配属给动车段及其下属的动车运用所，一般由动车运用所具体负责动车组的运用与检修工作组织。在实际中为了便于加强对动车组的管理，动车组一般固定担当某一个运行区段上的列车或交路任务，且除在特殊情况下可以进行车种替代以外，某一型号的动车组一般只负责对应车型的交路任务，这个主要受动车组的定员、座席、编组以及速度等级等多方面因素的影响。

在动车组运用与检修管理信息系统方面，全路主要采用的是中国铁道科学研究院研发的动车组管理信息系统，借助该信息系统平台，主要采用人工经验的方法编制动车组的一级修调车作业计划，以及在部分动车运用所中借助该系统辅助编制动车组的运用计划与检修计划，但目前并未全面实现计划的智能化及优化编制。对于全路绝大多数动车运用所而言，仍然主要是以 Excel 表作为计划的编制工具，通过人工推算和调整来实现动车组的运用与检修计划编制。

目前动车组运用管理体制主要由中国铁路总公司统一购买动车组，以从路网的角度根据线路特点选择合适的动车组型号。高速铁路实行统一调度且列车实行自动控制系统，这是一种高效节约的调度模式，产权归国家中国铁路总公司便于为动车组配置统一的列控系统。动车组造价昂贵，且车型种类众多，集中订购一方面有利于实现规模效应，降低成本；另一方面在全路范围内调配备用动车组，有利于减少备用动车组数量；此外还利于全路统一购置检修设备和零部件，便于维修调度，为统一集中维修创造条件。中国铁路总公司为平衡各公司租用计划需要认真研究，各公司没有车辆自主权会限制其经营活动积极性和效率。同时，各高速铁路公司租用中国铁路总公司动车组，会增加费用结算环节。

二、动车组的运用与管理特点

在常规铁路上，旅客列车的机车和客车车底的运用与管理一般是分离的。我国客运机车由负责交路的机务段提供并指派相应的机车乘务组，由各交路的机务段和折返段负责其整备工作。一般长途旅客列车需要由其径路上若干个机务段的机车担当，每台机车只牵引列车总运程中的一部分。而客车车底和对应的列车乘务组则由该车底的配属客运段或列车段负责组织与管理。可见，担任牵引任务的客运机车和负责客运服务的客车车底的关系不固定，设备或人员的管理是分散的，机车周转的优化和客车车底使用的优化是分别进行的。高速铁路的旅客运载工具是由牵引动力和运输载体一体化的“动车组”构成，这同常规铁路有很大不同。由上面的介绍可知，高速铁路动车组的运用与管理具有如下特点：

1. 运营效率的提高

高速铁路的牵引动力与运输载体联成一体，动车组在担当某一车次的全过程中，不需要在途中换挂机车。因此缩短了换挂机车的作业时间，既有利于提高列车的旅行速度，又减少了工作环节，提高了工作效率。而且牵引动力（机车）和运输载体（客车车底）的管理合二为一，减少了管理机构和相应的管理人员，同样也提高了运营效率。

由于牵引动力与运输载体合一，高速铁路动车组运用的效率，也超出了常规铁路机车的长交路，形成所谓的联程交路运用方案。在常规铁路，长交路是指机车运用范围可跨越若干个牵引区段，甚至跨局范围的运行，但一般而言，由一台机车自始至终地完成更大运程（1 500 km 以上）的牵引任务，并不多见，而由一台机车连续完成两个及其以上不同运程的牵引任务，则由于组织管理工作复杂，尚难以实现。而高速铁路动车组则完全可以实现连续完成多个不同运程服务的联程交路运用方案，这不仅是由于高速铁路动车组设备的高可靠性可以保证联程运用，而且也是强化利用动车组、提高运营效率的必然选择。

2. 整备和维修体系的革新

与常规铁路不同，高速铁路动车组采用了新的整备和维修体系，提高整备和维修作业量、缩短整备和维修作业时间，成为高速铁路动车组高质量、高可靠、高效率运营的一项重要表征。

3. 动车组的运用与整备. 维修的一体化

动车组的整备、维修是保证动车组有效使用和运用质量的前提条件，而动车组的运用计划同时是合理安排整备、维修工作的重要依据。在国外高速铁路，列车运行图中动车组运用交路安排，即动车组周转图必须按照动车组实际走行公里数和定检期限及时安排相关的入段或入厂检修作业，并符合整备、维修作业时间标准的要求，以保证动车组在运用中的高质量和高可靠性，而动车组的整备、维修作业又必须严格按照动车组周转图的要求来进行计划和安排，以保证动车组按图行车，有效利用。在列车运行图调整时，更应注意其间的相互关系，这就是动车组运用计划与整备、维修计划一体化的含义。

根据动车组运用与整备、维修一体化的思路，动车组的运用和整备、维修计划是统一编制、统筹安排的，这使运载设备的运用和管理从常规铁路的分散化走向集中化，使动车组摆脱常规铁路客车车底的固定运用方案模式，采用更为高效的运用方案。也就是可以根据运用期间的所有动车组数量、设备状态、所在位置、累计运营里程和定检期限，安排滚动式的运用方案，在保证完成运输任务和按期进段检修的前提下，使动车组的利用效率达到最高。

三、动车组的运用方式

作为动车组运用管理的重要内容之一，动车组运用方式是指动车组在线路上担当运行区段的确定形式，它直接影响着动车组的运用效率和灵活性，虽然现有研究从不同角度出发将动车组运用方式分成了多种类型，但总体上可根据动车组运行区段是否固定而将其划分为固定运用方式、不固定运用方式以及半固定运用方式。

1. 固定运用方式

固定运用是指动车组在固定区段间往返运行，该方式具体可分为单区段固定往返运用和相邻区段套跑运用两种类型。前者是指动车组在固定的两个车站间往返运行，在满足折返时间要求的条件下即可实现车次间的周转接续，如图 8-1 所示；后者是指动车组在相邻的两个运行区段间套跑循环运行，在满足折返时间和接续时间要求的条件下实现车次间的周转接续，如图 8-2 所示。

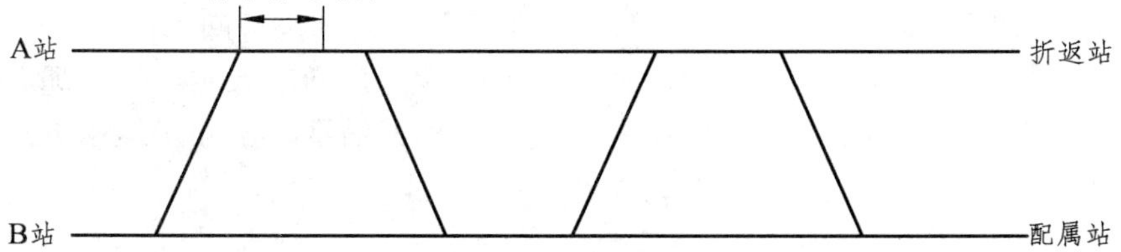

图 8-1　单区段固定运用方式

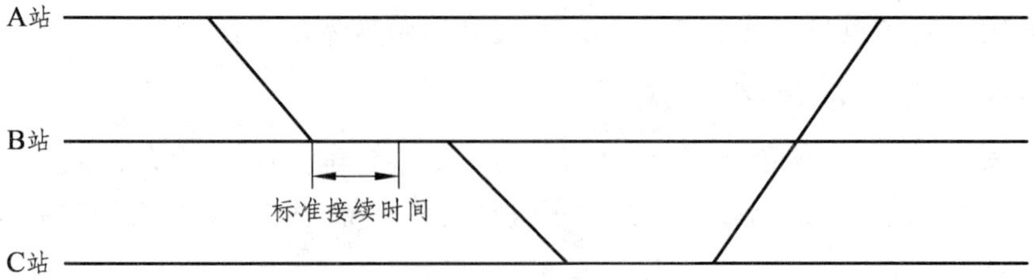

图 8-2　相邻区段套跑运用方式

固定运用方式便于动车组的日常维护和管理，大大降低了动车组的组织和行车工作难度，但是由于动车组的运用范围限制在了一个或两个运行区段内，动车组的运用效率较低，运用不灵活。

2. 不固定运用方式

不固定运用方式是指动车组的运行区段不固定，动车组可以在整个路网中运行，在满足车型匹配、线路和信号以及检修等要求的前提条件下，只要接续时间和地点也满足要求，动车组即可承担任意区段内的运输任务。如图 8-3 所示，动车组可依次接续担当 1、2、3、4，也可以依次接续担当 1、5、6、7，运行区段不受限制。

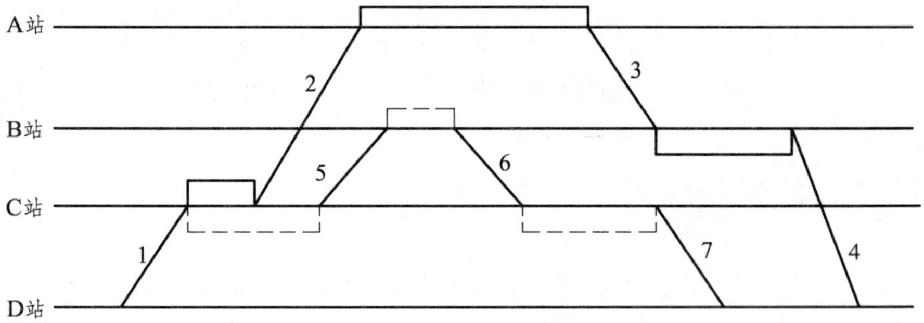

图 8-3　不固定运用方式

在该运用方式下，动车组的运用和接续方案更加灵活，能够有效地提高动车组运用效率；然而，这种运用方式使得动车组在管理和调配上存在较大难度，动车组运用计划和检修计划的编制也变得更加复杂，且编制出的计划在鲁棒性和稳定性上一般较差。

3. 半固定运用方式

半固定运用方式是一种介于固定运用方式和不固定运用方式之间的运用方式，且一般可以从两个角度来对其进行定义。第一种定义，半固定运用方式是指对整个系统（比如动车运用所）中的动车组来说，一部分动车组采用固定运用方式，而另一部分动车组则采用不固定运用方式；另一种定义是指某些区段上列车车次间的接续组合关系是确定的，而动车组在担当完这些组合列车车次后，去担当其他组合列车车次时的方案不再固定。

动车组的运用方式直接关系到动车组运用计划和检修计划的编制，目前随着我国高速铁路成网规模的不断扩大，为了提高动车组的运用效率和灵活性，不固定运用方式得到了越来越广泛的应用。

第三节　高速铁路动车组运用计划的编制及调整

一、动车组运用计划编制管理模式

1. 动车组运用计划编制管理的基本模式

动车组运用计划以列车运行图为基础进行编制，两者紧密相关，因此动车组运用计划管理模式与运行图管理模式应保持一致性，动车组运用计划编制时段性也应与列车运行图保持一致性。不同的动车组运用管理体制，对应的动车组运用计划编制的管理模式也将不同。

1）全路集中管理动车组运用计划编制模式

全路集中管理动车组运用计划编制模式是以动车组由中国铁路总公司统一订购和统一运用的条件为基础的。由于动车组归中国铁路总公司统一调配使用，各公司对编制动车组运用计划只有建议权，并没有决定权。中国铁路总公司结合高速铁路全路列车开行计划，考虑到社会效益集中编制动车组运用计划，实现动车组的各线路间穿插接续，并将最终结果下发到各公司讨论修改直至最后确定方案。

2）高速铁路公司管理动车组运用计划编制模式

高速铁路公司管理动车组运用计划编制模式对应动车组由各公司自购自用情形。高速铁路公司仅管理本公司动车组，与其他公司没有重叠和交接部分，因此高速铁路公司根据本公司列车开行计划编制动车组运用计划，并将结果上报中国铁路总公司备案。

3）全路集中与高速铁路公司自管相结合管理动车组运用计划编制模式

中国铁路总公司和高速铁路公司均有购车，均有列车开行计划，将动车运用计划编制放在任何方都不合理。借鉴现行中国铁路总公司、铁路局集团有限公司两级机构编制列车运行图模式，可考虑在中国铁路总公司设置动车运用计划编制中心，主要编制跨公司列车动车运用计划，在跨公司列车动车运用计划基础上编制完成各高速铁路公司动车运用计划。

上述三种模式各有优缺点：

（1）集中管理模式可以充分利用动车组提高使用效率，节省动车组需要数量，并且中国铁路总公司和铁路局集团各子公司是上下级关系，这使得与从普速铁路路上高速铁路跨线车动车组协调容易。但是各子公司不能根据客流需要灵活选择动车组，也不能根据客运市场变动自主加挂动车组。更改运用计划高速铁路公司需要向中国铁路总公司申请，一旦获批后改动动车组内部设施或加挂动车组将会给套跑带来不便，调整起来涉及面较广，运输组织复杂。

（2）高速铁路公司自营自管模式可使高速铁路公司根据客运市场变化自主制定动车组运用计划，有利于发挥公司运营的积极性。但是跨公司动车套跑协调层面多，管理起来困难，且各公司专门设置动车运用计划编制部门及各岗位，较集中管理显得机构臃肿。同时，各公司自行购买容易产生各公司根据自身条件购买不同型号和制式动车组，可能会造成全路列车标准不统一。

（3）中国铁路总公司集中和高速铁路公司自营自管相结合管理模式能很好发挥上述模式

的优点，同时避免上述模式缺点。

对于开放的高速铁路系统，除本线客流外还有较多与其他高速铁路线路和既有铁路客流的交流，根据以上模式优劣分析，运营初期应采用集中与自营结合模式管理动车组运用计划，随着动车运用外部条件的变化和成熟可考虑采用更高效模式。

对于相对独立城际高速铁路系统，其主要服务对象绝大部分是本线客流，与外交流极少，应采用城际高速铁路公司自营自管模式，若有少量交流客流列车开行由公司间协商解决。

2. 动车组运用计划编制的组织管理

根据动车组运用计划编制模式的不同，动车组运用计划编制的组织机构和管理机构也各具特色：

（1）垂直机构。

全路集中管理动车组运用计划管理模式对应的组织机构为垂直机构。

（2）独立机构。

高速铁路公司自营自管动车组运用计划管理模式对应的机构，相对于垂直机构是一种独立机构。

二、高速铁路动车组运用计划的编制

1. 动车组运用计划编制的影响因素

1）动车组检修模式与体制

提高动车组利用率与保持动车组良好的运行状态是矛盾的两方面，必须通过检修和维护才能安全高效地完成运输任务。选择合理检修体制对于提高高速铁路安全性起着决定作用，确定高效检修模式对于提高动车组运用效率有着直接的影响。

2）动车组配属基地的设置

动车组基地是动车检修设备设施存放的场所，动车组大型的检修作业均是在基地进行的。动车基地在高速铁路没有成网前按高速铁路线路设置，预留成网后设在高速铁路网络枢纽处条件。动车组完成列车运输任务后进段整修，如果动车配属基地合理，编制的动车组运用计划则可减少动车组空车走行，迅速出入段并检修，减少动车组使用数量，并能为动车段维修创造良好条件。

2. 动车组运用计划的种类

由于旅客需求、动车组归属、动车组种类等的不同，动车组运用计划可以分为以下不同的类型。

1）平日运用计划与假日运用计划

平日和节假日旅客需求的不同，体现在出行的时间、密度、方向等各个方面，为适应这种需求，在平日和节假日分别采用不同的运行图，因此动车组运用计划也自然地分为平日计划和节假日计划，动车组平日按平日计划运用，节假日按节假日计划运用。

为保证动车组在平日和节假日之间过渡和检修计划的实施，先编制平日计划。编制节假日计划时，保证节假日计划的交路段结构（交路段的始发站、终到站及检修的种类）与平日计划的相应交路段一致。

2）单基地与多基地动车组运用计划

列车运行图由一个动车组基地配属的动车组担当，所做的运用计划为单基地动车组运用计划。如果列车运行图由两个以上基地配属的动车组担当，相应的计划为多基地动车组运用计划。在编制多基地动车组运用计划时，运行图中的哪些列车由哪个基地的动车组来担当一般没有具体规定，由编制人员综合考虑各基地的情况和动车组的运用效率而定。

3）单车种和多车种动车组运用计划

列车运行图上的列车采用同一种类型的动车组担当，所对应的计划为单车种动车组运用计划，如果运行图上的列车由不同种类的动车组担当，所对应的计划为多种类动车组运用计划，在编制多车种动车组运用计划时，运行图中的哪个列车由哪种动车组担当没有完全规定。

4）各种动车组运用计划的组合

以上各种动车组运用计划可根据需要进行组合，例如，单车种单基地平日计划、单车种多基地节假日计划等。

3. 编制动车组运用计划的约束条件

编制动车组运用计划时，一些物理的、法律的以及逻辑上的因素必须予以考虑，主要包括：

1）列车运行图的约束

列车运行图规定的所有列车必须分配到状态良好的动车组，而且列车的始发、终到时刻及始发、终到车站不能有任何的变动（但如果始发、终到时刻仅作微小变动能够改变动车组的使用效率，也可以向运行图编制人员提出协调）。

2）检修的约束

检修场所，日常检修和定期检修必须在规定的地点进行；

检修周期，定期检修和日常检修必须在法律规定的检修周期内进行；

检修所需时间，必须保证日常检修和定期检修所要求的时间；

检修可能的时段，日常检修和定期检修必须在规定的时段内进行。

3）交路的约束

开始终了车站，交路中相邻的两个交路段，前一日交路段的终到站必须与后续日交路段的始发站一致；最后一个交路段的终到站必须与第一个交路段的始发站一致。

地点的约束：同一交路中前行列车的终到站必须与后续列车的始发站一致；当给定的运行图是不完全状态（不成对运行图）的时候，即在某车站始发的列车数与在该站终到的列车数不相等时，必须通过设置回送列车的方式满足这一要求。

时间的约束：后续列车的始发时刻晚于前行列车的终到时刻，而且其时间差必须大于最小折返时间。

4）其他约束

线路容量：在各车站以及车辆基地停留的动车组数量不能超过规定的数量；

动车组数量：计划中所使用的动车组数量不能超过规定的动车组数量；

清扫周期：列车清扫的种类、周期、地点等条件；

运用人员的意图：计划中要反映使用者的一些意图。如，希望编制的计划能较好地适应运输波动；希望用最少的动车组；希望在某个时段内确保一组预备车等。

4. 动车组运用计划编制流程

中国铁路总公司和各高速铁路公司根据客流预测以及发展战略制定出动车组购置计划，并在此基础上编制动车组运用计划。高速铁路动车组运用计划编制流程为：

（1）中国铁路总公司和高速铁路公司动车运用部门与动车段、所沟通，确定检修模式、体制、分工及检修标准，并签订相关协议；

（2）各高速铁路公司上报中国铁路总公司本公司列车运行图相关资料，并由中国铁路总公司整理分析；

（3）各单位提报可用动车组数、备用动车组数及动车组型号和配置；

（4）中国铁路总公司集中各高速铁路公司（相关路局）动车运用人员、各动车段（所）调度人员编制跨公司列车动车运用计划草案，公布讨论调整后通过并下发至各公司；

（5）各高速铁路公司动车运用人员在中国铁路总公司方案基础上编制本公司动车运用方案并上报中国铁路总公司；

（6）中国铁路总公司汇总各高速铁路公司方案并分发至调度部门、各高速铁路公司以及动车段，公布予以实施，同时赋予其法定效力。

各高速铁路公司平常运营中动车组运用方案若有微调，自行调整后实施前报中国铁路总公司调度部门和检修部门备案。跨高速铁路公司动车组运用调整仍需按上述流程进行。

对于相对独立的城际高速铁路系统，其动车组运用计划编制流程与上述流程相比较为简单，具体如下：

（1）公司动车运用部门与动车段（所）沟通，确定检修模式、体制、分工及检修标准，并签订相关协议；

（2）公司收集动车运用计划编制所需运行图资料；

（3）编制动车运用计划草案，组织本公司与有关人员讨论通过；

（4）本公司动车组运用方案上报中国铁路总公司，抄送相关公司、铁路局集团公司备案；

（5）动车运用方案分发给调度部门、动车段（所）并实施。

5. 动车组运用计划方案的评价标准

对于一个编制好的动车组运用计划方案，需要从以下几个方面进行评价，并通过对多个方案的比较获得优化方案。

（1）动车组本身比较昂贵，完成同样的列车运行图，所使用的动车组数量越少越好；

（2）虽然一些回送列车的设置是不可避免的，但回送列车不能运送旅客，不仅不能直接带来收入而且需要人力、电力等资源，因此回送列车开行的次数越少越好；

（3）定期检修和日常检修需要人力、时间、费用等，在满足法律规定的要求情况下，一般进行的次数越少越好；

因此，评价动车组运用方案的指标为：使用的动车组数；定期检查次数和日常检查的次数；回送列车的次数和里程。这些指标值越小，所得动车组运用计划方案越好。

三、动车组运用计划的调整

当列车运行紊乱时，一些列车之间的接续时间可能不再满足要求，这时必须对动车组运用计划进行调整。调整规模视列车运行紊乱程度而定，如果只有个别列车晚点，通常进行一些局部调整就能恢复正常交路；但如果出现大面积晚点，情况就比较复杂，特别是在动车组采用不固定区段、长短途套跑的使用方式下，很容易导致动车组运用计划较大范围的调整。对于这种大面积运行波动，在实际运输生产过程中，首先应该编制出一定时段内的列车运行调整计划，然后编制相应的动车组调整计划。

对于阶段计划中那些不能使用原计划动车组正常出发的列车，调整动车组运用计划后有 3 种可能情况出现：

（1）列车按阶段计划规定时间出发；

（2）列车比阶段计划规定时间晚出发；

（3）列车因没有可用动车组而被取消。

所有列车按阶段计划规定时间出发是最理想的调整结果，也是动车组运用计划的调整目标。高速铁路列车密度大，列车之间联系紧密，调整过程中必然会出现各种冲突和选择，因此调整原则必须有利于疏解冲突和进行有效选择，以便以最小的代价最大限度地实现调整目标，也就是所谓的优化调整。

1. 动车组运用计划的调整原则

1）保持计划交路原则

当某动车组改变运行任务后，其下次承担任务首先应考虑当前任务所属交路的接续任务，而不是原计划中该动车组的其他任务。另外，在选择动车组时，尽量不使用有接续任务的动车组，以减少以后的调整工作。

2）优先级原则

当列车争用动车组时，优先保证等级较高列车，一般情况下长途列车优先于短途列车，有些通勤、通学列车除外；有接续任务的列车优先于无接续任务的列车；接续任务为紧交路的列车优先于接续冗余时间较多的列车。

3）效率原则

当有两个以上动车组可承担列车运行任务时，要考虑不同动车组的自身情况，主要包括：按原计划动车组是否有下次接续任务、动车组的状态、动车组停留地点、动车组最早可用时间等。一般要选择空车走行距离最短、对列车运行组织影响最少、可用时间最早的动车组。

2. 动车组运用计划的调整措施

动车组运用计划的主要调整措施有：（1）变更动车组；（2）压缩接续时间；（3）调整检修计划等。压缩接续时间只能在实际接续时间与标准接续时间相差不大的情况下采用，调整检修计划有推迟检修与提前检修两种情况。后两种调整措施适用性较小，最常用的措施是变更动车组。

第四节　乘务运用计划编制

乘务计划主要分为乘务日计划及月度计划。日计划由全体乘务交路构成，表示完成一日的运行图任务需要的乘务员数量以及各乘务员担当的乘务交路。乘务交路就是一个乘务员

（组）一日的工作计划，每一行是一个乘务交路，每条线段上的字符表示车次。月度计划描述各乘务员（组）在指定月度中各日担当的乘务交路及休息计划。

乘务计划编制时，乘务基地的设置方式、乘务员的乘务方式以及乘务员的乘务规程等条件都必须明确，要完成的乘务任务（由运行图决定）也必须预先给定。

一、乘务运用计划编制的主要流程

1. 基础数据的准备

确定乘务员基地（乘务员所属部门，一般为有大量列车始发、终到作业的地区）及换乘的车站（或乘务折返地）及其服务范围、给定列车运行图和动车组周转图、给定乘务工作时间标准等乘务规则、确定各乘务员基地的任务（将运行图分解给各乘务基地）。

2. 乘务片段的划分

以乘务员可能换乘的车站为分割点，将运行图中的所有运行线分割成乘务片段。所谓的可能换乘站是指一些规定的车站，在这些车站列车的停站时间大于乘务员换乘所需时间（例如 2 min，乘务员利用这一时间进行交接、换乘），并具有休息设备等其他条件。

3. 乘务交路的制定

按照乘务员一次乘务总时间、乘务折返接续时间、连续乘务时间等乘务规则，将各乘务片段组合成不同的可行乘务交路，作为最终乘务交路备选方案。例如，假设图 8-4 中 B 站为乘务员基地，乘务片段{1，3，5，7}、{2，4，6，8}、{9，11}分别构成了 3 个不同的可行乘务交路，而乘务片段{1，3，5，7，9，11}构成的则是不可行乘务交路（一次乘务时间超过了乘务规则规定的时间）。

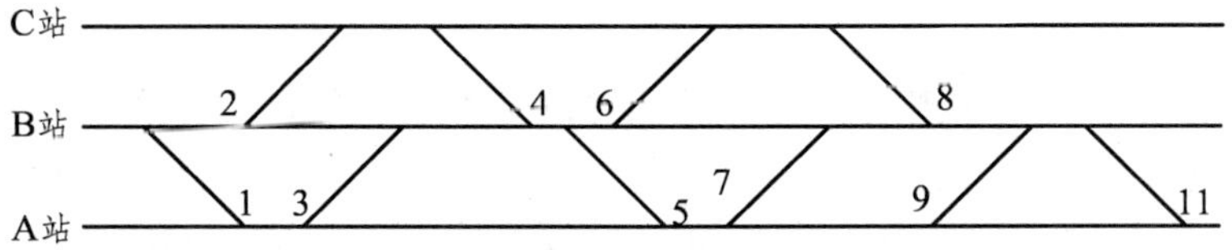

图 8-4　乘务片段示意图

4. 确定乘务交路选择的优化评价准则

根据总乘务时间、纯乘务时间、连续乘务时间和乘务时间间隔的理想值和实际值的偏差，建立乘务交路选择的优化评价准则。

5. 比选确定优化的乘务交路

根据上述优化评价标准，选择比较优化的乘务交路，作为乘务组一次乘务工作内容。所有被选择的乘务交路集合，必须完全覆盖全部乘务片段，乘务交路的数量就是每天所需要的乘务组数。乘务组每一次工作就是完成一个乘务交路。

6. 确定可行的乘务交路方案集合

在乘务交路中不能中断或中途更换乘务组的约束下，乘务组与乘务交路的不同组合方式，构成各种可行的乘务交路计划方案。

7. 确定月度乘务员运用计划

在乘务交路方案中，各个乘务组之间的乘务时间、在外驻留待班的次数并不均衡，需在较长时间内调整乘务组和乘务交路的组合关系，尽可能均衡各乘务组的劳动时间和外驻次数，并满足月度总乘务时间等乘务规定和有关劳动条例的规定。

通常获得满意的编制结果要对 5、6、7 三个过程进行多次迭代，通过比较分析，放弃较差的交路，重新生成新的交路集合，再经过全面比选和调整，最后形成月度乘务计划。

二、乘务计划的评价标准

相同的条件编制出的乘务计划可以完全不同，有些编制质量较好有些可能较差，需要按一定标准进行评价。由于乘务日计划与月度乘务计划考虑的问题不同，其评价尺度不同。日计划主要考虑在完成运行图任务的基础上，使用的乘务员数量越少越好，即交路数越少越好；对日计划中的每个乘务交路，它的各种指标越接近理想值越好。月度乘务计划则主要考虑乘务组间劳动时间越均衡越好、各乘务组的平均劳动时间越接近给定值越好、编制的月度计划与前一个时期的月度计划差异性越小越好等。

第五节　高速铁路动车组运用及乘务组织实例

一、高速铁路动车组运用计划实例

动车组运用计划是关于列车运行图、车辆配属、备用动车组配置等一些相关计划的约束，针对一些特定的运营生产问题，是对交路计划、备用计划和不同级别的检修计划的综合安排计划。它对每列动车组在哪个车站、什么时刻、选择哪条交路；又在什么车站、什么时间要展开哪种级别的检修作业；还有每条交路所使用的车型，具体担当的任务和备用动车组的方案都有详细的计划。所以，动车组运用计划实质是动车组与交路作业、检修作业、检备作业之间的高度统一关系。

图 8-5 所示为青岛站到北京南站的运行图，中间经过济南西站，其中配置有三组动车组“e1”“e2”“e3”，图中斜线表示运行线，线上的子母和数字表示列车车次，例如“G1”代表 G1 次列车，假设济南西站与动车运用所相连接，动车组可以在济南西站进行检修作业，动车组的运用计划如图 8-6 所示。

在图 8-6 中，有三个交路段，每条横线上面的标记的字母和数字表示担当的列车车次。交路段 1、2、3 表示动车组在一天内的全部作业过程。其中交路段 1 一天的运行过程为：从青岛站出发，担当 G2 次列车运行至济南西站，然后经过短暂的停留，济南西站开始担当 G1 次列车运行至青岛站，又经过短暂的停留继续担当 G4 次列车回到济南西站，夜间在济南西站滞留；交路段 2 的作业过程为：先在青岛站担当 G6 次列车运行至北京南站，同样在短暂接续作业后，在北京南站担当 G5 次列车运行至青岛站；交路段 3 的实现过程为：在济南西站担当 G3 次列车行至青岛站，短暂停留后，紧接着在青岛站担当 G8 次列车运行至济南西站，然后在济南西站连接动车组运用所进行检修作业，结束后回到济南西站继续担当 G7 次列车运行至青岛站，夜间在青岛站驻留。

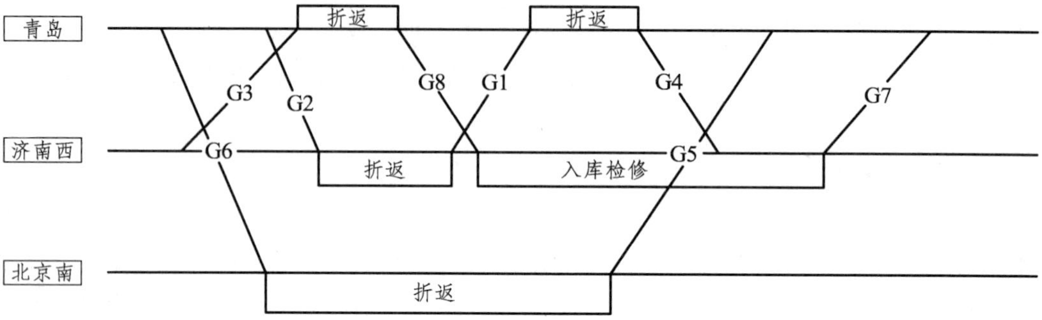

图 8-5　列车运行图

交路段1：青岛 —— G2 —— 济南西 —— G1 —— 青岛 —— G4 —— 济南西

交路段2：青岛 —— G6 —— 北京南 —— G5 —— 青岛

交路段3：济南西 —— G3 —— 青岛 —— G8 —— 济南西 （入库检修） 济南西 —— G7 —— 青岛

图 8-6　动车组运用计划

二、高速铁路动车组乘务交路计划实例

本案例详见参考文献*，此处只列出主要结果。

广深线动车组的乘务基地设置在广州东站，乘务员的交接班全部在广州东站进行，深圳站设乘务员公寓，供在深圳过夜的乘务班组休息。根据调研资料，广深线 77 对列车的乘务交路为 36 个，乘务值乘计划的周期为 8 天（工作 6 天休息 2 天），共需要 48 组乘务班组。其乘务交路计划见表 8-1。

表 8-1　乘务交路计划

	第一天	第二天	第三天	第四天	第五天	第六天	第七天	第八天
乘务组 1	D803/804 D805/806 D841/842	D781/782 D783/784	0702 D701/702 D703/704	0774 D743/744 D745/746	D751/752 D777/778 D779	D714	休息	休息
乘务组 2	D845/846 D847/848 D809/810	D739/740 D741/742	D725/726 D727/728	D705/706 D707/708 D843/833	D753/754 D755/756 D757	D780	休息	休息

* 本案例引自于北京交通大学王莹的硕士论文《动车组运用计划和乘务计划的优化方法研究》。

续表

	第一天	第二天	第三天	第四天	第五天	第六天	第七天	第八天
乘务组 3	D729/730 D765/766 D767/768	D817/818 D819/820	D747/748 D749/750 D807/808	D821/822 D823/824	D733/734 D735/736 D737	D802	休息	休息
乘务组 4	D825/826 D827/828 D849/850	D759/760 D761/762	0770 D769/770 D771/772	D795/796 D797/798 D811/812	D709/710 D711/712 D713	D836	休息	休息
乘务组 5	D813/814 D815/816 D731/732	D773/774 D775/776	D791/792 D793/794 D763/764	D721/722 D723/724	D839/840 D833/834 D835	D758	休息	休息
乘务组 6	D837/838 D787/788 D789/790	D829/830 D831/832	D715/716 D717/718	D785/786 D851/852 D853/854	D719/720 D799/800 D801	D738	休息	休息

以广深线的列车为基本输入，根据列车时刻表与动车组交路计划，编制乘务交路计划。相关乘务规则参数的取值参照调研资料，如表 8-2 所示。

表 8-2　广深线乘务交路计划的参数取值

最小间休时间/min	最大间休时间/min	连续乘务时间/min	纯乘务时间/min	总乘务时间/min	最大总乘务时间/min	最小非基地乘务休息时间/min	最大非基地乘务休息时间/min	乘务交路的最大长度/min	长交路的最多数量/个	驻外交路的最多数量/个
120	180	370	400	540	640	480	700	1 440	20	10

按照表 8-2 中的参数取值，采用文献中提到的优化算法对广深线的乘务交路计划进行编制，共生成 34 条交路，比原始资料中的 36 条交路少了 2 条，优化后的乘务交路计划与调研资料中的实际乘务交路计划的相关统计指标的对比信息如表 8-3 所示。算法效率的相关统计信息如表 8-4 所示。

表 8-3　乘务交路计划相关统计指标的对比信息

	交路段数量/个	长交路数量/个	驻外交路数量/个	平均乘务总时间/min	平均纯乘务时间/min	平均担当的乘务区段数量/个
实际乘务交路计划	36	13	6	386	278	4.3
优化乘务交路计划	34	17	6	444	296	4.5

表 8-4　算法效率的相关统计信息

第一次求得 RMP 最优解所需时间/分	27″	第一次求得 RMP 最优解共生成的列数/个	596
第一次求得可行解所需时间/分	2′12″	总的求解时间/分	2′12″
第一个可行解的整性间隙/%	2.5	最优解的整性间隙/%	2.5
总的生成列数	967	分支定界树的节点数目/个	19

从对比结果可以看出，优化后的乘务交路计划中乘务员的平均乘务时间有所延长，相应地，每个乘务员每天平均担当的乘务区段数量也有所增加。另一方面，优化后的乘务交路计划中长交路的数量多于实际的乘务交路计划，这会一定程度上影响乘务值乘计划的优化，在实际应用时，可通过限制特殊交路的数量来协调乘务交路计划和乘务值乘计划的优化。

对比优化前后的乘务交路计划，易知现实中有一些人性化因素的考虑，如先出乘的班组先退乘、深圳过夜的班组尽量在第二日担当列后休息等。对于这些人性化因素的，可以修改模型的目标函数和约束条件来实现，如在目标函数中增加乘务交路长度最小化，可以实现早出乘早退乘的要求，在深圳过夜的班组尽量在第二日担当列后休息可通过在乘务交路生成时添加相应的约束来实现，这也说明了基于可行交路的优化方法的灵活性。

第九章　高速铁路调度指挥系统

第一节　国外高速铁路调度指挥概述

高速铁路调度指挥指挥系统涉及运输组织、机车车辆、通信信号、供电、安全监控、维护救援、旅客服务等多个方面。目前国外高速铁路调度指挥系统基本分为三种类型：一类是以日本为代表，通过构建各专业综合调度指挥系统以适应高速铁路的特点和需求；第二类为德国模式，其调度指挥系统是以地区为中心建立调度控制中心，而不是以高速线为中心；第三类是以法国和西班牙为代表，以线路为目标建立控制中心。

一、日本高速铁路调度指挥系统

日本新干线调度指挥系统的构建适应高速铁路运行的特点，充分考虑了高速行车所伴随的高风险性及行车安全对调度指挥系统的依赖性，把列车正点运行作为工作核心，构建了集各专业功能为一体的综合调度指挥系统。该系统以运输计划为龙头，综合了与行车有关的各方面的内容，使整个调度指挥系统全面协调地工作。日本新干线按线（东海道山阳）和区域（东日本公司）分别设置单独的调度指挥系统，无国家级统一调度指挥中心；东海道山阳新干线与普速铁路完全独立，调度指挥系统完全独立，并设立了备用中心；东日本公司的部分高速列车下普速铁路运行（普速铁路改造，在普速铁路上列车运行速度较低），与普速铁路调度指挥系统间相互协调；基于对可靠性、实时性、安全性等不同要求，各子系统采用不同网络通道相连接。

日本高速铁路调度指挥系统是典型的综合型指挥系统。东海道、山阳新干线调度指挥采用的计算机辅助控制系统 COMTRAC（Computeraided Traffic Control），是 1964 年东海道新干线开通时开始采用的，调度中心在东京，在大阪设置了备用中心，以防止地震等自然灾害导致调度指挥系统瘫痪。1995 年 11 月，日本国铁将东北、上越、北陆新干线各子系统进行整合，形成了新的 COSMOS 系统。COSMOS 是日本最新、功能最全的调度指挥系统，调度中心设在东京（和东海道、山阳调度中心在同一大楼内）。COSMOS 系统构成如图 9-1 所示。各子系统的功能如下：

1. 运输计划子系统

运输计划子系统是新干线运输计划的编制及管理的系统。主要编制列车开行计划（包括基本运行线、季节波动运行线、日别波动运行线以及团体旅客需求的临时运行线）、动车组运用计划、乘务员运用计划、动车组检修计划的基本计划；同时进行统计资料的编制、汇总和计划传输。

编制好的计划以日为单位向运行管理系统等进行传达；次日以后的计划向车站、乘务所（机车乘务员）、乘务区（列车乘务员）及中国铁路总公司、分公司等部门自动传达。在车站必要的开行情况表等、在乘务所必要的乘务表等都自动输出。

从运行管理系统接受当天列车运行变更情况，进行列车走行公里等统计工作。

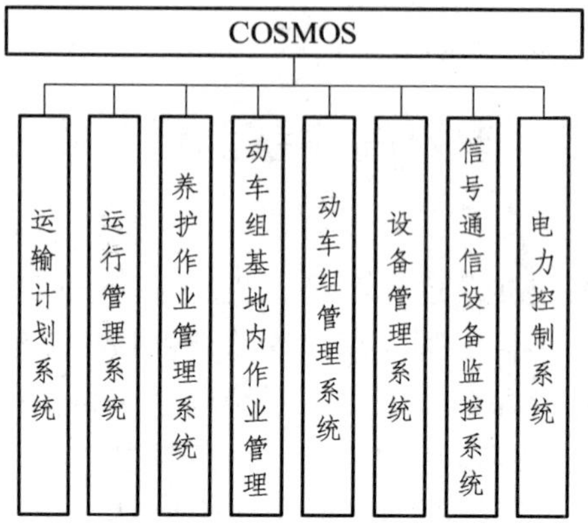

图 9-1　COSMOS 功能子系统构成图

2. 运行管理子系统

基于运输计划系统编制好的列车时刻表，调整列车运行和向旅客提供信息。主要有（1）列车运行调整；（2）运行表示；（3）列车时刻表管理；（4）进路控制；（5）旅客服务指南等业务。运行管理系统由中央运行管理和车站运行管理构成，两者由专门网络连接。

中央运行管理的调度员在显示器上对运行线直接进行操作，包括列车运行变更、列车进路构成操作等。当需要慢行时调度员直接进行临时速度控制。ATC 设备故障时的代用安全保障方法可以只由中央调度员和司机实施。

车站运行管理由车站 PRC 管理系统、控制系统和旅客向导装置构成。车站 PRC 管理系统对进路控制、运行信息、运行图、手动控制等进行管理；车站 PRC 控制系统从车站 PRC 管理系统接受进路构成指示，对进路冲突条件等进行检查并向信号装置输出。在养护维修时间段内，由养护作业用终端进行养护动车组进路的控制。旅客向导系统根据车站 PRC 的实际信息对旅客进行广播和对信息板进行控制。

从中央向车站运行管理传送当日及次日的运行图信息，车站根据轨道回路的情况等进行控制，因此当网络发生故障时仅依靠车站 PRC 也能进行列车控制。

3. 养护作业管理系统

养护作业管理系统是支持有关养护作业计划、实施等的系统。中央系统与各养护区的终端以通用网络连接。在各养护区的终端上登录的作业计划在中央系统保存，中央系统对当日养护作业的开始、结束以及出入新干线的环节进行管理。施工人员用无线电话进行作业申请和报告作业的开始、结束等。

4. 动车组基地内作业管理子系统

基于计划系统编制的动车组运用和检修计划，对动车组基地内的具体作业、人员安排、场地和时间的分配等支持，同时对基地内的调车作业及进路等也进行管理。

5. 动车组管理子系统

动车组管理系统是对动车组检修业务进行支持的系统。中央系统与动车组基地用通用网络连接。主要进行动车组的检查、故障数据的管理以及装载动车组零部件的管理。主要有以下功能：（1）动车组档案管理；（2）故障数据管理；（3）检修数据管理；（4）施工管理。所有列车（动车组）的数据在中央系统管理，零部件的管理在动车组基地数据库中管理。

6. 设备管理子系统

设备管理系统指线路、电力、通信信号等设备检查数据的管理系统，中央系统与各检修区段系统用通用网络连接。中央系统将来自综合检测车的数据进行处理并传送到相应的部门。各检修区段加工和管理本区段的设备维修数据。中央系统和计划系统共用硬件设备。

7. 信号通信设备情报监控系统

对新干线的沿线防灾情报以及信号通信设备的状态进行监控的系统（CMS：Centralizedinformation Monitoring System）。中央系统通过专用的线路可以集中监视来自车站的信息（风、雨、轨道温度、ATC 信号的水平及联动设备的动作状况等），中央系统也可以进行远程控制。

8. 电力系统控制系统（监控管理系统）

进行新干线变电所的控制和定时停送电的管理，中央系统和各地区的系统由专用网络连接。中央系统可以对各地区的系统进行控制。

二、德国高速铁路调度指挥系统

（一）德国高速铁路的运输组织特点

德国目前铁路里程总长度为 34 718 km，其中超过 200 km/h 的线路有 3 435 km，拥有客运站 5 697 个，ICE 动车组 196 列，开行长途高速列车 1 302 列。

德国高速铁路除科隆至法兰克福新线外，均实行客货混运的方式。同时，通过在大城市间开行城际特快 ICE，实现了普速与高速地段的跨线运输，形成了一个覆盖全国主要城市的高速列车网。

1. 客货混运的组织模式

德国的高速铁路是普速铁路的一部分，其主要特点为客货混运，同时采用新旧线混用。德国客车绝大部分都是白天运行，以及本身较小的货运量，使德国铁路在一开始修建高速铁路时，就选择了客货混运的模式。白天客车为主，晚上货车为主，这样可以充分利用线路能力。其优点是线路的工程投资小；缺点是线路上由于运行的客货列车速度差大（客车的速度一般为 200 km/h，货车的速度一般为 100 km/h），客车的扣除系数大，通过能力较小，列车的运行组织复杂；客车的最高速度也受到限制，一般只能达到 160 ~ 200 km/h，延长了旅客的旅行时间。

2. 节拍式开行理念

为了实现旅客乘车的方便与快捷，德铁 ICE 实行固定时间间隔发车的“节拍式”开行方式。首先在德国几乎所有大城市间按两小时为节拍基础开行不用换乘的直达列车，保证主要城市间不换乘快速到达。这些两小时节拍的列车在路网上繁忙区段形成重叠，通过合理的运行图安排，可构成繁忙区段一小时、半小时的节拍。如科隆莱茵美茵高速铁路实行每小时单方向 4 列高速列车的运行计划。节拍式开行方式最大优点是：首先保证了一定的发车频率，便于旅客在任何时段都可安排出行；另外，通过精确的运行线路和时间设计，可实现较远的大城市间不换乘直达的快捷性，与通过换乘实现较高频率的方便性结合起来。

3. 基于换乘的停站设计与调整方式

德国铁路十分注重列车换乘的方便性，为此甚至做到牺牲列车旅行速度和正点率的地步，主要体现在停站设计和换乘上。德国是多中心城市分散型的路网格局，注定了各种列车间换乘的重要性。首先，以高速的 ICE 为骨干，并通过 ICE 与 ICE 间的换乘，形成主要城市间的快速通达能力，再通过 ICE 与 IC（国内城际列车）、EC（欧洲城际列车）间的换乘，实现主要城市与次一级城市间的快速通达，最后通过以上列车与短途列车的换乘实现所有路网连接的城市、乡村的快速通达。

为了实现高度方便换乘性的目标，在确定列车停站方案和编制列车运行图的时候，就充分考虑旅客换乘。在日常运输管理过程中，当列车出现晚点，进行列车运行调整时，也要考虑旅客换乘的方便。比如，德国高速列车普遍采取停站较多，主要城市都停的停站设置模式。再如日常调度过程中，遇列车晚点时，常常牺牲后续列车正点而等待前行列车，确保旅客换乘。

4. 按车型划分的动车组配属管理

德铁客运公司现有 4 个 ICE 的配属段或称动车检修基地：汉堡、慕尼黑、柏林、法兰克福。ICE 动车组分属不同的检修基地。ICE 动车组的配属方式主要是按车型划分的，如 ICE1 全部配属汉堡段；ICE2 全部配属柏林段；单制式 ICE3 和 ICE-T 配属慕尼黑段，多制式的 ICE-3 配属法兰克福段。

5. 非固定的维修天窗

德国铁路基本运行图无固定维修天窗。由于德铁实行状态修，检查、保养是最重要的，维修的工作量相对较小。另外德铁主要以客运为主，在夜间 2：00—5：00 点间，列车运行很少，如有维修工作，可利用这段时间进行。较大的维修计划一般安排在客车最少的星期六进行。

（二）德国铁路的调度指挥组织结构

德国铁路是客、货混线分时运行，其铁路调度中心分别设在柏林、慕尼黑、杜伊斯堡、汉诺威、法兰克福、莱比锡、卡尔斯努尔等大枢纽地区，属于按区域设置模式，这种设置便于对客、货列车的高度指挥和管理。其高速铁路没有专门另建调度中心，而是纳入所在区域的既有调度系统，以利于高速列车与普速铁路列车的跨线运行。即德国的调度指挥采用三级调度管理模式：

（1）由遥控中心和车站信号设备组成基层控制系统。客运站和货运中心车站值班员负责行车、客运和货运。

（2）区域管理控制中心。区域管理控制中心具有 4 项功能：自动化行车调度（自动识别列车冲突、自动提出解决冲突的建议）；集中式进路自动控制；列车进路状态集中监视；列车报告数据的自动处理。

（3）法兰克福设一个调度指挥中心协调各区域控制中心的调度工作。法兰克福调度指挥中心属路网公司运行部管理，负责指挥跨区域、国际间的客货列车按图行车，主要对 1 000 列长途旅客列车和 1 300 列重点货物列车进行监控，同时协调 7 个调度所之间关系；各地区调度所则负责管辖区域内的日常运输指挥工作。调度所设置运营调度、客运调度、货运调度以及应急服务系统。

在法兰克福调度指挥中心和 7 个调度所，路网公司、长途客运公司和货运公司的调度人员均在一起进行合署办公。路网、客运和货运调度均实行调度指挥中心—地区调度所—基层车站值班员三级管理，调度人员实行 2 班倒，每班工作 12 小时。

德国铁路所有运输调度指挥信息的处理和传输都由计算机网络来实现，而且系统能够自动记录调度人员的工作情况，并统计其工作量。由于实现了信息共享，各级调度人员和管理人员均可通过调度指挥信息系统了解所有客货列车出发、运行和到达情况，以及晚点等事故原因，掌握列车的动态实时信息。

客运调度属长途客运公司生产部管理，对长途和短途旅客列车进行调度指挥，主要负责为旅客提供发到和运行等信息、指挥客运站发车、对客运机车和车辆进行统一调配和运用、向路网调度提出客车运行调整和增减客车方案并组织付诸实施等。德铁客运调度在日常调度指挥中，特别注重晚点旅客列车在中转站与正点旅客列车的接续组织指挥工作，尽量满足晚点旅客列车上的乘客能够及时乘坐上需要换乘的其他旅客列车。

货运调度属货运公司生产部管理，主要负责对集结式零散货物列车、整列直达货物列车、联运货运列车和军运列车等进行调度指挥，对货运机车和车辆进行统一调配和运用。

（三）德国高速铁路调度指挥系统

德国高速铁路调度指挥系统设备分别由西门子、劳伦茨和德国系统技术公司研究开发，其结构和功能无显著差别，均符合德国铁路的技术标准。

西门子公司高速运行控制和信号系统用于最早建成的约 432 km 的 ICE 线路，1991 年投入使用，系统由连续式自动列车控制（Continuity Automatic Train Control，CATC）、自动速度控制（Automatic Speed Control，ASC）、微机联锁和自动列车监视（Automatic Train Superisio，ATS）等子系统组成。调度系统的功能有：列车控制、列车监视、供电管理、旅客信息管理和车站监视等。调度系统为局域网（LAN）构成的多功能综合运输控制系统。系统采用标准硬件和流行操作系统。系统对列车的监视按时刻表进行，必要时可对列车进行控制。列车按车号自动控制进路，根据储存的时刻表与列车运行实际状态，调度员可以及时发现列车偏离运行图的情况做出调整。

劳伦茨公司（SEL）计算机辅助列车监视系统是在斯图加特地区行车监视系统基础上为法兰克福地区研制的。该地区包含有 2 000 km 干线、运行速度为 200 km/h 以上的列车和长途货物列车。系统功能有自动采集行车信息、记录列车实际运行图、线路全景图、记录工作事件、形成调度员和司机及现场工作人员对话记录等。系统配置以工作站为基础，由局域网联结到列车监视系统，采用标准的列车监视总线作为联锁之间、中央与联锁之间数据通道，利用市场上易于得到、经过实际运行和试验的软件产品，按模块化设计而成的系统。

德国系统技术公司（DST）的列车监视与控制系统功能有：列车追踪数据统计分析、数据处理、图形显示、统计报表分析、时刻表管理以及与其他系统交换信息等。系统由多个工作站以冗余方式联结，工作站为 VAX 或 Alpha 系列，在 Open VMS 操作系统下运行。局域网内除工作站外，还联结有网关（Gateway 也叫信关）、无线控制器、总线计算机（双机）、专用工作站、时刻表工作站和统计计算机等。系统通过 X·25 或 Modem 联结到公司维护中心，进行远程诊断维护和软件更换。

德国铁路的高速区段，列车调度采用分散（分级）控制方式，在 50 ~ 70 km 的较短范围内，通过该区段的 LZB 地面控制中心对车站联锁和区间道岔直接进行控制，上级调度中心除下达命令和接受报告外，一般只通过表示系统进行监督；而车站联锁的信息则经遥控表示分机通过 LZB 地面控制中心传送至相邻 LZB 地面控制中心和上级调度中心。

德国调度指挥系统目前已经实现计算机网络化、基础信急共享。建立了一套较为完整的、能够与现场实际情况保持一致的基础设备数据库，极大地方便了列车运行图编制和列车调度指挥。目前，德国铁路使用的列车运行图编制软件（RUT）是非常先进的，运行图编制人员只需要把相应的列车数据（机车类型、长度、重量等）、起始站、终到站等及时输入系统，便自动生成运行线路。如果与其他运行线路有冲突，便自动醒目地标识，并指出发生冲突的准确位置，编图人员只需用鼠标移动运行线路或输入命令即可修改。列车运行图编制完成后，可以在计算机上进行列车的模拟运行。模拟系统可以清楚地显示出列车随着时间的移动、每一列车的运行是否正点，发生晚点时标示出发生位置和原因。

德国高速铁路调度指挥系统具有以下功能：

1. 运输指挥功能

远程联锁控制、列车运行控制、自动线路设置、状态监视（路况、列车、货物倾斜、轴温、远红外和需达等）、冲突检测和冲突解决。

2. 自动冲突解决

通过现行情况的分析来制定原则，通过优先权的灵活控制，制定多种方案，一个方案不行立即执行另一个方案。能同时考虑设备情况和旅客换乘情况具有强大的分析能力，便于维护。

3. 自动调度的工作过程

首先制定管理计划，根据管理计划制定日标时间表，且通知调度员，进行冲突检测。当运行受到干扰、时间表进行修改、列车实际状态发生变化时，都要再进行冲突检测。如果发现冲突，基于知识、经验和技术操作规则，自动制定多个解决方案给调度员，调度员确定一个方案，接下来进行模拟试验，发现问题继续调整。模拟试验完成后，形成旅客信息系统，同时形成预测时间表，继续进行冲突检测，直到没有冲突为止。最后由时间表进行自动路径设置。

德国铁路高速线与普速铁路联系紧密，但高速线上列车密度较低，其铁路调度指挥系统具有如下特点：

（1）高速铁路调度指挥系统纳入普速铁路调度系统，无单独高速铁路调度指挥系统；

（2）实行调度指挥中心—地区调度所—基层车站值班员三级管理；

（3）路网调度与客货调度协调工作量较大，运行图协调难度较大；

（4）长、短途客运公司之间矛盾比较突出；

（5）在硬件方面沿用了普速铁路的显示模式、运行环境等，二者得到了较好的衔接与联系。

三、法国高速铁路调度指挥系统

（一）法国高速铁路运输组织特点

法国高速铁路线路里程达 1 540 km，包括巴黎东南线、地中海线、大西洋线、北方线和东部线。TGV 高速列车可以运行到普速铁路，服务里程超 6 000 km。高速铁路按双向行车追踪设计，平均 25 km 左右设有区间渡线，70 km 左右设有避让线。2003 年，日均开行 TGV 高速列车 630 列，客运量 8700 万人次，占法铁总量的 27%。2004 年，法国国内 TGV 动车组有 352 列，日均开行 665 列，其中周一至周五日均开行 600 列，周末日均开行 750 列，TGV 列车通达站 180 个。法国的高速铁路是客运专线，但是并不意味着货物列车绝对不可能上高速线。Sernam200 特快行包列车利用夜间高速列车停驶的时间段可以在高速铁路上行驶，最高速度达到 160 km/h，并将提高到 200 km/h。法国高速铁路运输组织的特点是：

1. “全高速-下线运行”的运输方式

法国 TGV 动车组在高速铁路上行驶一段或全程的高速列车驶入普速铁路，继续以 160 km/h 及以上的速度行驶。采用高速列车下线的方法延长 TGV 高速列车的运行距离，拓展了其通达范围，从而减少旅客换乘次数，扩大了客流吸引范围，取得明显效果，如巴黎东南线高速铁路长 454 km，TGV 列车运行里程达 2 640 km，通达法国南部各主要城市，运行距离延长 5 倍多。

从整体上讲法国高速铁路可以归结为“全高速一下线运行”的运输方式，高速线仅运行高速列车，但高速列车不仅在高速线上运行而且还可以在与高速线相衔接的线路上运行。这样，一方面由于高速线上运行的高速列车速度基本相同，可按平行运行图运行、通过能力大；另一方面能充分利用既有的基础设施，尽量减少在高度都市化地区进行困难和昂贵的工程建设，列车可以方便地进入如巴黎、里昂这样的大城市，可以增加高速列车的通行网络，扩大了高速线路的服务范围，能更多地吸引客流，提高了高速线的利用率，减少旅客换乘，较好的解决跨线旅客运输问题。但其缺点是需要较多的高速列车车底，必须要求高速铁路与普速铁路兼容。

2. 列车速度等级少，能力富余

法国高速铁路尽管运行着不同速度的列车，但速度均在 200 km/h 以上，速度等级差别不大，全部是高速列车。高速列车追踪间隔 4 min，但列车实际运行间隔时间较大，旅客出行高峰时段高速列车密集发车，非高峰时段列车密度较小，列车运行图能力较富余，做到了既照顾旅客的出行需要，又有较大的运行调整余地。以地中海线为例，每日开行高速列车只有 65 对。

3. 灵活的动车组运用方式

动车运用周转图以一个星期为基本循环周期，在周末及节假日，TGV 列车开行数量多于平时，平日 TGV 列车可调配率为 75 ~ 80%，周末达 97%，大的节假日达 99%。列车日平均行程超过 1 000 km，最高纪录达 2 500 km。另外，充分利用 TGV 高速列车可联挂的特性，在客流较大时段，实行两组列车联挂运行。

4. 按线别的动车组配属管理

维修能力布局原则是每条线设立一个动车段，共三处，均设在巴黎地区，负责各类 TGV 高速列车的各级段修。大修回送到大修厂进行。巴黎圣乔治新城动车段负责东南线、地中海线 TGV 列车，沙地翁动车段负责大西洋线 TGV 列车，兰地动车段负责北方线 TGV 列车。

5. 白天与夜间相结合的维修天窗

高速铁路运行图夜间在 0：00—6：00 之间开设矩形维修天窗，用于线路等基础设施的养护维修，天窗时间开行一定数量的 TGV 行包列车，必要时采取一线维修一线行车组织方式。白天运行图在中午时间设置 1.5 h 维修天窗，用于线路以及供电网和电器设备的巡视检查以及道岔转辙设备的养护工作，期间没有养护机械上道作业，主要是巡视检查。

（二）法国高速铁路的调度指挥组织机构

法国高速铁路的经营管理尚未形成独立的系统，其调度系统的构建思想受普速铁路的影响和制约，其调度业务仅包含客运组织、行车组织及机车车辆方面的调度，系统结构较为简单，功能较弱，在协调配合、应急处理等方面，不完全适应高速行车的要求。

法国高速铁路各调度工种的设置基本上是按三级管理设置，但具体模式不尽相同。各高速线的调度组织形式不一，有两级管理和三级管理两种。两级管理是指国家调度中心和 CTC 控制中心两级控制；三级管理是指国家调度中心、分局调度中心、CTC 控制中心三级控制。在国家调度中心和分局调度中心设有营运基础调度、客运调度、电力调度、动车组运用调度、司机调度。法国高速铁路调度指挥系统具有设相对独立的高速铁路调度指挥系统、按区域设置分局作为管理机构的特点，但存在高速线与普速铁路相对独立的调度指挥模式难以适应运营需要的不足。

（三）法国高速铁路调度指挥系统

法国高速铁路采用调度集中系统，由调度中心与沿线信号室中的分机共同组成的系统。北方线和大西洋线实行国家调度中心、分局调度中心、CTC 控制中心三级管理，国家调度中心主要对列车运行安全和正点情况进行监督，日常调度指挥和列车运行调整工作由分局调度中心调度员负责。在国家调度中心内，调度台是按法铁总部部门分别管理设置的，营运基础调度、客运调度、货运调度和司机调度联合办公，电力调度台设在分局调度中心内，行政上隶属普速铁路设施段管理。

在法国国家控制中心和分局调度中心设有营运基础调度、客运调度、电力调度、动车组运用调度、司机调度。

1. 营运基础调度

一是东南线和地中海线由国家调度中心集中指挥，即由国家调度中心的东南高速调度台与 CTC 控制中心两级控制，高速调度台主要监督全线列车运行安全和正点情况、负责列车运行调整，CTC 控制中心操作员执行调整命令，监督管辖区段列车运行、沿线基础设施设备运转情况，负责施工天窗期间内的进路控制和施工安全防护。东南线和地中海线设有 TGV 车站 6 个，28 对区间，其中有 8 个区间渡线处设有避让线。整个通道设 3 个 CTC 控制中心，分别是：设在巴黎东南局调度中心内的巴黎 CTC 控制中心，管辖巴黎至 MONTANAY 段的 400 km

范围；设在里昂局调度中心内的 CTC 控制中心，管辖 MONTANAY 至瓦朗斯段（含里昂站、里昂环线）近 150 km 范围；设在马赛运营段马赛站的 CTC 控制中心，管辖瓦朗斯至马赛段间的 182 km 范围。整个通道的调度指挥由国家调度中心直接指挥，不经过 CTC 控制中心所在的地区局。

二是北方线和大西洋线实行国家调度中心、分局调度中心、CTC 控制中心三级管理，国家调度中心的大区调度台主要对列车运行安全和正点情况进行监督，日常调度指挥和列车运行调整工作由分局调度中心调度员负责。目前，法铁已决定对高速铁路的调度指挥逐步过渡到国家调度中心集中管理模式，大西洋线已制定过渡计划，东部高速新线投入运用后由国家调度中心集中管理。

2. 客运调度

由国家调度中心、分局调度中心和车站/车长三级组成。国家调度中心协调各分局间的关系，录入晚点 15 min 以上的列车信息及晚点原因，并通过各种信息渠道，给车站、旅客提供列车晚点信息。当列车晚点 30 min 以上时，监督客运部门落实有关补偿措施，妥善安排中转旅客。遇列车出现大的延误及非正常情况下制定旅客列车调整方案，与营运基础调度协商后确定调整措施。另外，在国家调度中心设有专门的车长联络调度台，遇列车晚点时，将有关信息通过电话或短信通知车长，车长及时向旅客通报，并将旅客中转等有关信息及时反馈给客调；分局调度中心负责具体的客运调度业务。

3. 电力调度

国家调度中心未设置电力调度台。在分局调度中心内设置电力调度中心，管理高速铁路和既有铁路牵引供电，高速线牵引变电所养护维修由普速铁路设施段负责，接触网检修由高速线负责。电力调度行政上隶属普速铁路设施段管理。

4. 动车组运用管理调度

为了有效组织高速列车商务运营，TGV 列车运用主要由隶属法铁法国欧洲客运部的 TGV 技术中心负责，该中心根据列车实际运用周转图，监督 TGV 列车实际运用情况，日常运用调整与动车段及乘务段进行协商后确定。

5. 司机调度

由国家调度中心、分局调度中心、司机段及 TGV 技术优化中心的司机救援调配中心组成。在列车发生故障后，司机与救援调配中心联系，以得到服务支持，在规定时间内仍不能解决问题时与分局调度中心或 CTC 控制中心联络，需紧急救援时与国家调度中心联系。

6. CTC 控制中心的主要作用

CTC 控制中心的主要作用包括：

控制中心根据列车运行、沿线行车设备状态以及维修作业情况的实施信息，按照列车运行计划，集中控制管辖区段列车运行，在设备发生故障时各车站可以进行本地操作。法国高速线基本上是一条线设 1 个控制中心。在东南高速线，巴黎和里昂分别设 1 个 CTC 控制中心，行政上归分局调度中心领导。大西洋线在巴黎设 1 个 CTC 控制中心，北方线在里尔设 1 个 CTC 控制中心，地中海线在马赛设 1 个 CTC 控制中心，行政上归所属的车务段领导。法国高速铁路发展历经 20 年，CTC 控制中心的操控技术有很大差别，有 PRS、PRCI 和 MISTRAL，目前最先进的是地中海线马赛 CTC 控制中心的 MISTRAL 系统。

在 TGV 通达的普速铁路客运车站中，大站设有车站调度员，中小车站设有值班员。高速线车站设有值班人员，主要给客运服务人员和旅客提供列车正晚点信息，以及列车编组顺序等信息，另外值班人员在集中控制转入站控的特殊情况下，可对进路实行控制。

第二节　我国高速铁路调度模式与组织架构

一、我国高速铁路调度指挥系统构建原则

高速铁路调度指挥指挥系统涉及运输组织、机车车辆、通信信号、供电、安全监控、维护救援、旅客服务等多个方面。

高速铁路调度指挥系统结构与功能的设计是构建调度指挥系统的关键步骤，其设计思路与方法直接关系到调度指挥系统的应用效果，因此应当制定相应的设计原则来确保其投入运营后的使用水平。我国上海局公司调度指挥中心布置如图 9-2 所示。

图 9-2　中国铁路上海局集团公司调度指挥中心

根据高速铁路调度指挥系统的系统分析，结合当前的技术设备条件，可以确定高速铁路调度指挥系统的原则：

（1）调度指挥系统设计必须坚持先进性、实时性、可靠性和可扩展性原则；

（2）调度指挥系统的建设坚持路网完整性和调度集中统一指挥，确保各高速铁路间、高速铁路与普速铁路间调度的有机协调；

（3）设计上坚持统一领导、统一规划、统一标准、统一管理，实施上统筹规划并结合高速铁路建设进程分步建设；

（4）调度指挥系统的技术体系以统一的硬件平台、统一的软件平台、统一的安全平台、统一的管理平台和统一的数据存储为特征，对外提供标准的信息接口，构建一体化的运营调

度系统，实现系统资源的优化运用和系统规模的灵活调整；

（5）高速铁路调度指挥系统硬件平台采用通用标准的计算机、网络设备，关键设备需要采用冗余设计；

（6）高速铁路调度指挥系统采用统一的系统管理、安全管理、网络管理、数据管理和系统维护机制；

（7）高速铁路调度指挥系统采用统一的操作流程和人机界面，调度指挥中心（所）、车站、动车基地、综合维修基地、乘务基地的调度人员均使用统一的软件系统，实现信息共享和透明指挥；

（8）未来的运营调度系统将能够适应统一规划、分步实施及生产力布局调整的需要，灵活地进行变更和扩展。对于调度人员而言，面对的始终是同一个人机界面，操作使用方法不会随地点的变化而变化。各调度台的管辖与控制范围可根据实际需要动态、在线调整。中国铁路总公司调度指挥中心作为高速铁路调度所的备用，具备随时接管任意调度所的能力。

二、我国高速铁路调度指挥系统特点

我国高铁调度指挥系统具有以下特点：

（1）我国高速铁路成网后具有较大的路网规模，高速铁路调度指挥体系组织结构规模也相当庞大。为了保障高铁运输安全，实现高铁运营的高效率，高速铁路调度指挥系统不仅在纵向管理控制层级中面临着协调问题，也在横向功能结构运作上需要协同。

（2）高速列车与跨线列车共线运行这一特征，迫使我国高铁调度指挥系统需要与普速铁路调度指挥系统做好协调衔接的工作。

（3）信息是高速铁路调度指挥系统日常运作赖以实现的重要因素，调度指挥系统的计划编制、调度决策命令下达等都是以信息为介质实现的，因而高效、准确的信息传播是保障系统正常运行的重要因素。

（4）我国高速铁路调度指挥采用属地化管理，且近年来扩大了铁路局集团公司的经营自主权，路局集团公司具有直接的调度权，我国高速铁路调度指挥也面临着不同路局（铁路公司）调度指挥之间的相互协调。

三、高速铁路调度指挥系统组织结构

高铁调度指挥系统的组织结构并不是一个有形实体，它是由高铁调度指挥体系中的管理层级、职能部门、业务机构等以及相关工作人员组成，在日常作业中，以实现系统调度指挥功能为目标，协同运作所产生的概念结构。它表示了调度指挥系统的组成成分，组成成分在系统中所占比例，组成成分之间以什么样的方式关联在一起。高铁调度指挥系统具有纵向多层级的管理结构和横向多业务部门的功能结构。高铁调度指挥系统拥有复杂的技术设备，列车运行也面临着复杂的外界环境因素。随着高速铁路路网规模的扩大，调度管辖区段和车站数目不断增加，高铁调度指挥系统的结构也日益庞大，并且影响系统安全、高效运营的因素亦增多，系统内部耦合关系复杂，是一个典型的复杂的网络化巨系统。

与其他国家的高速铁路调度指挥系统相比，我国高速铁路运营里程更长，调度指挥系统规模更大，系统组成要素多且要素间的相互作用关系更复杂，因此我国高铁调度指挥系统组织结构具有更高的复杂性。对调度指挥系统结构的深度剖析，理清调度系统工作原理，对于深入研究调度指挥信息交互关系具有重要的意义。

我国高速铁路仍处于建设运营初期，独立的高速铁路调度指挥体系并未构建完善，高速铁路调度指挥系统沿袭了既有铁路调度指挥模式，在中国铁路总公司设立全路高铁调度指挥中心，在相应铁路局集团公司设置高铁调度指挥中心，共同决策完成调度指挥任务，属于区域集中的二级调度指挥模式。

（一）高铁调度指挥系统纵向层级管理结构

1. 高速铁路调度指挥系统纵向层级结构组成

从纵向管理层级上来看，我国高速铁路调度指挥系统拥有三级结构。第一级为中国铁路总公司高铁调度指挥中心，它是系统的管理层，主要负责协调衔接调度层的运输组织工作。第二级为铁路局集团公司高铁调度指挥中心，它是系统的调度层，是调度指挥工作的直接指挥者。第三级为铁路站、段调度室，它是系统的执行层，负责实施调度指挥的各类工作及任务。我国高铁调度指挥系统纵向组织结构如图 9-3 所示。

图 9-3　高速铁路调度指挥系统纵向层级结构图

2. 高速铁路调度指挥系统纵向层级结构管理职责

1）中国铁路总公司高铁调度指挥中心

中国铁路总公司高铁调度指挥中心负责编制高速铁路跨调度所运行列车的基本运行计划；实时掌握列车运行状态，监控各路局（公司）调度指挥中心日常生产运输作业；负责协调各路局（公司）调度所衔接协作作业，遇路局（公司）调度指挥系统故障时，接管指定调度所的调度指挥工作。中国铁路总公司高铁调度指挥中心主要职责包括：列车运行计划的编制和调整（主要是基本图）；监督管理全部高速铁路的运行安全；管理跨区域的重点列车；重大事故及灾害发生时，进行集中统一指挥（可行使部分备用中心职能）；对各区域调度中心下达重点事项和要求；对各区域调度中心进行宏观调控；当各区域调度中心意见有冲突时，组织协调，统一处理；为部中心以及相关机构提供信息资讯。

2）铁路局集团公司高铁调度指挥中心。

路局集团公司高铁调度指挥中心是调度指挥系统的调度层，主要负责组织指挥列车运行的相关工作，包括：编制下达管辖区域的日（班）相关计划；监测列车运行；处置各类运行异常，控制及调整列车运行；组织维修作业；处理事故救援和抢险；汇总统计运输生产中的各类指标，开展运输生产效率分析等。高速铁路调度指挥中心具体工作职责包括：

（1）同调度指挥系统管理层——中国铁路总公司调度指挥中心传递和接收相关任务及信息；下达任务命令组织业务调度台生产，衔接协调各业务调度台工作。

（2）负责管辖区域内列车运行、动车运用、乘务管理、供电、维修施工等日班计划的编制。

（3）组织指挥列车日常运行工作，监控列车运行安全，控制和调整列车运行，监控管理本区域和跨区域的重点列车；

（4）负责监测管理区域内列车运行相关系统及技术设备，组织实施设备与系统的维修作业；

（5）遇突发状况时，形成应急调度小组，对列车运行进行集中统一指挥；当发生重大灾害或事故时，与铁路公司及其他路局调度指挥中心进行协调处理和指挥；

（6）组织安排区域内动车组运用、乘务组运用等；管理组织区域内旅客服务，发布旅客需求的相关信息；

（7）监管调度区域内业务调度台、车站及相关站段的日常生产安全，负责站段的宏观调控。

3）基层站段调度

基层站段是调度指挥系统的执行层，直接受命于路局调度指挥中心。它由车站、乘务段、动车段、机务段、司机段及施工单位等组成。基层站段根据上层下达的调度命令积极组织实施工作，认真完成调度任务，及时向调度所相关部门汇报工作进程。遇到紧急情况应向上级及时报告，如万分紧急，可自行采取有效的调度措施进行解决。基层站段调度主要职责具体包括：

（1）按照区域调度中心发布的调度命令，完成列车进路的办理，确认并监督列车进路的执行；遇 CTC 控制中心不能自动完成任务时，人工操作完成；

（2）追踪列车车次号，采集与列车运行相关的实际信息；监测系统的运行状态；汇总各类信息上传至路局调度指挥中心；

（3）根据调度指挥中心下达的日班计划，组织实施本段的司乘计划、动车运用计划、乘务计划；

（4）根据调度指挥中心下达的维修计划组织实施线路、通信信号、供电牵引设备、动车组等的维修工作；

（5）进行日常作业操作数据与记录的采集工作，并进行统计分析；

（6）组织实施本段的动车组维修，并按照动车组运用计划及时地将状态良好的动车组准备好。

（二）高铁调度指挥系统横向功能结构

1. 高铁调度指挥系统横向功能结构构成

为保障高铁运输生产的顺利进行，确保高速列车安全高效地运行，高铁调度指挥系统必须满足具备计划、行车指挥、牵引供电、工务、电务及客运服务等业务功能，因此在调度指挥中心应针对不同业务部门设置专业调度台组织实施日常的运输生产工作。在借鉴国外高铁调度指挥系统建设运营经验上，结合我国高速铁路运输组织特征，我国高速调度系统设置了计划、列车、动车、供电、客运及综合维修等专业调度台。

当前我国高速铁路调度指挥系统还未形成一定的规模体系，在实际建设运营中，路局（铁路公司）考虑线路实际需求及岗位人员配置时，在进行调度台设置时取消了某些调度台，并将该调度台的工作交由其他调度台完成，并未完全按照 6 个工种进行高铁调度指挥系统专业调度台设置。但不论增加或减少某一业务调度台，其余专业调度台都具备完成调度指挥所需要的全部业务功能。

2. 高铁调度指挥系统横向结构职能

高速铁路调度指挥的 6 个专业调度台负责不同业务的调度指挥工作，同专业不同调度台的管辖范围是彼此衔接却各不相同的。各专业调度台主要职能如下：

计划调度：负责基本计划的编制，实施计划及变更计划的编制与下达；

列车调度：按照列车运行实施计划，组织、监测、控制、调整列车运行，处理列车运行突发状况；

动车调度：按照计划运用、分配动车组，组织救援动车组，报修及组织动车维修工作；

客运调度：提供旅客服务，及时处理客运相关突发状况，实时掌握客流、客票及列车运行信息；

供电调度：监测、控制、管理牵引供电设备，组织停、供电作业；

综合维修调度：制定综合维修计划，监测和管理线路、通信、信号等基础设施和技术设备，组织实施维修计划作业。

（三）高速铁路调度指挥系统组织结构类型及特点

1. 基本的组织结构类型

组织结构理论影响着组织结构形式的不断变化。国内外学者将目前常见的组织结构形式归纳如下：直线职能式，模拟分散管理式，控股公司式，事业部式，矩阵式，多维式等。大量学者从各种角度对组织结构形式的特征、发展趋势做出了研究，并指出网络化、多元化、扁平化、无边界化等是未来组织结构发展的基本特征。组织结构形式是组织内部控制内容与方式、信息传播机制、职责权限划分等特征所显露出的组织结构的外在表征。以下重点分析目前常见的三种基本组织结构类型。

1）直线职能式

直线职能式的概念最早是由管理学家 Henri Fayol 提出，他受泰罗提出的“职能工长制”观念影响，结合当时大部分企业组织的直线式结构，研究出一种集中权力于高层的组织结构形式，即是直线职能式。在拥有直线结构的企业中，按照业务职能或结构功能的不同设置了诸多垂直的管理子系统，这些子系统的运作都是由最高管理层直接负责指挥的，它体现了组织结构的高度集权、纵向管理、直接控制等特征。直线职能式组织结构如图 9-4 所示。

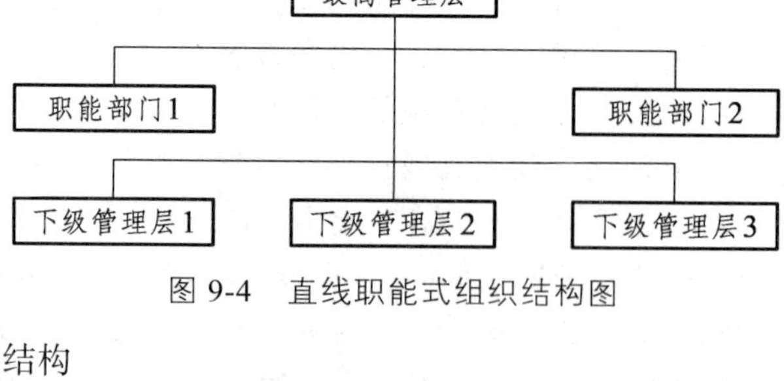

图 9-4　直线职能式组织结构图

2）事业部式组织结构

与直线职能式结构的“集权”特征相反，事业部式组织结构是一类典型的分权组织结构，它是由美国通用汽车公司前总裁 Alfred Pritchard Sloan 提出的。事业部式组织结构中，其子系统不是按照职能或业务功能划分的，而是根据企业经营内容，按照产品、地区、市场等设置事业部，并在事业部下设职能人员或机构，处理本事业部内部的职能事物。在事业部式的组织结构中，管理层负责企业的宏观领导，保留财务控制、重大人事决策等权利，而事业部基本拥有独立的经营权，是企业中经营核算都相对独立的部门。事业部式组织结构如图 9-5 所示。

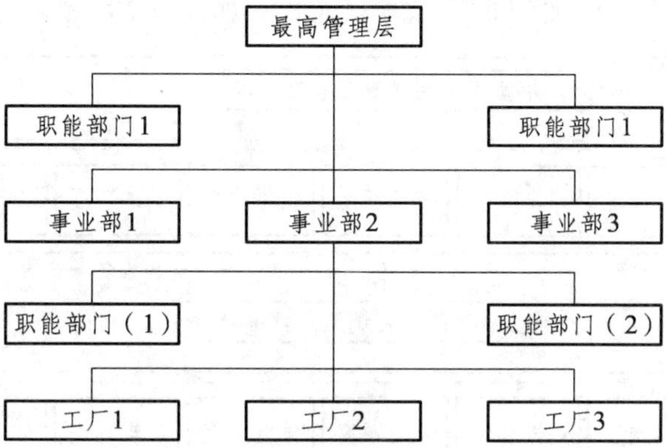

图 9-5　事业部式组织结构图

3）矩阵式组织结构

矩阵式组织结构最初是在垂直形态的直线职能式结构基础上，增加一组横向领导系统发展而来。它改善了在直线式结构中缺乏横向联系、组织结构弹性不强等弱点。矩阵式组织结构具有两道命令系统，纵向结构的领导系统以及横向结构形成的任务小组领导系统，因此既可以根据职能划分对企业进行管理，又可以通过产品项目任务小组对该产品的对象进行管理。但是，系统权利平衡又成为制衡这种组织结构形式发展的关键因素。矩阵式组织结构如图 9-6 所示。

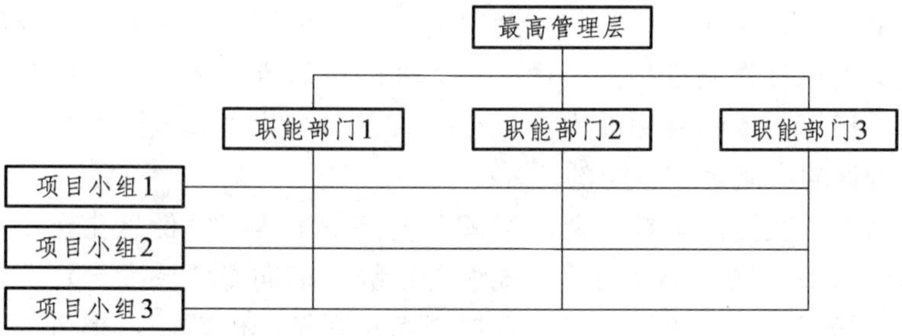

图 9-6　矩阵式组织结构图

2. 我国高铁调度指挥系统的组织结构类型及特点

在一个系统中，系统生产活动的生产特征决定了系统组织实施日常运作是否具有集中程度。高速铁路运输生产活动中的调度指挥工作也是这样。调度指挥系统的集权性，也是由运输系统生产过程特征决定的。我国高速铁路系统线长、点多，系统涵盖的业务范畴广、工种多、分工明确，系统具有规模性、生产活动过程连续性等特征，要实现系统良好地运行，就需要与运输相关的所有部门、单位、人员之间的协同协作，密切联系，这样的联系协作关系不仅需要部门间的有效沟通，还需要系统的组织者即高铁调度指挥系统实现集中调度，统一指挥。为此，高速铁路调度指挥需要具有相当高的集中程度才能更好地保障系统的生产安全和效率问题。

企业的三种基本组织结构类型中，事业部式组织结构分级管理、分级核算，事业部领导具有较大的独立自主权利，属于一种分权的组织结构模式。矩阵式组织结构将职能划分的部门和任务划分的小组纵横交错，权力下放于围绕某专项任务成立的跨职能部门的专门机构上，也属于一种分权的组织结构模式。根据我国高铁调度指挥系统必须集中统一的原则，我国高速铁路调度指挥系统组织结构类型属于直线职能式，如图 9-7 所示。

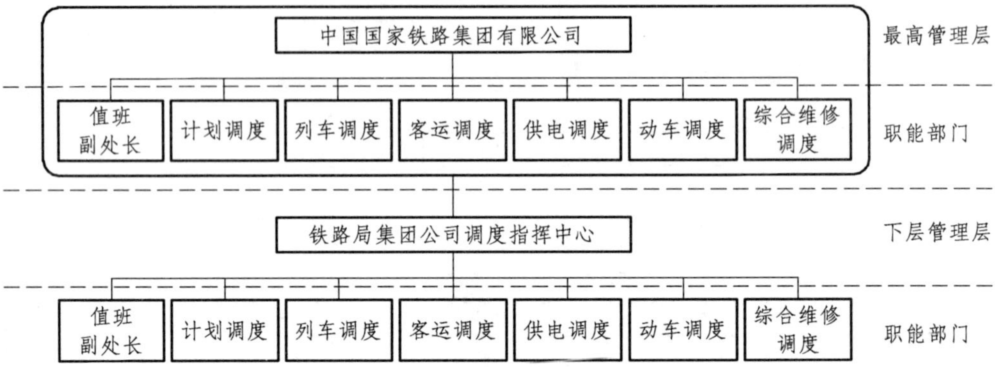

图 9-7 高速铁路调度指挥系统直线职能式组织结构示意图

直线职能式调度指挥系统组织结构具有以下特点：

（1）层级组织性。高铁调度指挥系统具有金字塔式垂直控制的分层次的组织结构，纵向结构管理层级化（由中国铁路总公司及路局集团公司高铁调度指挥中心构成的二级管理层），横向结构上强调了职能分工，按调度指挥需求构建了 6 个专业调度台，加强了系统的完整性。系统命令统一、责任分明、分工明确，同时系统的完整性要求系统内部各单元、各部门、各子系统之间协同有序地运作。

（2）权力集中性。在纵向直线制的管理层级中，各级管理层实行决策领导职责，职能部门（专业子系统）进行日常调度指挥工作，下级部门严格遵守上级的指挥和命令，严格进行工作，避免了多头指挥，能够集中权力、迅速决策。这与我国高铁调度指挥系统集中领导、统一指挥、逐级负责的本质是相符合的。

（3）信息联结性。我国高速铁路调度指挥系统具备了良好的信息化建设基础，建立了覆盖系统的信息基础网络设施，调度指挥系统纵向层级及横向专业调度台之间的信息交换通过统一的数据设计、管理和访问机制实现，数据交互是在统一的软硬件平台下通过数据库和实时通信信息交换软总线的方式来实现的。系统结构保证数据的高度统一性，实现了数据的一元化管理。调度指挥系统的组织结构具备信息联结性特征，系统内部不存在信息孤岛。

（4）组织规模性。企业集团应当具有一定的规模。我国高速铁路起步晚，但起点高发展快，至 2015 年底，投入运营的高速铁路里程达 1.9 万公里以上，居世界第一，占世界高速铁路总里程的 50%。根据《中长期铁路网规划》，到 2020 年，我国高速铁路的运营里程将达 3 万公里，覆盖 80%以上的城市。随着我国高速铁路的飞速发展，庞大、复杂的高速铁路网络即将建成，高铁调度系统的组织结构也将日益壮大，系统的规模性、复杂性也将日益显现。同时系统的规模性更加强调系统组织结构、功能设置的合理性，以加强调度指挥系统内部的信息沟通效率及分工协同运作程度。

四、调度指挥系统专业调度台主要职责及日常业务流程

高速铁路调度指挥系统的列车调度、计划调度、动车调度、客运调度、供电调度、综合维修调度等 6 个专业调度是直接负责日常生产的主要业务部门，为了给高速铁路运输生产提供安全保障，必须要求高速铁路调度指挥各专业调度台运行正常、调度决策正确、信息传输畅通、系统协同动作。

1. 计划调度

高铁的计划调度主要负责与列车运行相关的所有实施计划的编制与下达；统计局上座率和列车开行正晚点情况；发布更换车底、回送动车、转移转向动车、加开试验列车和普通列车等调度命令，并将这些特殊情况的列车开行计划纳入日计划。计划调度员主要职责为：

（1）编制下达管辖区域内运输相关的所有计划，上报总公司调度指挥中心并接受审批后的计划；

（2）掌握区段内客流、动车组回送、试验列车开行、维修计划等信息；

（3）遇突发状况时协同其他专业调度台编制列车运行调整计划、动车组车底运用计划等；

（4）负责临时加开、停运、变更客运业务停站、定员变化等情况下的票额调整调度命令下达；

（5）负责组织管辖范围内的军事运输工作，编制新老兵乘车计划；

（6）与相邻铁路局调度所交换日计划及有关资料。

计划调度员在编制次日及第三日计划时，如遇已知或可推算的晚点列车，应根据推算的晚点时分进行次日及第三日计划的制定。除以上任务外，计划调度台还负责管辖范围内日常运输统计分析工作。计划调度的工作流程如图 9-8 所示。

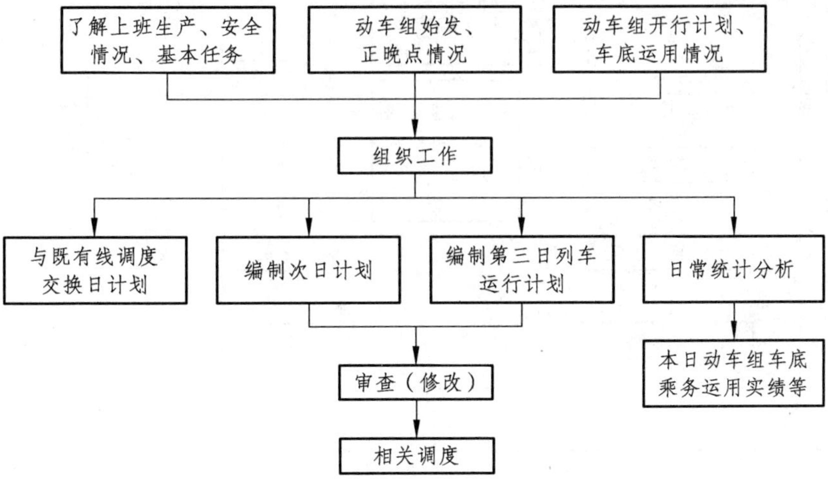

图 9-8　计划调度日常业务流程图

2. 列车调度

列车调度是高铁调度指挥系统的核心和关键。列车调度员的基本任务是按照日实施计划，组织高速列车运行生产。根据各项规章、制度，结合自身经验，进行列车运行的监测、控制工作，并绘制实绩列车运行图，实现列车跟踪及车次号核对等。遇突发情况导致的列车运行

紊乱时，在调度指挥中心领导及其他调度台协作的情况下，结合自身经验制定列车运行调整计划。列车调度员主要职责为：

（1）按照日班实施计划，组织调度区段内列车按计划运行，监控列车的运行状态，遇突发情况列车偏离计划运行时，及时做出应对方案，编制并下达调整计划，尽可能地恢复列车按计划运行；

（2）掌握调度区段内车站技术设备状态、列车运行作业过程，及时正确地发布行车指挥相关调度命令、行车凭证和口头指示；

（3）遇到需人工办理进路时，同助理调度员一起办理进路；在非常站控模式下，负责下达列车运行调整计划、布置进路并确认进路准备完毕；

（4）遇外界环境、交通事故、防灾系统报警、列车运行异常等情况时，及时处理并进行信息通报；

（5）掌握救援列车的分布情况，按高铁值班（副）主任的指示及时下达救援列车运行的调度命令；负责与相邻列车调度台交换列车运行计划；

（6）下达列控限速调度命令时需与列车助理调度执行“二人确认制度”。

列车调度工作由调度长全面负责，包括：掌握高速线全部列车运行控制信息；掌握相邻区段普速铁路列车运行信息；当列车运行出现偏差时，负责制定调整计划，并监督调度员工作；还要掌握防灾报警信息，异常情况时能迅速正确处理。根据高速铁路调度区段行车量等因素设置数个列车调度员，调度员工作受调度长领导指挥。列车调度业务流程如图 9-9 所示。

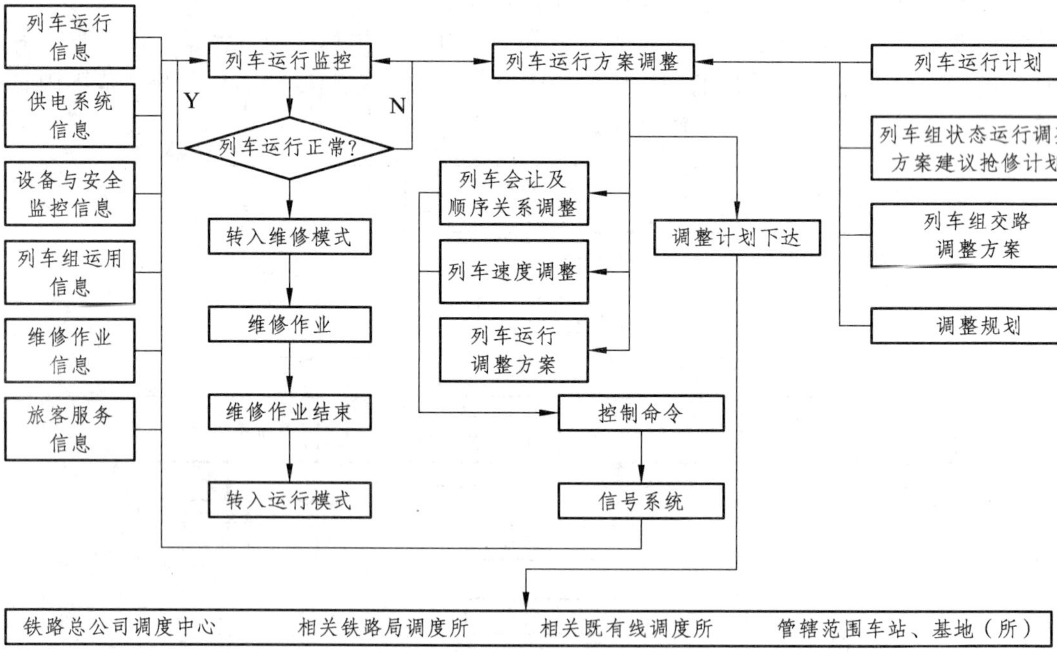

图 9-9　列车调度日常业务流程图

3. 动车调度

动车调度员主要负责组织落实动车组车底运用日计划；组织车底交路调整热备启用工作；负责动车组相关命令的发布，协调做好动车组回送工作；检查督促路局管内车辆段合理制定动车组在段检修计划；监控本属及在管内运行动车组运用情况，根据需要采取妥当的应急措施。动车调度员主要职责为：

（1）负责接收相关动车组文电、调度命令，并向相关铁路局集团公司机务部门传达，组织贯彻落实；

（2）掌握动车组配属、转属、借用及车底到位等情况；掌握当日动车组状态（运行交路、值乘人员、热备车体、车体检修）、检修计划、运用计划、临时开行、试验运行、车体更换等情况；

（3）掌握高铁担当局、段动车组司机人员动态；收集当日动车组、相关动车段（所）司机执乘或地勤司机、热备司机人员数量及名单、联系方式等信息；发生非正常情况时，与各工种调度一起做好应急处置，合理运用动车组司机；根据动车组投用、热备计划，向相关管辖局、段下达动车组列车交路人员担当计划；

（4）负责动车组司机乘务、地勤作业信息的收集与反馈；

（5）对动车组回送及临时更换车底需安排司机乘务的申请进行把关，及时通报相关调度台，会签相关调度命令，向相关铁路局集团公司、机务段传达，并组织担当临时任务动车组司机乘务及带道安排；

（6）根据动车组三、四、五级检修计划，掌握检修进度，布置相关局、段动车组司机（含地勤司机）配合工作；

（7）遇设备故障或非正常情况影响列车晚点时，指导调度辖区内动车组司机快速处置；

（8）与相关调度台及相关局调度所司乘调度联系，了解影响动车组正常运行的设备故障发生、处理、恢复情况，及时汇报并根据情况做好动车组司机乘务、备用安排；

（9）实时掌握管理动车组运行安全信息，及时按规定上报安全信息；如遇动车组故障影响列车正常运行时，需立即响应做出应急预案，并组织相关人员对动车组故障进行及时处理；

（10）按日统计动车组运行、晚点、故障信息等，上报有关部门；

（11）负责根据动车组担当交路，向部调度指挥中心机调提出乘务交路优化建议，合理分配担当乘务交路计划，更合理使用动车组司机。

动车调度的主要任务可以归纳为：审批次日车底运用计划、归档动车组信息、直通定员不变的车底更换申请、调整车底运用、回送故障动车组、协调动车组入厂和出厂、应急处理管外本署故障动车组、加开跑合试验列车等。动车调度业务流程如图 9-10 所示。

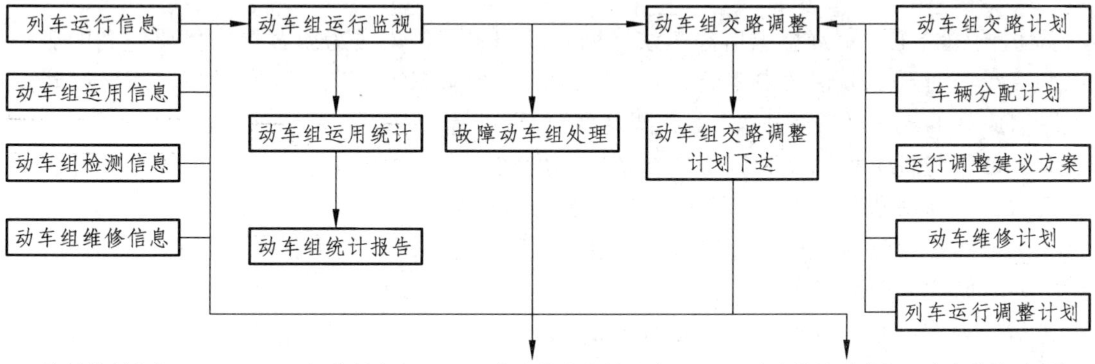

图 9-10　动车调度日常业务流程图

4. 供电调度

供电调度员一般按照高铁的相关规定及标准，组织高铁牵引供电作业实施，监控电力系统的运行，指挥电力设备的检修与抢修等。在日常作业中，与高铁其他工种调度台联系紧密，正确有序地进行系统的停送电作业；遇设备故障时以缩小停电范围、确保迅速恢复供电为原则及时组织维修工作，降低停电带来的故障损失。供电调度员主要职责为：

（1）需实时掌握调度区段内电力系统、电力设备的分布情况及运行状态；掌握辖区内变电所电源及负荷状态；掌握辖区供电设备维修作业状态；掌握辖区列车运行基本情况；正确下达倒闸和作业命令，审批停送电作业：遇突发状况时，配合列车调度及其他工作人员，根据调整方案完成系统供电作业；与列车调度员办理停送电作业签认手续；

（2）参与牵引供电、电力远动系统联调联试和验收，审核相关的施工方案，提高综合维修计划的兑现率；

（3）负责与地方电力公司衔接协调工作，接受地方电力公司的停送电命令；一旦发现外部供电问题时，及时与相关部门联络处理；

（4）及时处理安全监控系统的报警信息；遇电力设备、供电设备故障时，应立即通报信息，并组织人员抢修；

（5）统计分析供电系统、设备运行及维修情况，填制报表。

供电调度通过铁路牵引供电远动系统对电气化高速铁路全线牵引供电设施进行监视和控制。高速铁路供电调度的业务流程如图 9-11 所示。

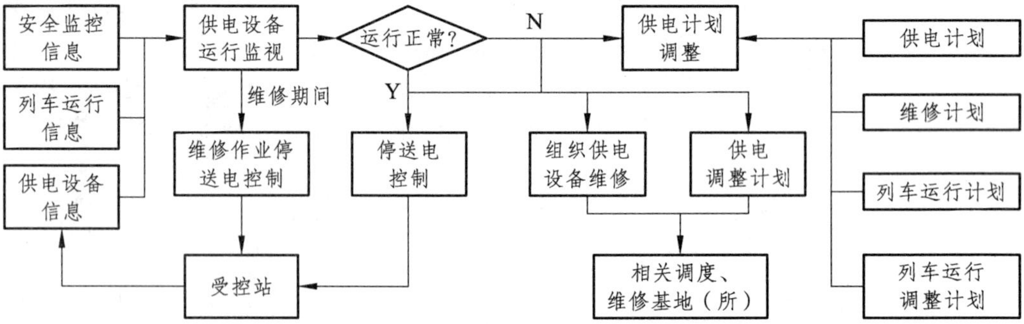

图 9-11　供电调度日常业务流程图

5. 客运调度

客运调度台主要负责组织指挥车站、列车及相关工作人员为旅客提供优质便利的服务。客运调度员需时刻掌握辖区内客流、客票、列车运行状态等信息；遇突发情况下做好晚点旅客、滞留旅客的疏散及安顿方案、制定赔偿赔付标准等。其主要职责如下：

（1）加强与各工种调度联劳协作，解决调度辖区内站车上报的与旅客服务相关的各类事宜，及时处置高铁站车发生的与客运服务相关的突发事件。

（2）掌握管辖范围内动车组配属、备用、运用情况，掌握管内高铁客票发售、客流波动、动车组列车席位利用情况。

（3）遇列车运行计划调整时，及时组织调整本局担当动车组列车客运乘务（含餐服、保洁人员）计划；会同动车调度，及时组织调整动车组库内保洁计划。

（4）遇有动车组列车晚点时，加强与相关工种调度的联系，组织各部门加强协作，采取有效措施，减少晚点影响。

（5）遇突发事故导致行车中断时，协助列车调度完成列车调整相关工作，并根据调整计划发布由运行中断导致的旅客服务类信息的变更，指导相关单位做好列车上水吸污、折返保洁、备品交接、餐饮供应、退票改签、旅程接续、重点旅客安排等客运服务工作。

（6）接受上级或相关调度所命令或信息，收取辖区内车站、列车上报的与客运服务相关的信息（当班列车车长姓名、电话；滞留列车简要情况：车次、担当局（段）、滞留时间、地点等；车内旅客情况；餐料、餐车燃料可供餐次数；其他认为需要报告的事项等）。向上级及相关调度所通报或直接向站车和铁路客户服务中心发布自然灾害、行车事故、设备故障等原因造成的列车晚点信息（晚点原因、目前晚点时间、预计晚点时间等）等客服信息。

（7）协助做好有关军事运输、新老兵运输、专包及中央大型会议等重点任务的客运服务。

（8）负责旅客（动车组）列车客运服务及正点分析和上报工作；及时记录收集、整理分析客服方面存在的各类问题，提出改进意见。收取站车客运服务的有关资料、站车典型事例等情况。

客运调度日常业务流程如图 9-12 所示。

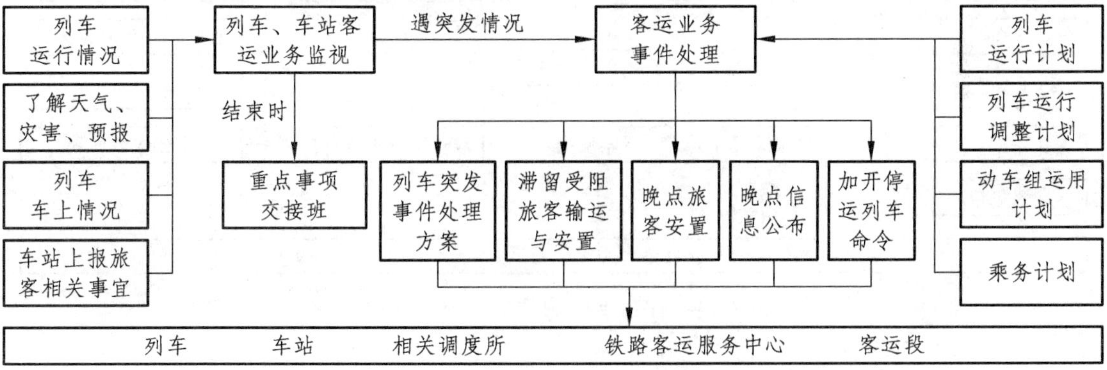

图 9-12　客运调度日常业务流程图

6. 综合维修调度

为保障高速铁路维修资源合理运用、统一调配，并尽量减少对高速铁路安全运营的影响，高铁调度指挥中心设立综合维修调度负责统一调度指挥，协调全线轨道维修与检查，牵引供电系统、电力供电系统、通信系统、信号系统等维修作业，建立维修台账，组织实施固定设备与设施的综合维修计划；监视日常维修工作；参与救援与抢修的调度指挥工作。综合维修调度员主要职责如下：

（1）实时掌握防灾系统各子系统的报警及故障报警信息。掌握每条高铁每日风、雨、雪等主要气象信息。

（2）熟悉防灾系统各子系统故障的处理流程，防灾系统发生故障报警时，通知相关单位按处置流程处理。

（3）监控系统发出异物侵限报警时，协助列车调度员按照相关应急处置流程处置。

（4）某线地震安全监控系统发出地震报警时，自动触发列控系统和供电系统使动车组停车和接触网断电，协助列调通知运输系统各部门上线检查并采取应急处置措施。

（5）监视电务设备运用情况，发现问题及时通知相关单位按处置流程处置。

（6）掌握综合维修天窗和施工作业进度，收集施工现场信息，及时向列车调度员报告情况；协助处理高铁工务、电务等固定设施、设备施工的申请、登销记、要点及联系工作，并负责相关试验工作。

（7）掌握综合维修系统的基础信息，接收综合维修计划，掌握路用列车开行情况，参加工务、电务、供电专业施工作业和维修作业计划协调会，协调设备管理单位合理利用综合天窗。

（8）加强与各工种调度及作业单位的联系，协调处理综合维修作业结合部存在的问题，做好综合维修作业及动车组确认列车检查信息的收集工作。

（9）做好非正常情况下的专业应急处置等工作。

（10）收集专业施工计划，盯控施工进度。

（11）完成领导临时交办的工作和任务。

综合维修段根据月度综合维修计划的要求及人工监测、综合检测车（或检测中心）提供的设备技术状态信息与段内的监测信息，由各部门提出次日维修计划，经协调后制订次日综合维修计划。综合维修调度日常业务流程见图 9-13。

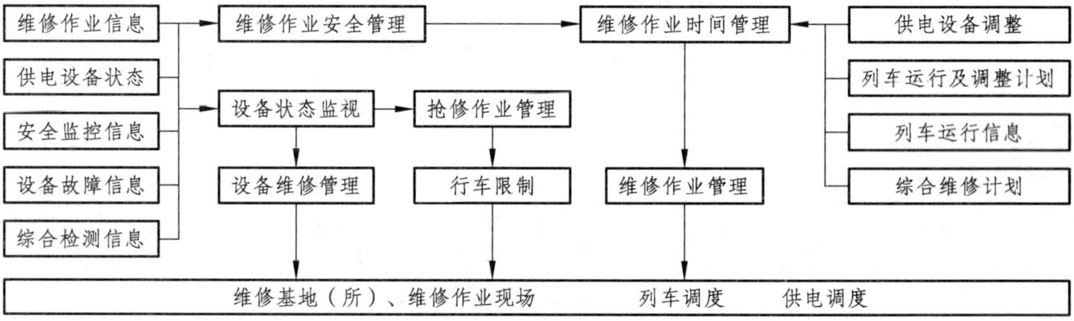

图 9-13　综合维修调度日常业务流程图

第三节　高速铁路调度日计划

一、调度日计划的概念

1. 含义

调度日计划是一日内的运输工作计划，包括列车开行计划和施工、维修计划。调度日计划是日常运输组织工作的基础，是一日运输工作的综合部署，是保证均衡完成运输生产经营和施工任务的前提。

2. 分类

1）列车开行计划主要内容

（1）列车开行车次；（2）临时定点列车始发站、终到站、沿途客运业务办理站及其到（发）时分、动车组股道运用计划；（3）开行动车组列车所对应的车组（型号、重联）、动车组车底运用方案及路用列车开行计划；（4）重点事项。

2）施工计划主要内容

（1）施工编号、等级、项目；（2）施工日期、作业内容、地点（含线别、区间、车站、股道、道岔、行别、里程）和时间；（3）施工限速、影响范围、行车方式变化及设备变化；（4）施工单位（含配合单位）、施工负责人；（5）路用列车进出区间方案；（6）区间及站内装卸路料计划。

3）维修计划主要内容

维修计划主要包括作业项目、地点、时间、作业单位、配合作业单位、作业负责人、影响范围、路用列车进出区间方案等。

3. 主要内容

确定发车权，保证区间行车的安全。

二、调度日计划的主要依据

（1）基本列车运行图（包括分号列车运行图）。

（2）有关文件、电报、调度命令。

（3）动车组运用（车型、组数）、检修计划及回送申请。

（4）月度施工计划（含临时文电批复的）及主管业务处提报的施工计划、路用列车开行、设备维修作业计划申请。

第四节　分散自律调度集中系统

一、我国调度集中系统发展历程

我国高速铁路运行管理子系统的核心功能是依靠分散自律调度集中系统（Centralized Traffic Control，简称 CTC）来实现的。

分散自律调度集中系统是由传统类型发展而成的新一代调度集中系统。它综合了计算机技术、网络通信技术和现代控制技术，采用智能化分散自律设计原则，以列车运行调整计划控制为中心，兼顾列车与调车作业的高度自动化的调度指挥系统。

分散自律调度集中系统在列车调度指挥系统基础上构建，由铁路局、车站两级构成。调度集中区段，车站设集中联锁，区间设自动闭塞或自动站间闭塞。

分散自律调度集中除实现列车调度指挥系统的全部功能外，还实现列车编组信息管理、调车作业管理、综合维修管理、列车（和调车）进路人工和计划自动选排、分散自律控制等功能。将同一调度区段内、同一联锁控制范围内所有车站（车场、线路所）的信号、联锁、闭塞设备纳入控制范围。调度集中区段的两端站、编组站、区段站，以及调车作业较多、有去往区间岔线列车或中途返回补机的中间站，可不列入调度集中操纵，但出站信号机均应受调度集中控制。

我国调度集中系统的发展主要经历了以下过程。

我国铁路开展调度集中系统研发始于 20 世纪 60 年代。1962 年，我国铁路首次在宝成线宝凤段安装了继电式调度集中。1969 年开始采用晶体管分离元件及集成电路的电子调度集中，最多时安装过 1 000 多公里。但终因修建双线、区间无空闲检查设备、设备不配套、系统不稳定等原因，相继于 20 世纪 70 年代末停止使用。

进入 20 世纪 80 年代后，在调度集中的微机化及相应设备的研究上取得了突破性进展。计算机系统由单一功能向多功能扩展；表示设备由盘面式向屏幕式发展；应用范围由单线向双线发展，出现了 D4 型和 D5 型，以及引进的 CTC4000 型调度集中系统。并在宝成线宝凤段、大秦线、兰新线哈柳段等线路区段投入使用。

到 2002 年底，全路装配调度集中系统的延展里程达 1 700 km，但其中大部分调度集中系统并未得到很好的使用，基本上是起调度监督作用。

2003 年 8 月，由 5 家单位联合研究，确定了我国新一代调度集中系统的第一个技术性指导文件——《分散自律调度集中系统技术条件（暂行）》。该文件的颁布，确定了新一代调度集中系统的基本技术要求和模式，进一步规范了调度集中系统的研制开发，明确了我国调度集中系统的发展方向。文件颁布以后，加快了实施步伐，在原有传统调度集中系统的基础上，按照新的技术条件要求进行改进。

2004 年 1 月，由卡斯柯公司研制的新一代智能化分散自律调度集中系统在西宁进行了审查。

从 2005 年 12 月 29 日开始，胶济线调度集中系统全面进入运输综合实验阶段，并最终完成了整个胶济线三个调度区段的运输综合试验。胶济线 CTC 的应用是中国在繁忙铁路干线的第一次应用，为中国铁路运输组织、运营管理、调度指挥创造了一系列新的理念，为 CTC 系统的全面推广奠定了基础。

目前，京广、京沪、胶济、浙赣、青藏铁路等普速铁路以及新建成通车运营的高速铁路如京津城际铁路、武合、石太和武广高速铁路均已装配 CTC 系统，为铁路提速及高速铁路运营管理提供了安全和效率保障。

二、系统概述

与传统的调度指挥方法不同，CTC 采用先进的计算机通信技术，通过计算机网络完成调度计划和调度命令的下达，由车站自律机按照调度计划进行自律执行，并由相应的外围设备采集铁路沿线的各种实时信息再传送到调度集中的中央服务器，实现列车跟踪、监督报警、运行图自动绘制等功能。系统具有一定的智能性，能够自动生成调度计划并依据计划自动选择适当的进路，控制相应的联锁设备动作。在列车运行调整计划的基础上，解决列车作业与调车作业在时间与空间上的冲突，实现列车和调车作业的统一控制。

CTC 有分散自律控制模式和非常站控模式两种。分散自律控制模式是分散自律调度集中系统的基本模式，用列车运行调整计划自动控制列车运行进路。在分散自律模式下，调度中心具备人工办理列车、调车进路，车站具备人工办理调车进路的功能，此时车站联锁控制台不起作用。非常站控模式是指当调度集中设备故障、发生危及行车安全的情况或设备天窗维修、施工需要时，系统转为车站传统控制模式，此时车务终端不起作用。

调度中心的每个分散自律调度集中调度区段，一般设列车调度员、助理调度员、综合维修调度员。

三、系统的设备组成及功能

分散自律调度集中系统由调度中心系统、车站系统和网络传输系统三部分构成。

1. 调度中心系统

调度控制中心主要由数据库服务器、调度集中服务器（双机热备）、通信前置服务器、大屏显示系统、行调工作站、助理调度员工作站、综合维修工作站、调度集中维护工作站、网管工作站、打印设备、远程维护接入 TMIS 接口计算机以及局域网等设备组成。

调度中心系统的主要功能包括：

（1）实时监控管辖范围内列车运行状态，制定、调整和下达列车阶段计划，查阅实绩列车运行图，下达调度命令以及与相邻调度区段列车调度员交换信息；

（2）编制、调整无人值守车站的调车作业计划以及领导调车工作；根据阶段计划和调度员的口头指令进行车站的调车进路的排列；

（3）提供直接遥控车站进路和其他信号设备的按钮操作界面；

（4）掌握线路实际运营情况，组织生产和运输指挥；

（5）提供站场和实绩列车运行图显示，辅助计划调度完成日班计划的生成和下达；

（6）为调度中心各级行车指挥人员提供系统岗位技术培训。

2. 车站系统

车站系统主要设备包括车站自律机、车务终端、综合维修终端、电务维护终端、网络设备、电源设备、防雷设备、联锁系统接口设备和无线系统接口设备等。其中，车站自律机是分散自律调度集中的关键设备。车站系统的主要功能包括：

（1）接收存储调度中心的列车运行计划、调车作业计划等，并自动按计划进行进路排列，驱动联锁系统执行；

（2）接收调度中心和本地值班员（信号员）的直接控制操作指令，经检查确认无冲突后驱动联锁系统执行；

（3）确认进路的完整性和信号的正确性，并能对不正常情况进行处理；

（4）对车次号进行安全级管理；

（5）列车及调车作业的跟踪；

（6）接收邻站的实绩和计划列车运行图；

（7）接收调度中心和本地值班员的进路人工干预，并调整内部处理流程；

（8）采集数据并处理形成信号设备的图形表示信息；

（9）列车车次跟踪显示处理；

（10）向调度中心发送设备表示信息；

（11）形成本站的自动报点信息。

3. 网络传输系统

车站基层广域网采用双环、迂回的高速专用宽带数字通道，连接调度中心局域网和各车站局域网，网络通信协议采用通用的 TCP/IP 协议。

四、系统的主要特点

1. 智能化

实现列车运行计划自动调整，实绩运行图自动描绘；调度命令多媒体下达（可根据列车运行计划执行情况自动向有关列车发送信息），事件自动记录。

2. 分散自律

实现以日班计划图、列车运行调整计划（阶段计划）为主轴和框架，将阶段调整计划下传到各个车站的分散自律机中自主执行。系统没有中心控制权与车站控制权之分，只有指令不同来源之分，通过列车运行阶段调整计划进行来自多处指令的自律，科学合理地解决中心控制与车站控制（含调车作业）的矛盾。每一个分散自律机都具有以列车运行阶段计划为核心的智能自律机制，接收列车运行调整计划并自动执行计划。列车运行调整计划的制定与调整由调度中心完成，计划的执行由沿线车站分机自主判断完成。

3. 可实现车站无人值守

在无线通信系统、车次号校核子系统、无线调度命令传送系统、列车编组顺序电子信息的基础上，增加自动预告系统，可以在没有客货运业务的中间站实现行车、调车作业控制无人化。

4. 可靠性高

系统采用双套冗余配置；广域网采用迂回、环状、冗余设计；并通过设置网管工作站、电务维护工作站，实时监控网络上每一节点的状态和系统的运行状况；同时采用远程维护服务器用于远程紧急技术支持、异地远程修复及其他技术支持。

五、CTC 系统调度员的工作职责

1. 列车调度员的职责

（1）列车调度员为主要的行车指挥人，助理调度员和综合维修调度员均受列车调度员指挥。

（2）负责组织和完成列车在车站到开、会让、通过等行车作业，正确合理地使用车站正线、到发线、调车线，实现日班计划。根据需要，指派助理调度员通过系统正确操纵所辖区段内各车站信号、联锁、闭塞设备；向助理调度员下达中间站摘挂计划；指挥综合维修调度员及时、正确的发布调度命令。

（3）负责与计划调度、动车组调度、旅客服务调度等工种联系，及时、正确地在运行图上标注图表信息。

（4）检查确认综合维修调度员编写的调度命令，通过运输调度指挥管理信息系统或调度电话向车站发布调度命令；通过无线传送系统直接向列车司机发布传送调度命令。

（5）负责使用无线调度电话向车站、列车司机发布口头指示。

2. 助理调度员的职责

（1）在列车调度员的领导下，根据列车调度员下达的列车运行计划，随时监控管辖各站列车进路和调车进路的排列情况，必要时直接操纵车站信号、联锁、闭塞设备。

（2）主动与列车调度员联系，优化作业组织。

（3）分散自律控制模式下，负责担任作业量较小车站的调车领导人，根据日班计划、列车编组、车站现在车、装卸车进度等信息，及时编制调车作业计划，及时确认、修改列车编组顺序表、车站站存车等信息。

（4）通过无线传送系统向调车人员和列车司机传送调车作业计划。

（5）负责向车站下达调车作业计划。

（6）使用列车无线调度电话向车站、列车司机、调车机司机发布指示、有关行车凭证。

3. 综合维修调度员的职责

（1）在列车调度员的领导下，加强与电力调度的联系，按照月度施工方案和“天窗”修计划，及时编写施工、检修等的调度命令。

（2）遇调度集中设备施工、检修时，在《行车设备检查登记簿》或《行车设备施工登记簿》内与调度集中电务值班人员办理登、销记手续。

（3）协助助理调度员监控管辖各站列车进路和调车进路的排列情况。

（4）对需要人工排列的进路，与助理调度员执行“二人确认制度”。

六、自律控制流程

为保证整个程序的实时响应时间，调度集中系统自律程序采用循环方式，每 1~2 s 执行 1 次，每次循环流程如下：

（1）检查是否有新下达的控制计划，如接收到新计划，则根据计划进路的联锁表，重新计算每个站对应于此计划的进路占用时间和空间表；

（2）跟踪所有列车车次，记录列车实时位置；

（3）遍历等待执行的进路序列，查看每条进路所对应的列车位置；根据《站细》，如发车进路条件满足，则发送进路命令，办理进路，并将此进路插入历史进路序列；

（4）遍历历史进路序列，如果进路未办出，报警；检查列车的实际运行情况，如果与进路相关的接车、发车或列车通过执行完毕，刷新历史进路列表；

（5）对于手工办理的列车进路，自律程序在进行相关检查后将命令直接发送到站机执行；

（6）对于手工办理的调车进路，自律程序检查此进路中所有元素的占用表及《站细》，判断进路是否满足自律条件，如满足，发送命令给站机办理，不满足，则不予办理；

（7）对于调车计划，如果收到回执，将此调车计划进路插入活动调车表；

（8）遍历活动调车表，自律程序检查此调车进路中所有元素的占用表及《站细》，判断进路是否满足自律条件，如满足，按时间进程依次开始办理。

第五节　高速铁路列车运行调整

一、列车运行调整的原因

列车运行图是铁路组织列车运行的基础，它是对列车运行时间、空间关系的图解表示，是列车在区间运行及在车站到发或通过时刻的技术文本。列车是列车运行图实现的载体，在编制列车运行图时，需要受以下条件的制约：（1）时间条件。列车运行时分、追踪间隔、车站间隔、列车接续以及乘务组工作时间等。（2）空间条件。区间线路数目、车站到发线配置等。（3）线路等设备维修条件。（4）社会政治、经济条件等。

列车运行调整就是当列车受到干扰使其无法按图运行，造成列车运行紊乱时，通过重新规划列车运行时刻表，尽可能恢复列车有序运行状态的过程。它的实质就是处理列车与车站、列车与区间及列车之间的关系，规定列车占用区间和站线的合理时机。列车运行调整问题是实时性很强的问题，调整计划的编制必须在限定的时间内完成。

列车在实际运行当中，偏离运行图是一种不可避免并无法预测的现象。实际运输生产过程中难免受到诸如事故、自然灾害、列车或线路故障、作业方面原因，以及各种突发状况等都可能引起列车运行的紊乱。

根据列车运行过程中各种干扰对列车运行影响的程度不同，列车运行晚点可以分为不可恢复晚点和可恢复晚点，两种晚点情况调整的目的和方法不同。不可恢复晚点，调整的目标是使列车尽量减少晚点时间，降低对其他列车的运行干扰，尽快输送积压的旅客。可恢复晚点，根据其外在表现形式，大致可以归结为以下两种情形：

（1）自身晚点。这种晚点是指，列车在运行过程中由于自身的干扰造成的运行晚点，比如占用的线路故障，自身车体异常，车站作业未按时完成等。

其又可以分为两种形式：区间晚点和站点晚点，如图 9-14 所示。图中，实线为实际列车运行线，虚线为图定列车运行线，Δt 为列车晚点时分。

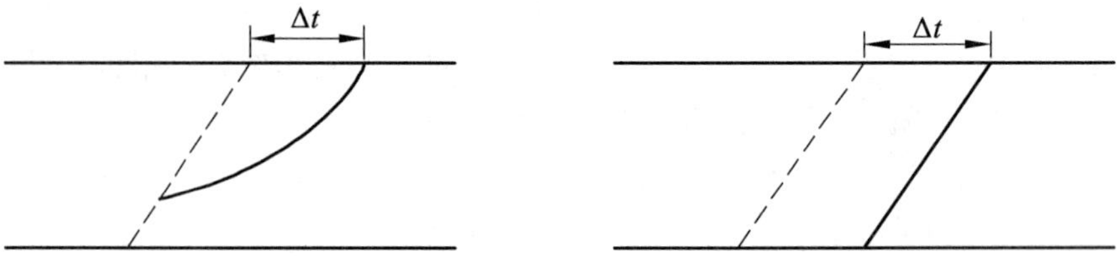

（a）区间晚点　　（b）站内晚点

图 9-14　自身晚点

（2）后效晚点。主要是由于前行列车晚点，引起的后续列车连带晚点。可以认为是前行列车的晚点向后传播。此晚点情况可分为三种形式，如图 9-15 所示。

我国高速铁路高中两种旅速的列车混跑，两种列车前后运行组合方式可分为 4 种：中高、高中、高高、中中，组合方式不同造成的晚点传播形式也不同。根据对后续列车的影响程度，可以把这 4 种组合方式分为三类：中高、高中、同等级列车组合。设 Δt_1 为初始晚点站的影响时间，Δt_2 为前方站的晚点影响时间区域。中高组合，前行中速列车对后行高速列车产生的后效晚点，$\Delta t_1 > \Delta t_2$，影响面积缩小，如图 9-15（a）所示；高中组合，高速列车晚点对后行列车后效影响，$\Delta t_1 < \Delta t_2$，影响面积扩大，如图 9-15（b）所示；同等级组合，前行列车晚点时间向后等值传播，$\Delta t_1 = \Delta t_2$，如图 9-15（c）所示。

无论何种晚点情形，都会对高速铁路的运输组织以及客运服务质量有很坏的影响，如果合理的运用冗余时间，就会消除或减弱这种不利影响。

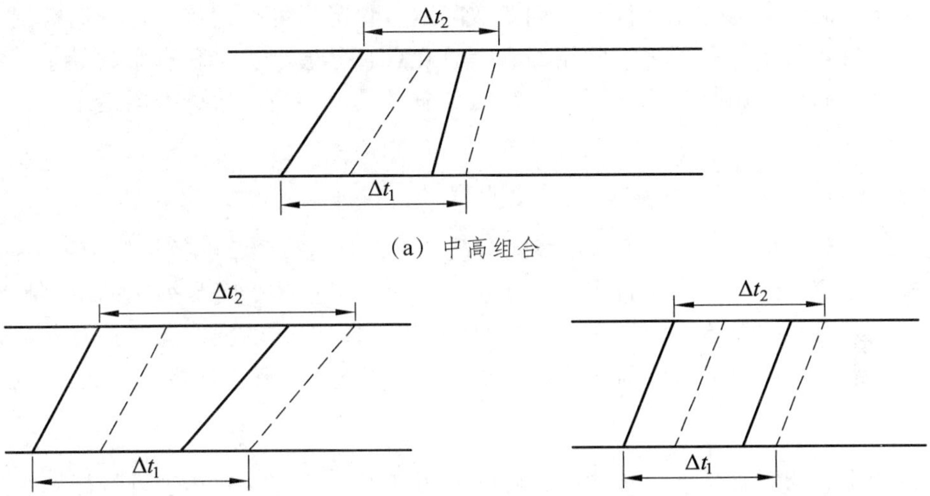

（a）中高组合

（b）高中组合

（c）同等级组合

图 9-15　后效晚点

二、高速铁路列车运行调整的特点

为了更好地研究高速铁路运行调整问题，首先分析动车组运行特点。

（1）服务对象单一，正点要求高。我国高速铁路开行中高速两种等级列车，全部为旅客列车，不同于普速铁路客货混跑模式。服务对象为旅客，必须从满足旅客旅行的需要出发，在服务质量、列车运行质量、列车到发时间带的合理选择，尤其在保证安全、正点的要求上远高于普速铁路。在动车组运行调整过程中，不允许旅客列车不停车通过任意有图定作业的客运站，不允许提前发车。

（2）从外在列车运行形态来看，高速铁路上列车运行速度高、制动距离长，停站列车区间运行时分就远高于不停车通过列车，两种列车的旅行速度相差很大，加上高速铁路行车间隔小，由此形成了两种停站方案的列车区间运行时间之差大于追踪列车间隔时间 I 达数倍之多，由于时间差与 I 间的比值增大意味着变更列车待避地点的难度，必将给高速铁路的列车调度工作带来缺乏机动余地的困难。

（3）我国高速铁路为客运专线，两种不同停站方案的高速列车都由动车组来担当。在进行列车运行调整时，不可能采取停靠站数多的列车无限制避让停靠站数少的列车。并且，由于高速铁路的速度快，追踪间隔时分短，因此对运行调整提出了更高的实时性要求，这些均给高速铁路列车的运行调整带来了一定的难度。

高速铁路列车运行调整问题的特点如下：

1. 约束众多

进行列车运行调整时需要满足区间运行时分、车站作业时分、到发线约束、天窗时间约束、列车运行图图定时分等众多约束，以及遵循一些约束原则的限制。

2. 优化指标众多

动车组运行调整总的优化目标是使列车实际运行状况尽可能地接近计划运行图，从不同的角度出发，优化的指标有很多。常用的有：总晚点时分最小、总晚点车数最小、提高列车运行正点率、提高列车旅行速度、列车运行时分总量最少、列车运行费用最小、最小列车秩序熵等。

3. 实时性高

高速铁路列车运行速度快，各运行线间衔接紧密，对运行调整的效果提出了更高的要求。调整的目标是不应该给其他列车带来新的干扰，同时，尽量减少自身列车的偏离状况。运行调整的方案制定后，要给传达调度指令留下足够的时间，因此调度方案要具有一定时间上的超前预测性。正是高速列车运行调整的实时性要求，使很多调整方法的实现遇到了挫折。

4. 动态性

列车运行晚点的因素是不可预测的，随时有可能发生变化，列车运行特征也在随时间而动态变化。

5. 组合优化特性

由于高速铁路运行调整方案的评价指标很多，列车运行调整的最优是结合多个目标基础上的总体组合最优。组合最优从理论上来说，并不是不可能实现，但求得组合最优解需要耗费大量的时间。采用何种方法能很好地处理列车运行调整组合优化特性，是国内外学者致力于研究的方向。

6. 需考虑动车组运行交路的调整

高速列车运行的紊乱，必然导致动车组所在交路的运行受到很大干扰。特别是在动车组采用不固定区段使用方式时，晚点动车组影响的范围更广，加之高速铁路行车密度大，使列车调整问题更加复杂化。另外，我国现行高速铁路开行多种旅速的列车，不同等级列车速差很大，列车的到发时刻比较集中，运行图上动车组的到发时刻体现为不均衡性，一定程度上也会影响动车组的良好接续。因此，当列车运行受到干扰发生紊乱时，高速动车组运行交路也需要进行合理有效的调整，这是动车组运行调整的重点。

7. 与普速铁路衔接紧密，影响范围广

高速铁路在车站设置时，充分考虑了与普速铁路间的衔接换乘，高速铁路跨线客流比例高，在与普速铁路衔接的换乘站客流量大。如果高速列车晚点，造成大量的换乘普速铁路的旅客在换乘站不能及时疏散。

三、高速铁路列车运行调整的原则和措施

列车运行调整必须在遵循一定的原则和可能采取的调整措施基础上进行，为了获得较好的调整效果，需要根据不同的优化目标和运输状况设置相应的调整原则和措施。

高速铁路列车运行调整的基本工作原则是确保列车行车安全，从全线出发，以整体综合效益最优为主要调整目标，尽最大努力提高列车正点率，尽可能缩小晚点带来的影响。还要适当保证停站数多的列车的旅行速度。

1. 列车运行调整的基本技术原则

（1）与晚点时间有关的调整原则。

① 对于相同等级列车。

原则 1　正点列车绝对优先，晚点列车后行；

原则 2　所有相同等级列车按最早可能出发时间排序出发；

原则 3　部分有特殊要求的列车优先，其他列车按原则 2 处理；

② 对于不同等级列车。

原则 1　低等级列车不得引起高等级列车连带晚点；

原则 2　高等级列车必要时可接受低等级列车一定时间的连带晚点；

原则 3　部分高等级列车可接受低等级列车一定时间的连带晚点，其他列车绝对优先；

（2）与列车运行自身约束传播有关的调整原则。

总原则是低等级列车不得越行高等级列车，可选原则有：

原则 1　同等级列车之间不越行；

原则 2　同等级列车之间可越行。

2. 动车组运行调整的基本措施

（1）变更列车到发时刻。这种方法是使用率最高的方法之一，一般的列车晚点时采用此方法，但对于旅客列车来说，在有客运作业的车站，列车的出发时刻只能推迟，不能提前。

（2）变更列车到发顺序。此方法比较常用，为保证高等级列车的正点率，往往晚点列车需要在某一车站避让高等级列车，此时到发顺序改变，这种方法也使列车到站时刻发生变更。

（3）变更列车区间运行时分。此方法包括列车在特定区间加速或减速运行。

（4）增开列车。在线路能力充裕的区间，若有空闲动车组使用时，可以采用此方法。

（5）取消停站或取消列车。对于旅客列车，这种方法一般不使用，只有在遇到自然灾害或不可抗拒的影响下才有可能采用。

（6）中速列车下线运行。高速铁路能力紧张时，可使中速列车下普速铁路运行。

（7）变更到发线。列车运行晚点，到发线无法按计划的顺序使用时，影响后续列车的开行，可以使用此方法调整。

（8）变更动车组交路。当动车组 A 担任的运行线 L1 晚点时，在此动车组交路计划中，与 LI 衔接的运行线就不能由 A 来完成，改由动车组 B 来担当运行任务，A 动车组交路计划同时改变。

（9）变更车站作业时分。加紧工作组织，减少在站停留时间。

第六节　调度命令

一、调度命令基本要求

中国铁路总公司、铁路局调度在组织指挥日常运输工作，应及时正确发布与运输有关的调度命令，下级以及行车单位、人员必须执行。

二、调度命令内容

指挥列车运行的命令（运行揭示调度命令除外）和口头指示，只能由列车调度员发布。遇表 9-1 所列情况，须发布调度命令。

表 9-1　调度命令项目表

顺　序	命令项目	受令者	
		司机	车站值班员
1	封锁、开通区间		○
2	向封锁区间开行救援列车、路用列车	○	○
3	临时变更或恢复原行车闭塞法		○
4	停止使用基本闭塞法发出列车	○	○
5	双线反方向行车、由双线改为单线或恢复双线行车	○	○
6	变更列车径路	○	○
7	动车组列车在区间被迫停车后返回（退回）后方站	○	○
8	向区间发出停车作业的列车	○	○
9	在车站、区间临时停车上、下人员	○	○
10	列车需临时降弓运行	○	○
11	因行车设备故障、灾害或施工，以及列车中挂有限速的机车车辆等，需要使列车临时限速运行（纳入运行揭示调度命令或本务机车、动车组自身设备原因限速时除外）	○	○
12	动车组列车空调失效需打开部分车门限速运行	○	○
13	车站使用总辅助按钮	○	○
14	准许列车越过故障的进站、出站、进路信号机或线路所通过信号机（能开放引导信号时除外）	○	○
15	调度日计划以外，临时加开或停运列车（单机除外）	○	○
16	按地面信号显示运行的列车改按天气恶劣难以辨认信号的办法行车或恢复正常行车	○	○

续表

顺　序	命令项目	受令者	
		司机	车站值班员
17	动车组列车转入或退出隔离模式（被救援时除外）	○	○
18	动车组列车在列控车载设备控车和 LKJ 控车之间人工转换	○	○
19	越出站界调车	○	○
20	利用天窗施工、维修作业		○
21	施工、维修作业较指定时间延迟结束		○
22	运行揭示调度命令与实际限速、行车方式或设备不符时	○	○
23	正线、到发线接触网停电或送电（接触网倒闸、跳闸后试送电、向中性区送电或弓网故障排查除外）		○
24	正线、到发线接触网停电后准许登顶作业	○	○
25	动车组列车按隔离模式运行需以不超过 80 km/h 的速度越过接触网分相	○	
26	双管供风旅客列车运行途中改为单管供风	○	○
27	列车调度员认为有必要记录的上述以外的命令	有关人员	

注：（1）划○者为受令人员；上述调度命令如涉及其他单位和人员时，应同时发给。

（2）受令者为车站值班员的调度命令，不发给集控站车务应急值守人员；集控站转为车站控制由车站值班员指挥行车时应发给车站值班员，并须将前发有关调度命令一并发给车站值班员。

（3）动车组列车改按 LKJ 方式运行需将列控车载设备隔离时，列车调度员仅发布改按 LJ 方式行车的调度命令。

（4）仅发给车站值班员的命令只涉及集控站时不发布（转为车站控制时除外）。

三、发布调度命令的基本规定

（1）调度命令发布前，应详细了解现场情况，听取有关人员的意见，命令内容、受令处所必须正确、完整、清晰。

（2）使用计算机、传真机发布调度命令时，命令接受人员确认无误后应及时反馈回执。

（3）使用电话发收调度命令时，应填记《调度命令登记簿》，指定受令人员中一人复诵，并记明发收人员姓名及时刻。

（4）列车调度员应使用调度命令无线传送系统向司机发布书面调度命令，司机应及时签认接收，不再与列车调度员核对，有疑问时，须立即询问列车调度员。无线传送系统故障时，可按规定使用语音记录装置良好的列车无线调度通信设备发布，司机接到命令后，须与列车调度员核对。由车站交付的调度命令，车站值班员可使用调度命令无线传送系统或按规定使用语音记录装置良好的列车无线调度通信设备向司机转达。

（5）已发布的调度命令，遇有错、漏或变化时，必须取消前发命令，重新发布全部内容的调度命令。

四、发布行车调度命令的规定

（1）调度命令必须在列车进入关系区间（站）前交付；在未确认司机已收到调度命令（得到回执）前，不得开放接发该次列车的出站或进站信号。

（2）作为行车凭证的调度命令，在接发列车进路准备妥当后，方可向司机发布（转达）。

（3）使用调度命令无线传送系统传送行车凭证，列车调度员办理接发列车时，由列车调度员传送，车站值班员办理接发列车时，由车站值班员传送。

（4）对跨铁路局集团公司（调度台）的列车，接车局（调度台）列车调度员可委托邻局（调度台）列车调度员转发调度命令，接车局（调度台）要将需转发的调度命令号码和内容发给邻局（调度台），邻局（调度台）将受令情况向接车局（调度台）列车调度员通报。

（5）遇调度命令需跨铁路局集团公司（调度台）执行时，发布调度命令的列车调度员须发布给列车担当全区段的调度命令，需要列车运行前方各调度指挥区段掌握和执行的调度命令，还应将调度命令抄知相关调度台。

（6）更换机车或变更限速条件时，应由有关铁路局集团公司列车调度员重新发给相关调度命令。途中乘务人员换班时，应将调度命令内容交接清楚。

五、发布施工、维修作业调度命令的规定

（1）列车调度员根据施工、维修日计划及开始作业的请求，发布准许进行施工、维修作业调度命令。

（2）施工作业结束并销记后，列车调度员应及时发布施工作业结束的调度命令。天窗维修作业在指定时间内完成销记时，列车调度员不再发布维修作业结束的调度命令。

（3）施工开通后有第 1，2，3……列限速要求的列车，由列车调度员单独发布限速调度命令，可不设置列控限速。

（4）因施工提前、延迟或其他原因造成运行揭示调度命令与实际限速、行车方式或设备不符时，列车调度员应取消前发运行揭示调度命令，向有关司机、车站值班员、施工负责人重新发布全部内容的调度命令；相符时仍按前发运行揭示调度命令执行。

六、发布运行揭示调度命令的规定

（1）运行揭示调度命令是指由调度所施工调度发布的涉及限速、行车方式变化和设备变化的调度命令。

（2）运行揭示调度命令应包括时间、地点、因由、速度、行车方式变化、设备变化等内容，机务部门应根据运行揭示调度命令及时将有关内容写入 IC 卡。

（3）发布运行揭示调度命令，不得含有与受令处所无关的内容和命令。特快旅客列车由车站通过时——出站信号机的绿黄色灯光或绿色灯光。

第七节　高速铁路调度指挥应急处置案例

一、调度责任事故案例

案例一：成灌线“6·27”列车脱线一般 B4 类事故

1. 事件过程

2011 年 6 月 27 日 20：42，成灌线 D6130 次都江堰站 1/3 号道岔出站后，列车调度员未将该道岔恢复定位。20：30，成都供电段驻调度所联络员申请封锁安德站至青城山下行线，开行 57002 次进行巡检作业。22：14，列车调度在助理调度擅自提前离岗间休情况下，未准备和检查 57002 次相关接发车进路，就发布了作为 57002 次进入封锁区间行车凭证的调度命令。22：20，57002 次由青城山站开出后，列车调度离岗。22：28，57002 次运行至都江堰站 1 号道岔（可动心轨）处挤岔脱轨，造成车上 5 人轻伤，中断成灌线下行线行车，构成铁路交通一般 B4 类事故。

2. 事件分析

一是列车调度员安全知识不足、意识差，不清楚“进路、凭证（信号）”先后顺序的重要关系，在未准备好进路的情况下，违章向司机发布作为进入封锁区段行车凭证的调度命令，是造成这起事故的主要原因。

二是助理调度在维修封锁前 5 分钟离台间休，列车调度一人办理路用列车有关行车工作，没有执行“需要人工排列的进路，列车调度与助理调度执行二人确认制度”的规定，是造成这起事故的重要原因。

三是列车调度、助理调度擅自离岗，造成调度台无人值守，严重违反劳动纪律。

四是调度所日常管理不严格、职工培训不到位、规章制度不健全，是造成这起事故的管理原因。

综合上述分析，列车调度员发布用作允许列车运行行车凭证的调度命令时，须与助理调度员共同确认发给行车凭证的依据和附带条件，必须在确认进路准备妥当后方可交付调度命令，尤其是列车以该调度命令运行多个车站时，必须确认所有车站进路准备妥当后方可交付调度命令。在准备进路时，列车调度与助理调度需严格执行二人确认制度，不能以进路锁闭需单操道岔准备进路时，需逐个确认进路上的道岔开通所需位置并单锁。

案例二：临时更换车底、乘务组换乘

1. 事件过程

2011 年 7 月 17 日，××高铁（CTCS-3 级，300 ~ 350 km/h 区段）G122 次（A 站—E 站，CRH380BL 型动车组，甲局客运段担当），图定 E 站 17 道 15：33 到，折返 G155 次 16：15

开，折返时间 42 分。

12：55，G122 次 B 站正点开车后，司机报告：动车组两个牵引力丢失，不影响运行，计划 E 站终到后做复位处理。

14：55，中国铁路总公司调度根据领导指示，要求 E 站更换备用车底，客运乘务仍由原乘务组担当。当班列车调度员立即做出调整，将 G122 次调整至 E 站 16 道接车，组织动车段出库一组 CRH380BL 型动车组，接入 E 站 17 道（与 16 道同一站台），G122 次到达后乘务组换乘 17 道动车组后正点开行 G155 次。由于车底配属与客运乘务不匹配，中国铁路总公司发布调度命令：7 月 18 日，G122 次由乙局车底（17 日 G155 车底）担当，折返交路 G155 次由甲局车底（17 日 G122 车底）担当，客运乘务不变。

7 月 18 日，乙局列车调度员未安排两列车接入同一站台，15：33，G122 次正点到达 E 站 11 道，G155 次车底由动车段出库后，于 15：27 到达 E 站 17 道。

16：10，G155 次发车进路触发（图定 16：15 开），16：15，列车调度员发现列车未开出，立即询问司机，司机汇报：列车长反映还需要 2~3 分钟，实际列车 16：25 开，开晚 10 min，造成上行 G126、G128 次因进路交叉在 E 站进站信号机外等信号停车，后续下行 G39、G157、D215 次均晚开。此次事故定性为一般 D 类耽误列车责任事故，乙局调度所负主要责任，甲局客运段负次要责任。

2. 事件分析

列车调度员在组织列车乘务组换乘时，应多为现场考虑，尽可能安排在同一站台面组织换乘，为换乘作业创造条件。

换乘作业开始前，客服调度应提前与相关列车乘务人员和车站做好对接工作，布置换乘要求和时间限制，安排车站配合列车乘务组做好换乘工作。

换乘过程中，列车调度员应及时了解现场作业进度，对可以预知的不能按照规定时间节点完成换乘作业，影响列车正点开车的情况，应及时对列车信号进行人工干预，避免信号开放后交叉进路造成列车运行秩序混乱。

换乘作业过程中，列车长、车站等相关工作人员应严格按照列车调度员的布置在规定的时间内完成换乘作业，遇特殊情况无法在规定的时间内完成换乘时，应提前与列车调度员联系，取得支持，以保证列车正点运行为原则进行下一步处置。避免应急处置死板，不灵活，造成列车晚点。

二、非正常应急调度指挥处置案例

案例一：列车车次号丢失（遗留）造成进路不能自动触发

2009 年 12 月 27 日 15：24，武广高铁 G1048 次（CRH2 型 085C+087C）计划在韶关站 4 道停车办理客运业务，武广三台列车调度员监控列车运行情况时发现，该次列车越过韶关站进站信号机后，车次号丢失（遗留在进站信号机处）。

列车调度与 G1048 次司机联系确认该列车已在 4 道停妥后，立即指示补加车次，删除遗留的车次窗，并重新下达计划，但列车进路仍未能自动触发；后指示助理调度人工触发其发车进路，这时，G1048 次在该站 4 道发车信号方才开放，未影响列车正点开车。

案例二：因延续进路影响列车进路正常触发

2010 年 2 月 2 日，武广高铁 G1041 次（CRH2 型 082C）未按时触发衡阳东站 III 道发车进路（图定 14：21：30 到，14：23：30 开；实际 14：19 到），而于 14：21 先触发了后续 G6007 次衡阳东站 5 道接车进路。因延续进路的影响，G6007 次衡阳东站进站停妥，延续进路解锁后，14：27 自动触发 G1041 次发车进路，造成 G1041 次超站停 6 min。

案例三：道岔失去表示

2010 年 4 月 23 日 14：53，武广一台列车调度员在监视汨罗东站 G1044 次（CRH2 型 081C+077C）进路触发情况时，发现汨罗东站Ⅱ道通过进路因 5 号道岔定位无表示，只触发了接车进路，发车进路未触发。列车调度员立即指示助理调度员对 5 号道岔进行了单操，但 5 号道岔定位仍无表示。14：54，列车调度员通知汨罗东站领导上岗，转为非常站控模式；助理调度员按规定登记运统-46，并通知工务、电务人员签认。

因不能确定故障恢复时间，为避免列车进入Ⅱ道停车，14：55，列车调度员呼叫 G1044 次司机：“因道岔故障，准备取消汨罗东站Ⅱ道接车进路，要求 G1044 次汨罗东站机外停车”。14：57，列车调度通过设备监控发现 G1044 次列车运行速度仍为 300 km/h，为给处理故障争取时间，列车调度员立即呼叫 G1044 次司机将速度控制到 160 km/h 以下。

14：59，汨罗东站报告：经工务、电务人员确认，5 号道岔定位无法恢复，但反位能正常使用。列车调度员确定处置方案为：G1044 次机外停车后取消原Ⅱ道接车进路，办理经 4 道侧线通过进路。当时 G1044 次列车运行速度为 150 km/h，列车调度员呼叫 G1044 次司机立即停车。

15：02 确认 G1044 次列车停车后，列车调度员通知汨罗东站取消Ⅱ道接车进路。15：03 调度员发布第 80112 号调度命令：准许 G1044 次列车汨罗东站变更进入 4 道。经 4 min 延时解锁，15：06 Ⅱ道接车进路取消，办理了 4 道通过进路。15：13，G1044 次通过汨罗东站，16：26 到达武汉站，晚点 13 min。

案例四：线路设备有异状

2010 年 3 月 8 日，株洲工务段反映长沙南站 9 站台出现裂缝、11 道有线路下沉的现象，并登记封锁 11 道，列车调度员立即根据登记内容发布调度命令封锁长沙南站 11 道。同时，工务登记对长沙南站 7、Ⅷ、Ⅸ、10、12、13、14 道进行上道检查，列车调度员于 14：14 发布调度命令，封锁长沙南站内 7、Ⅷ、Ⅸ、10、12、13、14 道，准许工务人员上道检查。经检查后，14：32 工务销点登记，列车调度员发布调度命令开通长沙南站内 7、Ⅷ、Ⅸ、10、12、13、14 道。17：19 株洲工务段反映长沙南站 10 站台沉降不稳定，并有坍塌的危险。列车调度员根据株洲工务段的登记，发布调度命令封锁长沙南站内 12 道，并且对长沙南站内上、下行正线限速 160 km/h。

案例五：区间轨道电路红光带

2010 年 2 月 12 日 16：07，武广高铁广州南站—广州北站间上行线 K2267 至 K2271 处红光带。17：30 工务、电务登记需上道检查处理，列车调度员发布调度命令封锁广州南站—广州北站上行线，对下行线对应地段限速 160 km/h，安排上道检查。18：10 工务销记线路正常，18：25 电务人员下道，处理完毕并销记，设备恢复正常。发布调度命令开通广州南站—广州北站上行线，下行线恢复正常速度运行，共影响 11 列动车组晚点。

案例六：列车反方向行车

2010 年 6 月 16 日，某高铁应急演练计划安排：C55601 次运行至甲站—乙站间下行线因设备故障返回甲站，组织在甲站至乙站间利用上行线反方向运行。

16：44，值班主任得到 C55601 次在甲站—乙站间下行线因设备故障返回甲站的报告后，确认演练计划，同意返回动车组经由甲站—乙站间上行线反方向运行。16：45，列车调度员（助调）确认甲站—乙站间上行线空闲，并点击甲站 S 行允许改方按钮。

16：48，C55601 次返回甲站。此时，根据已下达的列车计划，甲站Ⅱ道下行出站信号自动触发，并排列进入上行线区间的进路。16：48 助调发布 9296 号调度命令，准许 C55601 次利用甲站—乙站间上行线反方向行车。此时，司机正在进行换端作业，17：05，司机换端作业完毕并汇报收到 9296 号调度命令。17：09，C55601 次甲站开车。

案例七：自然灾害及异物侵限监测系统报警

2010 年 7 月 3 日 12：19，某高铁乙站至丁站间 K45+153 至 K62+387 处大风监测子系统报警，限速 300km/h，列车调度员立即确认报警地点，呼叫已进入该限速地段的 G7271、G7146、G7139、G7016 次列车司机将速度降至 300 km/h；12：21，通知值班主任上台盯控。于 12：25 向相关司机发布第 9258 号限速调度命令；12：26，下达第 9259 号、第 9260 号列控限速命令，分别设置该地段上、下行列控限速。

12：31，甲站至丙站间 K36+006 至 K57+078 处大风监测子系统报警，限速 300 km/h，列车调度员立即确认报警地点，呼叫已进入该限速地段的 G7139、G7148、G7202 次列车司机将速度降至 300 km/h。于 12：33 向相关司机发布第 9261 号限速调度命令；12：35，设置该地段上、下行列控限速时，因与前次下达的第 9259、9260 号列控限速命令的限速里程有重叠部分，列控限速无法设置。

12：36，乙站至丁站恢复正常。

12：38，列车调度员下达第 9263 号、第 9264 号列控限速命令分别取消前发第 9259、9260 号限速 300 km/h 的列控限速命令；并于 12：41、12：42 分别下达第 9265、9266 号列控限速命令，设置甲站至丙站 K36+006 至 K57+078 处上、下行列控限速。

甲站至丙站间风速报警解除后，于 12：49、12：50 分别下达第 9267、9268 号列控限速命令，取消前发第 9265、9266 号列控限速命令。

三、其他案例

案例一：栅栏内有人

2012 年 7 月 22 日 10：55，××高速铁路（CTCS-3 级、300 ~ 350 km/h 区段）G121 次司机报告，甲站站内下行线 K60+500 处发现栅栏内有行人。列车调度员立即通知上下行后续列车注意运行，并通知公安部门。后续三个列车陆续报告在 K61+000 至 K62+000 间发现不同人员在栅栏内行走。同时，调度员通过视频监控系统发现有人由下行线横穿线路至上行线，后由甲站维修线保养点上道口下线。列车调度员随后向上、下行列车发布限速 160 km 运行的调度命令，并设置列控限速。同时指示车站应急值守人员通知维修线保养点人员赶赴现场进行防护。据了解，该处为与普速铁路并行地段，普速铁路下方为一桥洞，由于前一日大雨造成断交，部分社会人员横跨普速铁路路、翻越护栏进入高铁。11：30，公安人员赶赴现场，控制住局面，列车调度员随即取消列控限速。

本案例中，列车调度员接到高铁线路护栏内有行人的报告后，立即通知相关司机注意运行并进行确认，同时利用视频监控系统进行观察，确认行人的具体地点和行走方向、动态，通知公安人员赶赴现场处理，后又根据实际情况，在该状况没有得到控制前，对后续列车采取限速 160 km/h 的措施。以上处理措施都是比较得当和合理的。

案例二：动车组车顶有人扒车

1. 事件过程

2011 年 7 月 16 日 17：15，**高速铁路（CTCS-3 级、300 ~ 350 km/h 区段）G1181 次司机向列车调度员报告，在 A 站 6 道换端作业时发现 4 号车厢车顶上受电弓下有一名 18 岁左右的男子。

17：16，列车调度员立即通知供电调度员、客服台以及值班副主任，并通知 A 站车站值班员。通过供电调度确认该站为 122 供电单元停电范围。

17：27，根据值班副主任指示，列车调度员及时布置将未进入 122 供电单元范围内正在运行的 G1172 次、G1174 次列车扣停在 C 站，将后续 G1178 次扣停 D 站。

17：39，列车调度员在与供电调度员办理好停电签认，得到 122 单元已停电的通知后，助理调度发布调度命令“××线 122 单元停电”。随后列车调度通知车站和接触网工区 122 供电单元已停电，进行处理。

17：51，现场人员挂好接触网地线，当确定无电状态后，公安便衣随即扒梯劝阻该名男子下车顶。

17：59，车站汇报处理完毕后，列车调度员通知供电调度可以恢复供电，接触网恢复供电后通知相关列车恢复运行。

2. 事件分析

高速铁路动车组车顶扒人的情况实属罕见，在应急处置中，必须遵循“先停电、后处理”的原则，避免人员触电伤亡造成事故影响扩大。首先，列车调度员与供电调度应确定停电范围；其次，根据运行实际情况，不再向供电范围内放行列车，待供电范围内无列车时，办理接触网停电手续（尽量不安排列车停于停电区内）；最后，列车调度员确定接触网实际停电后，通知现场作业或发布准许作业的调度命令，在得到现场作业完毕，人员已全部下车远离接触网的报告后，方可通知供电调度送电。这种涉及现场人员靠近接触网作业的接触网停送电办理程序不能简化，而且各工种之间、调度与车站、公安等部门之间的联系必须彻底并使用带有录音装置的通信设备，确保人身的绝对安全。

第十章　高速铁路综合交通枢纽与车站工作组织

第一节　高速铁路综合交通枢纽

一种或多种运输方式相结合并协同作用，进行客货运输的各种技术设备的集合就是所谓的交通枢纽。交通枢纽是旅客换乘和集散的主要场所之一，同时也是综合交通运输大系统的重要节点。交通枢纽有单一枢纽与综合枢纽之分，其中单一交通枢纽是同种运输方式的两条以上的线路交汇所形成的；综合交通枢纽则由两种以上运输方式汇聚而成。

高速铁路综合交通枢纽，指的是高速铁路作为主要运输方式，连接高铁线路及其他运输方式所必需的各种固定设备（换乘设施等），以及活动所形成的一个换乘的场所。高铁枢纽是一个巨大的系统，用于高铁旅客的集散、中转等。为了方便换乘，合理利用空间，高铁枢纽具有布局紧凑集中、设计立体方便、多层次衔接、服务设施完善等特点。在城市客运交通系统中，高铁客运枢纽同样对各种客运交通方式、交通线路之间的换乘衔接起到重要的作用。

一、高铁综合交通枢纽运输组织特性

研究高铁客运枢纽运输组织特性对于分析高铁客运枢纽和与之相衔接的城市交通的总量匹配具有至关重要的作用。它是分析高铁客运枢纽客流在全天的分布情况，测算枢纽集散客流的高峰小时系数的关键性依据。该部分内容根据我国几个大型高铁客运枢纽的列车时刻表，分始发车、终到车、过路车分别分析枢纽在全天内列车到发时间特性。最后通过对不同枢纽、不同到达或离开方式的总结分析，为高铁客运枢纽与城市交通衔接优化提供依据。

从高铁客运枢纽及城市交通设施、设备充分利用的角度来看，高铁客运枢纽运输组织应将列车到发车时刻平均分配在 24 h 中，这样能很大程度上减轻枢纽及城市的交通压力，然而这种理想情况不可能实现。由于旅客的乘车时间受作息时间、城市公共交通系统运作时间等因素的影响，枢纽内列车的到发车频率必然会出现一定的波动。

普通铁路客运枢纽运输组织特性呈现出明显的波动性，发车时间及到站时间均集中在06：00—24：00，呈现明显的“朝发夕至、夕发朝至”的特点，即主要到发时间集中在 08：00—10：00，16：00—18：00 及 20：00—22：00，而且晚间 00：00—05：59 也有部分过路车。

二、高铁综合交通枢纽客流转运特性

客流是指旅客在特定的时间、特定的空间范畴内，沿着某一方向在通道内作有目的的位

移的一种社会经济现象，它的产生往往是由于旅客工作或生活的需求。客流的 5 个重要组成部分为：客流量、运输距离、运输时间、客流方向和客流构成。客流转运特性指的是乘客经某种运输方式换乘至其他运输方式对换乘交通方式选择所呈现出来的特征。高铁客运枢纽客流转运特性是指旅客到达或离开高铁客运枢纽时对所衔接交通方式的选择呈现出来的特征，该特征主要体现为各种交通方式对到离枢纽旅客的分担率。

1. 客流特性对客流转运特性的影响

不同交通方式的客流集散量受客流特性的影响。一般情况下，在高铁线路运营早期，原有的普通列车趟数还占有相当大比例，由于高铁票价是普通列车的 2~3 倍，因而乘坐高铁的旅客主要是企业管理人员、行政管理人员及科技工作者，他们对舒适性和时间价值敏感度较高，普通乘客仍然会选择普通列车这种廉价的出行方式。然而，随着高铁的发展，在拥有高铁的线路上，普通列车逐渐被取缔，只有在较长的线路上仍保留一定比例的普通列车，短途及城际铁路基本已经动车化，仅保留少量晚间开行的普通列车。在这种情况下，普通乘客也逐渐接受高铁这种快速、舒适的运输方式，从而高铁的客流也呈现出“平民化”的趋势。然而，总体上来说，高铁客运枢纽的客流较普通铁路客运站而言，他们的经济能力更强，对运输需求的舒适性及时间敏感度更高，因而，他们对与高铁客运枢纽相衔接的城市交通的要求更高，他们更加趋向于乘坐轨道交通这种大容量、速度快的运输方式以及出租车或私人小汽车。

2. 枢纽所在区位对客流转运特性的影响

按高铁客运枢纽所处的城市区位，可以分为城市中心型、城市副中心型、城市边缘型三种。考虑到高铁客运枢纽对城市交通的影响，新建的高铁客运枢纽一般为城市副中心型或城市边缘型，例如武汉站、南京南站；经改扩建建成的高铁客运枢纽一般为城市副中心型，例如北京南站、济南站等。城市中心型高铁客运枢纽在我国尚无典型案例，不过随着城市多中心化发展，国内一些城市副中心型、甚至城市边缘型高铁客运枢纽也有可能演变成城市中心型高铁客运枢纽。

不同的区位对高铁客流集散方式选择影响很大。城市中心型高铁客运枢纽由于其位于城市中心，周边公共交通网络较为发达，因而枢纽内不需要设置太多公交车首末站，可以较大程度地利用枢纽外部的公交车站、甚至地铁站等，因而，该类型的高铁客运枢纽换乘配套设施设置较为简单。另外，由于大城市城市中心土地利用强度较大，交通较为繁忙，道路交通较为缓慢，而地铁网络较为发达，从而成为旅客换乘的首选。根据日本、法国、美国等高铁发达国家的实践经验，轨道交通能够在城市中心型客运枢纽中承担 60%~80%的旅客换乘比例。而城市边缘型高铁客运枢纽由于其区位的局限性，其轨道交通不可能建设得比较发达，只能建设少量通往城市重要地区的轨道线路，因而其通达性受到较大限制，还需要依靠较大比例的常规公交和出租车等来满足不同旅客的换乘需求，武汉站就是一个典型的例子。城市副中心型的高铁客运枢纽其换乘则相对较为灵活，由于副中心地带是城市重点建设发展区域，高铁客运枢纽的建设又能带动周边区域的发展，因而处于该区域的高铁客运枢纽往往能得到较好的规划，轨道交通、常规公交等均能得到合理配置。例如南京南站，其已有地铁线路只有一条，但是在建的线路达到三条；其周边公路也在迅速改建或新建，以满足公交、出租车及私人小汽车的换乘需求。

第二节　高速铁路车站设备

高速铁路车站的技术设备主要由站前广场、站房和站场三大部分组成，并拥有行车指挥、运营管理、生活服务等方面的设施设备和工作人员。车站的工作组织水平与铁路旅客运输的效率和服务质量有着直接的关系。并由于高速铁路的特点，高速铁路车站更把为旅客提供最大方便、保护环境、保障所有设施的高技术水平运营作为主要目标。高速铁路车站的主要作用是组织旅客安全乘降和迅速集散，保证旅客能迅速方便地办理一切旅行手续，并为旅客提供舒适的候车环境和良好的文化生活服务，安全地承运、装卸、保管、中转与交付行李、包裹，车站还应及时地组织高速旅客列车的到达、出发以及动车组的出入段作业。另外，高速铁路一般不办理行李和包裹的托运。

1. 站场

车站站场布置众多专门用途的线路，用于接发、停靠列车和进行客运作业和技术作业。站场内应设置站线、旅客站台、雨棚、跨线设备等设施。站场内各种设施的布置形式，应能满足安全、合理地组织旅客流线的需要，并应考虑方便站内工作人员作业。

1）站线

根据作业需要，车站站场内应设正线、列车到发线、联络线、走行线、段（所、区）及其他岔线等。

（1）正线：高速车站布置图中，站内正线一般采用上下行全部平行顺直与两端区间连接（见图 10-1（a）），只有个别采用正线外包式（见图 10-1（b））。但因外包正线在进出站址常形成反向曲线影响速度，且站场横向占地大，一般已不主张采用。

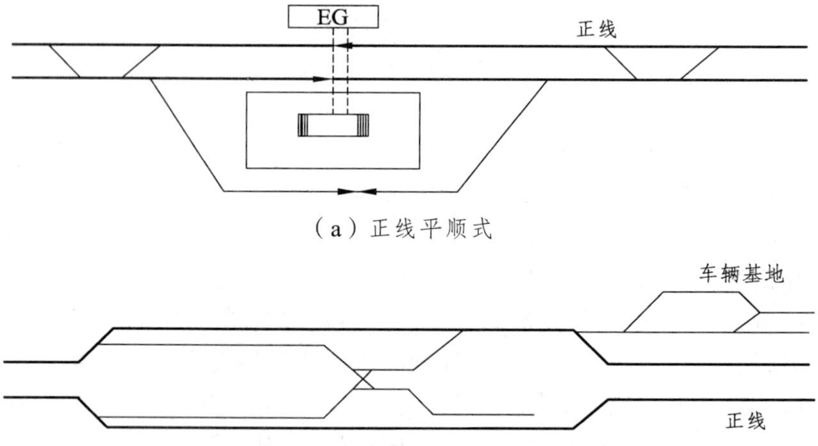

（a）正线平顺式

（b）正线外包式

图 10-1　车站正线布置图

（2）旅客列车到发线：旅客列车到发线供旅客列车接发和停靠，与正线平行。其有效长应根据高速铁路运行客车的种类、性质、长度及有关规定选用。

国外某些国家设有无到发线的车站，我国由于行车量大，无配线的车站将影响列车运行调整，故一般不考虑设置无配线的车站。根据车站的类别，到发线数量遵循以下原则：

越行站和中间站到发线的数量为 2 股；中间站的到发线一般为 2 股，如果客运量较大，每年达 500 万人次及以上，或者有立即折返始发终到作业的中间站，可设到发线 3~4 股。

终点站的到发线数量可参照表 10-1。枢纽站具有较多的始发终到列车作业，到发线数量可考虑为 4~6 股，并可以参照表 10-1 办理。如枢纽站仅有少量或没有不停车通过列车作业，正线可以考虑按到发线使用。

表 10-1　终点站的到发线数量参照表

列车换算对数	到发线数量（条）
35 及以下	2
36~50	2~3
51~70	3~4
71~90	4~5
91~120	5~6
121~150	6~7

注：列车对数的换算系数如下：

始发终到高速列车（出入段）为 1.0；

始发终到高速列车（立即折返）为 0.9；

停站的通过高速列车为 0.7；

始发终到中速列车为 1.4；

停站的通过中速列车为 0.8；

办理技术作业的通过中速列车为 1.0。

（3）联络线、走行线、段所区连线。

在普速铁路车站引入高速线并设置高速车场的车站，为了增加高速列车和常速列车作业之间的协调性，要求相应设备具有互换性和灵活性，可以在两系统间设置联络线。

动车段与车站之间的走行线应尽量布置在正线两侧，其中一条以立交穿越正线。这种连接可以有效地减少到发列车与车底走行在咽喉区的干扰。在特别困难的情况下，两条走行线可以平行与正线引入车站，同时应该将咽喉区设置更多的平行作业进路。

其他的动车运用维修所、运用所以及综合维修管理区都可以根据其自身的特点设置，一般最好使用立交连接。

2）旅客站台

站台是旅客乘降的必需设备，站台的合理设置有利于提高旅客的乘降速度。

（1）站台的宽度。

决定站台宽度的因素，除了有高速列车通过正线一侧的站台外，基本上与普通铁路相同，高速铁路客车密度大，每列车上下的旅客人数少于普通铁路，故与普通铁路站台宽度差别不大，如表 10-2 所示。

（2）旅客站台的长度。

旅客站台的长度是按旅客列车的长度来确定的，包括动车组的总长。虽然高速列车的总长比普通列车要短一些，站台长度可参考普通站台规定标准，即旅客站台长度应为 550 m。如果仅供高速列车使用的到发线的站台长度，参考具体的列车长度。

表 10-2　中间站台宽度表

	省会城市	地级市	县城站
岛式站台	12.0~12.5	10.0~11.0	8.0~9.0
对应式站台	11.0~11.5	10.0~11.0　高架桥站 9.0	8.0~9.0
侧式站台（靠正线）	9.0	7.5	6.0
侧式站台（不靠正线）	8.0	7.0	6.0

注：岛式站台——位于正线和到发线之间，正线有通过列车；

对应式站台——位于到发线和到发线之间；

侧式站台——位于到发线外侧，一面使用，或位于正线外侧，一面使用。

（3）旅客站台的高度。

旅客站台的高度是指站台面高于线路钢轨面的高度，分为低站台、一般站台和高站台三种。

低站台台面高出相邻线路轨面 300 mm；一般站台台面高出相邻线路轨面 500 mm，与普通列车车厢阶梯最低层基本持平；高站台台面高出相邻线路轨面 1 250 mm，最方便旅客的乘降。

高速铁路站台高度是根据高速车的构造确定的，且更加追求旅客的快速乘降，因此我国高速铁路车站的站台除特殊情况外宜使用高站台。

3）雨棚和跨线设备

（1）雨棚。

为了保证向旅客提供优质的服务，旅客站台上必须设置雨棚。其长度和宽度应该与站台的长度和宽度一致，对于客运量较小的县城站，雨棚的长度可以减少到 200~300 m。

（2）跨线通道。

跨线通道是站房与站台之间、站台与站台之间往来的通道。跨线设备的类型、数量和位置，对站场内的流线组织起着重要的作用，尤其是在大量旅客下车出站时，跨线通道就成了人流疏散过程中的控制地段。

跨线通道的设置应根据车站、站房等总体平、剖面图设计要求，配合旅客流程选用。以达到合理的流线组织，保证旅客安全、方便地通行和上下车，并迅速地集散。

高速铁路车站的跨线设备可分为天桥和地道。

旅客跨线通道的数量，高速铁路无特殊要求。省会城市和地级特大城市的车站，日均上下车人数在 15 000~75 000 人的客运站，天桥和地道设置不宜少于 2 处。地级大城市和县城的车站，天桥和车站不少于 1 处。有近郊、通勤、通学等大量短途客流的车站，另外应增加单独旅客跨线通道，以与长途旅客流线分开。通道出入口应与进、出站口相配合，减少旅客的走行距离，加快旅客进出站的速度。

跨线通道的宽度，省会城市和地级特大城市的车站不应小于 6.0 m，如进出站只设一条通道，则不应小于 8.0 m；地级大城市的车站不应小于 5.0 m；县城站不应小于 3.0 m。

跨线通道通向各个站台应设双向出入口，对于客运量较小的县城车站也可以设单向出入口，但应适当地增加出入口的宽度。

4）检票口

检票口是站房与站台之间的连接点，是旅客进出站的必经之路，也是旅客流线组织的重要一环。检票口的布置应力求以缩短旅客检票后的步行距离为目的。检票口的数量应根据通过该处检票进站（出站）的旅客人数及检票口通过能力来确定。

高速客运站的检票口的检票作业方式与常规检票方式已有较大区别，配备的先进设备可以部分或全部取代目前的人工检票，从而大大加快了检票的速度，提高了检票口的通过能力。随着高速铁路的发展，人工检票口将逐步全部取消。

检票口宜集中设置，便于管理和互相调剂使用，但是站房规模较大的客运站，客流较复杂，应分别设置进站检票口和出站检票口。城际短距离车站宜不设检票口。

2. 站房和站前广场

站房是车站的主体，作为一个窗口展示着铁路的外在形象，直接反映社会经济发展的状况和建设水平。其设置位置一般根据线路的布置、地形地质条件及城市综合规划等条件考虑。

1）站房的组成

高速铁路车站的站房与既有车站相比在设计理念、配套设施以及工程技术要求上都有很大差别，如旅客换乘设施、残疾人专用通道、汽车泊位以及环保化、人性化、艺术性等。其基本的组成部分却并无太大区别，主要包含了以下方面：

（1）直接为旅客服务用的各种房屋，如供旅客办理各种旅行手续和候车的出入口、广厅、信息查询处、售票处、候车室、通过走廊及小件物品寄存处等用房；为旅客提供生活、文娱服务的餐厅、酒吧、超市、阅览室、公用电话、互联网服务中心、医务室、洗手间等房屋，是客运站房的核心部分。

（2）运营管理所需要的各类技术业务用房，如指挥行车和调车作业的指挥中心、技术室及有关辅助房屋。

（3）车站行政办公用房，指行政管理部门用房及辅助性房屋，如站长办公室、安全室、财务室、会议室等。

（4）建筑设备用房，车站电气机械设备和通风、采暖、供水等所需要的房屋。

（5）驻站单位用房，如海关办事处、检疫机构、保障公共安全机构等所需要的房屋。

（6）职工生活用房，如职工休息室、食堂等。

2）站房的位置

高速铁路车站有许多种不同的设置形式，有离开既有站新修高速客运站，有利用既有站站房的改扩建，还有与既有站并列设置、错开设置、上下设置的多种形式。

第三节　高速铁路车站行车技术作业

一、高速铁路车站作业组织的原则

1. 一体化原则

大多高速铁路车站按一体化原则进行设计。这种车站设计原则，使高速铁路车站工作组织体现出一体化风格。

高速铁路采用动车组作为运载工具，在始发、终到车站的作业较少，除常规的例行检查、发车、进站作业外，主要为满足旅客的上下车。在中间站内一般只停留几分钟，并且对按点发车要求很高，这些要求站内旅客组织工作要能够保证客流的顺畅，避免耽误正点发车。

客票的日常销售，是以动车组开行方案为基础，而动车组的开行则要满足旅客的日常出行规律，并根据市场变化进行及时的调整。因此车站的客票销售、市场的需求及动车组的开行，是互相关联的，一体化的工作原则使其统一协调起来。

候车旅客、进站客流及出站客流的组织相对比较复杂，高速铁路车站在设计建设阶段即进行考虑，但客流是变化的，在设计阶段不可能预料所有的问题，因此车站在日常组织工作中，运用车站引导系统、广播、电子牌等，根据客票的发售情况、动车组的开行时刻等及时为旅客在站的集散提供信息和指引。

站内的行包作业，高速铁路一般会通过特定的通道进行，但对于旅客随身携带的包裹，可参照航空客运的惯例，给予一定体积或重量的限制，如超出规定标准则单独办理随车寄存行李。这一方面缩短进站时间，另一方面避免车厢空间极度拥挤，保证旅客乘车的舒适度。

高速铁路车站内外客流的组织，由于城市规模和综合枢纽站内各种交通方式的引入条件、衔接和疏解方案等不同而不尽相同。国外高铁车站和地铁通过在空间上的错层设置，加上站外城市公交、出租车等的合理配置，能够使进站客流或出站客流较好的疏解。近期国内只有极少数的特大城市能够实现高速铁路车站和地铁的衔接，因此，城市公交和出租车的合理配置成为解决站内外客流及时疏导的途径，车站工作组织必须高度重视这一工作，主动和城市交通管理部门协调沟通，寻求良好的交通网络体系。

上述高速铁路车站的日常工作环环相扣，互相关联，通过现代通信技术和车站信息管理系统，使各项工作有效地结合起来，形成有机整体。车站管理层和工作人员必须能够树立车站工作为一体化的理念，建立定期的沟通交流机制，及时发现不足之处，改进不合时宜的工作制度、方法、技术手段等，保证高速铁路客运站工作的高效率。

2. 人性化原则

在激烈的运输市场竞争中，高速铁路提高服务质量、体现人性化的工作方式，是高速铁路车站工作组织需要遵循的原则之一。

（1）购票方便。旅客购买车票的方便性是车站工作人性化的首要体现。高速铁路除了常规的车站窗口售票以及客票代理点外，网上订票，自动售票机售票，电话预约以及送票上门等服务应成为主要的客票销售方式，而多种支付方式也应得到推广。高速铁路客运站日常的售票工作，要能够满足旅客及时方便地查询、订购、改签及退票等。此外，也可以根据旅客订票提前的时间，提供不同折扣的打折票，灵活运用价格政策制定满足不同层次的旅客需求。当然，扩大运输能力，有充足的票额供给是一个基本保证。

（2）旅客换乘方便。旅客换乘的方便性也是体现车站工作人性化的重要一面，包括旅客在站换乘，旅客出站与其他交通方式的换乘等都应该成为车站工作组织中的一环。旅客的在站换乘，要根据动车组的不同发车时刻，以及开行跨线列车情况，通过车站的广播系统、指引系统等为旅客提供合适的信息；而旅客的出站换乘，车站应和城市交通进行有效的衔接。旅客可根据自己的需要和爱好选择不同的换乘方式，能以最短的径路或最短的时间方便换乘，即各种交通方式相互协调，优势互补，共同承担枢纽内中转旅客的换乘任务，做到各种交通方式的乘客互为客源，使各种交通方式的发展相得益彰，体现人性化的一面。

日本新干线的车站与既有铁路、城市规划、城市轨道交通协调配合，合理衔接，使新干线车站成为地区交通枢纽；中间车站均与既有铁路共站设置，使旅客在普速铁路和新干线之间换乘方便；在大城市的高速车站，多与城市地铁、有轨交通、市郊列车共合并设置。这些经验值得我国高速铁路运营借鉴。

（3）进出站、上下车便捷。高速客运车站的引导系统、信息及广播等指示系统能够为旅客进站、候车、上车、下车以及出站等站内活动提供方便的信息。这也是高速铁路客运站体现人性化的一个方面。

（4）公共设施先进科学，候车舒适。高速铁路客运站要考虑到旅客在站的各种需要，设置人性化的公共设施设备，包括残疾人专用通道、厕所，设有残疾人专用控制面板和盲文的电梯，残疾人专用的售票机和售票台等。工作人员应体现以人为本的服务思想，为出行旅客提供各种帮助。

3. 智能化原则

高速铁路车站通过运用各种信息管理系统软件和硬件设施，与强大的接发列车能力相匹配，适应大流量、高密度、客流快速集散的需要，体现出高速铁路的现代科技技术水平。主要包括计算机编图系统、自动售检票系统、引导服务系统、车站信息管理系统、信息监控系统、对外信息发布等系统，经过精心设计和组织，实现系统之间的无缝衔接，发挥车站系统的整体效益，共同构建高速铁路客运站高质量的智能化旅客服务系统。

车站的日常工作和工作人员要具有以科技改变高速铁路客运服务水平的理念，不断改进车站的智能化水平和控制各种智能设备的能力，从而不断推动高速铁路技术和服务的提升。

高速铁路车站作为城市的公共设施，也需要体现出公共属性和商业属性。包括站前广场的绿化，景观设施建设和维护，站内外公益及商业广告的合理布置，便利超市、商店的设计等，只要树立以人为本、可持续发展的基本理念，充分展现车站建筑的功能性、系统性、先进性、文化性、经济性等，均可以处处体现出高速车站现代化、人性化和智能化的一面，从而使其成为一座城市的开放性窗口，也是标志性建筑之一。

二、高速铁路车站列车技术作业

1. 高速铁路车站办理的列车作业

高速铁路车站列车按其在站作业方式的不同主要分为始发列车作业、终到列车作业、通过列车作业、停站列车作业和立折列车作业。

2. 高速铁路车站列车技术作业的主要内容

对于仅办理高速列车到发的高速铁路车站，办理的列车技术作业主要包括：动车组日常维护和检查、动车组车内设施维护及清洁、动车组的摘解和重联、旅客乘降。

对于既办理高速列车到发又办理普速列车到发的高速铁路车站，办理的列车技术作业除上述技术作业外，还需进行普速旅客列车的技术检查、列车上水、行包邮件装卸、机车的摘挂等技术作业。

3. 高速铁路车站列车技术作业的基本特点

高速铁路车站的技术作业必须要和车站的通过能力匹配，综合起来，高速客运站的技术作业具有以下特点：

（1）动车组和跨线列车的运行比较固定，车站能够对其作业进行准确的计划安排。

（2）动车组在站内作业比较简单；但有时需要在站内进行满足机车牵引旅客列车的通过或中转技术作业。

（3）客运站旅客列车到发显现出早高峰和晚高峰特点，造成车站技术作业的不均衡性。在高峰期时，车站技术作业十分紧张；在非高峰期时，又存在作业设备和工作人员的空闲，造成能力虚糜。

（4）在大型高速铁路客运站，存在车场及线路的专门化。当作业高速列车和跨线列车数量相当时，可以考虑车场或线路的专门化，有利于进行列车的技术作业。

（5）车站为确保高速铁路的各种固定、移动设备（如线路、动车组、通信信号设施）的安全，每天必须预留一定时间的检测养护维修天窗。

影响车站技术作业的因素很多，包括各种列车占总列车数的比重，不同列车的作业标准等，在编制列车运行图时，必须考虑车站的技术作业能力与客运站到发、中转的列车有机配合。

三、高速铁路车站的行车作业组织

我国高速铁路采用分散自律调度集中系统（CTC）作为行车指挥设备。在正常情况下，铁路局集团公司 CTC 系统指挥高速铁路车站的日常行车和调车作业，自动排列行车及调车进路，车站主要负责客运作业和监视动车组的运行和调车。但遇到非正常情况，车站工作人员需要与调度人员一起共同完成相关的动车组行车和调车作业。

1. CTC 车站行车人员的主要工作

1）车站值班员职责

在 CTC 控制方式下，负责接听行车电话、接收调度命令、监视车务终端或控制台显示。根据列车调度员（助理调度员）指示，亲自或指派人员对站内线路进行检查、确认，向机车乘务员、运转车长转交调度命令、递交行车凭证。

未设车站调度员（调车区长）的作业量较大的车站，负责担任车站调车领导人，组织办理车站调车作业。在非常站控方式下，负责组织完成车站接发列车作业。

在分散自律模式下遇信联闭设备故障时，根据调度员指示，负责接发列车进路的检查、准备，及时向调度员汇报；遇清扫道岔时，负责与调度员联系相关道岔的转换事宜。

2）信号员（长）职责

按照车站值班员的命令，正确及时地准备接发车进路。根据调车作业计划，正确及时地准备调车作业进路。协助车站值班员，通过车务终端或控制台监视列车运行和调车作业动态。监视设备状态，发生故障时，及时汇报车站值班员。

2. 高速铁路车站接发列车作业组织方法

接发列车工作是车站工作组织的重要内容，也是保证列车按运行图安全正点运行、保证铁路畅通的关键环节。由于接发列车工作涉及的人员多，作业环节复杂，任何疏忽或差错都可能造成列车晚点或行车事故，其影响会波及其他列车或车站，甚至影响运输全局。因此，接发列车是全局性的工作，局部必须服从整体。要求有关人员必须严格执行作业程序和操作方法，贯彻落实规章制度，严格按作业标准作业，确保安全、迅速、准确、不间断地接发列车，严格按图行车。

分散自律调度集中区段，有关行车工作由该区段列车调度员直接指挥。在分散自律控制模式下，车站联锁控制台不起作用；在非常站控模式下，系统的车务终端不起作用。

1）分散自律控制模式下车站接发列车作业组织方法

（1）车站接发列车工作组织的日常要求。

调度集中控制范围内的车站接发列车，以列车运行调整计划自动控制为基本方式，以调度员人工控制为辅助方式。分散自律调度集中系统以日班计划为依据，人工和自动调整列车运行计划，经列车调度员批准后适时下达到车站自律机执行。车站自律机依据列车调度员下达的列车运行调整计划自动生成列车进路指令，通过合法性、时效性、完整性和无冲突性的检查后转变为命令，适时下传给车站联锁设备执行。车站自律机因故无法排列基本进路时，系统自动报警，调度台可以对某一次列车进路进行人工干预，列车调度员应指示助理调度员通过控制工作站排列接发列车进路，但须受分散自律安全条件控制。

对于有特殊运行要求的列车由列车调度员依照相关管理规定特别设置，并产生相应的列车运行调整计划。

分散自律控制模式下，车站值班员应通过车务终端监督列车运行，可随时查询上一班及当班列车运行情况、本站及相邻上下行方向各两个车站的列车运行调整计划和进路内容。车务终端应于列车在相邻两站开车、通过时，立即向车站值班员发出车站、车次及到开（通过）时刻警示信息。列车接近时，车务终端应用语音提示某次列车第几接近。车站值班员通过监督列车运行和车务终端的语音提示，按照《站细》规定及时通知助理值班员立岗接车。

高速铁路车站接发列车时，车务终端于列车在接车方向相隔邻站开车（通过）、邻站开车（通过）、压上接近区段三个时刻分别发出车站、车次及到开（通过）时刻等警示信息。车站值班员通过监督列车运行和车务终端的语音提示，按照《站细》规定及时停止影响接发列车进路的调车作业，通知助理值班员、客运人员立岗接车，站内平过道应提前派人到岗监护。

（2）车站接发列车作业程序。

动车组设司机、随车机械师、旅客乘务组，不设运转车长。动车组发车前，检查确认进路道岔位置正确、影响进路的调车作业已经停止后，方可开放出（进）站信号机，交付行车凭证。列车长确认旅客上下完毕后，通知司机关闭车门；动车组到站停稳后，司机开启车门。按钮不在司机操作台上的，由司机通知随车机械师关闭、开启车门。

动车组司机在确认出站（进路）信号机显示或占用行车凭证正确，车门已关闭，方可启动列车。出站信号机开放或占用区间信号凭证已交付后，如需取消发车进路，车站值班员应确认列车尚未启动，通知司机，收回行车凭证后，再取消发车进路。

接发动车组时，车站助理值班员应站在规定地点接送列车。

动车组通过车站时，车站须提前停止通过进路上的作业和对列车运行安全有影响的作业。车站仅限于在规定的股道及进路上接发动车组，遇动车组接发不能在基本进路办理时，须经铁路局集团公司调度所值班主任准许并发布调度命令。

2）非常站控模式下接发列车作业组织方法

（1）非常站控模式下的行车组织基本要求。

调度集中区段应保持在分散自律控制模式下，由调度中心对区段内的信号设备进行集中控制、对列车运行直接指挥和管理。但遇到下列情况，应立即由分散自律控制模式转换为非常站控模式：

① 调度集中设备故障；

② 发生危及行车安全的情况；

③ 设备天窗维修、施工需要转为非常站控的情况；

④ 必须转为非常站控的特殊情况。

在非常站控模式下，车站的行车工作由车站值班员统一指挥，划分车场的车站，各车场的行车工作由该车场值班员统一指挥；无人站行车指挥工作由应急行车人员担任，但必须执行列车调度员命令。

遇危及行车安全等紧急情况需转换为非常站控模式时，车站值班员应立即按下非常站控按钮将车站控制模式转为非常站控，同时报告列车调度员，列车调度员发布控制模式转换的调度命令，无人站还应通知应急行车人员迅速赶往车站。

使用非常站控按钮应按规定登记《行车设备检查登记簿》。

（2）非常站控模式下的接发列车作业。

① 非常站控模式下的车站与分散自律控制模式下的相邻两站间办理接发列车作业时，由车站值班员与邻站办理预告闭塞手续。

邻站调度集中系统根据列车运行调整计划自动向非调度集中车站和非常站控车站发送预告请求，车站值班员同意接车时，调度集中系统自动排列该次列车的发车进路，开放出站信号；不同意接车时，调度集中系统严禁排列该次列车的发车进路和开放出站信号，并向调度员报警，调度员与车站值班员电话联系确认。

② 非常站控车站与分散自律控制模式下的车站已办妥列车预告手续，需要取消预告时，必须与调度员联系，取得调度员的同意后，方可取消预告。调度员对非常站控车站已办妥的列车预告需要取消时，必须通过电话与非常站控车站值班员联系，取得车站值班员的同意后，方可取消预告，并按照列车运行调整计划向车站重新下达阶段计划。

③ 在不得已情况下列车必须退行时，列车司机应使用列车无线调度电话将情况及时向列车调度员报告并取得同意后，方准组织列车退行。列车调度员接到列车退行的报告后，应将列车退行情况提前告知该站车站值班员注意列车运行，并根据车站线路占用情况，开放进站信号机或按引导办法将列车接入站内。转入非常站控模式后，车站值班员接到列车退行报告时，按有关规定办理。

3. 无人车站行车作业组织方法

在 CTC 控制区段，基于无线通信系统、车次号校核子系统、无线调度命令传送系统、列车编组顺序电子信息，可以在没有客货运业务的高速铁路中间站实现行车、调车作业控制无人化。

列车调度员可以通过控制工作站远程操纵无人车站的所有控制按钮，但严禁无人车站值守的车站值班员在分散自律控制模式下操作车务终端的任何控制按钮。调度员需对调度集中控制的道岔实行单独锁闭或解除单锁时，应及时通知助理调度员办理。

无人车站原则上不得转为非常站控模式，但站段要针对无人车站制定非常站控模式下的应急预案，组织相对固定的应急行车人员。当无人车站有计划必须转为非常站控模式时，列车调度员应提前通知应急行车人员前往无人站，待应急行车人员到岗后，发布调度命令，由值守的车站值班员进行模式转换的控制操作。遇紧急情况，由无人站值守的车站值班员进行模式转换的控制操作，同时通知应急行车人员迅速赶往车站。

四、高速铁路车站调车作业组织

高速铁路车站的调车作业包括动车组出入段、重联与摘解、动车组转线等作业。

动车组调车作业原则上采用自走行方式。动车组禁止通过驼峰、溜放调车、手推调车、连挂其他机车车辆调车（救援及动车组无动力调车时的调车机除外）和跟踪出站调车，禁止向动车组停留线路溜放调车和手推调车。

调车作业时，司机必须在动车组运行方向的前端操作。车站进行调车作业时，不得影响接发列车作业。

动车段（动车运用所）设动车组调车司机，负责动车组在动车段（动车运用所）内调车、试运行等移动车组作业。

采用机车调车作业时，动车段（动车运用所）人员负责过渡车钩、专用风管和电气连接线的连接和分解并打开车门，调车人员负责车钩摘解、软管摘结。

为适应高峰时段客流需求，可采用两个车次共用一条运行线的方式。在实际开车时，两列车底重联共用一条运行线，到分歧站摘解后开往各自的目的地。单列动车组为固定编组，运用状态下不得解编；两列同型动车组可重联运行。需重联运行的两列动车组，其顺位应一致（1 位和 8 位联挂）。动车组禁止加挂各型机车车辆，禁止与其他列车混编。两列动车组重联或摘解时，由动车组随车机械师负责引导，司机确认。重联或摘解后的动车组由随车机械师配合司机做相关试验。摘解操作时，主动车组必须一次移动 5 m 以上方可停车。

动车组的出、入段调车作业，应按照车站技术小组事先根据基本列车运行图和车辆检修、线路施工计划排定的到发线使用方案，由车站信号楼负责确认全列旅客下车和清洁、整备完毕后开放信号，安排列车入库或由动车段确认车辆整修完毕后，安排列车出库。

分散自律控制模式下调车作业时，由助理调度员提前编制调车作业计划下达车站自律机执行。助理调度员（车站值班员、应急行车人员）与作业机车司机间要加强联控并于调车作业完了后及时确认。

在分散自律控制模式下，助理调度员遇不能向车务终端传送下达调车作业计划，以及不能使用列车无线调度通信设备传达布置调车作业计划时，须转入非常站控模式。此时，车站值班员应依据调车计划以及现场调车作业情况，在车务终端输入调车作业计划或直接排列调车进路。排列调车进路时，须在按压进路按钮后输入作业预计时分，由车站自律机自动判别是否排列进路。

第四节　高速铁路车站客运工作组织

一、高速铁路车站的旅客和车辆流线分析

旅客、车辆在站内的集散活动，产生一定的流动过程和路线，通常称为流线。车站流线从流动方向上可分为进站和出站两大流线。高速铁路车站由于不办理行包托运，从流线性质上可分为旅客流线和车辆流线。由于有的高速车站会停靠中速列车，以及有的高速站和既有车站合用站房，因此，对于行包流线，参考常规铁路办法办理。

铁路旅客车站历来把流线作为其设计构思的重点，而其建筑空间总体布局以各种流线为依据，以保证畅通和减少干扰为首要目标。

1. 进站旅客流线

旅客在不同时间内进站，办理各种手续，因此在检票之前比较分散和缓慢，且性质不同，其流线也略有不同。

1）普通旅客流线

普通旅客流线是进站旅客人数最多的主要流线，在车站的主要流程是：广场→售票大厅→（咨询处）→售票处→候车大厅→候车室→检票口→跨线通道→站台上车。

当然不是所有的旅客都会办理以上全部手续，预先购票的旅客的流程是：广场→候车大厅→（咨询处）→候车室→检票口→跨线通道→站台上车。这种旅客在站停留时间相对较短。

2）城际旅客流线

城际旅客大多在早晚乘车，多数持通勤票、学生月/季票，不需临时购票，一般到站后立即检票上车。客流量较大的车站，可单独设置绿色通道，方便旅客快捷乘降，以免与其他旅客流线相互干扰。

3）中转旅客流线

中转旅客流线比普通旅客流线简单，当列车到发时刻接续紧凑时，旅客可在相应站台直接换乘。其他中转旅客进入候车室休息，以后经检票口、跨线通道、站台上车。仅有很少的旅客可能下车后要出站，经咨询、办理中转签票或买票手续，然后再进入候车室。

4）团体旅客及需特殊照顾旅客的流线

这种旅客流线应与一般旅客流线分开，设专用通道，使他们经便捷的通路，优先就近进站上车。

5）贵宾流线

在经常有贵宾来往的大型客运站，应设贵宾室。为保证贵宾的安全，贵宾流线应与其他旅客流线分开，除从站房专用入口进站外，还应设专门通道，使汽车可直接驶入基本站台。

2. 出站旅客流线

高速旅客下车后，经跨线通道到出站检票口，通过出站大厅直接出站。有些高速站有条

件站内旅客可以直接进入地铁、轻轨和公交车站。

出站旅客流线的特点是旅客集中、速度快、占用站房设备时间短，站房布置上应使出站旅客流线便利畅通，使旅客迅速出站或转乘，并很快疏散。

3. 车辆流线

站前广场上各种公共交通车辆、非公共交通车辆、邮政车辆、行包专用车辆及非机动车辆的交通路线，应合理组织，妥善规划各种车辆的停靠位置，按市内交通靠右侧行车习惯，宜将车辆到达场安排在站房右侧，车辆出发场安排在站房左侧。采用地下停车场时，入口设在右侧，出口设在左侧。原则是尽量减少交叉干扰，确保旅客走行安全，使旅客、行包及邮件安全、迅速地疏散。

各种流线组织的原则是：尽量避免和减少各种流线的相互交叉干扰，最大限度地缩短旅客流动距离，避免流线迂回。防止对流，确保安全。

为满足上述要求，客运用房应有合理的平面布局和空间组合，其基本布局方法有：主要进出站流线在平面上错开；主要进出站流线在空间上错开；进出站流线在平面和空间上同时错开。具体情况根据车站的实际情况而定。

二、高速铁路车站的日常生产管理

1. 客票销售工作

车站的客票销售是高速客运站的主要经营工作，也是客流组织和各项工作的基础。高速铁路客运客票发售的发展趋势为网上订购、电话预约、各代售点以及自动售票机售票等，车站内设置的窗口售票将会逐渐减少其客票销售的比重。

目前国内进行研制的自动售检票系统可为旅客提供及时、准确、快捷、方便的服务，为营运部门提供强大的客票业务综合管理功能。主要体现在：

（1）实现旅客的快速购票和及时进出站；

（2）为旅客提供方便、直观、简洁的购票手段；

（3）实现购票、检票、计费、收费、统计等全过程的快速联动；

（4）对票务、财务、客流集中统计及处理，并能实现系统设备的集中维护；

（5）具有高安全性，可减少售检票人员，进而降低运营成本。

高速铁路客运站在日常工作中，要充分发挥自动售检票系统的优势，合理地布局自动售票机，特别是在居民集中居住区、城市主要商业街道、大型超市或卖场、机关及学校等附近。甚至可委托专门的公司，为这些设备设点提供全面的布局规划，并及时更新自动装置的票源，使其和车票代售点有机结合，尽可能方便地满足居民出行买票。

网上预订票、电话预订票以及送票上门，是车站方便旅客购票的另一重要途径。当前，铁路已经开发了与车站客票管理系统相连的车票发售网站，高速铁路车站可以很好地利用这些平台，整合相关资源，以开发和使用电子订票系统。

车站售票大厅内除自动售票设施外，固定售票的售票窗口，应以发售短途和当日车票为主，对于中长途客票和非当日客票，客站通过宣传、折扣、赠送礼品、增加旅行积分等营销方式培养旅客采用自动售票系统或电子订票系统的习惯。当然，在特定的时期，例如春节、学生放假等客流高密集的时间内，车站客票大厅的售票窗口也可灵活地发售中长途和非当日客票。

自动售检票系统的应用，将建立“计算机辅助售票或自动售票→自动检票进站→候车厅或站台候车→上车和下车→自动检票出站”的新模式，旅客可通过自动检票机随到随检。旅客在候车厅内旅客信息系统的引导下，自主选择所乘坐的旅客列车上站台乘车或出站。

2. 行包组织工作

从社会化分工的发展趋势来看，高速客运站亦没有必要自己承担行包的收集业务，只需将其外包给第三方物流企业或快递公司，由它们承接社会上各个单独货物，根据到达地和到达时间进行集货。物流公司或快递公司只需根据高速铁路客运站行包运输规定的承接货物种类、包装规格、信息标准等进行货物分拣、包装以及信息的报送，并按照高速铁路动车组的开行情况，制定合适的运输方案。此运营模式可用图 10-2 表述。

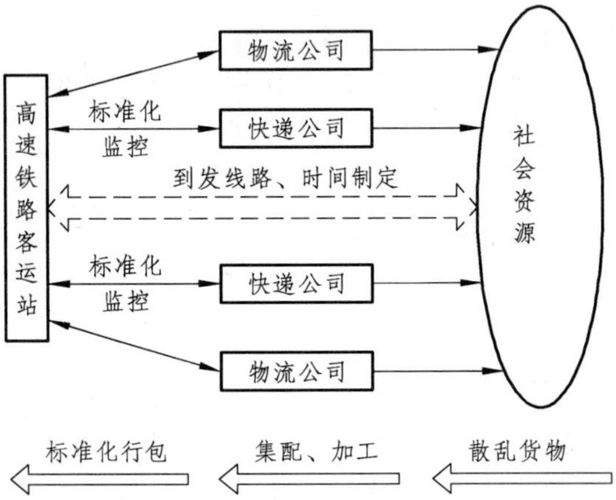

图 10-2　高速铁路行包运营模式构想

从市场细分的角度考虑，高速铁路客运站应该专注于其核心竞争力方面，即开行满足市场需求的高速度、高密度、多类型的列车运行方案。而如行包业务的组织，可以采取外包的形式。

3. 旅客服务工作

客运站的旅客服务工作，主要包括旅客查询，随身物品的暂存，候车厅环境、饮水、卫生，贵宾候车室服务，站内便利店设置，残疾人或孕妇的协助，突发事件的应急处理等。凡是涉及旅客在站内需要的服务，都应该成为车站旅客服务工作的范围。车站应配备适当的服务人员、警务人员以及助勤人员，各尽其职，保障站内站外旅客安全、有序地进出站、候车以及及时上下车。

车站通过电子显示牌、广播信息、标识设置等为旅客的进出站提供指引，通过监控系统及时预防不利于旅客的事情发生。

4. 安全管理工作

高速铁路客运车站的安全工作具体而又烦琐，主要集中于下列几个方面：

1）售票工作的安全性

自动售票系统的安全性是系统设计初考虑的重要问题，但由于系统庞大，运行维护相当困难，因此不可避免会出现局部故障，造成一定安全问题。因此，高速铁路客运站日常除了对系统的维护外，还必须定期进行系统诊断，评估系统的安全性和可靠性。

尽量降低网上订票存在的风险是车站要做的另一个安全工作。Internet 网络中黑客和病毒大量的存在，对电子订票系统是一个巨大的隐患。除了设置软硬件防火墙，车站也要经常维护电子订票系统，能够及时发现异情，一旦出现系统被攻击情况，能够尽快解决。同时建立应急方案备用机制，处理利用 Internet 网络对车站信息系统破坏。

车站其他的信息系统出现问题，同样会影响正常的工作，但相对于售票系统来讲，影响存在于车站内部，容易控制，危害性相对较小。

2）旅客上下列车的安全

车站工作人员，必须十分注意旅客上下列车的安全。动车组的高速运行引起周围空气急剧变化，很可能对站台上等候列车的旅客造成危险。因此，车站工作人员要不断提醒上车旅客在规定的区域等候，提醒下车旅客要在动车组完全停止后下车。绝对防止旅客穿行轨道等危险行为，所有旅客必须通过天桥或地下通道进出站或进行换乘。

3）其他安全工作

高速铁路的安全保障体系，虽然采用一系列的现代化的先进技术设备，构成了十分完善的安全监控系统，但是仍然要在运输组织中对涉及行车安全和旅客安全的各个环节建立一整套非常严密的科学管理制度，对有关运输设备与设施进行精心养护和维修，所有与行车有关的操作人员必须事先进行岗位培训，持证上岗。

车站工作人员需要小心细致地检查，包括对旅客行李的检查，对可能引起火灾的地方重点关注，定期检查消防设施是否有效等，保证车站日常经营管理工作安全有序地进行。

第五节　高速铁路车站与其他运输方式的衔接

一、高铁综合交通枢纽城市交通衔接方式划分

一般来说，乘坐高铁的旅客在完成以铁路为主要运输方式的旅行后，会在高铁客运枢纽进行集散，选择换乘其他运输方式前往目的地。通常情况下，与高铁换乘衔接的其他运输方式有轨道交通、城市公交、出租车、私人小汽车等。这几种换乘方式的具体特点如下：

1. 高铁与城市轨道交通换乘

地铁与轻轨都属于城市轨道交通系统，其运营模式与常规公交类似，票价也没很大差别。随着轨道交通运输的发展，其与其他运输方式换乘的研究也逐渐深入。开始的换乘模式主要是平面式换乘，后来转变为立体式换乘，而最近还出现了更为方便快捷的同站台换乘方式，其应用效果较好。对于客运枢纽的规划者和城市管理者来说，将大多数的铁路客流转移到地铁或者轻轨等城市轨道交通中是他们最希望看到的情况。但是这也对轨道交通线路的覆盖面提出了更高的要求，如覆盖面更广、深入更多的居民区等，而且在运能上也要满足高峰时段大量旅客的换乘要求。

用地省、运能大、运行时间稳定、安全环保等是城市轨道交通所具有的突出优势，对于普通乘客来说是一种非常合适的换乘方式，具备很强的潜在吸引力。因此，随着新型高速铁路客运枢纽的建设和各大城市轨道交通的快速发展，这种经济环保的换乘方式的潜在运行能力将会更为彻底地发掘。

2. 高铁与常规公交换乘

虽然目前轨道交通在一些大中型城市快速建设和发展，但网络覆盖不健全和管理思想落后仍是较为突出的问题。另外大多数中小城市目前还没有建设轨道交通的规划与意愿。因此，在今后的较长一段时间内，常规公交仍然是高铁客运枢纽最重要的公共换乘方式，其具有辐射面积广、费用较低、机动性较好等优势，在客运枢纽的集疏运体系中有着不可替代的地位和作用。

3. 高铁与出租车换乘

与城市轨道交通和常规公交相比，出租车具备其作为私人交通方式的优势，如没有发车间隔、随到随走、便捷舒适、机动性强等。相较于公共交通方式，这种运输方式能够减少高铁旅客的换乘时间，舒适性较好，但价格较高，且管理难度较大。因此虽然这种换乘方式必不可少，但是要将其限定在一定水平之下。

4. 高铁与私人小汽车换乘

私人汽车换乘的经济性和集中性均较低，因此，并不是一种较为合适的换乘方式。在高铁客运枢纽的设计中，对于这种换乘方式，一般是在客运站的站前广场或者地下设立停车场，为接送旅客的社会车辆提供停放的空间。但是这样做的话，会比较严重的降低客运枢纽的土地利用率和枢纽的疏散能力。研究表明，如果接送同样一位旅客，用私人小汽车作为换乘方式，其停车所占的土地面积和在路上行驶消耗的道路资源、汽油等能源资源是轨道交通、常规公交的几十倍。因此，并不提倡这种换乘方式。

综上所述，高铁客运枢纽最经济环保，也是最有效率的换乘方式是城市轨道交通和常规公交，这两种方式的影响都要大于其他的换乘方式，它们也是最重要和最常见的换乘方式。

二、各种城市交通衔接方式的技术经济特征

（一）轨道交通

城市轨道交通，一般指的是采用电力作为行驶动力，运用轮轨进行运输的一种大容量、快速的公共运输方式。这种运输方式分为两种，即轻轨和地铁。城市轨道交通的技术经济特征包括：

1. 城市轨道交通的技术特征

1）运量大、速度快

相对于其他运输方式来说，城市轨道交通拥有载运量大、运行时间稳定、速度快等特点。

2）灵活性、可达性差

由于轨道交通的两个站点之间的距离相较于常规公交站点要长一些，其运行车辆数和固

定的线路都比不上公交车，因此灵活性和可达性均较差。研究研究表明，常规公交两站之间的平均间距最佳为 680~797 m，轨道交通为 800~3 000 m。故应该充分利用两种换乘方式的优势，相互连接贯通，连接成网，形成“轨道交通为主、常规公交为辅”的运输网络结构，使得城市综合交通运输系统发挥最大的效率。

3）安全舒适

轨道交通具有较高的封闭性，其事故率极低，安全性好。同时，轨道交通车辆运行平稳，乘坐环境舒适，是服务水平较高的公共交通方式。

4）节约土地

城市轨道交通占用地面面积小。特别是大部分线路均铺设于地下的地铁，仅地铁车站会占用少量的地上空间。对于轻轨等地上线路而言，其运行路线是固定的，不占用已建轨道之外的土地。常规公交以及出租车，由于其运输路线不固定，但是其运输的通达性和覆盖面积又是必须得保证的，所以就不得不占用大量的运输面积及停车场地。

5）能源消耗低

相对于其他道路交通方式而言，城市地铁或者轻轨是以电力为驱动力的，而且运量大，沿着特定的轨道运输，摩擦相对较少，因此其完成单位客运量的能耗较道路交通方式要低很多。

6）环保

轨道交通是由电力驱动的，运行过程中不产生任何污染气体，然而公交车、私人小汽车等道路交通在运行过程中会因消耗燃料而产生二氧化硫、二氧化氮等污染性气体，并且其产生的噪声较大。

2. 城市轨道交通的经济特点

1）准公共产品特性

作为公共产品而言，轨道交通的投资不在于追求利益的最大化，而是为了满足居民更多方面、多层次的出行需要，向他们提供更多物美价廉的服务。目前，我国绝大多数的轨道交通投资项目都处于亏损情况，但相比于短时间的经济效益，轨道交通的建设更多的是追求一种长期的宏观效应。建成后的轨道交通项目，会使其产生的经济社会效益扩散，为全社会产生更多的正面效应。

2）投资大、周期长

在我国，一般的城市轨道交通项目的造价大概为 6、7 亿元/公里，由于轨道交通项目的建设技术高、周期长，且施工难度较大，在大多数城市，往往需要非常大的投资额。所以，如果没有较强的财力和人力作支持，很难建成成网的轨道交通项目。

3）规模经济特性

城市轨道交通项目有着极其明显的规模经济特性。一般来说，轨道交通的网络化程度越高、覆盖面越大，能发挥的整体效率就越高。所以说，轨道交通每增加一公里的里程，其所获得的边际利润会不断增长。对于某个特定的运营项目来说，轨道交通的运营时间稳定，其运营人员的工资和水电等支出基本不变，因此增加一名旅客的边际成本几乎为零。

（二）常规公交

常规公交是通过所在地的公共交通公司向国家相关部门提出申请后开发的公交线路，是城市交通系统中重要的组成部分。它往往是在地面道路上行驶，以柴油或天然气为动力的公共汽车或者以电力为驱动力的电车（包括有轨电车和无轨电车），并且有固定的发车时间表和固定的行驶路径。常规公交按照所用的交通工具分类，可分为：普通公共汽车、公共电车（无轨电车）等。城市常规公共汽车主要指标及特征见表 10-3。

表 10-3　城市常规公交主要指标及特征

分类		车辆和线路条件	客运能力 N 平均运行速度 V	备注
城市常规公交	小型公共汽车	车长：3.5~7.5 m 定员：≤40 人	N：≤1 200 人次/h V：15~25 km/h	适用于支路以上等级道路
	小型公共汽车	车长：7~10 m 定员：≤80 人	N：≤2 400 人次/h V：15~25 km/h	适用于次干路以上等级道路
	小型公共汽车	车长：10~12 m 定员：≤110 人	N：≤3 300 人次/h V：15~25 km/h	适用于支路以上等级道路
	特大型公共汽车	车长：13~18 m 定员：135~180 人	N：≤5 400 人次/h V：15~25 km/h	适用于主干路以上等级道路
	双层公共汽车	车长：10~12 m 定员：≤120 人	N：≤3 600 人次/h V：15~25 km/h	适用于主干路以上等级道路

常规公交其主要特征为：

（1）区别于轨道交通的沿轨道运输模式，公共交通史沿着固定线路运行，灵活性和通达性更好，同时可调整性也更优。

（2）与其他车辆共用道路，且在普通路面上行驶，所以比轨道交通成本低。而且，与其他现代交通工具相比，公共交通相应的附属设施的投资也是最少的。同时，公共交通对于路面、复杂环境有更好的适应性。

（3）公交车车型样式较多。公交车可以根据线路道路情况及客流量进行灵活的选择，因而具有极强的适应性。总体来说，公交车正朝着大型化趋势发展，由早期的 2 030 座发展到如今的 120 160 座（大型铰接式公交）。同时，公交也朝着快速化趋势发展，如 BRT 已在我国多个城市道路上运行，杭州、北京、厦门等就是很好的范例。

随着大中型城市交通条件的恶化，造成上下班高峰期道路拥堵严重，对公交造成极大影响。目前，我国有多个大型城市出现公交车平均行驶速度在 10 km/h 以下的现象。在此情形下，建立公交专用道，加强交通引导和控制也很难使公交车行驶效率得到较大提升。

（三）出租车

出租车是具有方便、舒适、灵活、全天候，以及“门到门”等特点的运输服务方式，在一定程度上可与私家车相媲美，目前已成为重点满足个性化与支付能力较强的出行需求的公共交通（简称“公交”）方式。

与大中容量公交一样，出租车也是一种按一定乘坐规则供公众享用的客运方式，其服务对象具有非特定性。出租车的技术特性及经济特性如下：

1. 技术特性

独立性：出租汽车服务一般由单车独立运营而提供。不论公司有多大，其产品生产过程基本是由一个人独立完成的。

随机性：出租汽车服务对象、服务时间是随机发生的，乘客目的地也具有高度的随机性。

便利性：无固定线路、停靠地点和时间限制，可节省市区人员活动密集区和交通枢纽稀缺的泊车所需要的停车资源。

区域性：出租汽车服务一般在人口高度密集、人员随机流动性强的地区经营，带有明显的区域性。

舒适性：乘客可以根据个人需要决定行车路线、停靠地点、等待时间等，且享受类似私人汽车式的相对私密的空间，具有高于大容量公共交通的舒适度。

出租汽车服务产品的特点决定了它的服务对象主要分为刚性需求群体和弹性需求群体两部分。刚性需求群体一般具有较强的经济实力或者有特殊需求，如本地高消费群体、异地旅客（自助旅行、公务出差）和应急乘客（如急救送往医院）等。刚性需求群体对出租车服务的价格敏感程度较低，不会因为涨价或降价改变出行需求。弹性需求群体具有一定经济实力，对城市内短途客运的舒适度和准点度要求较高，大容量公共交通服务难以满足，但又不具备添置私家车的经济实力。弹性需求群体对出租车服务的价格敏感度较高，会因为服务价格的变化而改变自身的需求。

2. 经济特性

从产品的公共属性看，大中容量公交在达到拥挤状态之前，增加一个消费者并不会影响原有消费者对运输服务的消费水平，这意味着一定量的运输服务按零边际成本供给。同时，此类运输服务能够区别对待消费者，只为支付运费者提供服务，而将不付费者排除在外。因此，大中容量公共交通有消费的非竞争性和受益的排他性，属于准公共物品性质。出租车则不同，虽然其服务对象也是非特定的，但对于每一次服务都具有消费的竞争性和受益的排他性，因此更接近于私人物品性质。

从产品的公益性看，大中容量公交主要针对收入水平一般或较低的消费群体，提供最基本的大众化出行服务，用于保障居民（尤其是低收入人群）最基本的日常出行，属于日常生活的必需服务，具有较强的社会公益性。相对而言，出租车主要是为收入水平较高的消费群体提供个性化出行服务，其服务对象虽属公众但并非大众，虽属日常生活需要但并非基本生活必需，是一种较高层次的运输服务，不属于城市公共事业应当向公众提供的普遍服务项目，公益性相对较弱。

综上所述，由于出租车的共享程度不及大中容量公交广泛，而且具有更接近于私人物品的性质。因此，现阶段绝大多数城市将其定义为非公益性的公交方式。实践中，出租车的市场性与公用性并行不悖。由于公益性“弱”，出租车的运营完全由市场机制主导，又因其囿于公交范畴，行政干预充斥于行业发展的各个领域，市场主体（出租车经营者）的非市场性特征浓重，由此引发的摩擦与冲突铸成了出租车行业的诸多“顽疾”。

（四）私家车

私家车与出租车的技术经济特征基本相同，其最大的区别体现在出租车具有一定的公共属性及公益性，而私家车则是纯私人物品性质、非公益性运输方式。在运输效率和土地占用方面，私人小汽车在高铁客运枢纽中起到的作用为接（送）旅客，一般为单向运输，且在枢纽内等待时间较长，因此相对于出租车来说，其运输效率较为低下，占用停车场及道路更为严重。

第六节　高铁枢纽及车站工作组织实例分析

一、京津城际铁路车站工作组织

（一）无缝换乘的客流组织

高速铁路客流在市内的集散依赖于高效率的城市综合交通系统，与以公交为主体的高效率的城市交通系统相配合，高速铁路才能发挥最大效益。综合交通枢纽是将高速铁路与城市交通进行有效衔接的重要环节，综合交通枢纽使城市对外交通、城市交通各种方式的换乘集中在一个区域完成，是科学组织交通方式换乘最有效的途径，对提高换乘效率、减少换乘时间具有重要的意义。京津城际铁路非常重视与城市交通的衔接，北京南站、天津站以及京津城际铁路沿线的亦庄站将铁路、公交、地铁等多种交通方式有机结合，融为一体，实现了“零接驳”、“零换乘”，适应人们快速出行的要求。

1. 北京南站客流组织

北京南站是我国重要的基于高速铁路的综合交通枢纽，是京津间城际列车等多条线路的始发站和地铁 4 号线、14 号线的换乘站。京沪方向始发终到的高速列车、京津间城际列车都从北京南站始发。北京南站已成为高速铁路与城市综合交通衔接的重要枢纽，其运行效率的高低，直接影响高速铁路的效益和城市综合交通的整体水平。北京南站在设计过程中充分考虑了旅客的换乘衔接问题，建成了基于无缝运输理念的大型综合性立体交通枢纽，在枢纽内旅客即可方便地完成铁路、地铁、公交、出租车等多种交通方式的换乘，客流和车流既可以顺畅地引入枢纽中，也可以从枢纽中顺畅地疏散。

市郊铁路 S4（黄村）、S5（房山）线和地铁 4 号线、14 号线引入到车站内，北京南站成为集国有铁路、地铁、市郊铁路和公交、出租等市政交通设施为一体的大型综合交通枢纽，同时也强化了城市的总体功能。

北京南站坚持紧凑合理的功能布局，尽量减少旅客在站内的走行距离，为旅客提供便利的换乘条件，换乘流线短捷。车站的客流活动中心为高架进站厅和地下一层换乘大厅，各种交通设施紧密围绕客流中心布置。

小汽车和出租车车流为上进下出的组织方式，进站小汽车和出租车的落客区位于高架平台进站大厅两侧，出站小汽车、出租车的载客区位于地下一层两翼的专用停车场。公交车站紧邻站房南北两侧分别布置在南北广场的地面层和地下层：地面层为落客区，地下层为载客区。地铁 4 号线南北走向穿过站区，车站位于站房中心地下二层。地铁 14 号线东西走向穿过站区，车站位于站房中心地下三层。

进站客流采用上进与下进相结合的客流组织方式。乘坐地铁到站的旅客，可以通过地下一层交通换乘空间东侧的快速进站厅进站。需长时间候车的旅客，可以通过南北两侧的侧站房内的扶梯上升到高架候车厅内候车。乘坐公交车、社会大巴车、自行车的旅客和少量步行旅客，由地面层的侧站房进入高架候车厅进站。乘坐出租车和小汽车的旅客可以从高架层的下客平台直接进入进站大厅，候车进站。

铁路旅客的出站层设在地下一层，也是铁路旅客换乘其他交通工具的换乘层。换乘地铁的旅客，出站后即可方便地到达车站中部换乘大厅中心的地铁站厅。换乘公交车的旅客，沿交通换乘空间前行至车站南北两侧的公交车载客站。换乘出租车和小汽车的旅客，出站后通过专用通道进入交通换乘空间东西两侧的地下停车库。各种交通设施的协调运作，信息技术、信息手段的综合运用，辅以相关的引导、换乘等装置，构成了北京南站基于无缝化的旅客联合运输体系，极大地方便了旅客的乘降和集散，实现了旅客在车站的无缝换乘。

2. 天津站客流组织

天津站从城市整体功能出发，根据天津市总体规划的要求，将地铁 2、3、9 号线引入到车站内，把普速列车、京津城际列车和京沪高速列车组合在同一车站，使天津站成为天津市唯一的集既有铁路、高速铁路、城际铁路、地铁、轻轨、城市公交、出租等市政交通设施于一体的大型综合交通枢纽。总建筑面积 45 万平方米，由地上二层和地下四层组成，地上建筑和地下一层为城际铁路、高速铁路及既有铁路的站台和候车室，京津城际铁路与地上建筑和地下一层相连接；地下二、三、四层为地铁 2、3、9 号线的站台和设备区。此外，为了建设基于无缝运输理论的综合交通枢纽，天津站还将建设部分配套工程，包括在天津站后广场建设公交枢纽工程、停车楼工程；在前广场建设地下停车场、出租车等候区、地面公交场站；市政交通项目将建设五经路地道、李公楼立交桥改造、海河东路改造、前后广场人行天桥等工程。与北京南站一样，乘客在天津站站内即可完成京津城际铁路与城市地铁的换乘以及地铁 2、3、9 号线之间的换乘，实现了旅客的“零换乘”，最大限度地方便了旅客出行。

新北京南站和新天津站是以高速铁路运营为主的枢纽站，其规划建设和运行效率对实施基于高速铁路的旅客联合运输、对城市综合运输系统的建设具有重要意义，同时对今后国内其他城市建设高速铁路枢纽站具有重要的借鉴意义。

（二）客运服务系统

京津城际铁路运用现代高速铁路管理思想、服务理念和当今最先进的信息技术，采用多样化的服务手段，为旅客提供了自助式的服务条件，从票务服务、引导服务到车站和列车服务，形成了综合完整的服务系统，为旅客提供了全面、优质和高效的服务。

1. 自助式服务

尊重旅客的意愿和期望，发挥旅客的能动性，充分运用北京南站和天津站现代化、自动化、功能齐全、使用便利的硬件和软件手段，辅以人工帮助手段，京津城际铁路为旅客提供了无干扰、轻松自如的自助服务，实现了服务理念由管理旅客向服务旅客的彻底转变。

2. 自动化、多样化的票务服务

1）自动化的票务服务

为了适应京津城际铁路高密度、高速度、大客流等特点，京津城际铁路在原有票务设计方案的基础上，改造部分功能，采用磁介质客票，完善设计和开发了自动售检票系统，实现售检票业务的自动化。

改造的功能一方面适应铁路的业务需求，一方面通过相关票务服务，在方便旅客出行的同时提高旅客购、检票等环节的效率，主要包括：

（1）修改制票机控制流程，实现磁介质车票的售票、退票、换票、废票、改签等业务；

（2）提供离散配票功能，实现旅客分散乘坐，既提高旅客乘坐列车时的舒适度，也便于旅客安全、快速地乘降；

（3）支持京津城际铁路高密度列车开行的售票需要；

（4）预留票价优惠策略的制定、优惠计价计算的功能，更好地适应京津城际铁路高密度列车开行的票价优惠需求；

（5）开发完善客票系统接口，满足自助售票、检票以及相关旅客服务系统的信息需求。

2）多样化的票务服务

京津城际铁路还通过票务系统相关功能的设计，向旅客提供多样化的票务服务，主要有：

（1）自动售检票系统为旅客提供京津城际一键快速选票模式、京津城际多步选票模式；支持现金和银行卡支付，售制磁介质热敏客票，支持纸币和硬币找零，对于旅客购票、支付、制票、找零环节发生的所有异常情况，进行合理、安全和人性化的处理；

（2）自动检票系统实现自动检票机自动读判磁介质车票磁信息、进出站旅客通行智能控制、检票策略和计划管理等功能，为旅客提供自助检票服务，适应京津城际铁路高密度列车开行的旅客快速进出站需求。

3. 完善、先进的引导揭示系统

北京南站依据国家标准，根据旅客流线，建立了静态标识和动态显示两套引导揭示系统，对显示风格、色彩、尺寸、版面布置、材质和发光光源等进行了统一规定，做到了导向内容的一致性、准确性、充分性，设置位置的规律性，信息显示的连续性、清晰性和环境的协调性。

静态标识进站流程类信息为蓝底白字，出站流程类信息为绿底白字，服务设施等非流程类信息采用灰底白字，本线和跨线动车组以不同的列车图形标志进行区分，采用 LED 发光灯源设计。

动态显示首次采用全彩进站大屏设计，以不同的色彩区分不同列车种类的到发信息，并实现了高清视频信息的播放。

4. 全方位、信息化的站车服务

京津城际铁路根据“以人为本”的理念，设计了全方位、信息化的旅客运输服务，配合京津城际铁路高效运营的特点，为旅客提供高质量的站车服务。

全方位的旅客服务体现在旅客出行前、进站、候车、乘车、换乘、出站等各个环节上，向旅客提供全方位的站车信息服务。信息化的旅客服务体现在对各种服务资源进行有机整合，形成统一的旅客服务平台，实现旅客站车服务的信息化。

在车站服务方面，北京南站提供了全方位的信息化服务。

信息显示服务：通过综合显示系统，在站内为旅客出行提供完整、无间断的引导服务及公告、新闻、天气、财经等各类咨询信息，旅客按照指示就可以轻松地完成进站上车。

广播服务：北京南站的广播系统保障旅客在整个站区内清晰明确地获取音频信息，在特定情况下，能够实现紧急情况广播。

查询服务：查询系统能够为旅客提供查询高速铁路、车站及周边环境等信息，旅客还可以借助设备完成自助式查询和求助式查询。

时钟服务：时钟系统能够为站房内的旅客提供统一的标准时间。

小件寄存服务：寄存系统允许旅客以自助的方式存放小件物品。

投诉服务：在车站设置投诉终端，为旅客的投诉和建议提供了一个快速响应的客户服务平台。

紧急求助服务：采用摘机即时通话（无须拨号）的求助分机或招援按钮，通过监控系统的有机配合，响应旅客的紧急求助需要，使旅客及时获得车站值班人员的帮助。

此外，北京南站以清晰、简明的静态标识，对重复的功能区域，如售票处、候车室、站台、出站口、检票口，停车场等进行编号，方便旅客的站内走行及乘降。

在列车服务方面，列车可以根据到发情况，自动地生成广播和导向计划，向旅客发布及时准确的服务信息，同时实现了统一的音频、视频集中管理和信息发布，为旅客提供相同的旅行感受。

二、长沙枢纽

1. 城市概况

长沙铁路现衔接京广、浙赣、湘黔及石长等四条铁路干线，是我国华中地区的重要铁路枢纽之一，是长沙市交通基础设施的重要组成部分。随着武广高速铁路的建成，新长沙站与既有长沙站已成为地区主要铁路客站，结合规划建设杭长高速铁路，形成区域性中心，满足了客运量增长对提高服务质量的要求。

2. 场地与环境概述

新长沙站选址于长沙市东部雨花区的黎托村，位于长沙大道（机场高速公路）与京珠高速公路互通立交的东南，还将汇集城市轨道交通、常规交通、长途汽车、出租车以及社会车辆等各种交通方式，形成了一个大型综合客运交通枢纽。设计范围为城市劳动东路、香樟路、新花候路、红旗路东侧的站前路围合区域。

新长沙站距长沙市五一广场 9.5 km。西临体育新城，南有森林植物园，北为马坡岭高科技农业园。京珠高速公路从西边穿越，机场高速路从北部横跨，南有绕城线贯通。该区域除部分村镇用地及单位用地外，其他大部分用地为菜地、耕地和鱼塘。村镇居住用地呈零散分布状态，村民住宅以平房和独立式楼房为主。现有单位主要包括村镇企业、非市属机关及中小学。地面高程（黄海高程，下同）为 36.5 m 左右。

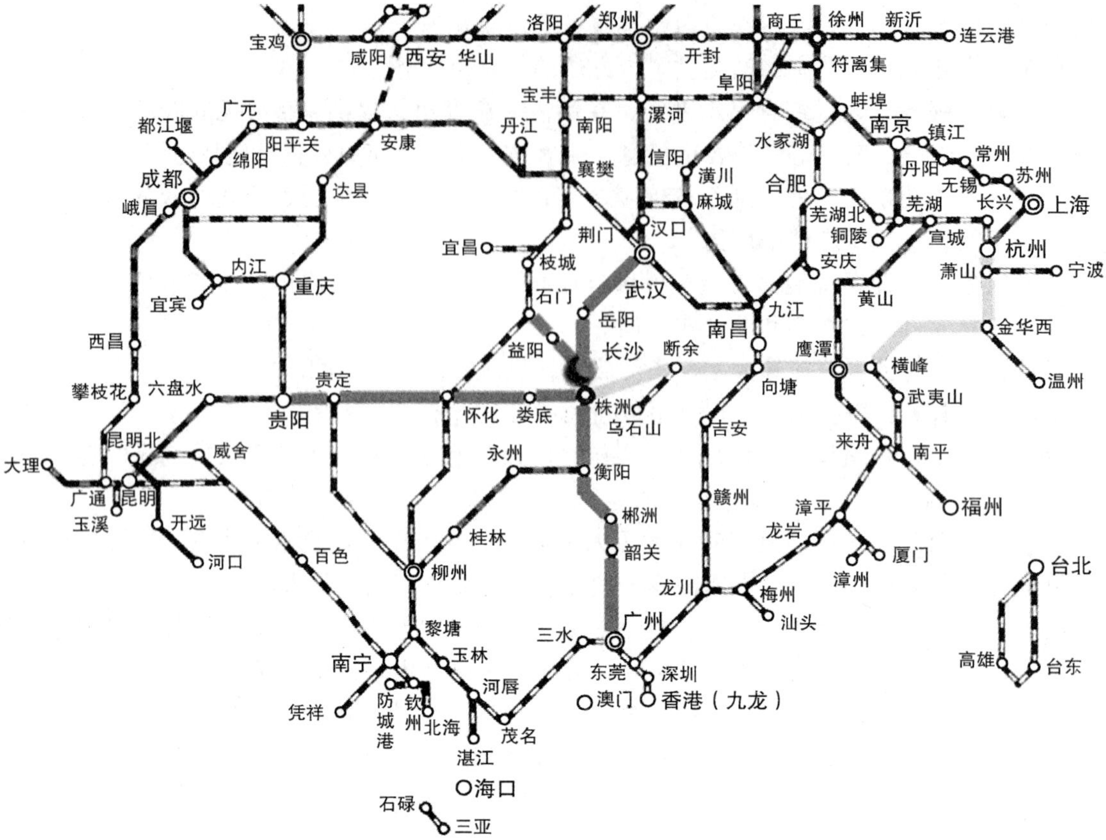

图 10-3　长沙铁路枢纽示意图

3．车站概况

（1）根据《中长期铁路网规划》，长沙株洲铁路枢纽规划建设武广高速铁路及杭长高速铁路，逐步形成枢纽内高速铁路“十字形”部局，以长沙站及新长沙站为主要客站的区域性客运中心，满足客运量增长及提高服务质量的要求。

（2）新长沙站车站建成后主要办理武广高速铁路及杭长高速铁路（规划）客车。新长沙站规划横列布置武广车场和沪昆车场，分别办理南北方向客车和东西方向客车作业。武广车场近期设正线 2 条，到发线 10 条，基本站台 2 座、中间站台 4 座；预留沪昆车场设正线 2 条、到发线 10 条，中间站台 5 座。车场参考轨顶高 41.50 m。

（3）旅客发送量预测。

① 新长沙站近期 2018 年发送量为 2 404 万人，远期 2028 年发送量为 3 591 万人。

② 设计年度每日、高峰小时客流量见表 10-4。

表 10-4 （a）2018 年（单位：人/日、人/高峰小时）

	下　行		上　行	
	上　车	下　车	上　车	下　车
日	35 945	24 164	29 918	33 562
小时	3 235	2 175	2 693	2 349

（b）2028 年（单位：人/日、人/高峰小时）

	下行		上行	
	上车	下车	上车	下车
日	50 959	26 804	47 425	60 110
小时	4 586	2 421	4 268	4 208

③新长沙站 2018 年开行列车 210 对，2028 年开行 301 对。

4. 周边交通状况分析

车站与外围的联系依靠周边规划道路劳动东路、香樟路、新花候路、红旗路。新花候路可以与西侧的京珠高速公路相衔接，劳动东路向西延伸与体育新城相接。

1）规划设计理念

（1）“工”字型布局。

由于规划中武广高速铁路与杭长高速铁路并列布置且分期实施，形成新长沙站最终的“工”字型布局，站房位于车场两侧，中间为跨线式候车室，使两部分车站可在一层、三层连通，保证人员的自由通行。

（2）“绿墙”。

火车线两侧规划大片绿地，形成南北向生态“绿墙”。一方面减弱列车行驶中对周边城市环境带来的空气、噪音、震动、视觉等方面的影响，另一方面营造一个舒适、清新、美观的车站环境，并为车站保留未来发展用地。

（3）人车分流。

站前广场分两部分，一部分位于首层公交车站两侧，可作为春运时人员聚集广场。另一部分为二层平台和架空步行道，一侧联系主要进站大厅，另一侧跨过站前道路分别向东西两侧城市绿地延伸，并与绿地周围的旅馆、交通枢纽等建筑相连，为行人开辟一个完全人车分流的步行系统。作为东西向人行轴线，东侧步行道可直达浏阳河中的磨盆洲。

2）功能分区

（1）站房建筑。

规划中站房分为两部分：一是面临城市道路部分，包括站房的进站、出站、售票、中转、行包、车站办公、指挥调度、公交车站及商业服务等主要功能。另一是候车部分，横跨在高架站台上。两部分建筑形体相互交叉、融合，形成富于冲击力建筑外观和丰富的室内空间。

（2）站前广场和架空步行道。

站房前的首层为出站广场，三层平台设置出租车和送站车到达，二层平台为步行平台，分别用电梯和楼梯连接一层的公交车站、出站口、站前广场。

（3）二期。

二期为规划中的沪昆车场，包含正线 2 条、到发线 10 条，中间站台 5 座。

（4）长途车站区。

在城市总体规划中，长途车站被规划到新花候路西侧，与劳动东路相交处，距火车站约 1 km，避免与火车站太近带来的人流和车流的拥挤。

3）交通规划

（1）零距离换乘。

未来的长沙站，作为一座大型的现代化铁路交通枢纽，将把多种交通模式整合在一起，实现各种交通工具间的快速灵活换乘，充分发挥交通枢纽在现代城市中的巨大作用。

（2）人车分流。

在二层设置一系列步行系统，使乘公交车的旅客可以步行进站、出站，不与机动车有交叉、混行。同时设有自动扶梯、电梯、楼梯与其他交通模式相连，便于换乘。

（3）主要流线分析。

① 进站人流。

机动车送站人流——机动车和出租车可直上三层，旅客可平层进入跨线式候车室。

步行进站人流——通过二层平台，旅客可跨过站前道路站。

地铁进站人流——站前广场和站内均设地铁出入口，通向进站大厅。

公交车站人流——公交车站位于进出站口正前方，旅客下车后可通过二层平台很方便地进车站。

自驾人流——可把私家车停放在南北两侧的社会停车场，步行上二层平台进站。

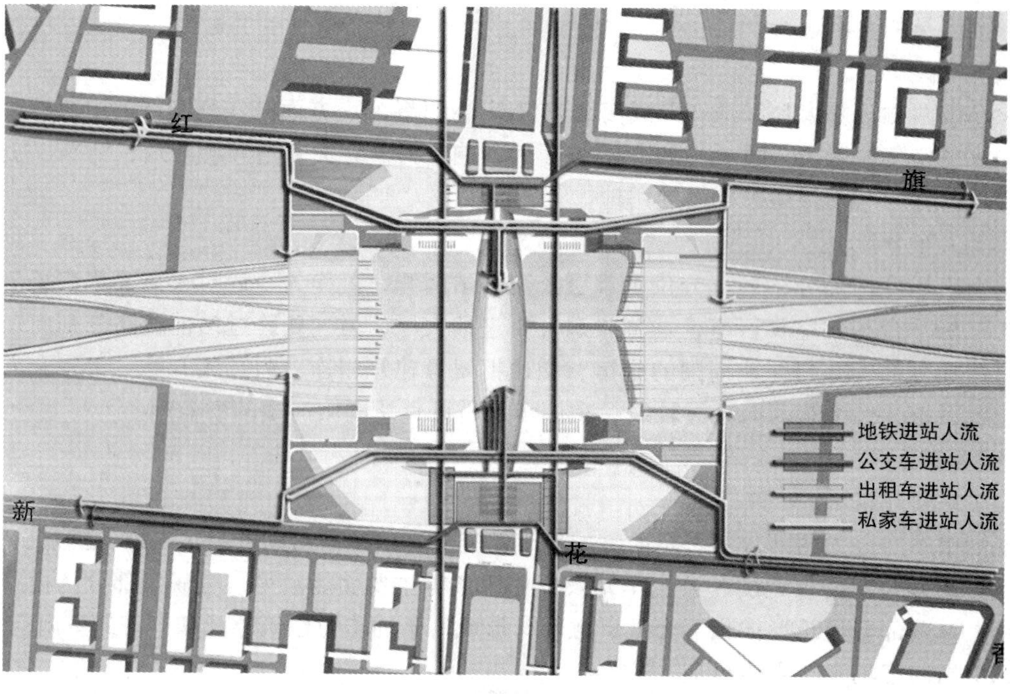

图 10-4　进站人流分析图

② 出站人流。

出站人流经过东西向宽敞的出站通道进入两端位于车站中部的出站口，旅客可选择多种交通方式：

出租车换乘人流——出站口广场两侧设出租车等候区。

公交车换乘人流——出站后，登自动扶梯经二层平台到达上客区。

私家车换乘人流——出站后，可分别向南北方向步行进入社会车辆停车区。

地铁换乘人流——出站后，经出站口两侧地铁换乘口下到地铁站层。

长途汽车换乘人流——出站后，沿路向北，步行到达长途汽车站或乘公交车到达。

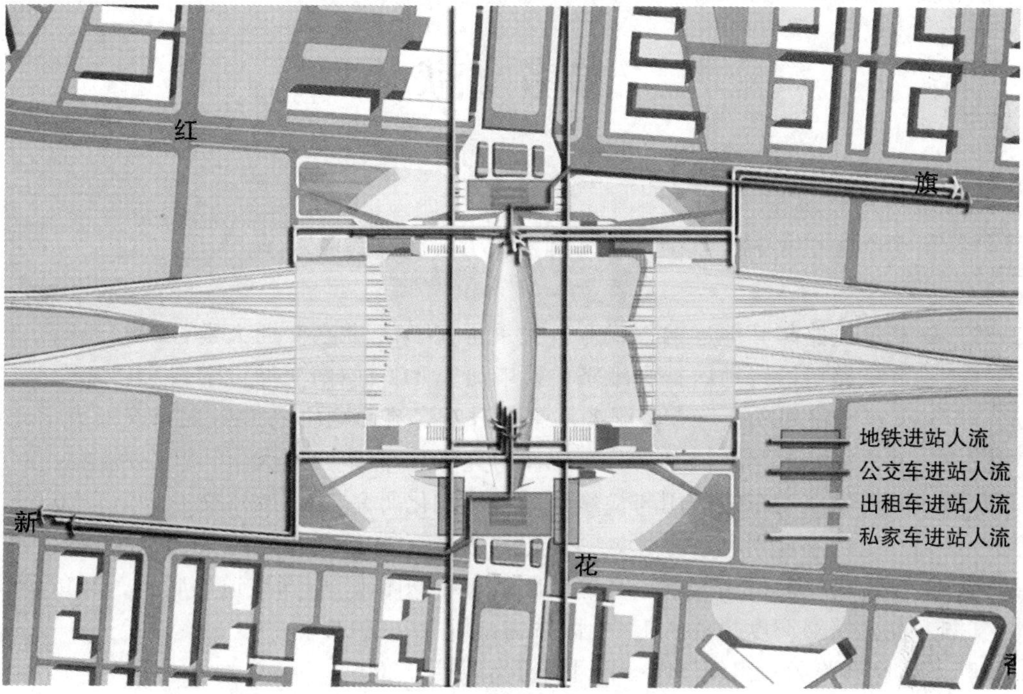

图 10-5　出站人流分析图

5. 综合经济指标

其他综合经济指标主要包括：用地构成面积；规划总用地面积；铁路站场用地；铁路配套设施用地；公共广场用地；绿化用地；道路用地；停车场用地；站房建筑面积；容积率；绿化率等。

参考文献

[1] 李群仁，曾会欣，张力．京沪走廊各种运输方式的社会成本[J]．中国铁路，1999（6）：6-9+3.

[2] 戴玲玲．高速铁路与其他运输方式竞争关系研究[D]．北京交通大学，2009.

[3] 谷峰．渝利铁路对沿线地区社会经济的影响研究[D]．西南交通大学，2018.

[4] 马佩献．高速铁路列车开行方案服务水平提升对客流影响研究[D]．北京交通大学，2018.

[5] 毕天儒．武广高速铁路客流时段分布规律研究[D]．西南交通大学，2018.

[6] 聂永霞．高速铁路动车组运用与检修计划整体优化研究[D]．兰州交通大学，2018.

[7] 王莹．动车组运用计划和乘务计划的优化方法研究[D]．北京交通大学，2009.

[8] 郑州铁路局，杨修昌，尚书亭．高速铁路行车组织[M]．中国铁道出版社，2012.

[9] 彭其渊．高速铁路调度指挥[M]．中国铁道出版社，2011.

[10] 赵鹏．高速铁路运营组织[M]．中国铁道出版社，2009.

[11] 彭其渊，闫海峰，文超．高速铁路运输组织基础[M]．西南交通大学出版社，2009.

[12] 李学伟．高速铁路概论[M]．中国铁道出版社，2010.

[13] 铁道科学研究院高速铁路技术研究总体组．高速铁路技术[M]．中国铁道出版社，2005.

[14] 中国铁路总公司．高速铁路行车组织基础[M]．中国铁道出版社，2014.

[15] 彭其渊．客运专线运输组织[M]．科学出版社，2007.

[16] 聂磊．客运专线运输组织技术[M]．北京交通大学出版社，2008.

[17] 魏文萍．高速铁路旅客列车开行方案研究[D]．兰州交通大学，2016.

[18] 江雨星．高速铁路旅客列车开行方案编制方法研究[D]．兰州交通大学，2015.

[19] 吴连新．高速铁路旅客列车开行方案研究[D]．西南交通大学，2014.

[20] 邓念．高速铁路调度指挥系统组织结构协同理论与方法研究[D]．西南交通大学，2018.

[21] 周军．高铁客运枢纽与城市交通衔接方式优化研究[D]．武汉理工大学，2013.

[22] 陈苒．面向旅客出行需求的高速铁路列车运行图编制模型与算法[D]．北京：北京交通大学，2018.

[23] 谢恺．高速铁路周期化列车运行图编制方法研究[D]．成都：西南交通大学，2017.

[24] 高天．高速铁路列车运行方案图编制优化方法及系统规划研究[D]．成都：西南交通大学，2017.

[25] 姚倩．成渝高速铁路周期性列车运行图编制优化研究[D]．成都：西南交通大学，2017.

[26] 张宁．高速铁路列车运行图与动车组交路计划编制协同优化研究[D]．成都：西南交通大学，2016.

[27] 李晓娟．高速铁路通过能力计算及可靠性评估方法研究[D]．北京：北京交通大学，2016.

[28] 吕苗苗，倪少权，陈钉均．高速铁路通过能力计算方法研究[J]．交通运输工程与信息学报，2016，14（01）：19-24.
[29] 刘敏．高速铁路列车运行图优化和评估研究[D]．北京：北京交通大学，2014.
[30] 李强．高速铁路列车运行图编制系统优化研究[D]．成都：西南交通大学，2013.
[31] 李俊．高速铁路列车运行图编制优化及评价研究[D]．成都：西南交通大学，2013.
[32] 翟恭娟．高速铁路列车运行调整优化研究[D]．成都：西南交通大学，2013.
[33] 胡秀婷．不同阶段高速铁路与普速铁路分工方案[D]．成都：西南交通大学，2012.
[34] 罗建．客运专线与普速铁路合理分工及协调优化研究[D]．成都：西南交通大学，2010.
[35] 聂磊，廉文彬．国外高速铁路运输组织方案特点分析[J]．中国铁路，2008（02）：74-78.
[36] 李莹．高速线与普速铁路运输组织协调研究[D]．上海：同济大学，2008.
[37] 孟翀．铁路客运专线通过能力计算方法的研究[D]．北京：北京交通大学，2007.
[38] 马建军，胡思继，许红，刘东．京沪高速铁路列车运行图编制基本理论的研究[J]．北方交通大学学报，2002（02）：47-50+59.
[39] 王辰宇．京沪高铁综合维修天窗设置方案优化研究[D]．2016.
[40] 黄信基．关于高速铁路综合维修体制的研究[J]．铁道勘测与设计，2005（1）：4-10.
[41] 陈杰，何云庵．试论中国高铁话语体系的四重建构[J]．西南交通大学学报（社会科学版），2018，19（06）：13-21.
[42] 刘万明．我国高速铁路客运专线主要技术经济问题研究[D]．西南交通大学，2002.
[43] 江峰，杨锐，占曙光．中长途高速客流组织模式决策影响因素研究[J]．铁道运输与经济，2013，35（7）：60-64.
[44] 李建．动车组运用与检修计划综合优化方法研究[D]．2017.
[45] 吴丽然．高速铁路列车运行调整问题研究[D]．西南交通大学，2011.